ཇོ་མོ་གླང་མ།
珠穆朗瑪峰

ཙོ་ཞང་པོ་ཏ་ལ།

拉薩布達拉宮

ལྷ་ས་འི་རྗོ་ཁང་གི་གསེར་གྱི་རྒྱ་ཕིབས།
拉薩大昭寺金頂

法國國家圖書館藏
敦煌藏文文獻

⑭

Fonds Pelliot tibétain

1308—1315

主 編

金雅聲　郭　恩

編　纂

西 北 民 族 大 學

上 海 古 籍 出 版 社

法 國 國 家 圖 書 館

上海古籍出版社

上海　2013

ཧྥ་རན་སིའི་རྒྱལ་གཞིར་དཔེ་མཛོད་ཁང་དུ་ཉར་བའི་
དུན་ཧོང་བོད་ཡིག་ཡིག་ཚགས།

⑭

Fonds Pelliot tibétain
1308—1315

གཙོ་སྒྲིག་པ།
ཅེན་པྲུ་ཉིན། བོ་ཞིན།

སྒྲིག་སྒྱུར་ཞེ་ཁག
ཞུབ་བྱུང་མི་རེ་གས་སློབ་གྲུ་ཆེན་མོ།
ཧྥུང་ཧེ་དཔེ་རྙིང་དཔེ་སྐྲུན་ཁང་།
ཧྥ་རན་སིའི་རྒྱལ་གཞིར་དཔེ་མཛོད་ཁང་བཅས་ཀྱིས་བསྒྲིགས།

ཧྥུང་ཧེ་དཔེ་རྙིང་དཔེ་སྐྲུན་ཁང་།
2013 ཤོར་ཧྥུང་ཧེ་ནས།

ལྟ་ཞིབ་པ།

ཞའི་ཡུས་ཆེ།   ཤང་ཞིན་ཁང་།

སྒྲ་འདྲི་ས།

དབང་རྒྱལ།   དོར་ཞི་གདོང་དྲུག་སྙེམས་བློ།   བསོད་ནམས་སྐྱིད། དུ་ཁན།

གཙོ་སྒྲིག་པ།

ཅིན་ཡུ་ཧྲིན། (ཀྲུང་གོ)

ཁོ་ཨེན། (ཧྥ་རན་སི)

གཙོ་སྒྲིག་པ་གཞོན་པ།

ཧྲུ་ཞི་ཧུང་།   ཚེ་རིང་།   ཧྥུ་ཞན་ཀྲན། (ཀྲུང་གོ)

མུན་ཞི། (ཧྥ་རན་སི)

ཙུམ་སྒྲིག་ཨུ་ཡོན།

ཞའི་ཡུས་ཆེ།   ཅིན་ཡུ་ཧྲིན།   ཤང་ཞིན་ཁང་།

གུའོ་དེ་ཞྭན།   ཨེན་བུན་ཡུས།

ཧྥུ་ཞི་ཧུང་།   ཚེ་རིང་།   ཧྥུ་ཞན་ཀྲན།

ཐིན་ཧྲེ་རོན།   སྐལ་བཟང་ཐོགས་མེད།

མཐའ་བ་བཀྲ་ཤིས་དོན་འགྲུབ།

དཔེ་སྒྲིག་འགན་འཁྱེར་བ།

ཧྥུན་ཞའོ་ཧུང་།

མཇེས་རིས་དུས་འགོད་པ།

ཡན་ཁུ་ཆིན།

DOCUMENTS TIBÉTAINS DE DUNHUANG
CONSERVÉS À LA
BIBLIOTHÈQUE NATIONALE DE FRANCE

Fonds Pelliot tibétain

1308—1315

RÉDACTEURS EN CHEF
Jin Yasheng   Monique Cohen

ÉDITÉS PAR
Bibliothèque nationale de France
Université des Nationalités du Nord-ouest
Les Éditions des Classiques chinois, Shanghai

LES ÉDITIONS DES CLASSIQUES CHINOIS, SHANGHAI
Shanghai 2013

TIBETAN DOCUMENTS FROM DUNHUANG
IN THE
BIBLIOTHÈQUE NATIONALE DE FRANCE

Fonds Pelliot tibétain
1308—1315

EDITORS IN CHIEF
Jin Yasheng   Monique Cohen

PARTICIPATING INSTITUTION
Bibliothèque nationale de France
Northwest University for Nationalities
Shanghai Chinese Classics Publishing House

SHANGHAI CHINESE CLASSICS PUBLISHING HOUSE
Shanghai 2013

法藏敦煌藏文文獻第十四册目録

Fonds Pelliot tibétain 1308—1315

法藏敦煌藏文文獻第十四册目録

Fonds Pelliot tibétain 1308—1315

དཀར་ཆག

Fonds Pelliot tibétain 1308—1315

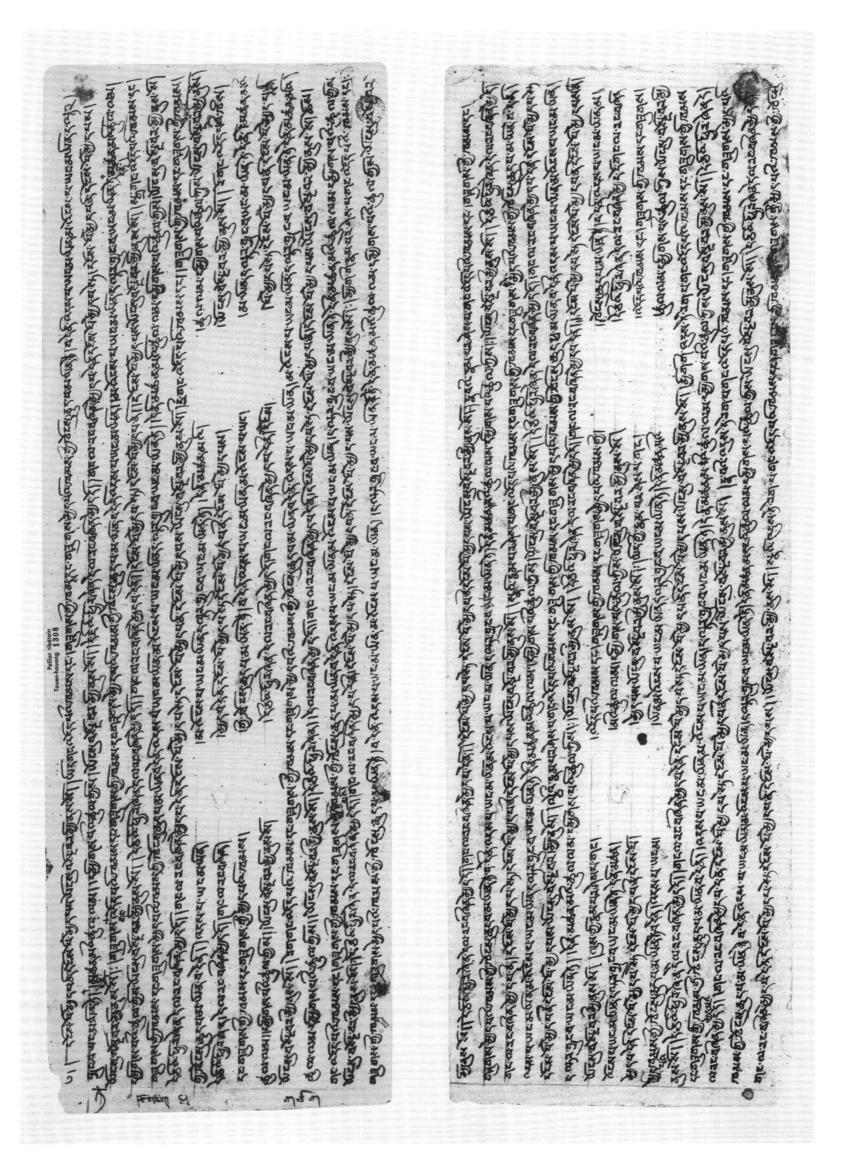

法 Pel.tib.1308　　1.ཤེས་རབ་ཀྱི་ཕ་རོལ་ཏུ་ཕྱིན་པ་སྟོང་ཕྲག་བརྒྱ་བ་དུམ་བུ་གཉིས་པའི་བཝ་པོ་དྲུག་ཅུ་རེ་བཞི་བ།

1.十萬頌般若波羅蜜多經第二函第六十四卷　　(24—1)

1

法 Pel.tib.1308　　　1.ཤེས་རབ་ཀྱི་ཕ་རོལ་ཏུ་ཕྱིན་པ་སྟོང་ཕྲག་བརྒྱ་བ་དུམ་བུ་གཉིས་པའི་བམ་པོ་དྲུག་ཅུ་རེ་བཞི་བ།
　　　　　　　　　1.十萬頌般若波羅蜜多經第二函第六十四卷　　(24—2)

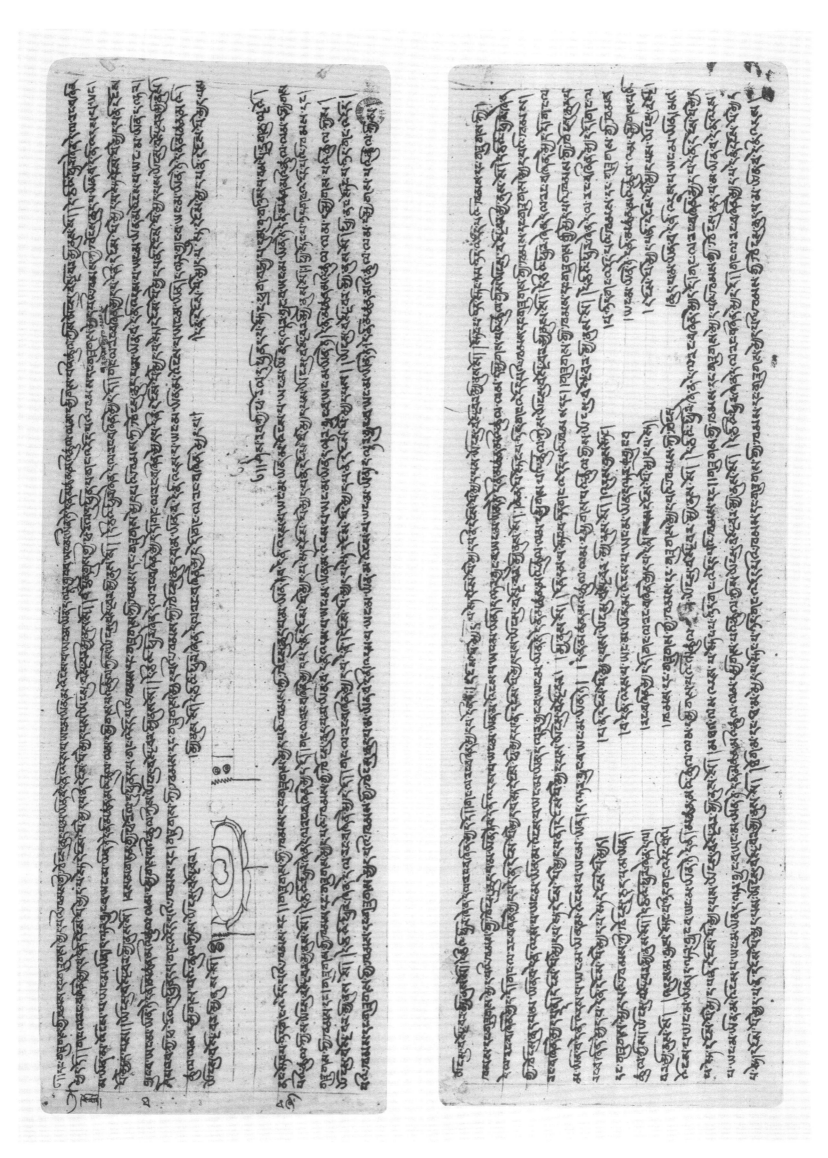

法 Pel.tib.1308

1. ཤེས་རབ་ཀྱི་ཕ་རོལ་ཏུ་ཕྱིན་པ་སྟོང་ཕྲག་བརྒྱ་པ་དུམ་བུ་གཉིས་པའི་བམ་པོ་དྲུག་ཅུ་རེ་བཞི་པ།

2. ཤེས་རབ་ཀྱི་ཕ་རོལ་ཏུ་ཕྱིན་པ་སྟོང་ཕྲག་བརྒྱ་པ་དུམ་བུ་གཉིས་པའི་བམ་པོ་དྲུག་ཅུ་ལྔ་པའོ།

1. 十萬頌般若波羅蜜多經第二函第六十四卷

2. 十萬頌般若波羅蜜多經第二函第六十五卷 (24—3)

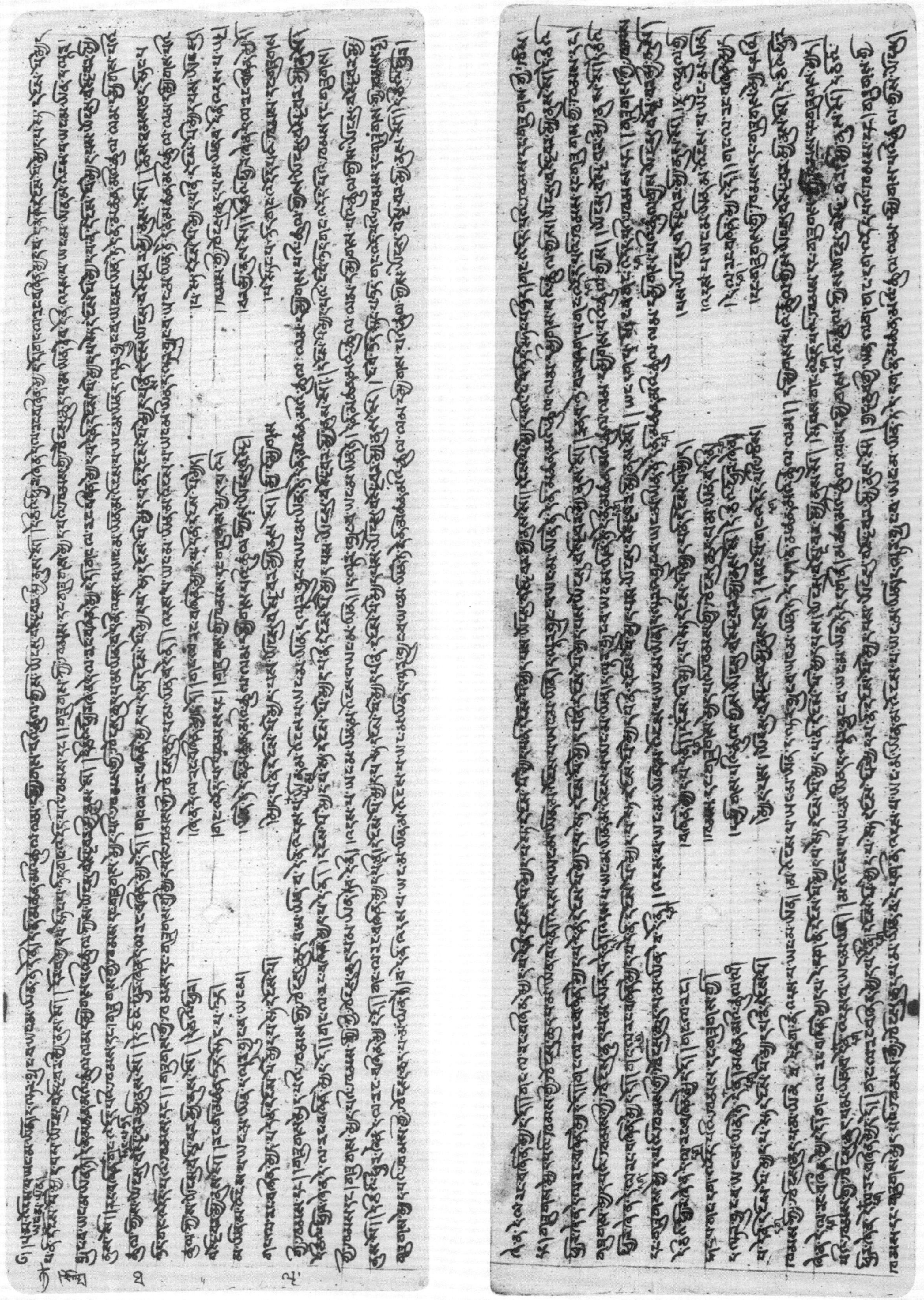

法 Pel.tib.1308　2.ཤེས་རབ་ཀྱི་ཕ་རོལ་ཏུ་ཕྱིན་པ་སྟོང་ཕྲག་བརྒྱ་པ་དུམ་བུ་གཉིས་པ་བམ་པོ་དྲུག་ཅུ་ལྔ་པ།

2.十萬頌般若波羅蜜多經第二函第六十五卷　(24—4)

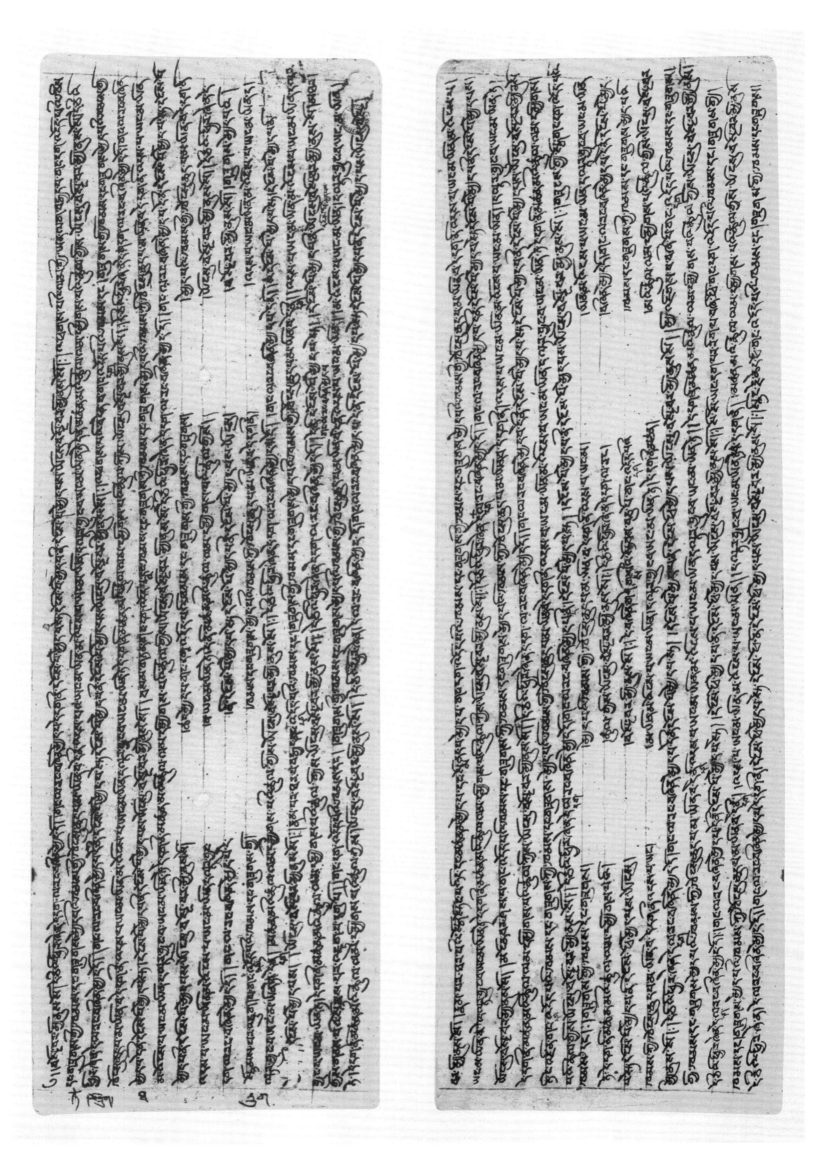

法 Pel.tib.1308　2.ཤེས་རབ་ཀྱི་ཕ་རོལ་ཏུ་ཕྱིན་པ་སྟོང་ཕྲག་བརྒྱ་པ་དུམ་བུ་གཉིས་པ་བམ་པོ་དྲུག་ཅུ་རྩ་ལྔ་པའོ།

2.十萬頌般若波羅蜜多經第二函第六十五卷　　（24—5）

2.ཤེས་རབ་ཀྱི་ཕ་རོལ་ཏུ་ཕྱིན་པ་སྟོང་ཕྲག་བརྒྱ་པ་དུམ་བུ་གཉིས་པ་བམ་པོ་དྲུག་ཅུ་ལྔ་པའོ།

2.十萬頌般若波羅蜜多經第二函第六十五卷　　(24—6)

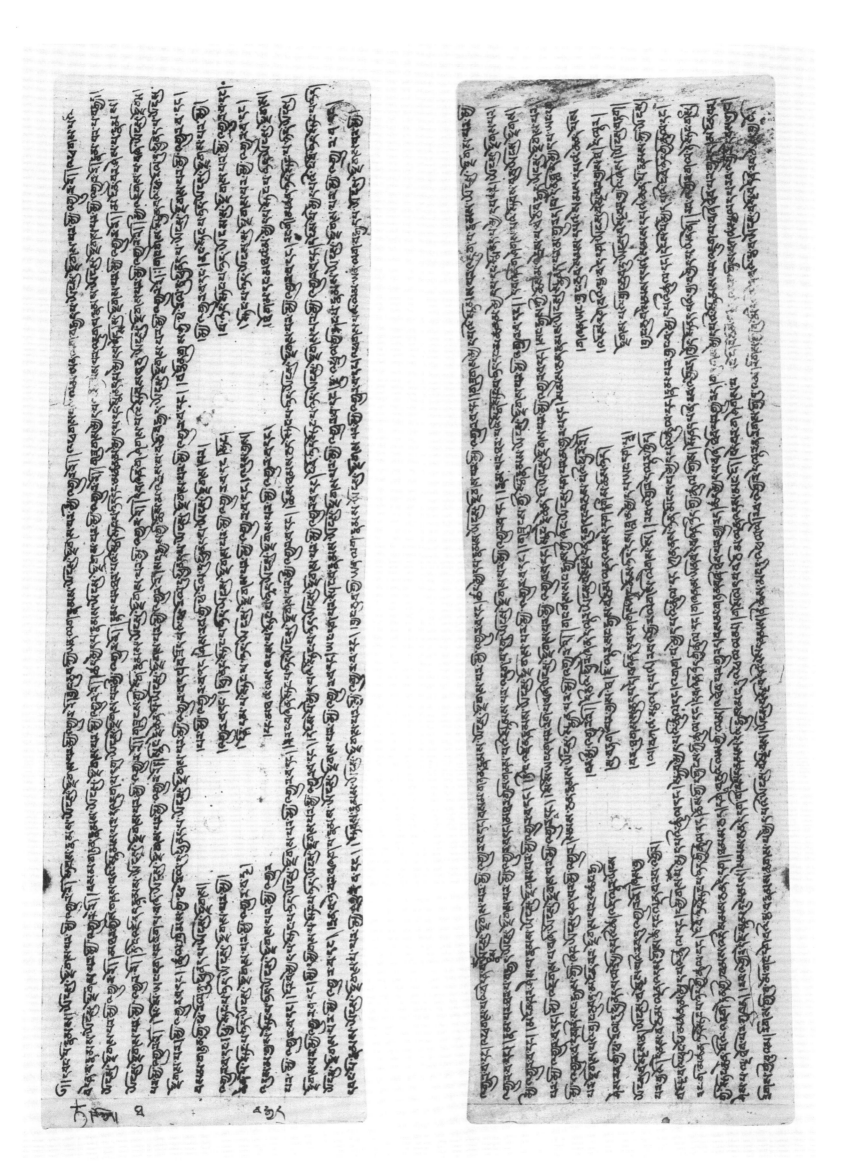

法 Pel.tib.1308　　2.ཤེས་རབ་ཀྱི་ཕ་རོལ་ཏུ་ཕྱིན་པ་སྟོང་ཕྲག་བརྒྱ་པ་དུམ་བུ་གཉིས་པ་བམ་པོ་དྲུག་ཅུ་ལྔ་བོ།

2.十萬頌般若波羅蜜多經第二函第六十五卷　　（24—7）

7

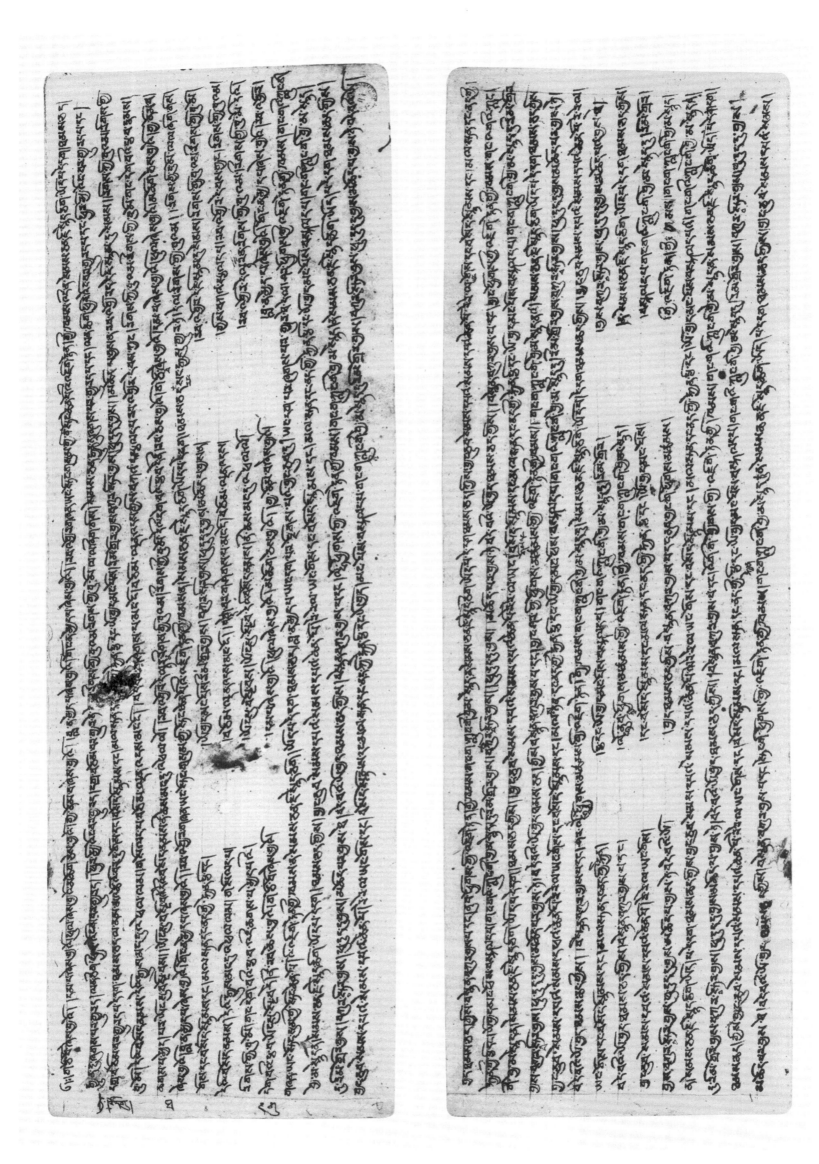

ཤེས་རབ་ཀྱི་ཕ་རོལ་ཏུ་ཕྱིན་པ་སྟོང་ཕྲག་བརྒྱ་པ་དུམ་བུ་གཉིས་པ་བམ་པོ་དྲུག་ཅུ་རྩ་ལྔའོ༎

2.十萬頌般若波羅蜜多經第二函第六十五卷　　(24—8)

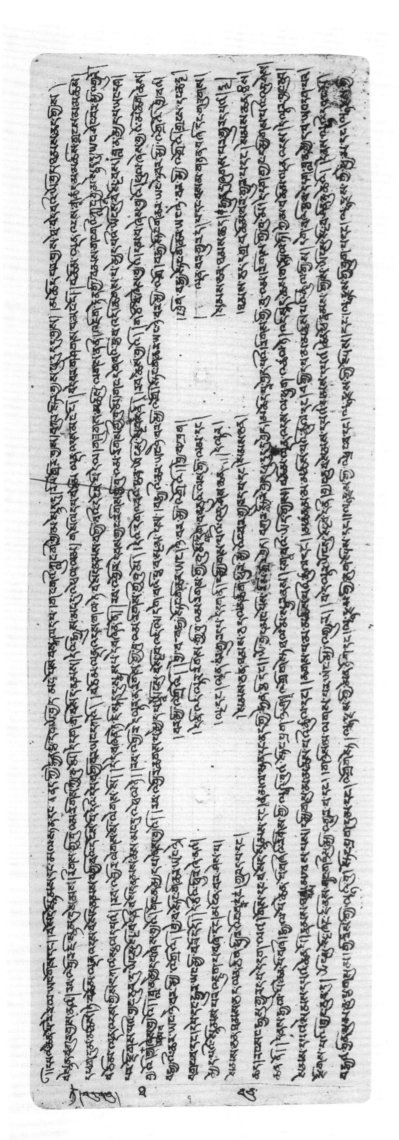

法 Pel.tib.1308　2.ཤེས་རབ་ཀྱི་ཕ་རོལ་ཏུ་ཕྱིན་པ་སྟོང་ཕྲག་བརྒྱ་པ་དུམ་བུ་གཉིས་པ་བམ་པོ་དྲུག་ཅུ་ལྔ་པའོ༎

　　　　　　　3.ཤེས་རབ་ཀྱི་ཕ་རོལ་ཏུ་ཕྱིན་པ་སྟོང་ཕྲག་བརྒྱ་པ་དུམ་བུ་གཉིས་པ་བའམ་པོ་དྲུག་ཅུ་དྲུག་གོ།

2.十萬頌般若波羅蜜多經第二函第六十五卷

3.十萬頌般若波羅蜜多經第二函第六十六卷　　　(24—9)

9

3.ཤེས་རབ་ཀྱི་ཕ་རོལ་ཏུ་ཕྱིན་པ་སྟོང་ཕྲག་བརྒྱ་པ་དུམ་བུ་གཉིས་པ་བམ་པོ་དྲུག་ཅུ་རྩ་དྲུག་གོ།

3.十萬頌般若波羅蜜多經第二函第六十六卷　　(24—10)

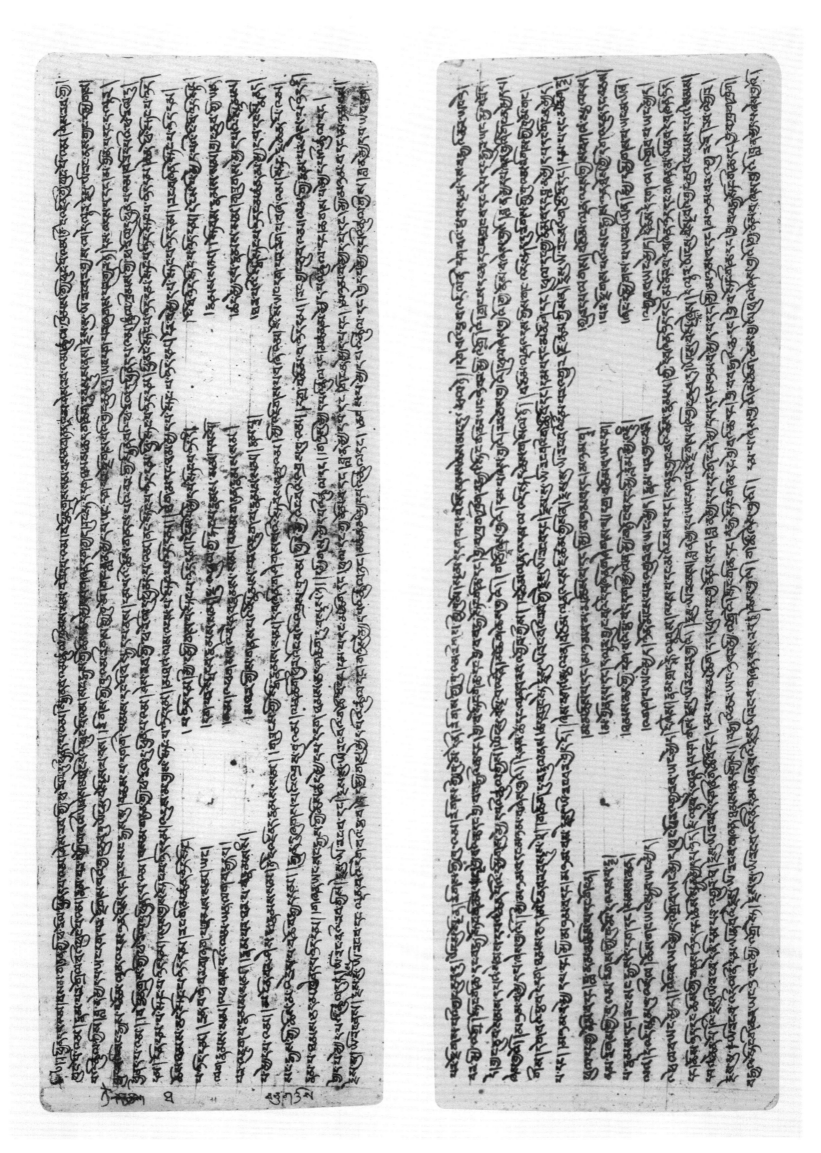

法 Pel.tib.1308　3.ཤེས་རབ་ཀྱི་ཕ་རོལ་ཏུ་ཕྱིན་པ་སྟོང་ཕྲག་བརྒྱ་པ་དུམ་བུ་གཉིས་པ་བམ་པོ་དྲུག་ཅུ་རྩ་དྲུག་གོ །
　　　　　3.十萬頌般若波羅蜜多經第二函第六十六卷　（24—11）

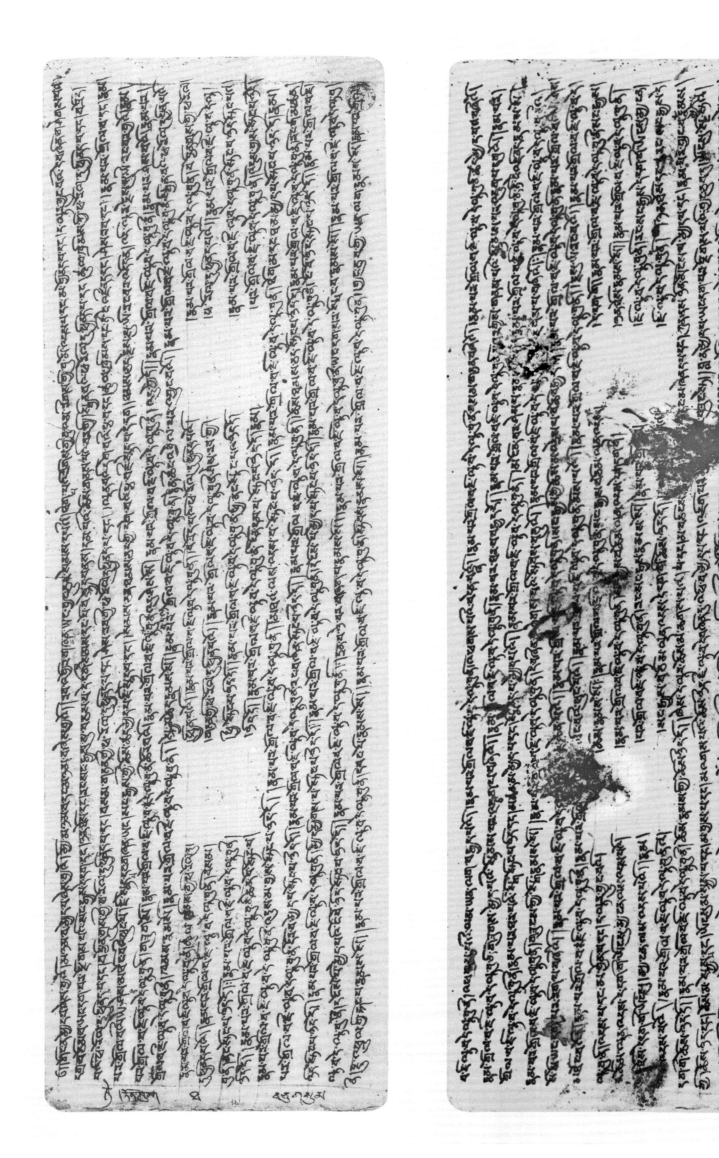

3.ཤེས་རབ་ཀྱི་ཕ་རོལ་ཏུ་ཕྱིན་པ་སྟོང་ཕྲག་བརྒྱ་པ་དུམ་བུ་གཉིས་པ་བམ་པོ་དྲུག་ཅུ་རྩ་དྲུག་གོ།

3.十萬頌般若波羅蜜多經第二函第六十六卷　(24—12)

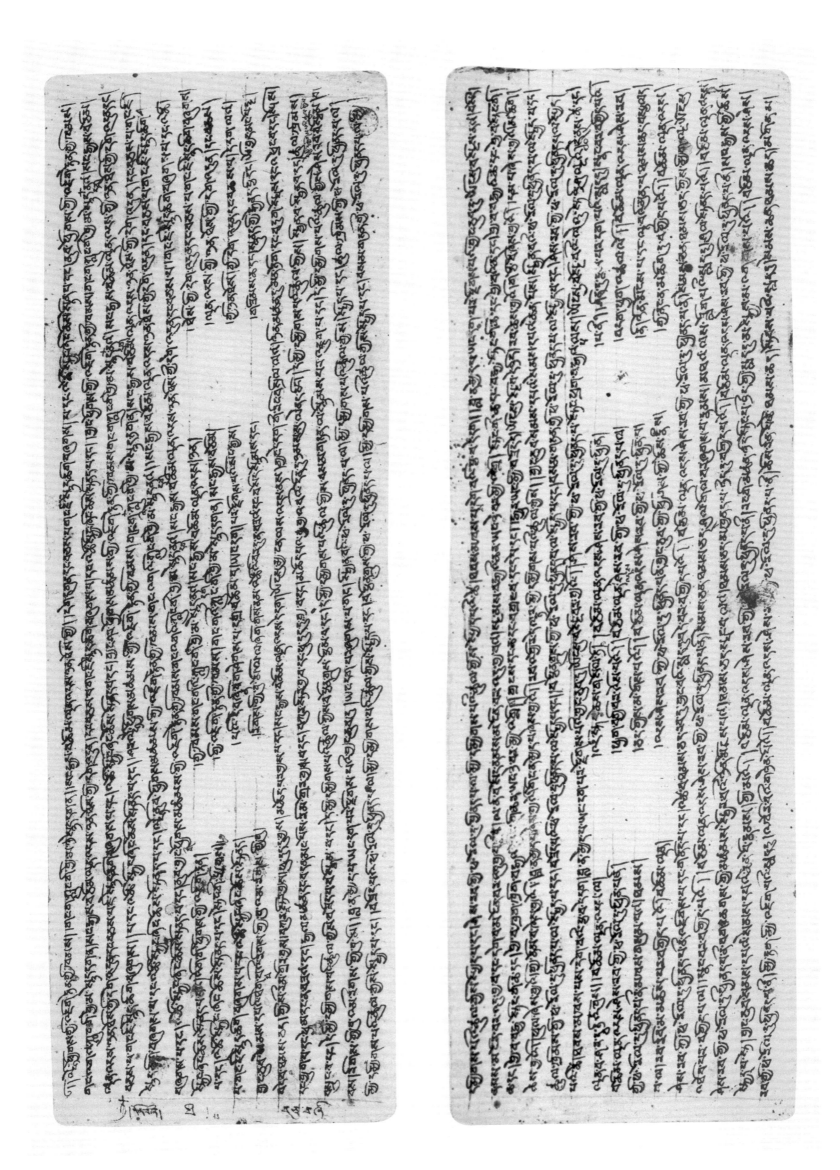

法 Pel.tib.1308　3.ཤེས་རབ་ཀྱི་ཕ་རོལ་ཏུ་ཕྱིན་པ་སྟོང་ཕྲག་བརྒྱ་པ་བཏུམ་བ་གཉིས་པ་བམ་པོ་དྲུག་ཅུ་རྩ་དྲུག་གོ །

3.十萬頌般若波羅蜜多經第二函第六十六卷　　(24—13)

13

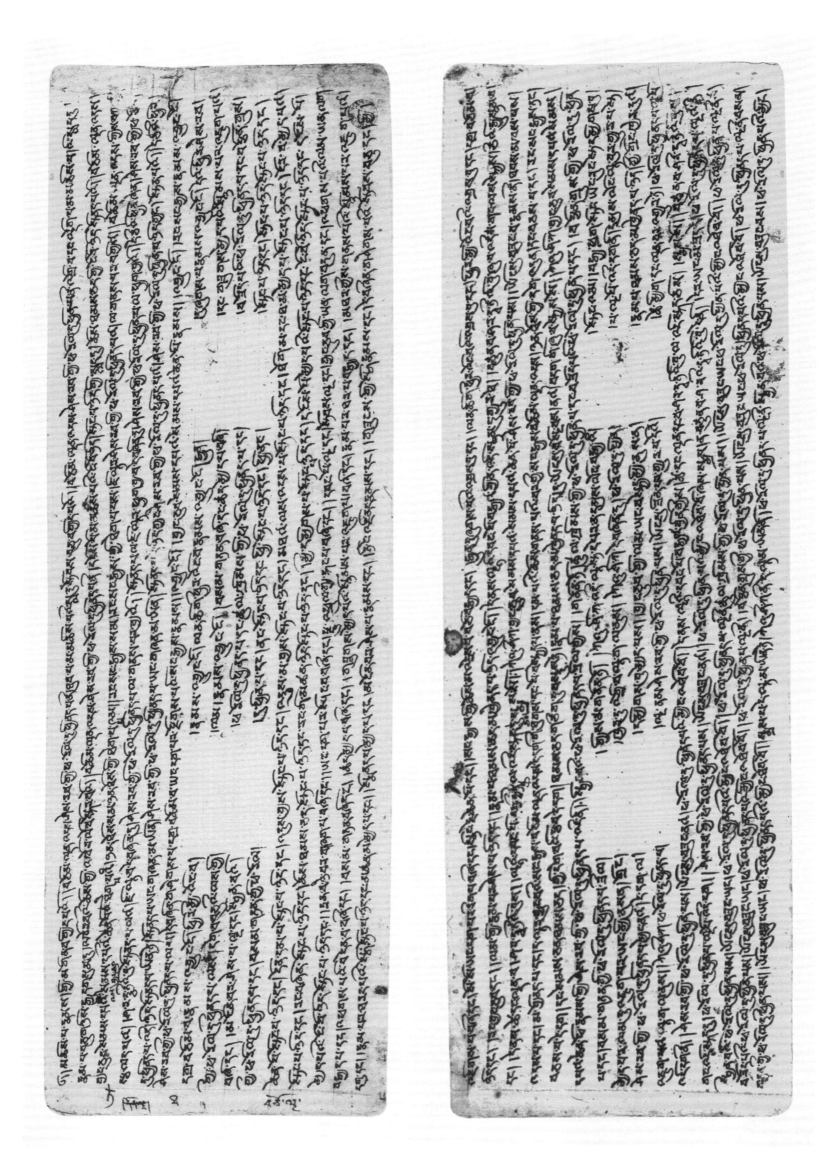

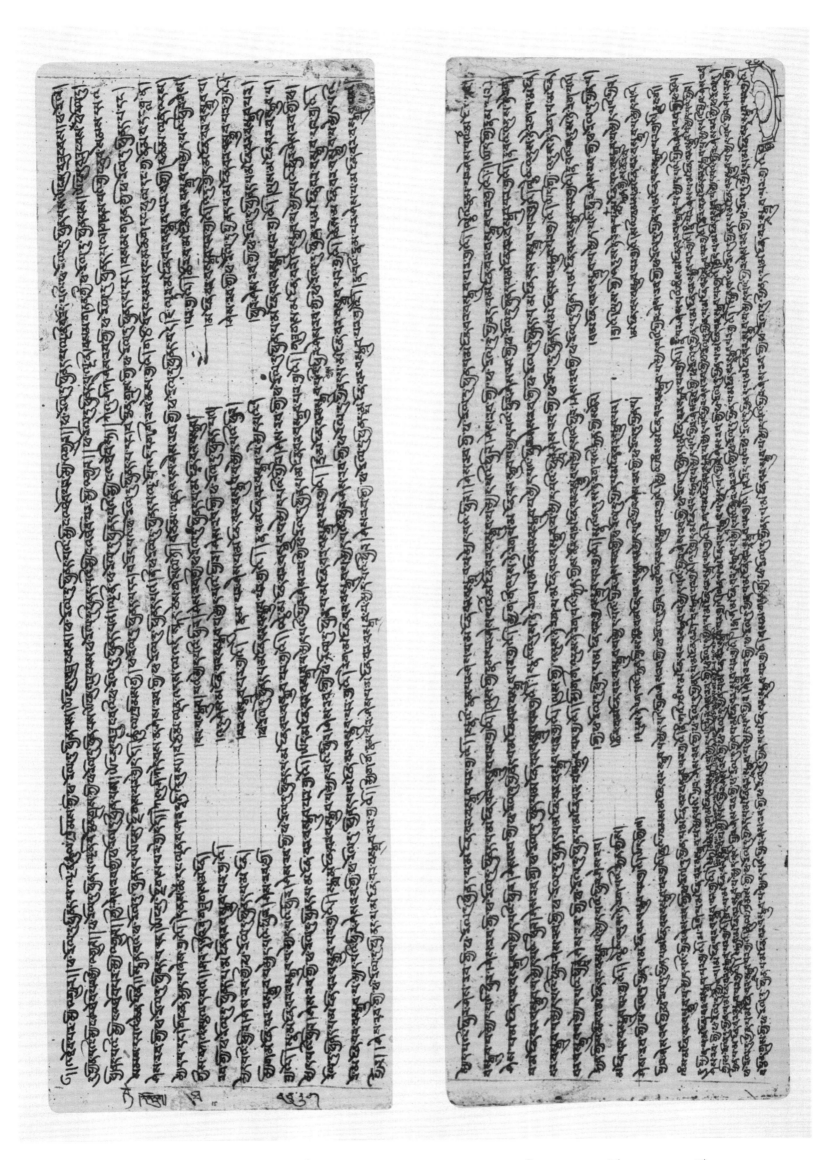

法 Pel.tib.1308　　3.ཤེས་རབ་ཀྱི་ཕ་རོལ་ཏུ་ཕྱིན་པ་སྟོང་ཕྲག་བརྒྱ་པ་བདུམ་བ་གཉིས་པ་བའམ་པོ་དྲུག་ཅུ་རྩ་དྲུག་གོ །

3.十萬頌般若波羅蜜多經第二函第六十六卷　　(24—15)

15

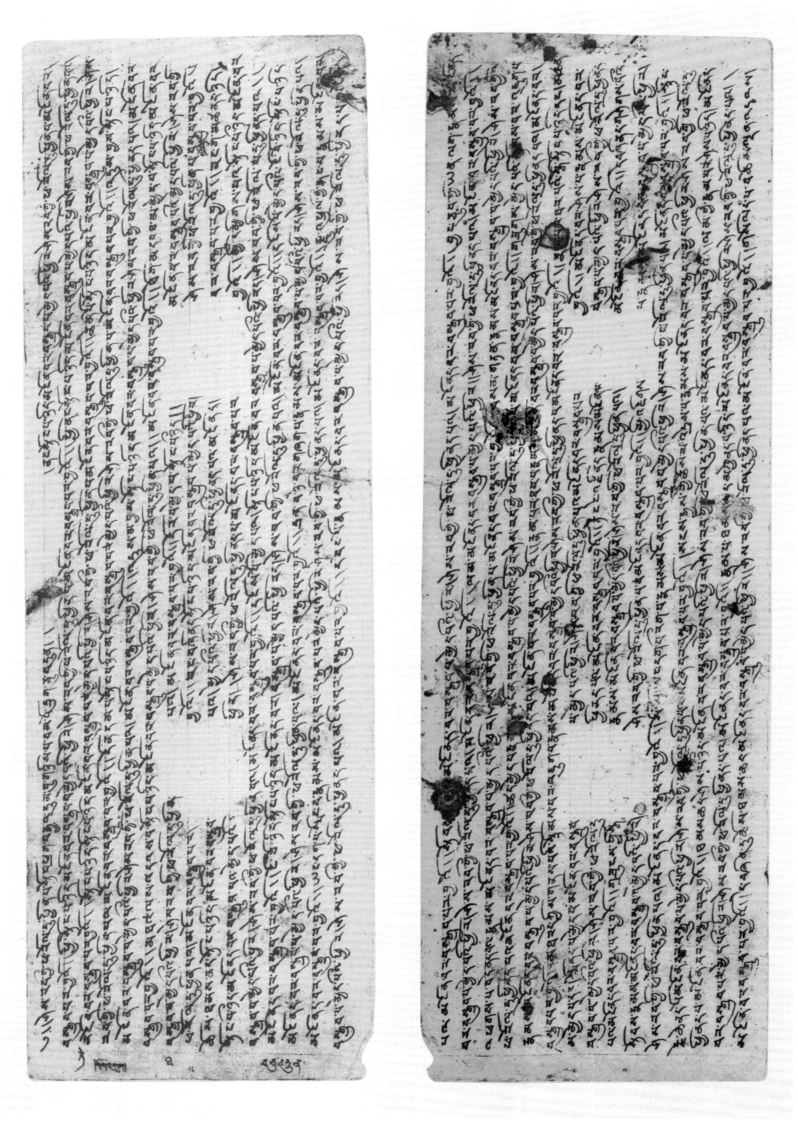

ཤེས་རབ་ཀྱི་ཕ་རོལ་དུ་ཕྱིན་པ་སྟོང་ཕྲག་བརྒྱ་པ་གཉིས་པ་བམ་པོ་དྲུག་ཅུ་བདུན།

4.十萬頌般若波羅蜜多經第二函第六十七卷　　(24—16)

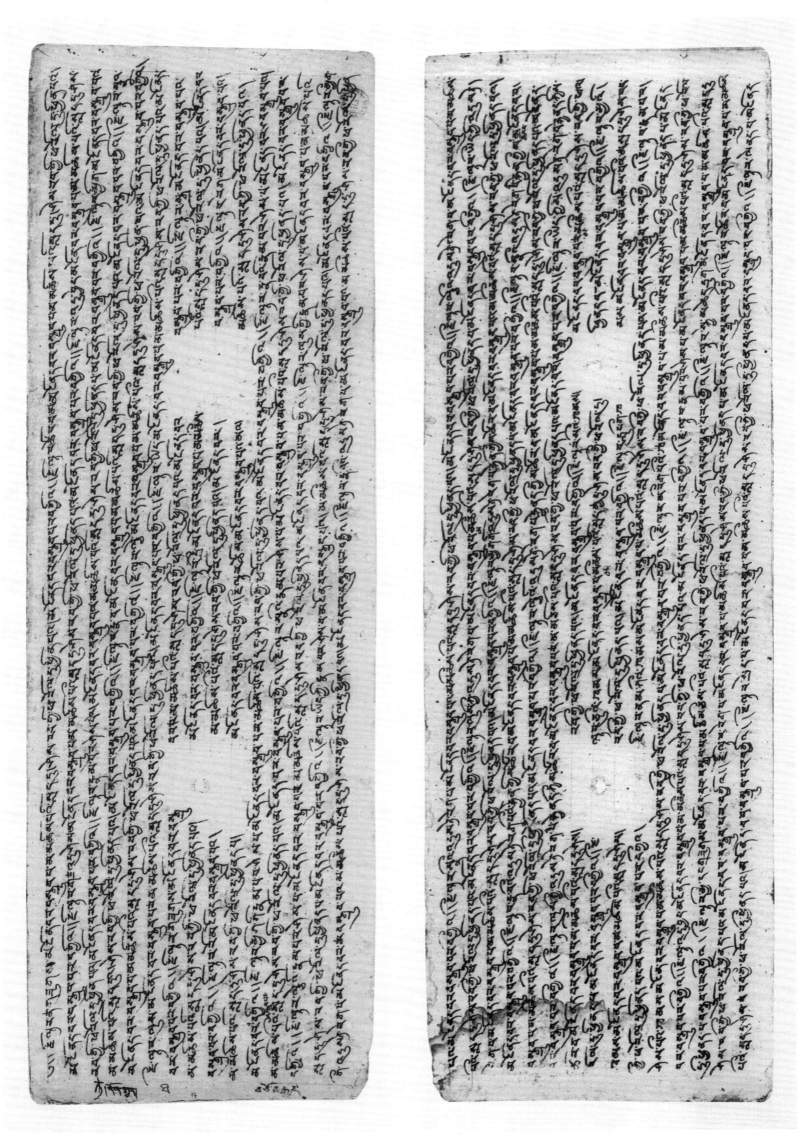

法 Pel.tib.1308　4.ཤེས་རབ་ཀྱི་ཕ་རོལ་ཏུ་ཕྱིན་པ་སྟོང་ཕྲག་བརྒྱ་པ་དུམ་བུ་གཉིས་པ་བམ་པོ་དྲུག་ཅུ་བདུན།
4.十萬頌般若波羅蜜多經第二函第六十七卷　　(24—17)

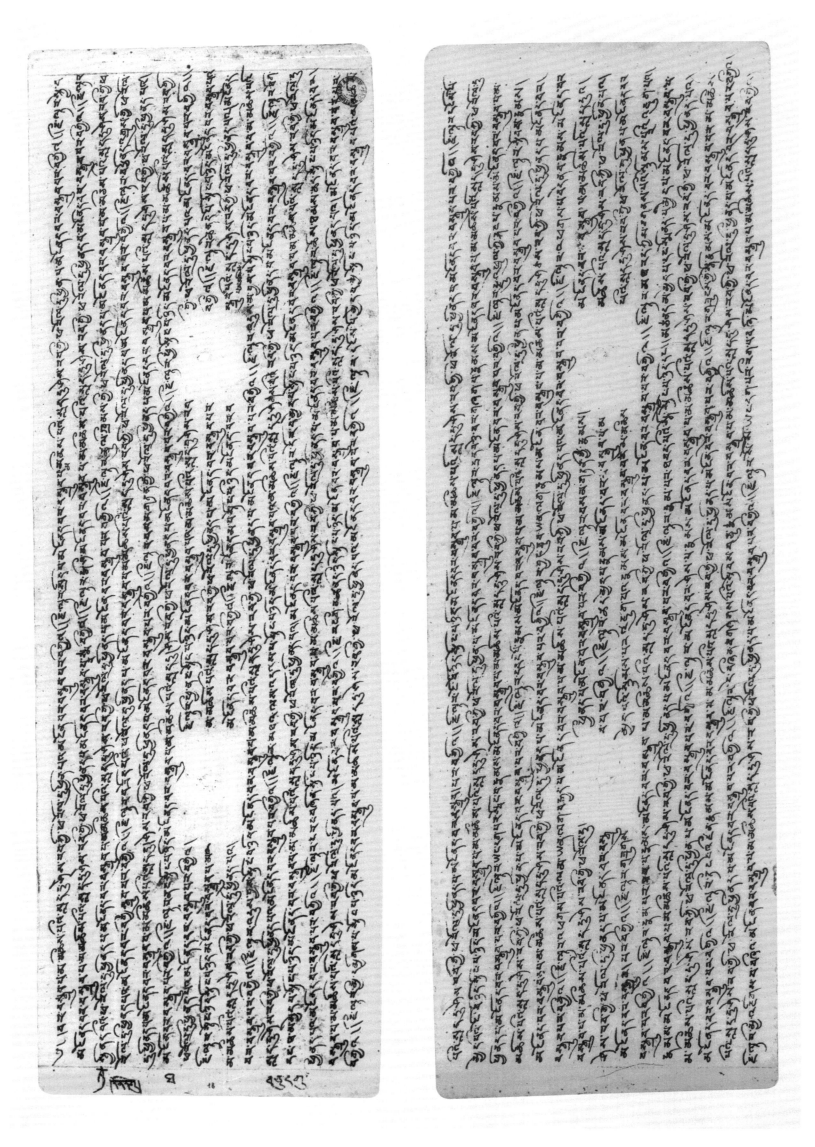

法 Pel.tib.1308　　4.ཤེས་རབ་ཀྱི་ཕ་རོལ་ཏུ་ཕྱིན་པ་སྟོང་ཕྲག་བརྒྱ་པ་དུམ་བུ་གཉིས་པའི་བམ་པོ་དྲུག་ཅུ་བདུན།

4.十萬頌般若波羅蜜多經第二函第六十七卷　　(24—18)

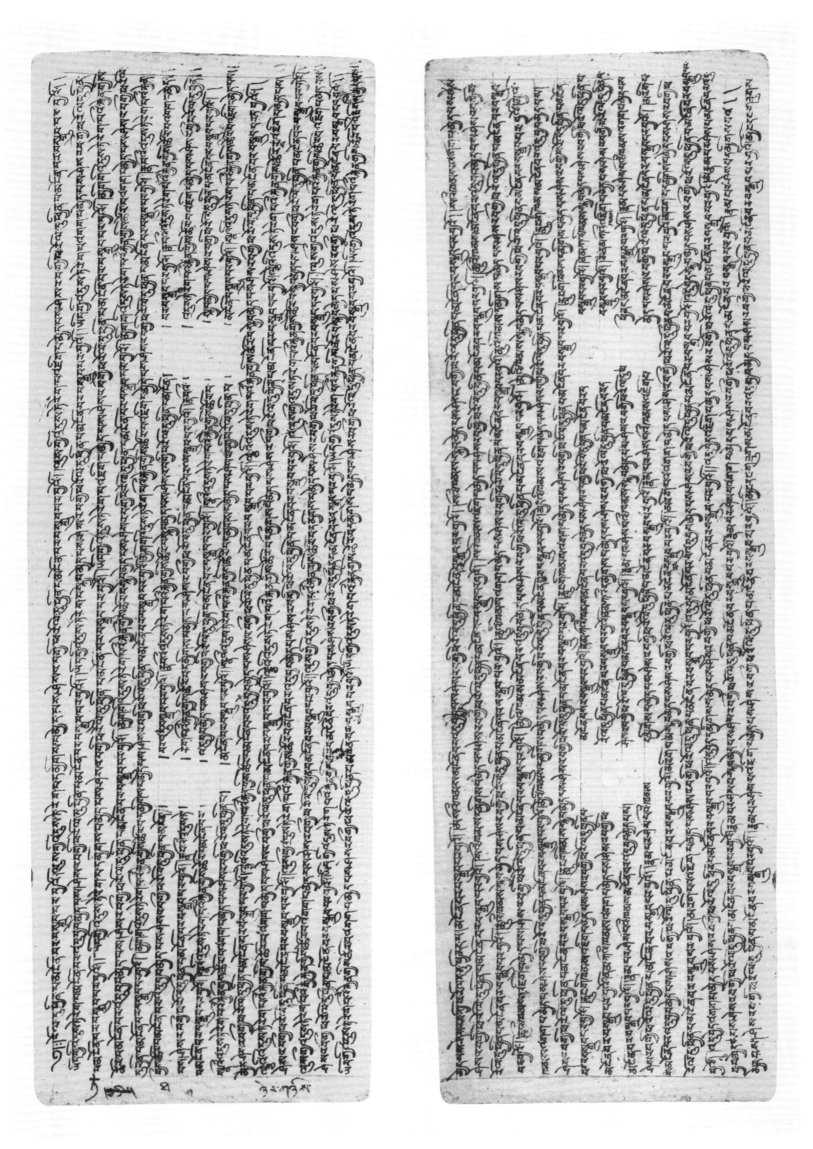

法 Pel.tib.1308　4.ཤེས་རབ་ཀྱི་ཕ་རོལ་ཏུ་ཕྱིན་པ་སྟོང་ཕྲག་བརྒྱ་པ་ག་ཉིས་པའ་བམ་པོ་དྲུག་ཅུ་བདུན།

4.十萬頌般若波羅蜜多經第二函第六十七卷　(24—19)

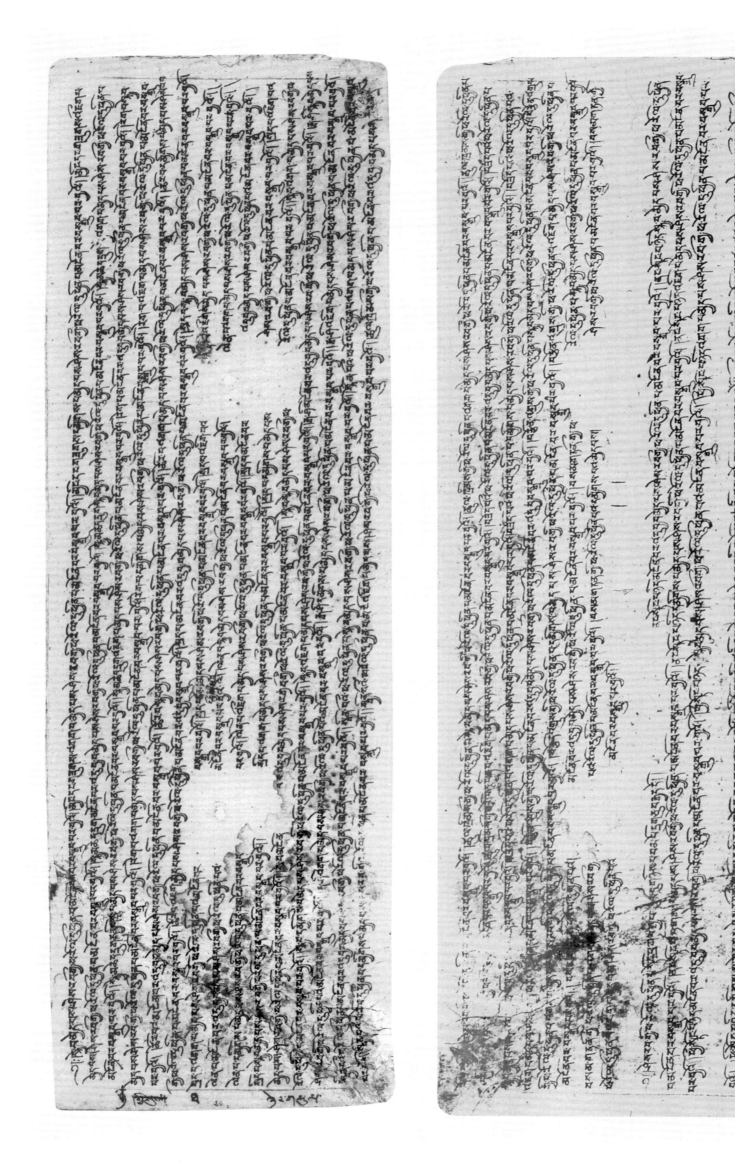

法 Pel.tib.1308

20

4.ཤེས་རབ་ཀྱི་ཕ་རོལ་ཏུ་ཕྱིན་པ་སྟོང་ཕྲག་བརྒྱ་པ་དུམ་བུ་གཉིས་པ་བམ་པོ་དྲུག་ཅུ་རྩ་བདུན།

5.ཤེས་རབ་ཀྱི་ཕ་རོལ་ཏུ་ཕྱིན་པ་སྟོང་ཕྲག་བརྒྱ་པ་དུམ་བུ་གཉིས་པ་བམ་པོ་དྲུག་ཅུ་རྩ་བརྒྱད་དོ།།

4.十萬頌般若波羅蜜多經第二函第六十七卷

5.十萬頌般若波羅蜜多經第二函第六十八卷　　(24—20)

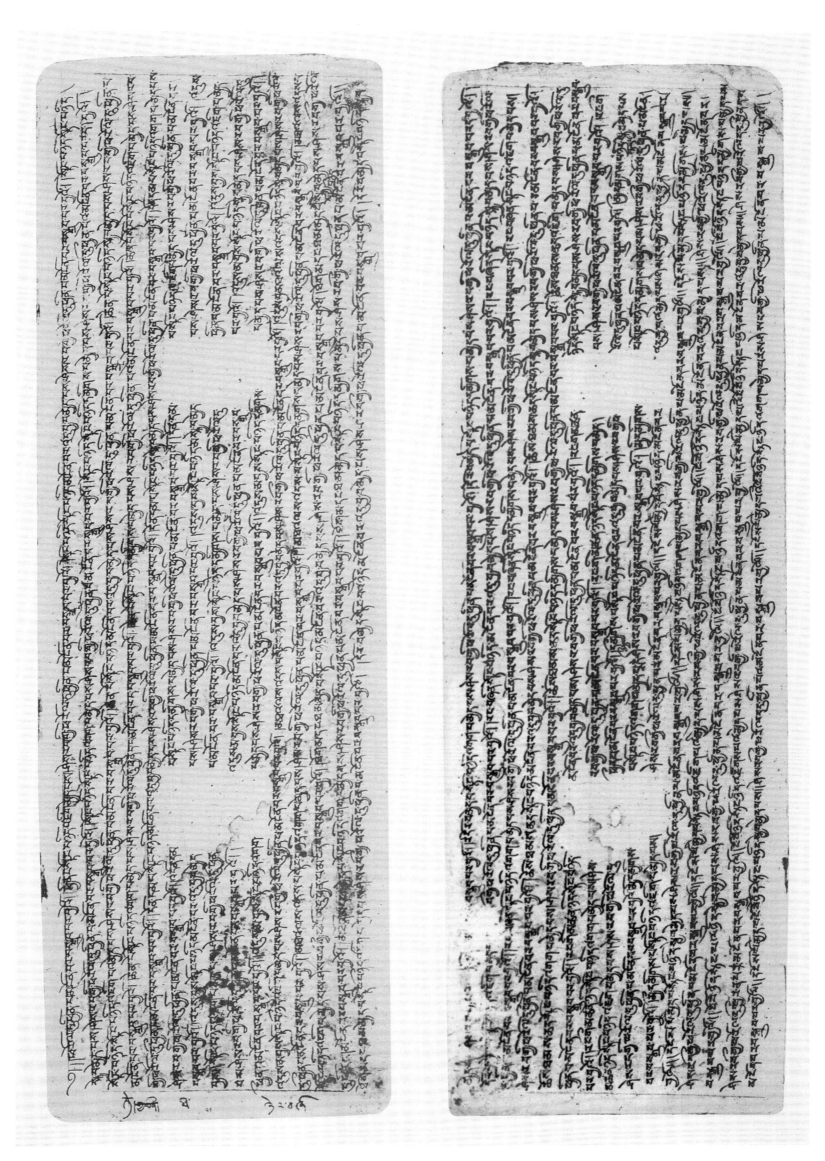

法 Pel.tib.1308　5.ཤེས་རབ་ཀྱི་ཕ་རོལ་ཏུ་ཕྱིན་པ་སྟོང་ཕྲག་བརྒྱ་པ་དུམ་བུ་གཉིས་པའ་བམ་པོ་དུག་ཅུ་བརྒྱད་དོ།།

5.十萬頌般若波羅蜜多經第二函第六十八卷　　(24—21)

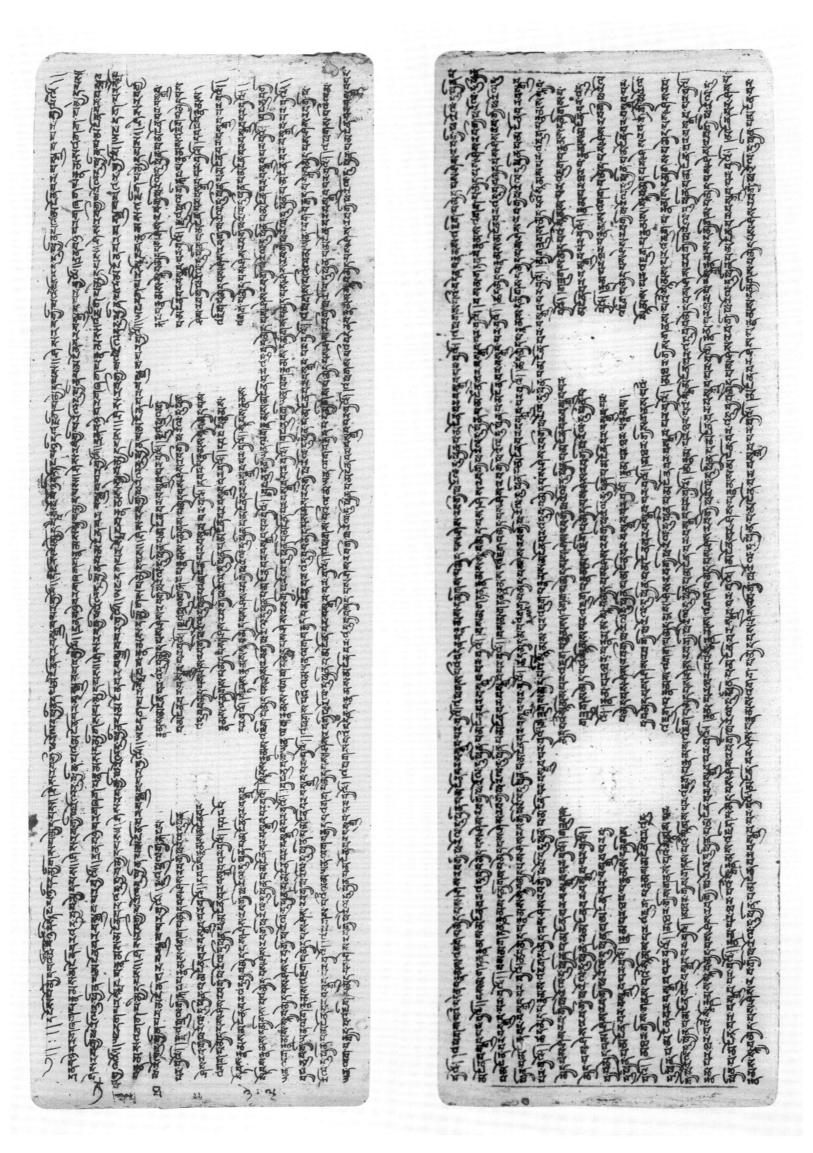

5.ཤེས་རབ་ཀྱི་ཕ་རོལ་ཏུ་ཕྱིན་པ་སྟོང་ཕྲག་བརྒྱ་པ་དུམ་བུ་གཉིས་པའི་བམ་པོ་དྲུག་ཅུ་བརྒྱད་དོ།།

5.十萬頌般若波羅蜜多經第二函第六十八卷　　(24—22)

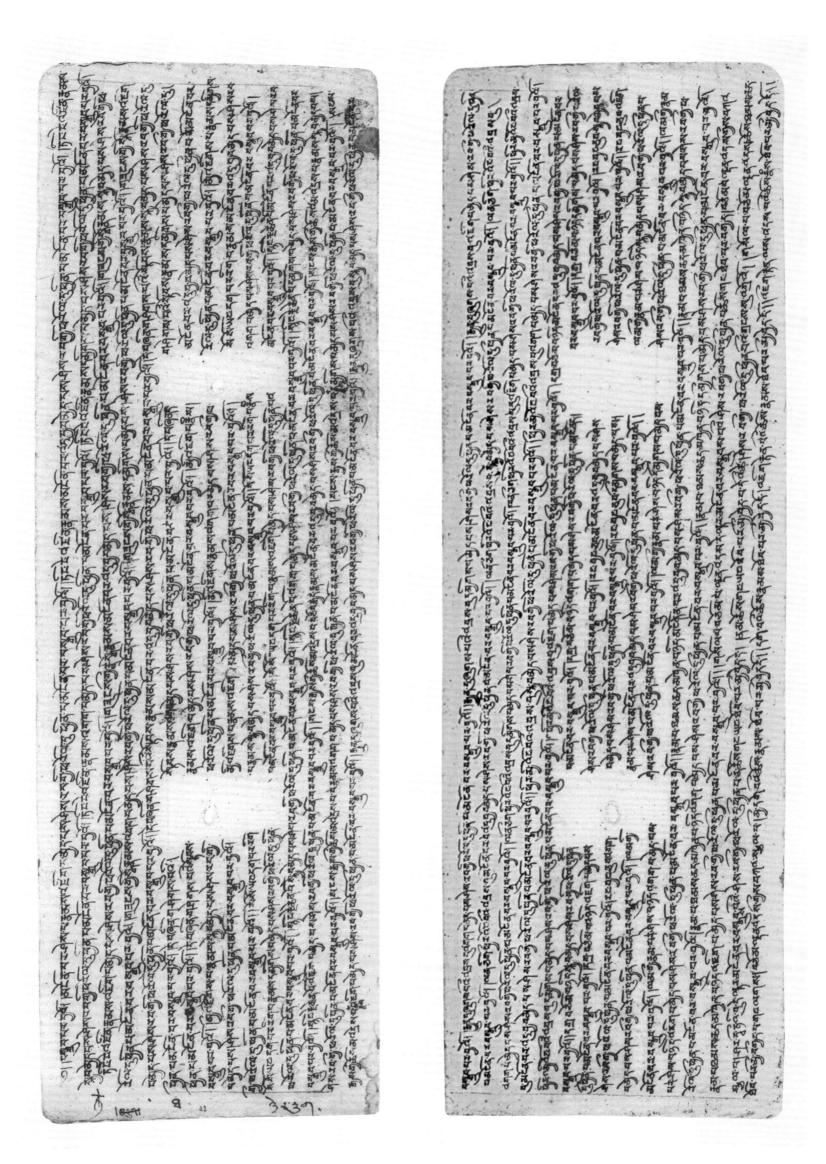

法 Pel.tib.1308　　5.ཤེས་རབ་ཀྱི་ཕ་རོལ་ཏུ་ཕྱིན་པ་སྟོང་ཕྲག་བརྒྱ་པ་དུམ་བུ་གཉིས་པའི་བམ་པོ་དྲུག་ཅུ་བརྒྱད་དོ།།

5.十萬頌般若波羅蜜多經第二函第六十八卷　　(24—23)

23

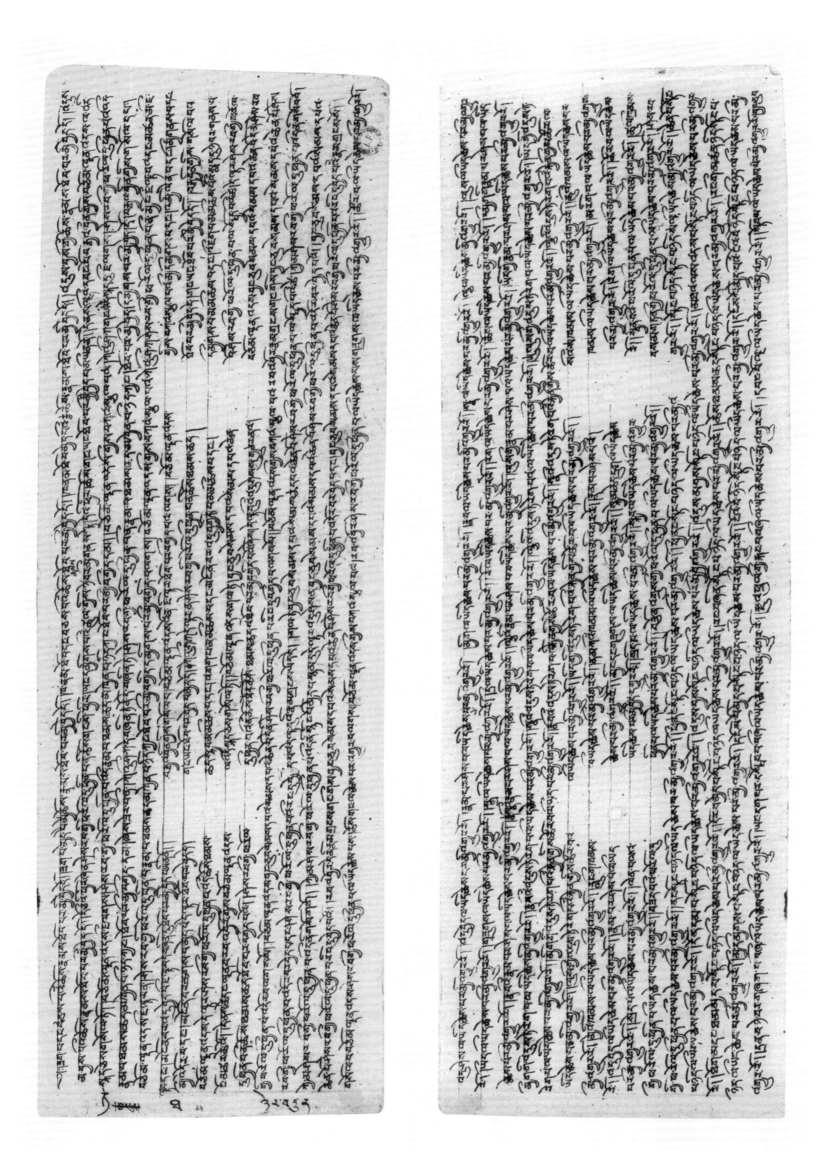

5. ཤེས་རབ་ཀྱི་ཕ་རོལ་ཏུ་ཕྱིན་པ་སྟོང་ཕྲག་བརྒྱ་པ་དུམ་བུ་གཉིས་པའ་བམ་པོ་དྲུག་ཅུ་བརྒྱད་དོ།།

5.十萬頌般若波羅蜜多經第二函第六十八卷　　(24—24)

24

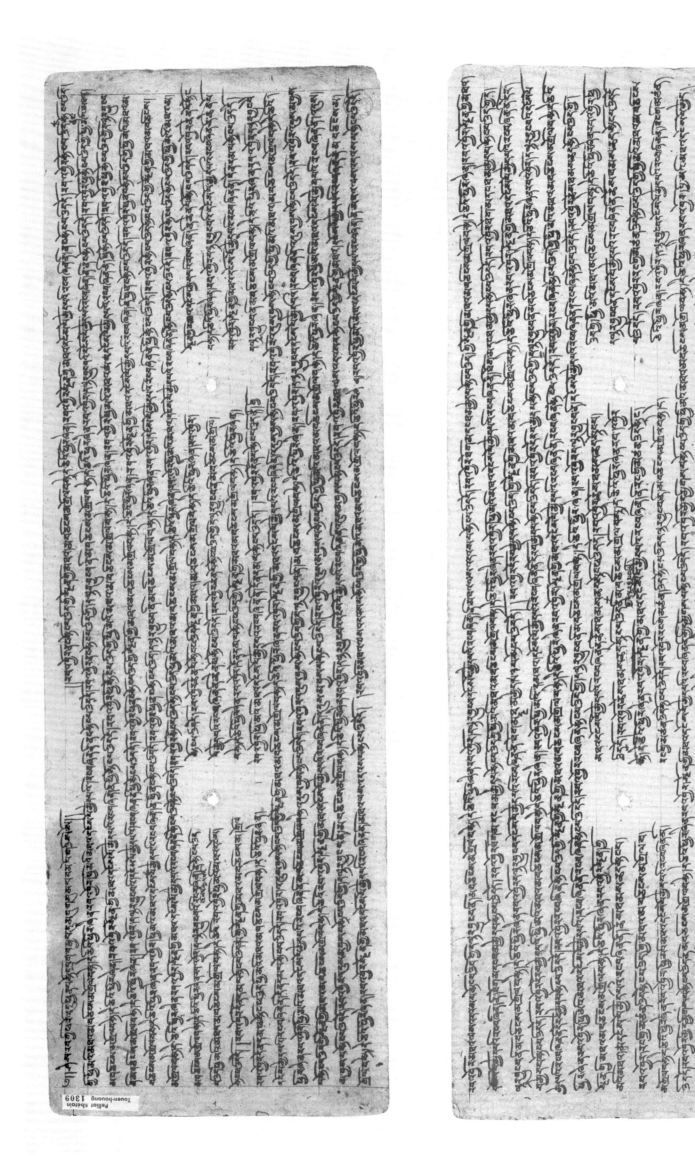

法 Pel.tib.1309　　1.ཤེས་རབ་ཀྱི་ཕ་རོལ་ཏུ་ཕྱིན་པ་སྟོང་ཕྲག་བརྒྱ་པ་དུམ་བུ་གསུམ་པ་བམ་པོ་གཉིས་སོ།།

1.十萬頌般若波羅蜜多經第三函第二卷　　（52—1）

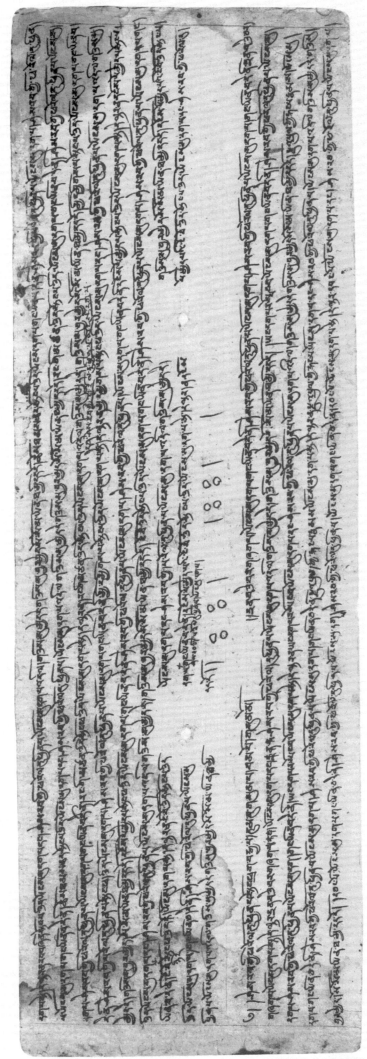

法 Pel.tib.1309

1. ཤེས་རབ་ཀྱི་ཕ་རོལ་ཏུ་ཕྱིན་པ་སྟོང་ཕྲག་བརྒྱ་པ་དུམ་བུ་གསུམ་པ་བམ་པོ་གཉིས་སོ།།

2. ཤེས་རབ་ཀྱི་ཕ་རོལ་ཏུ་ཕྱིན་པ་སྟོང་ཕྲག་བརྒྱ་པ་དུམ་བུ་གསུམ་པ་བམ་པོ་གསུམ་སོ།།

26

1. 十萬頌般若波羅蜜多經第三函第二卷

2. 十萬頌般若波羅蜜多經第三函第三卷　　　(52—2)

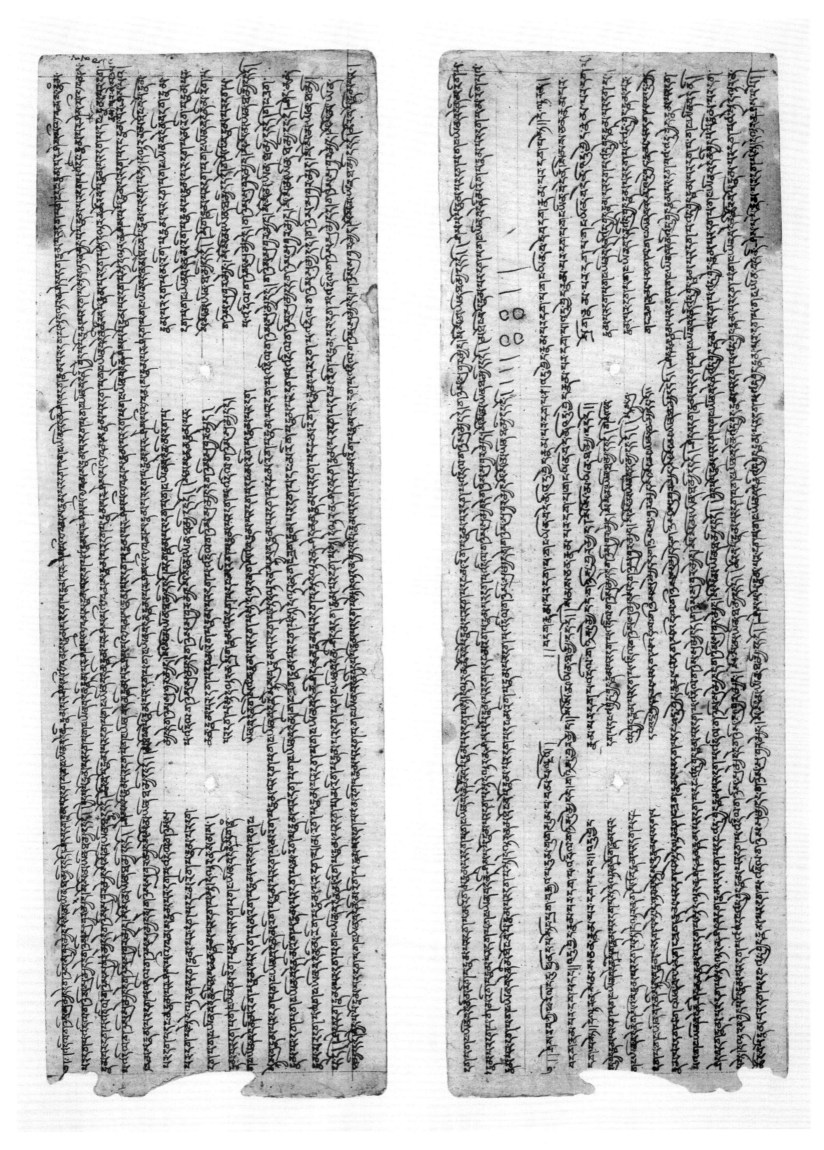

法 Pel.tib.1309　3.ཤེས་རབ་ཀྱི་ཕ་རོལ་ཏུ་ཕྱིན་པ་སྟོང་ཕྲག་བརྒྱ་བ་དུམ་བུ་གསུམ་པའི་བམ་པོ་བཞི་བ།
4.ཤེས་རབ་ཀྱི་ཕ་རོལ་ཏུ་ཕྱིན་པ་སྟོང་ཕྲག་བརྒྱ་བ་དུམ་བུ་གསུམ་པ་བམ་པོ་ལྔ་འོ།

3.十萬頌般若波羅蜜多經第三函第四卷
4.十萬頌般若波羅蜜多經第三函第五卷　　(52—3)

27

法 Pel.tib.1309

28

4.ཤེས་རབ་ཀྱི་ཕ་རོལ་ཏུ་ཕྱིན་པ་སྟོང་ཕྲག་བརྒྱ་པ་དུམ་བུ་གསུམ་པ་བམ་པོ་ལྔ་པོ།

5.ཤེས་རབ་ཀྱི་ཕ་རོལ་ཏུ་ཕྱིན་པ་སྟོང་ཕྲག་བརྒྱ་པ་དུམ་བུ་གསུམ་པ་བམ་པོ་དྲུག་གོ།

4.十萬頌般若波羅蜜多經第三函第五卷

5.十萬頌般若波羅蜜多經第三函第六卷　　(52—4)

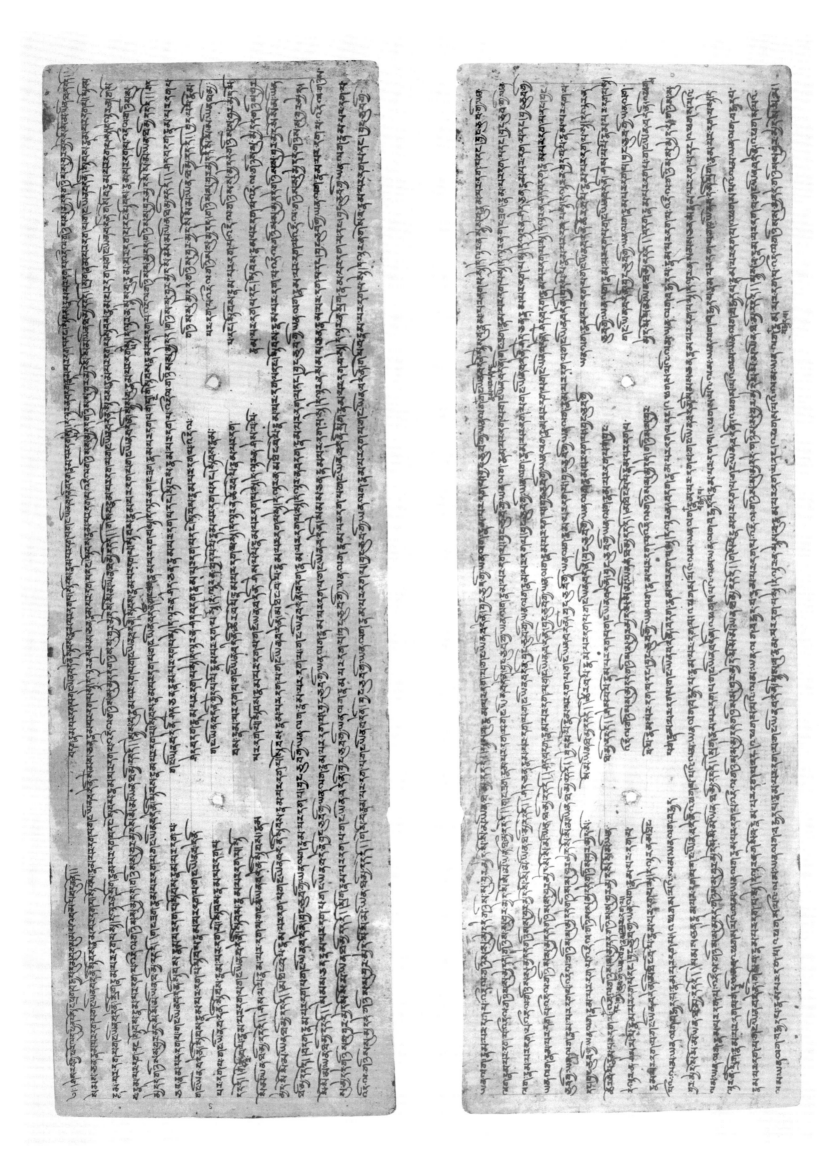

法 Pel.tib.1309　　6.ཤེས་རབ་ཀྱི་ཕ་རོལ་ཏུ་ཕྱིན་པ་སྟོང་ཕྲག་བརྒྱ་པ་དུམ་བུ་གསུམ་པ་བམ་པོ་བདུན་ནོ།།

6.十萬頌般若波羅蜜多經第三函第七卷　　(52—5)

29

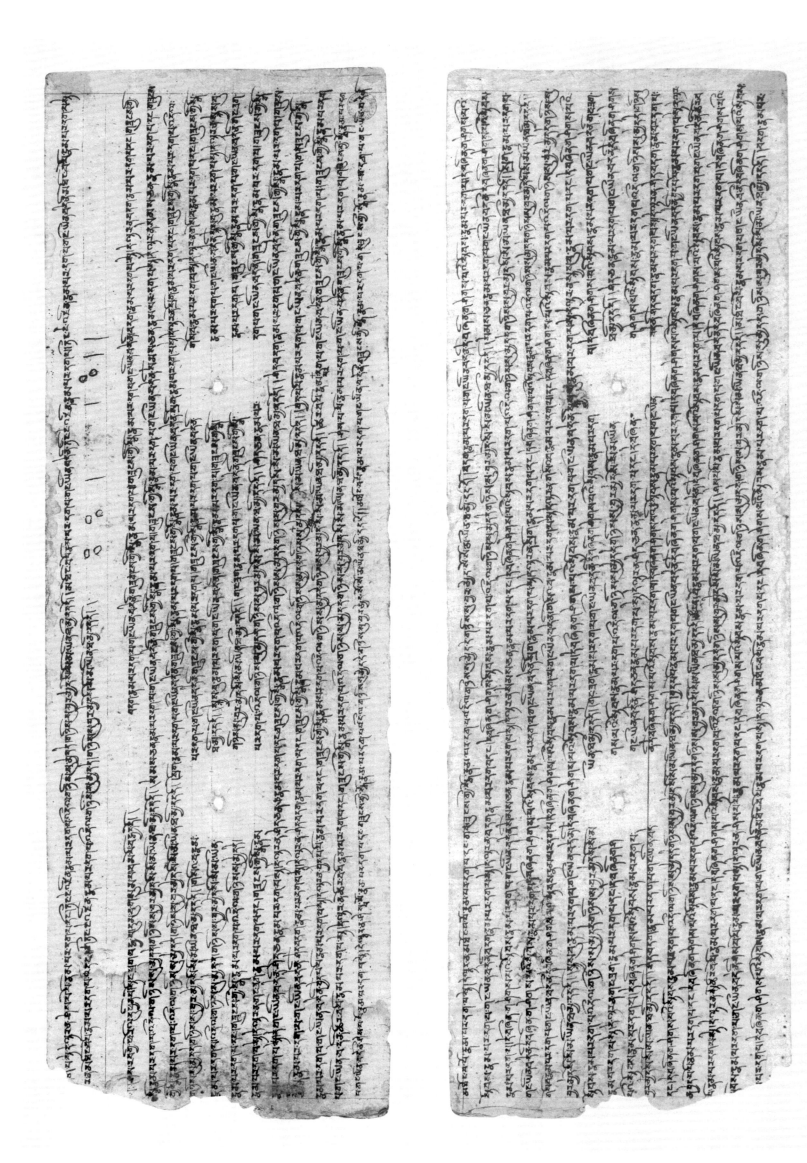

法 Pel.tib.1309

30

6.ཤེས་རབ་ཀྱི་ཕ་རོལ་ཏུ་ཕྱིན་པ་སྟོང་ཕྲག་བརྒྱ་པ་དུམ་བུ་གསུམ་པ་བམ་པོ་བདུན་ནོ།།

7.ཤེས་རབ་ཀྱི་ཕ་རོལ་ཏུ་ཕྱིན་པ་སྟོང་ཕྲག་བརྒྱ་པ་དུམ་བུ་གསུམ་པ་བམ་པོ་བརྒྱད་དོ།།

6.十萬頌般若波羅蜜多經第三函第七卷　7.十萬頌般若波羅蜜多經第三函第八卷　　(52—6)

法 Pel.tib.1309

7.ཤེས་རབ་ཀྱི་ཕ་རོལ་ཏུ་ཕྱིན་པ་སྟོང་ཕྲག་བརྒྱ་པ་དུམ་བུ་གསུམ་པའི་བམ་པོ་བརྒྱད་དོ།།

8.ཤེས་རབ་ཀྱི་ཕ་རོལ་ཏུ་ཕྱིན་པ་སྟོང་ཕྲག་བརྒྱ་པ་དུམ་བུ་གསུམ་པ་བའི་བམ་པོ་དགུའོ།།

7.十萬頌般若波羅蜜多經第三函第八卷

8.十萬頌般若波羅蜜多經第三函第九卷　　(52—7)

31

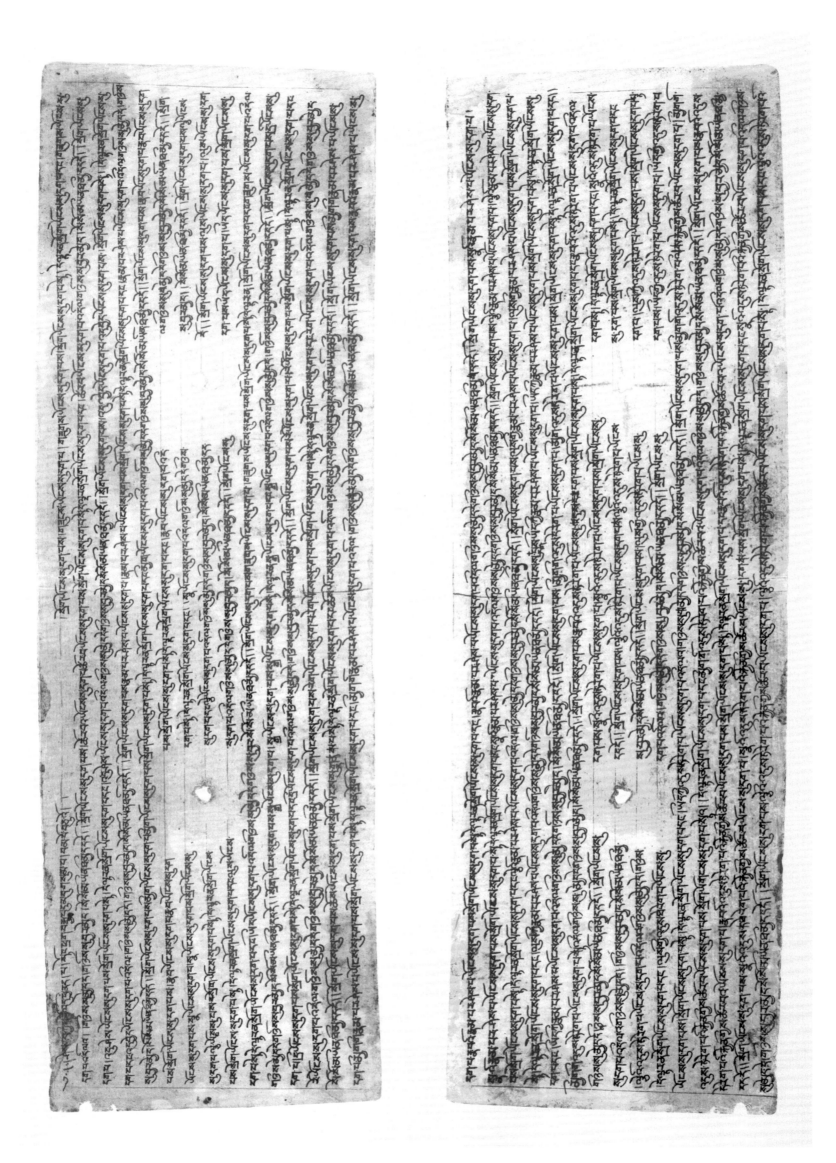

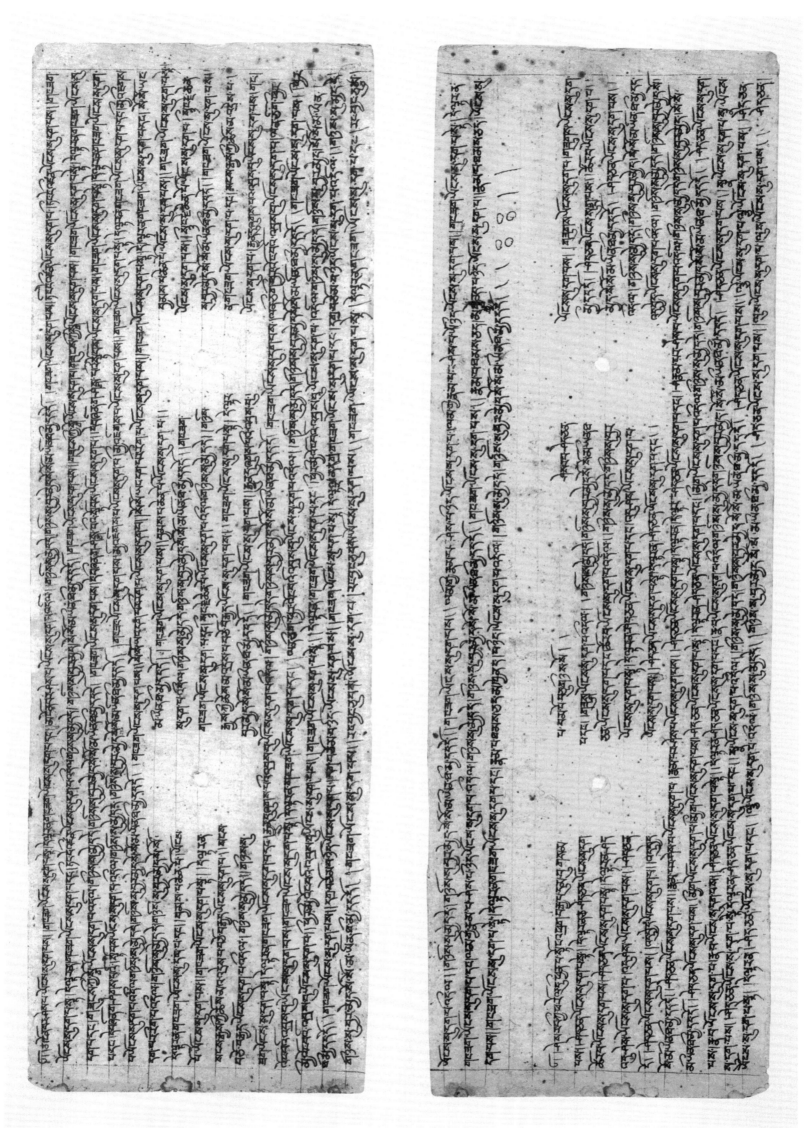

法 Pel.tib.1309　10.ཤེས་རབ་ཀྱི་ཕ་རོལ་ཏུ་ཕྱིན་པ་སྟོང་ཕྲག་བརྒྱ་པ་ལས་བ་གསུམ་པའི་བམ་པོ་བཅུ་གཅིག་པ།

11.ཤེས་རབ་ཀྱི་ཕ་རོལ་ཏུ་ཕྱིན་པ་སྟོང་འཕྲག་བརྒྱ་པ་ལས་བ་གསུམ་པའི་བམ་པོ་བཅུ་གཉིས་སོ།།

10.十萬頌般若波羅蜜多經第三函第十一卷

11.十萬頌般若波羅蜜多經第三函第十二卷　　(52—9)

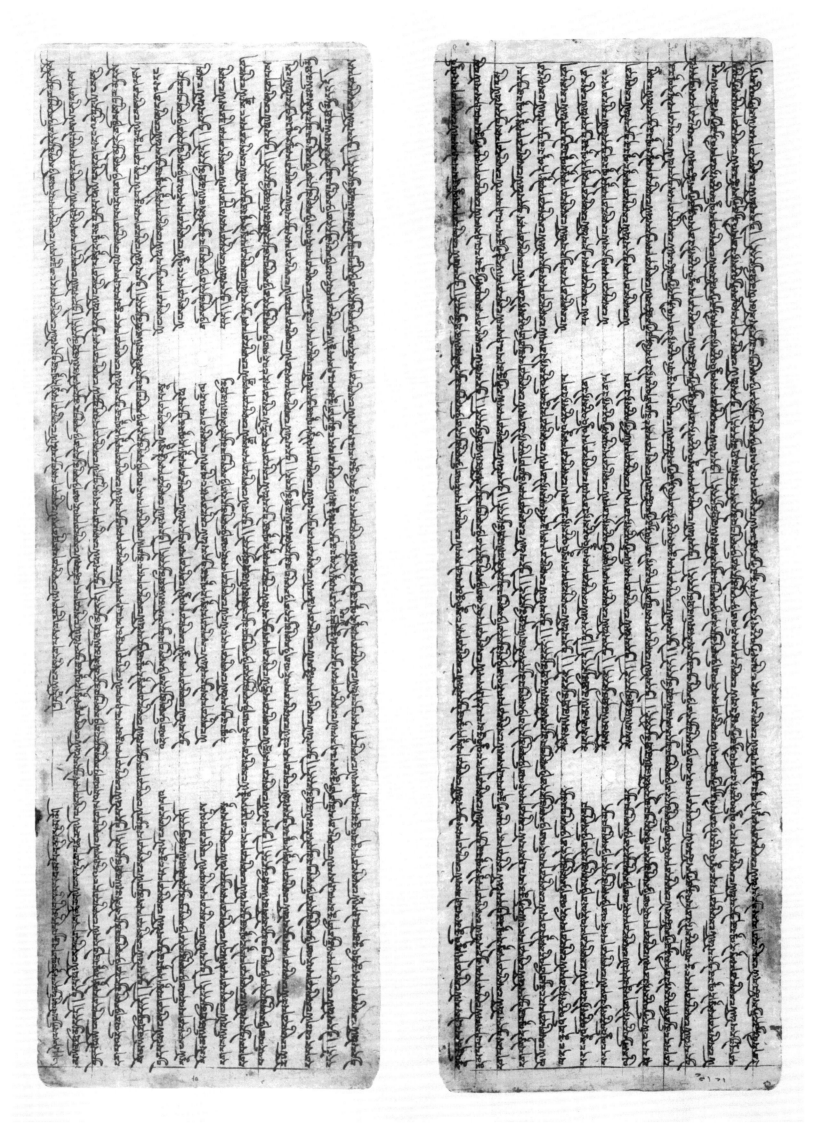

12. ཤེས་རབ་ཀྱི་ཕ་རོལ་ཏུ་ཕྱིན་པ་སྟོང་ཕྲག་བརྒྱ་པ་དུམ་བུ་གསུམ་པ་བམ་པོ་བཅུ་གསུམ་མོ།

12.十萬頌般若波羅蜜多經第三函第十三卷　　(52—10)

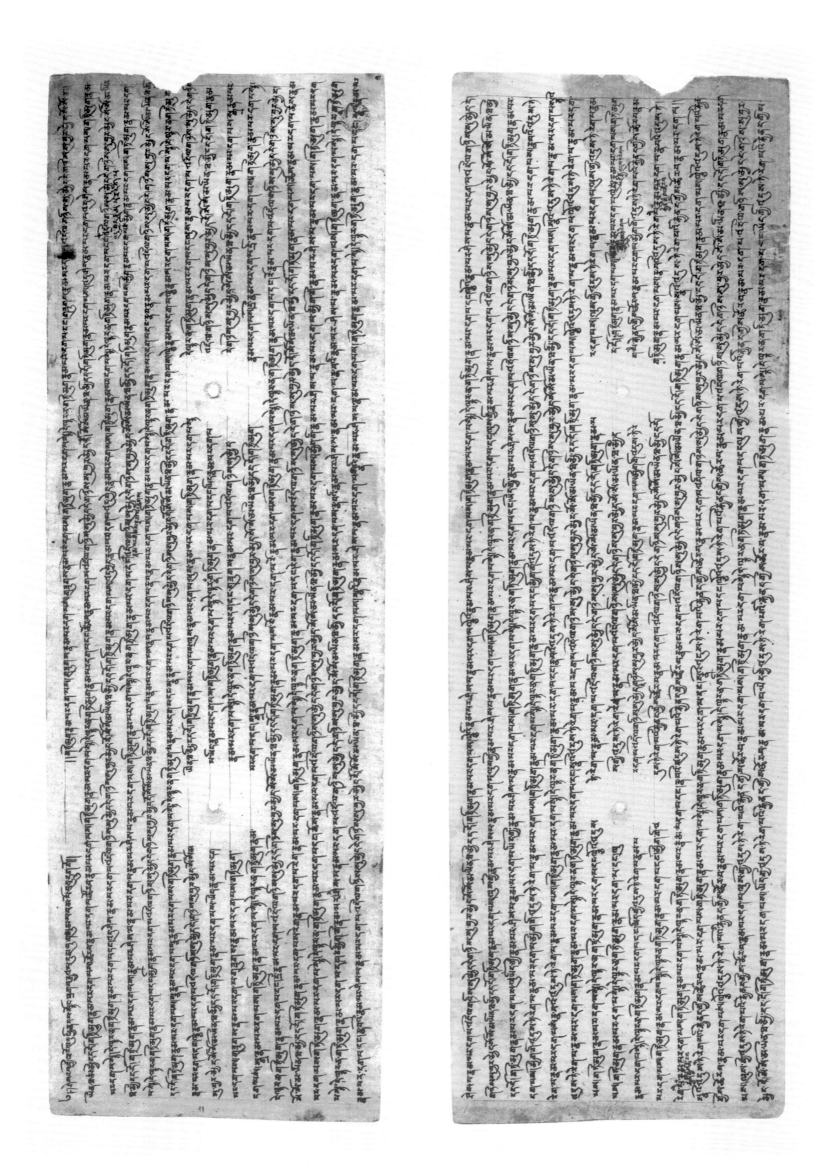

法 Pel.tib.1309　　13.ཤེས་རབ་ཀྱི་ཕ་རོལ་ཏུ་ཕྱིན་པ་སྟོང་ཕྲག་བརྒྱ་པ་དུམ་བུ་གསུམ་པ་བམ་པོ་བཅུ་དྲུག་གོ །
13.十萬頌般若波羅蜜多經第三函第十六卷　　(52—11)

35

法 Pel.tib.1309

36

13.ཤེས་རབ་ཀྱི་ཕ་རོལ་ཏུ་ཕྱིན་པ་སྟོང་ཕྲག་བརྒྱ་པ་དུམ་བུ་གསུམ་པ་བམ་པོ་བཅུ་དྲུག་གོ །

14.ཤེས་རབ་ཀྱི་ཕ་རོལ་ཏུ་ཕྱིན་པ་སྟོང་ཕྲག་བརྒྱ་པ་དུམ་བུ་གསུམ་པ་བམ་པོ་བཅུ་བདུན་ནོ།།

13.十萬頌般若波羅蜜多經第三函第十六卷

14.十萬頌般若波羅蜜多經第三函第十七卷　　(52—12)

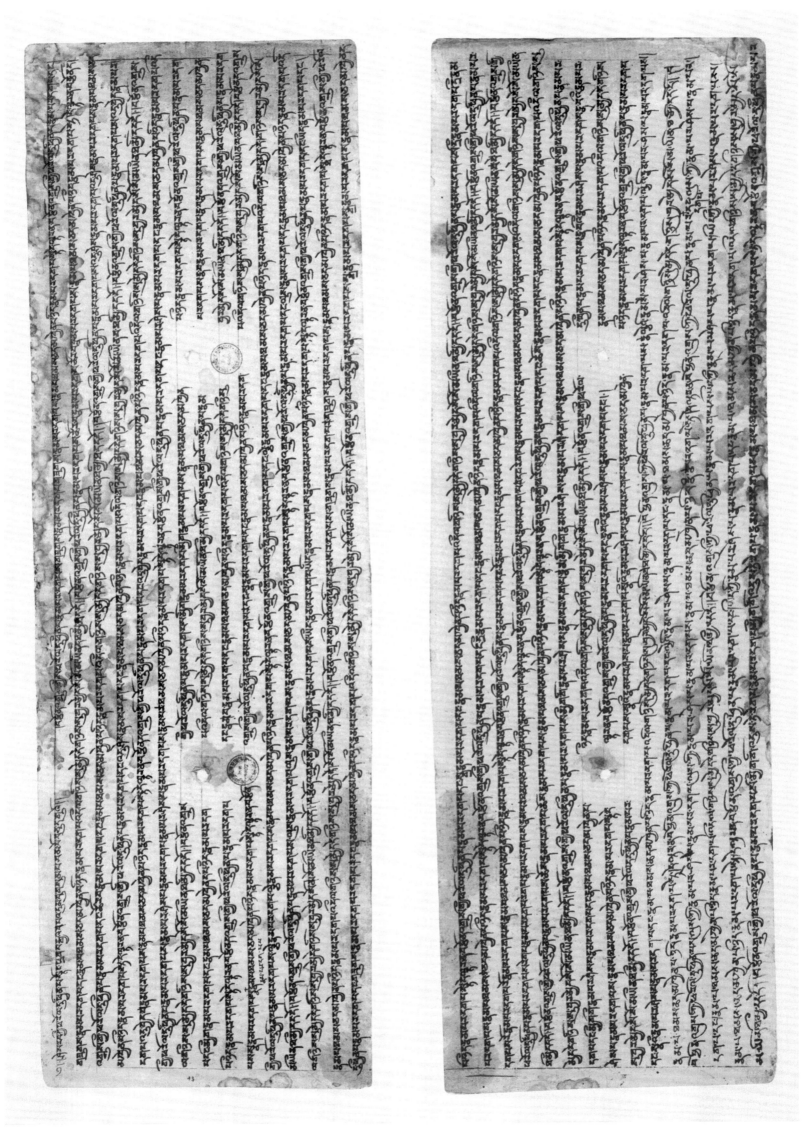

法 Pel.tib.1309 15.ཤེས་རབ་ཀྱི་ཕ་རོལ་ཏུ་ཕྱིན་པ་སྟོང་ཕྲག་བརྒྱ་པ་དུམ་བུ་གསུམ་པ་བམ་པོ་བཅུ་དགུ་འོ།།

15.十萬頌般若波羅蜜多經第三函第十九卷　　(52—13)

15.ཤེས་རབ་ཀྱི་ཕ་རོལ་ཏུ་ཕྱིན་པ་སྟོང་ཕྲག་བརྒྱ་པ་དུམ་བུ་གསུམ་པ་བམ་པོ་བཅུ་དགུ་པའོ།།

16.ཤེས་རབ་ཀྱི་ཕ་རོལ་ཏུ་ཕྱིན་པ་སྟོང་ཕྲག་བརྒྱ་པ་དུམ་བུ་གསུམ་པ་བམ་པོ་ཉི་ཤུ་པོ།

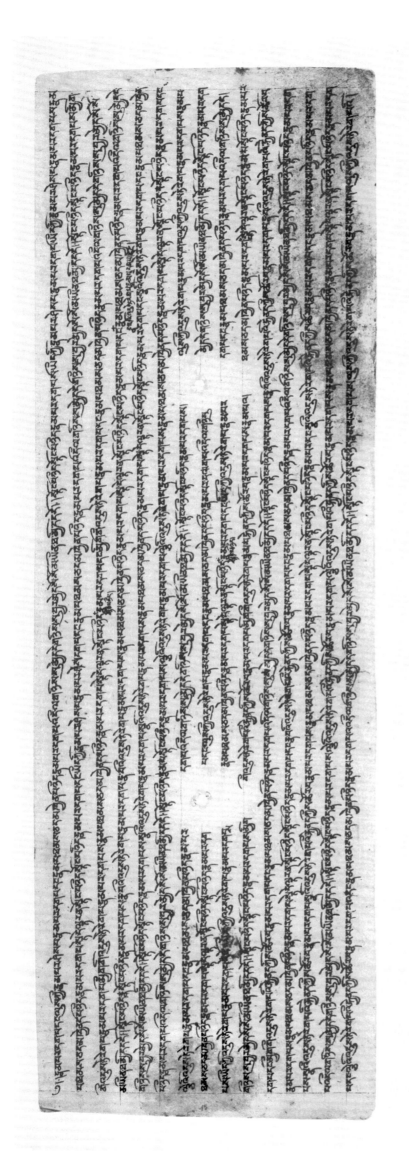

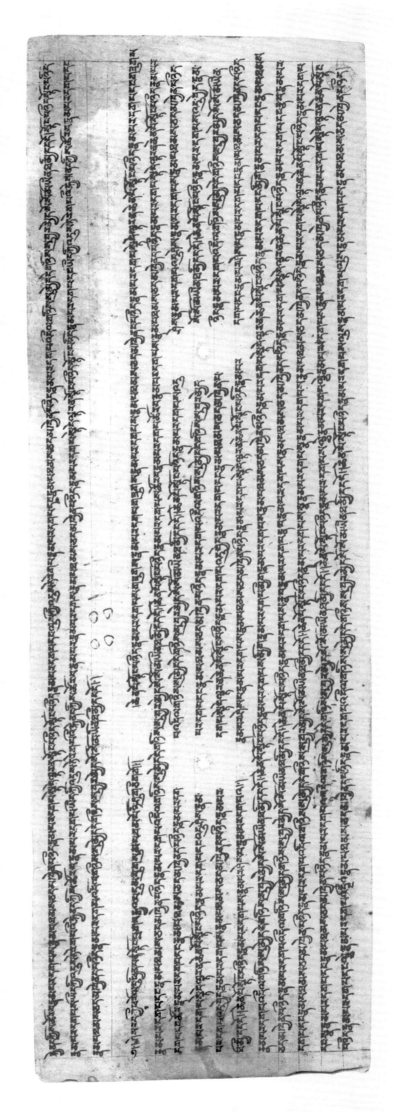

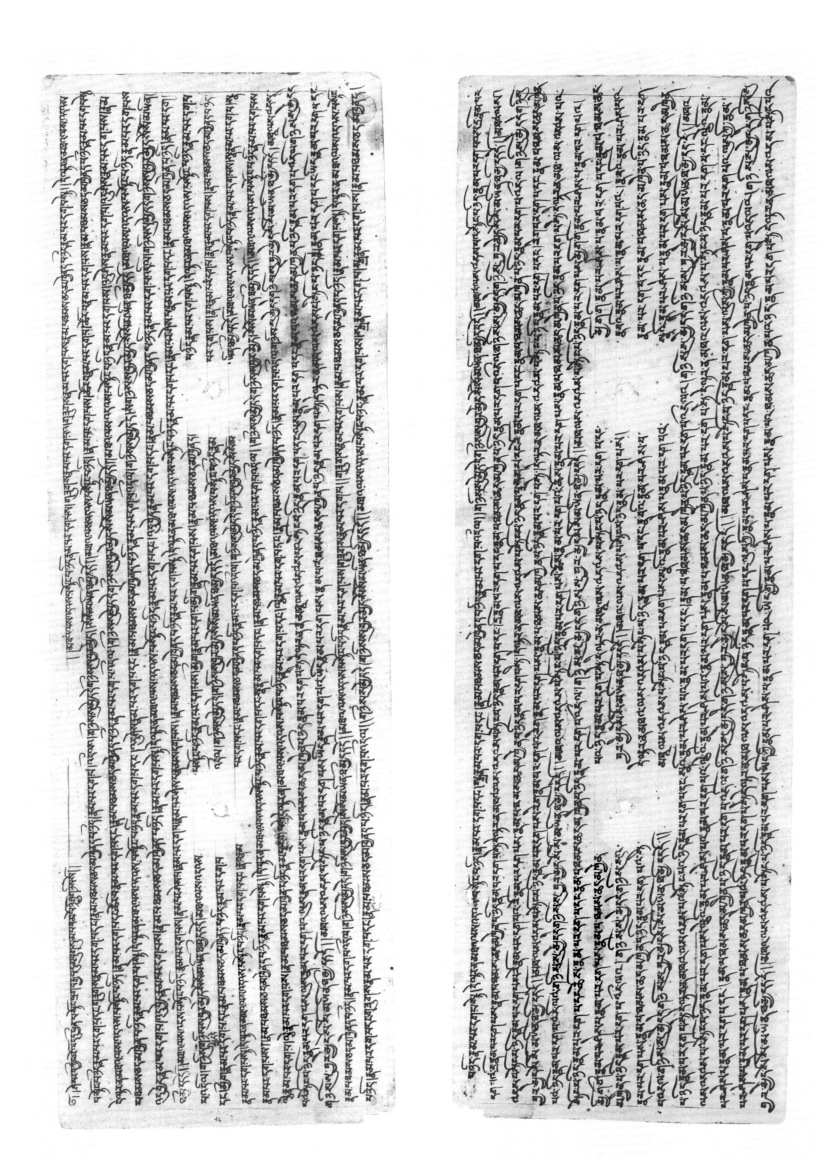

18.ཤེས་རབ་ཀྱི་ཕ་རོལ་ཏུ་ཕྱིན་པ་སྟོང་ཕྲག་བརྒྱ་པ་དུམ་བུ་གསུམ་པ་བམ་པོ་ཉི་ཤུ་གཉིས་སོ།།

18.十萬頌般若波羅蜜多經第三函第二十二卷　　(52—16)

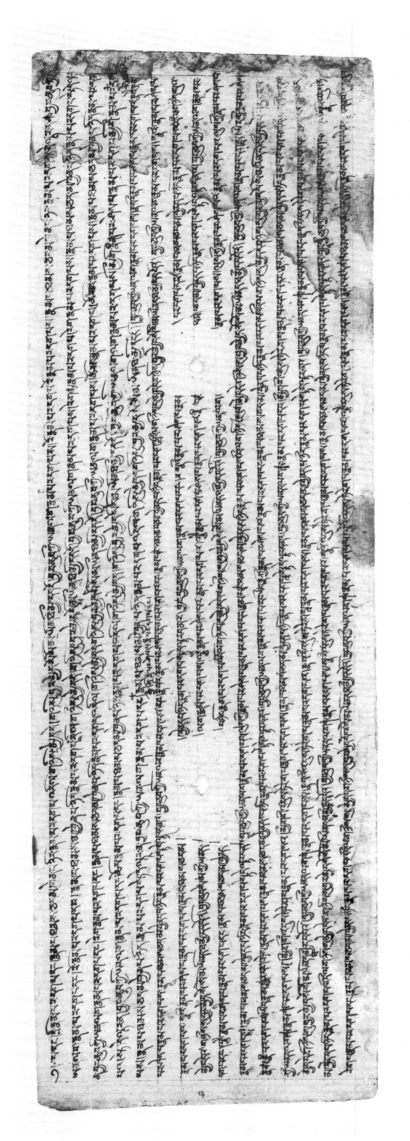
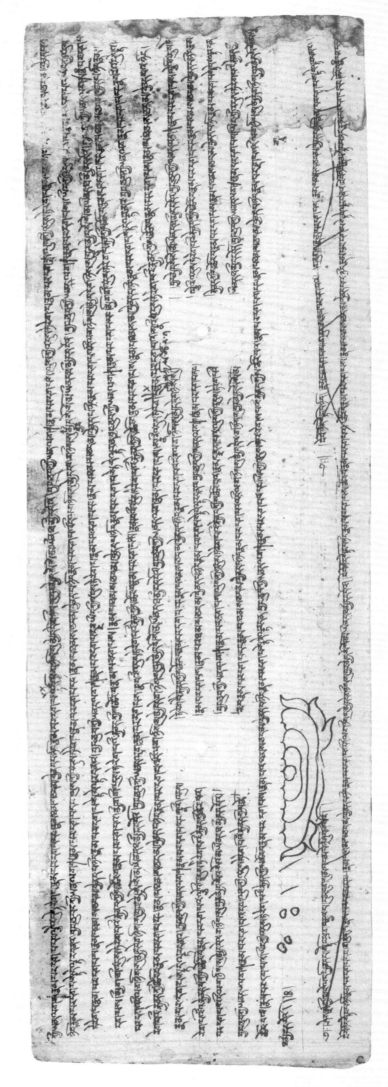

法 Pel.tib.1309

19.ཤེས་རབ་ཀྱི་ཕ་རོལ་དུ་ཕྱིན་པ་སྟོང་ཕྲག་བརྒྱ་པ་དུམ་བུ་གསུམ་པའི་བམ་པོ་ཉེར་གསུམ།

20.ཤེས་རབ་ཀྱི་ཕ་རོལ་དུ་ཕྱིན་པ་སྟོང་ཕྲག་བརྒྱ་པ་དུམ་བུ་གསུམ་པ་བམ་པོ་ཉེ་ཤུ་བཞིའི་འོ།།

19.十萬頌般若波羅蜜多經第三函第二十三卷

20.十萬頌般若波羅蜜多經第三函第二十四卷　　(52—17)

41

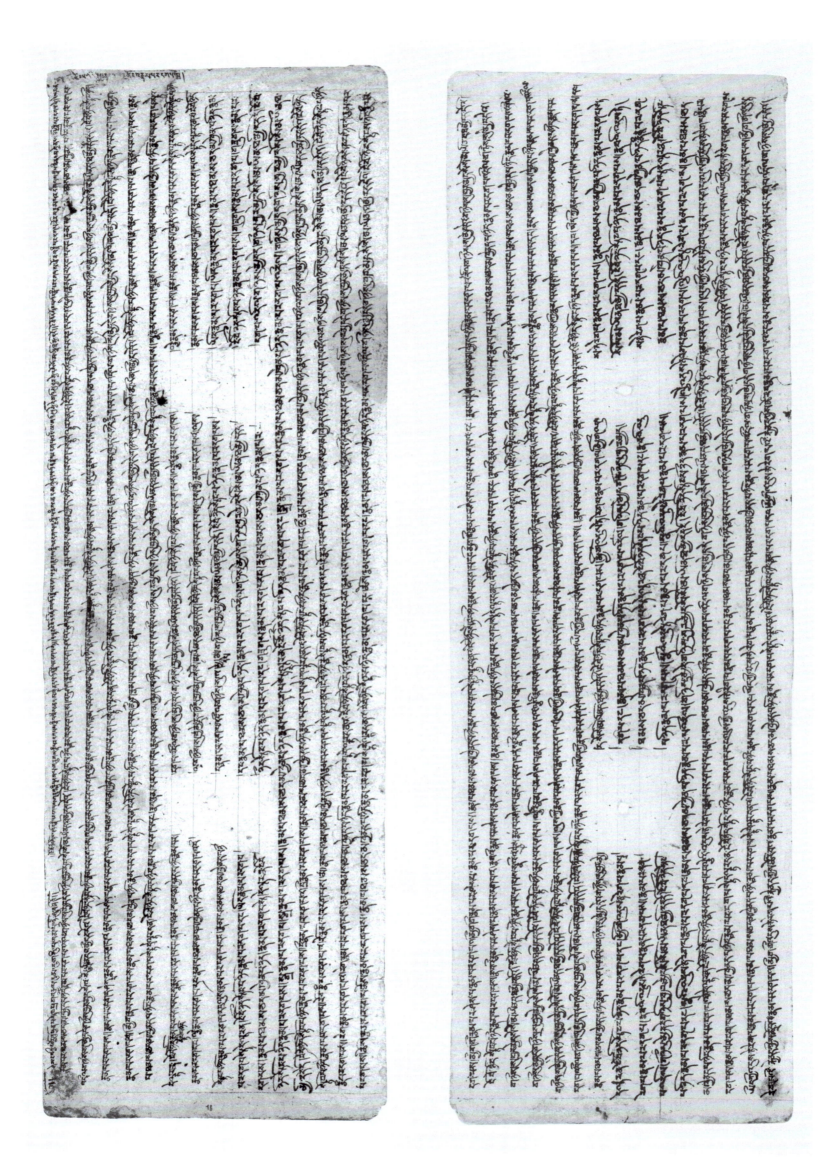

法 Pel.tib.1309　20.ཤེས་རབ་ཀྱི་ཕ་རོལ་དུ་ཕྱིན་པ་སྟོང་ཕྲག་བརྒྱ་པ་དུམ་བུ་གསུམ་པ་བམ་པོ་ཉི་ཤུ་བཞི་པོ།།

20.十萬頌般若波羅蜜多經第三函第二十四卷　　(52—18)

42

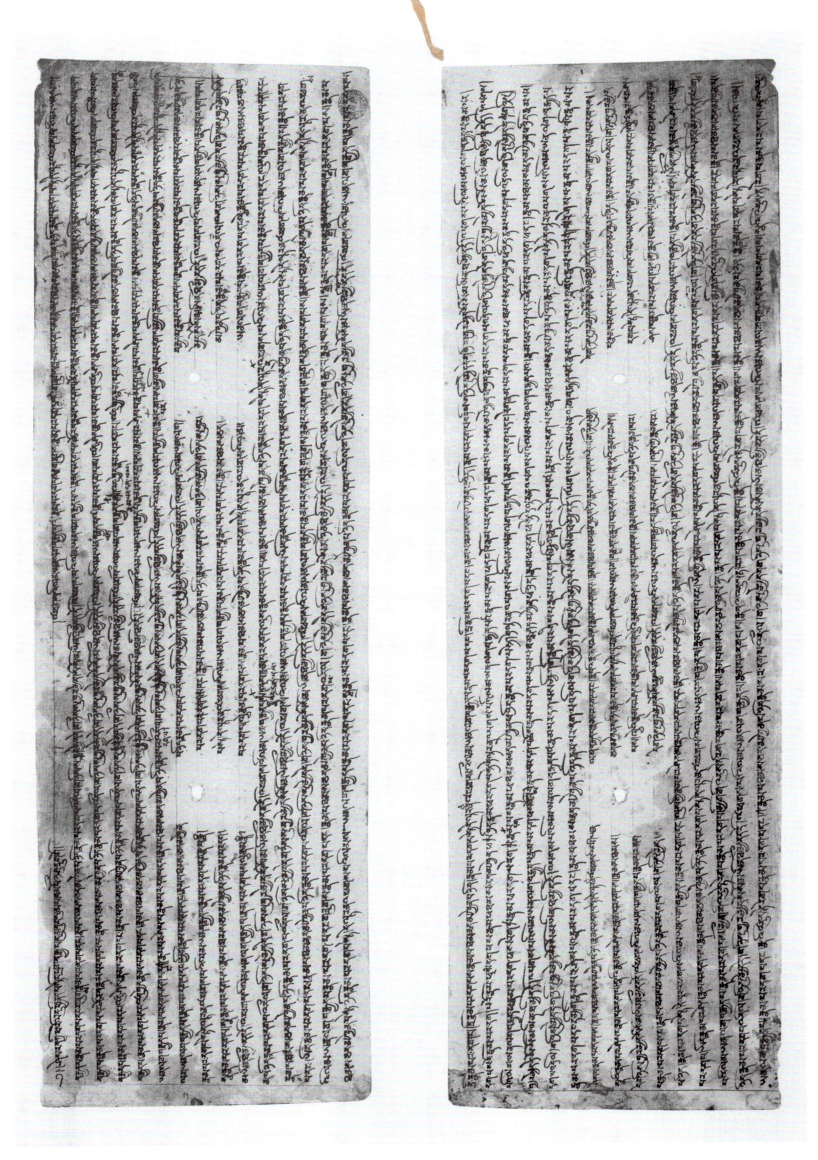

法 Pel.tib.1309　21.ཤེས་རབ་ཀྱི་ཕ་རོལ་ཏུ་ཕྱིན་པ་སྟོང་ཕྲག་བརྒྱ་པ་དུམ་བུ་གསུམ་པ་བམ་པོ་ཉི་ཤུ་དྲུག་གོ །

21.十萬頌般若波羅蜜多經第三函第二十六卷　　(52—19)

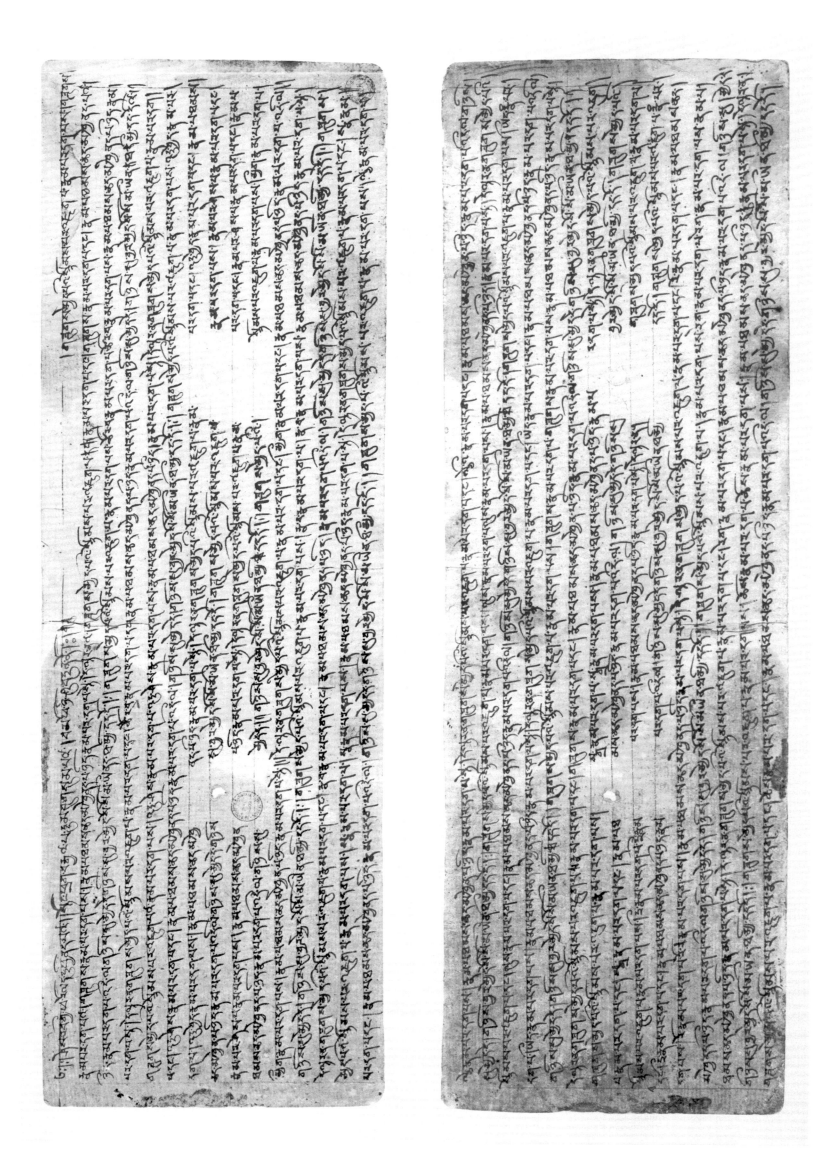

22.ཤེས་རབ་ཀྱི་ཕ་རོལ་ཏུ་ཕྱིན་པ་འ། །སྟོང་ཕྲག་བརྒྱ་པ་དུམ་བུ་གསུམ་པ་འཁོམ་པོ་ནི་ཤུ་བདུན་ནོ།།

22.十萬頌般若波羅蜜多經第三函第二十七卷　　(52—20)

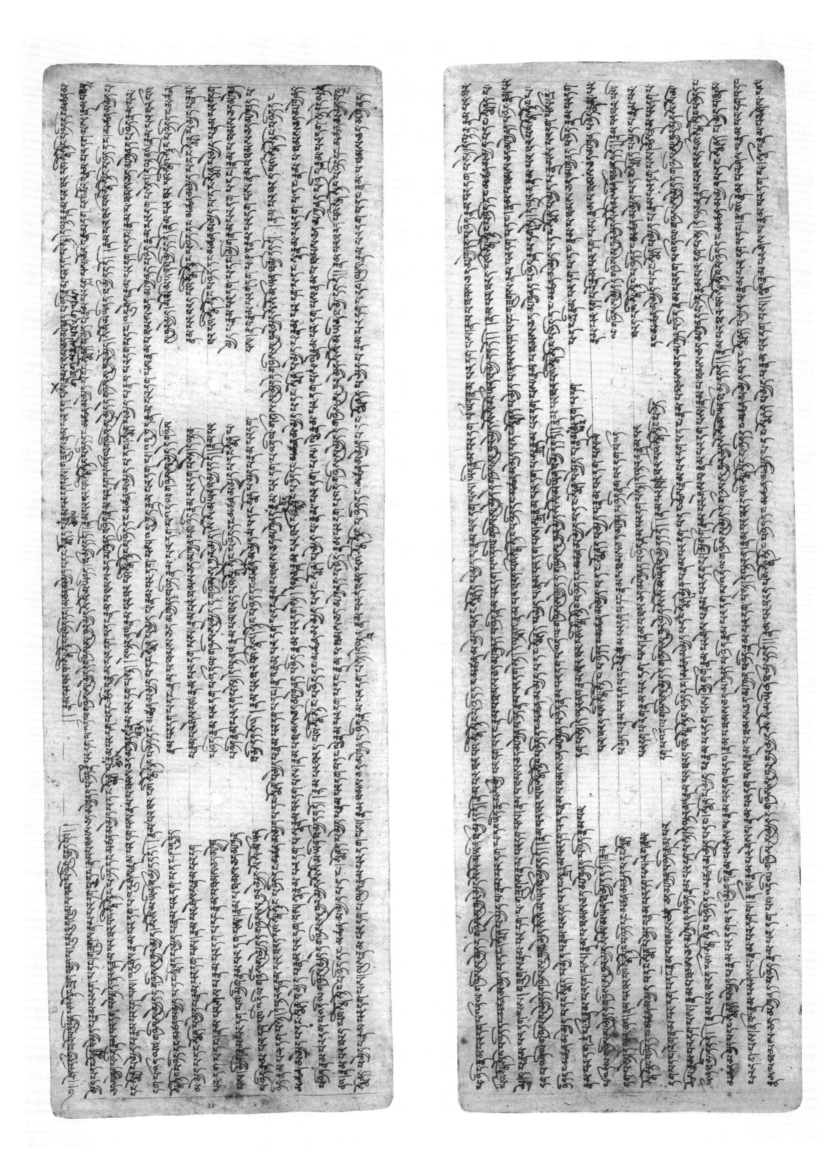

法 Pel.tib.1309　23.ཤེས་རབ་ཀྱི་ཕ་རོལ་ཏུ་ཕྱིན་པའི་སྟོང་ཕྲག་བརྒྱ་པ་དུམ་བུ་གསུམ་པ་བམ་པོ་ཉི་ཤུ་བརྒྱད་དོ།།

23.十萬頌般若波羅蜜多經第三函第二十八卷　　(52—21)

45

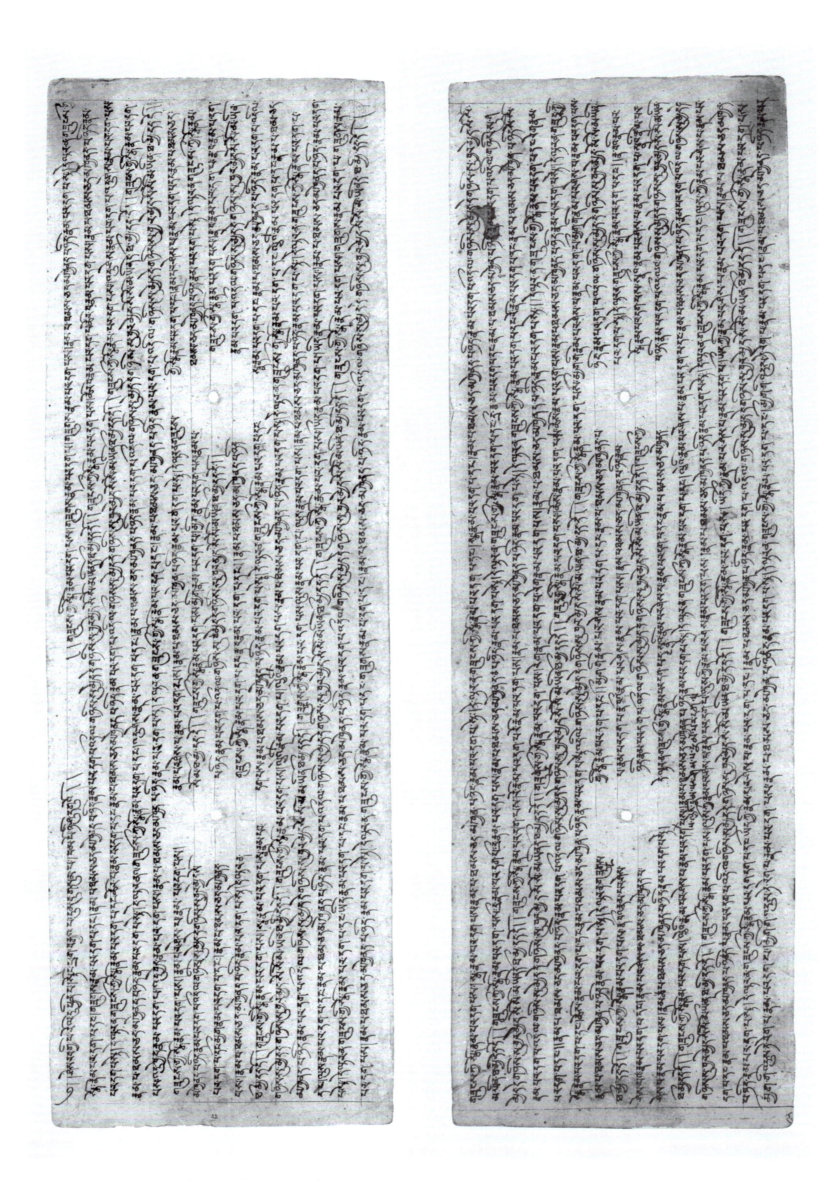

法 Pel.tib.1309　24.ཤེས་རབ་ཀྱི་ཕ་རོལ་ཏུ་ཕྱིན་པ་སྟོང་ཕྲག་བརྒྱ་པ་དུམ་བུ་གསུམ་པ་བཞལ་པོ་ཉི་ཤུ་དགུ་པའོ།།

24.十萬頌般若波羅蜜多經第三函第二十九卷　(52—22)

46

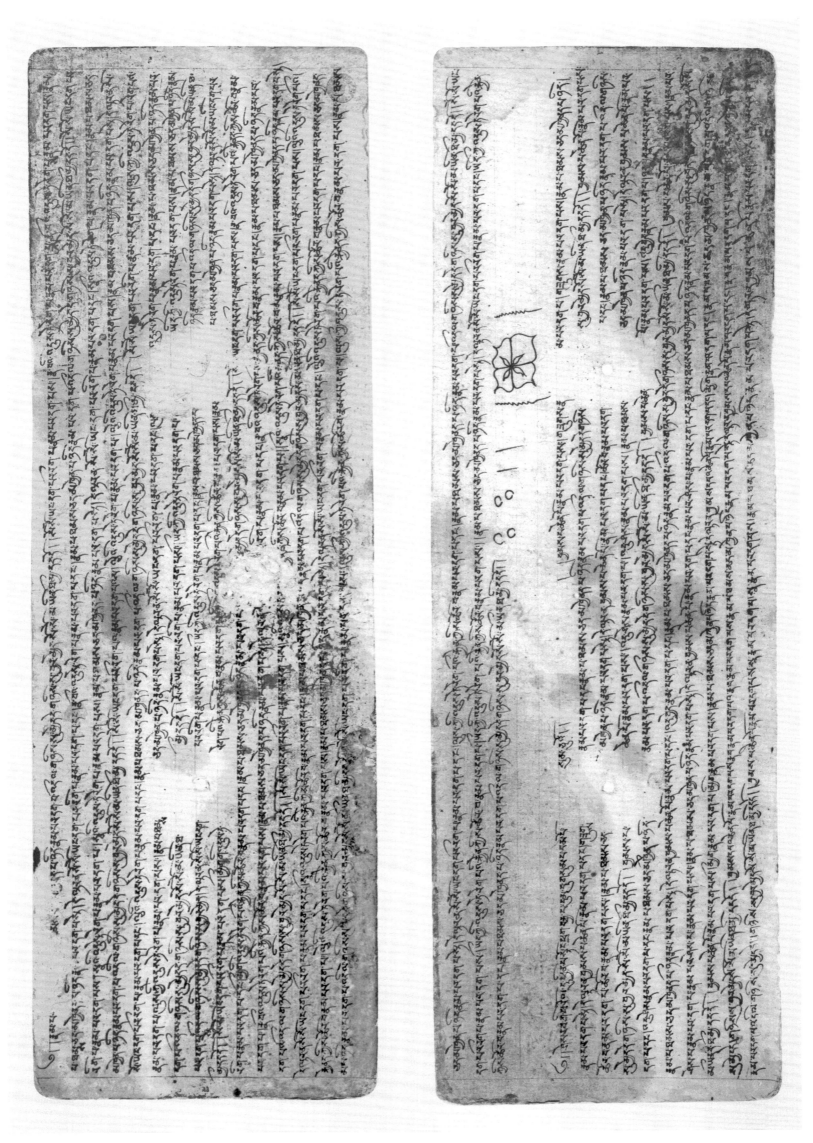

法 Pel.tib.1309　24.ཤེས་རབ་ཀྱི་ཕ་རོལ་ཏུ་ཕྱིན་པ་སྟོང་ཕྲག་བརྒྱ་པ་དུམ་བུ་གསུམ་པ་བམ་པོ་ཉི་ཤུ་དགུ་པའོ།།
　　　　　　　　25.ཤེས་རབ་གི་ཕ་རོལ་ཏུ་ཕྱིན་པ་སྟོང་ཕྲག་བརྒྱ་པ་དུམ་བུ་གསུམ་པ་བམ་པོ་སུམ་ཅུའོ།།
　　　　　　　　24.十萬頌般若波羅蜜多經第三函第二十九卷
　　　　　　　　25.十萬頌般若波羅蜜多經第三函第三十卷　　(52—23)

47

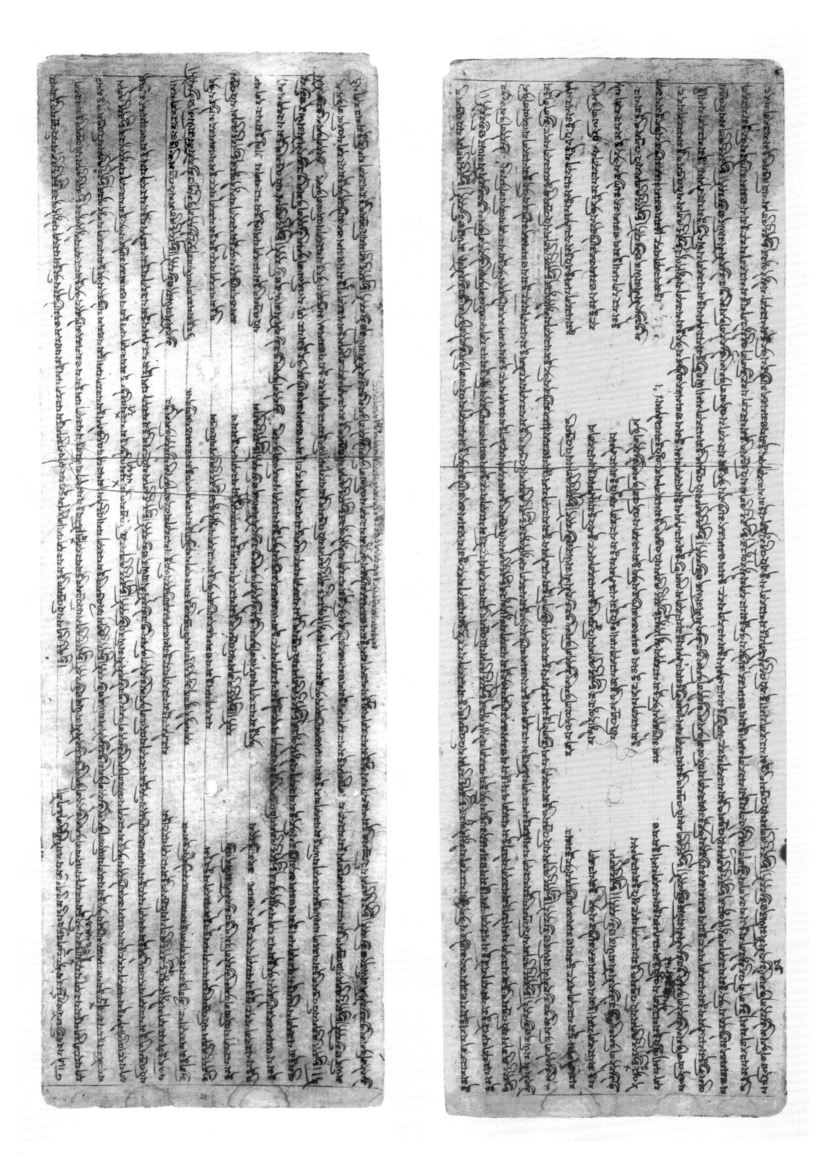

26.ཤེས་རབ་ཀྱི་ཕ་རོལ་ཏུ་ཕྱིན་པ་སྟོང་ཕྲག་བརྒྱ་པ་དུམ་བུ་གསུམ་པ་བམ་པོ་སུམ་ཅུ་གཅིག་གོ །

26.十萬頌般若波羅蜜多經第三函第三十一卷　　(87—24)

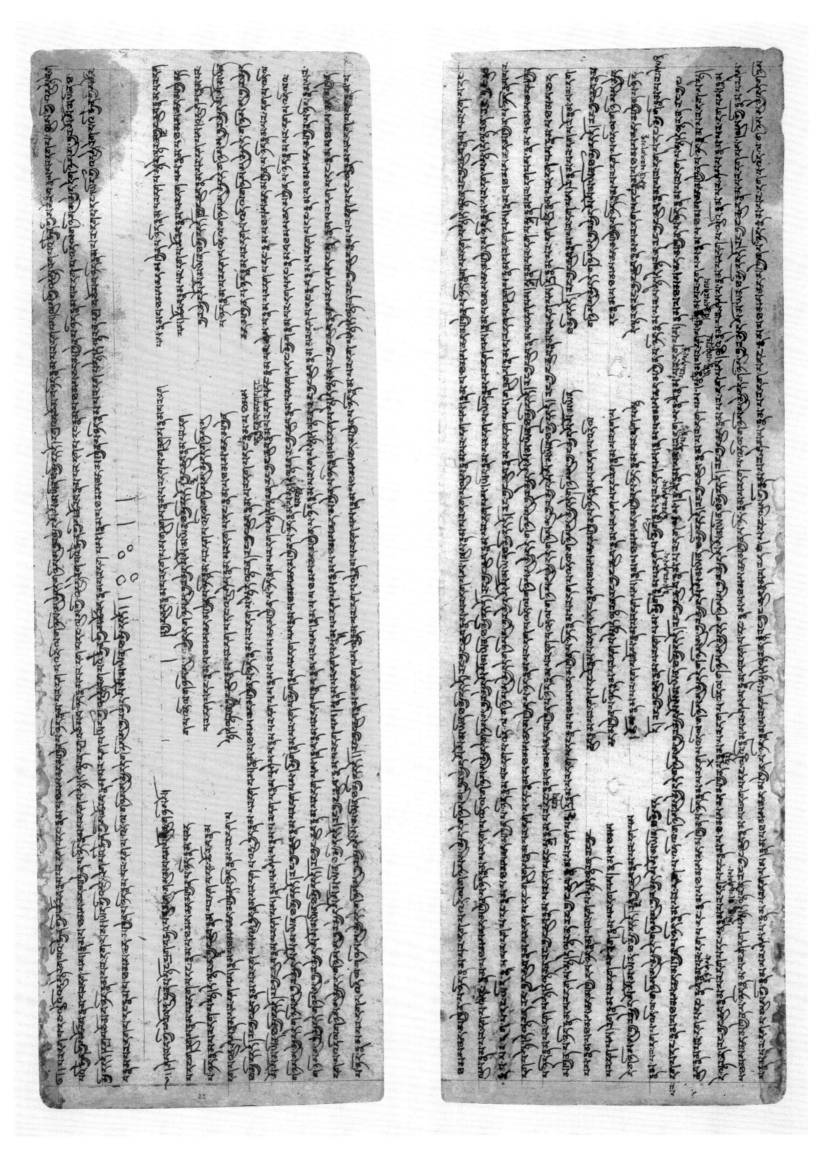

法 Pel.tib.1309　26.ཤེས་རབ་ཀྱི་ཕ་རོལ་ཏུ་ཕྱིན་པ་སྟོང་ཕྲག་བརྒྱ་པ་དུམ་བུ་གསུམ་པ་བམ་པོ་ཉི་ཤུ་དགུ་གོ །
　　　　　　　　27.ཤེས་རབ་གྱི་ཕ་རོལ་ཏུ་ཕྱིན་པ་སྟོང་ཕྲག་བརྒྱ་པ་དུམ་བུ་གསུམ་པ་བམ་པོ་སུམ་ཅུ། །

　　　　　　　26.十萬頌般若波羅蜜多經第三函第三十一卷
　　　　　　　27.十萬頌般若波羅蜜多經第三函第三十二卷　　(52—25)

49

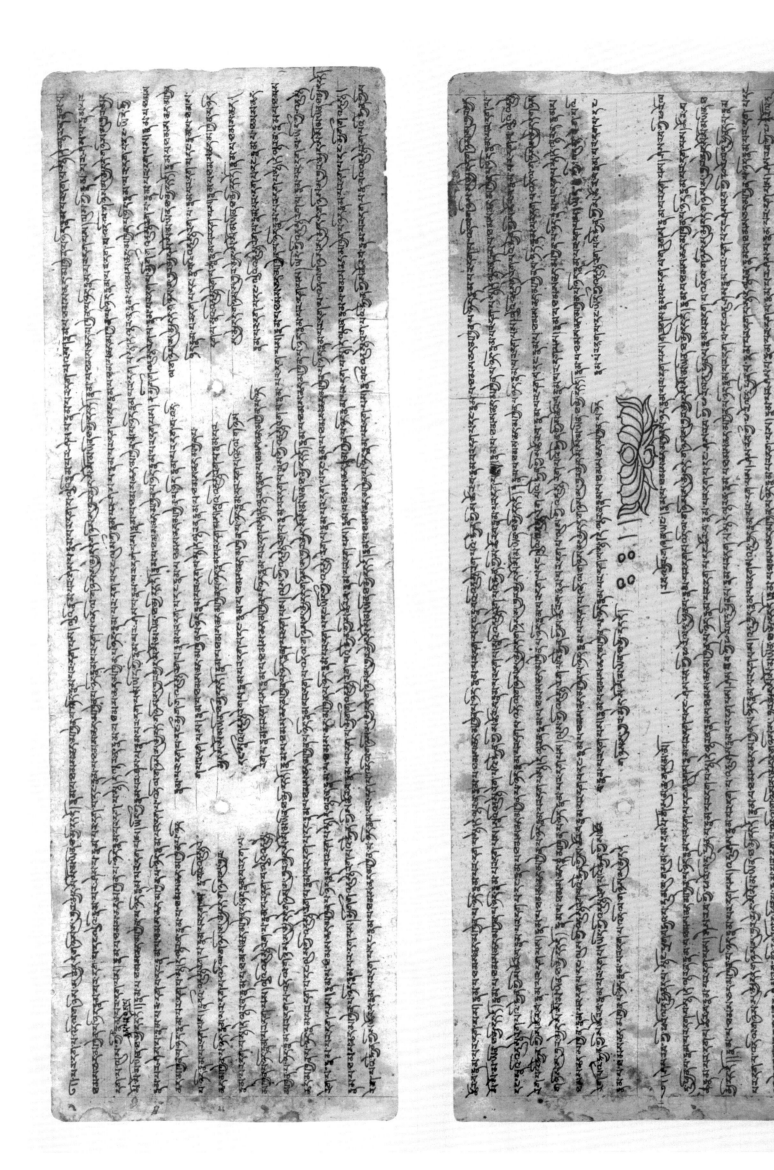

27.ཤེས་རབ་ཀྱི་ཕ་རོལ་ཏུ་ཕྱིན་པ་སྟོང་ཕྲག་བརྒྱ་པ་དུམ་བུ་གསུམ་པ་བམ་པོ་སུམ་ཅུ་གཉིས་སོ། །

28.ཤེས་རབ་ཀྱི་ཕ་རོལ་ཏུ་ཕྱིན་པ་སྟོང་ཕྲག་བརྒྱ་པ་དུམ་བུ་གསུམ་པ་བམ་པོ་གསུམ་ཅུ་གསུམ་སོ། །

27.十萬頌般若波羅蜜多經第三函第三十二卷

28.十萬頌般若波羅蜜多經第三函第三十三卷　　(52—26)

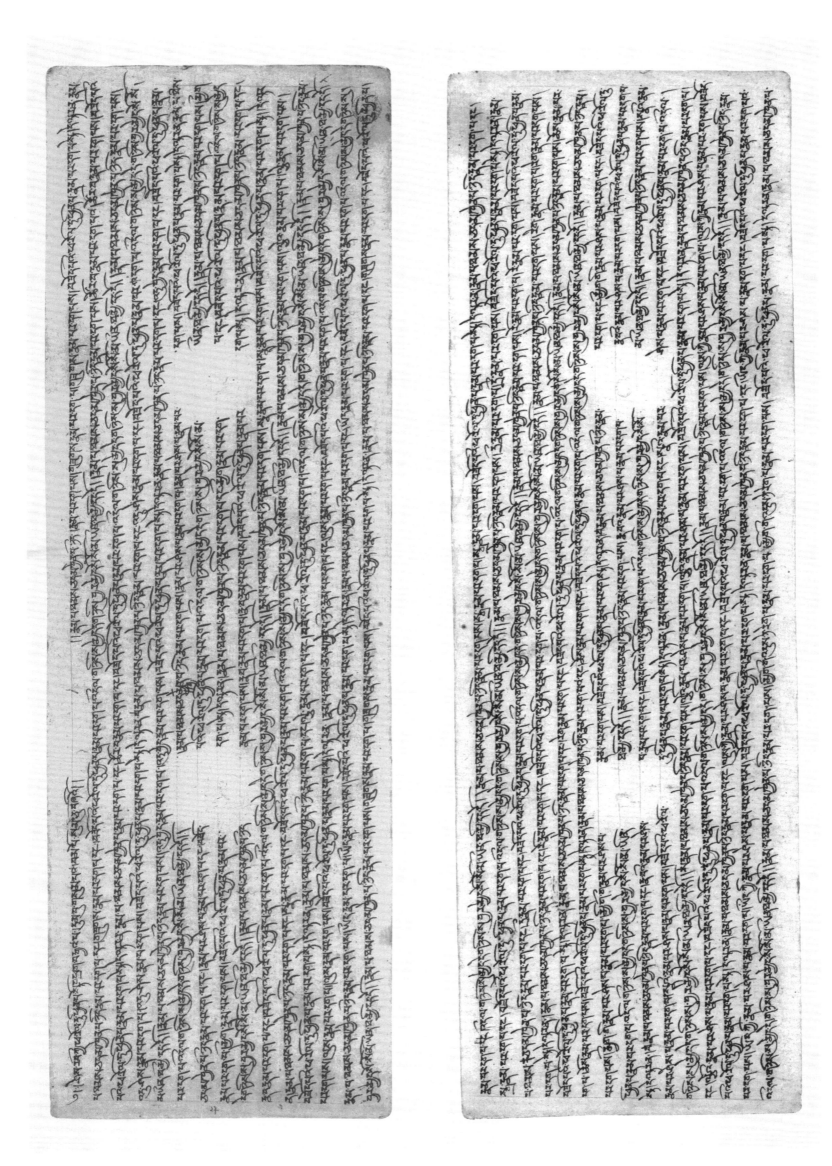

法 Pel.tib.1309　29.ཤེས་རབ་ཀྱི་ཕ་རོལ་ཏུ་ཕྱིན་པ་སྟོང་ཕྲག་བརྒྱ་པ་དུམ་བུ་གསུམ་པ་བམ་པོ་སུམ་ཅུ་བཞི་པོ།།

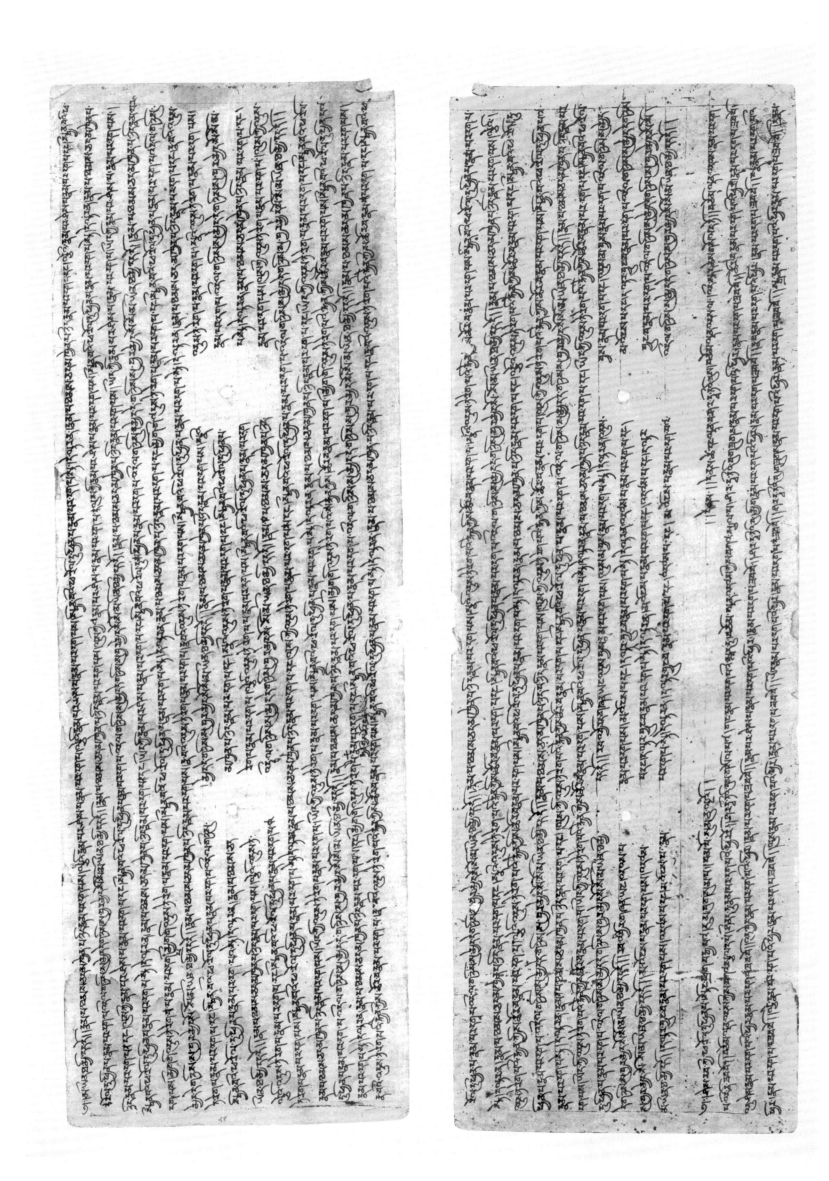

29.ཤེས་རབ་ཀྱི་ཕ་རོལ་ཏུ་ཕྱིན་པ་སྟོང་ཕྲག་བརྒྱ་པ་དུམ་བུ་གསུམ་པ་བཞམ་པོ་སུམ་ཅུ་བཞིའོ། །

30.ཤེས་རབ་ཀྱི་ཕ་རོལ་ཏུ་ཕྱིན་པ་སྟོང་ཕྲག་བརྒྱ་པ་དུམ་བུ་གསུམ་པ་བཞམ་པོ་སུམ་ཅུ་ལྔའོ། །

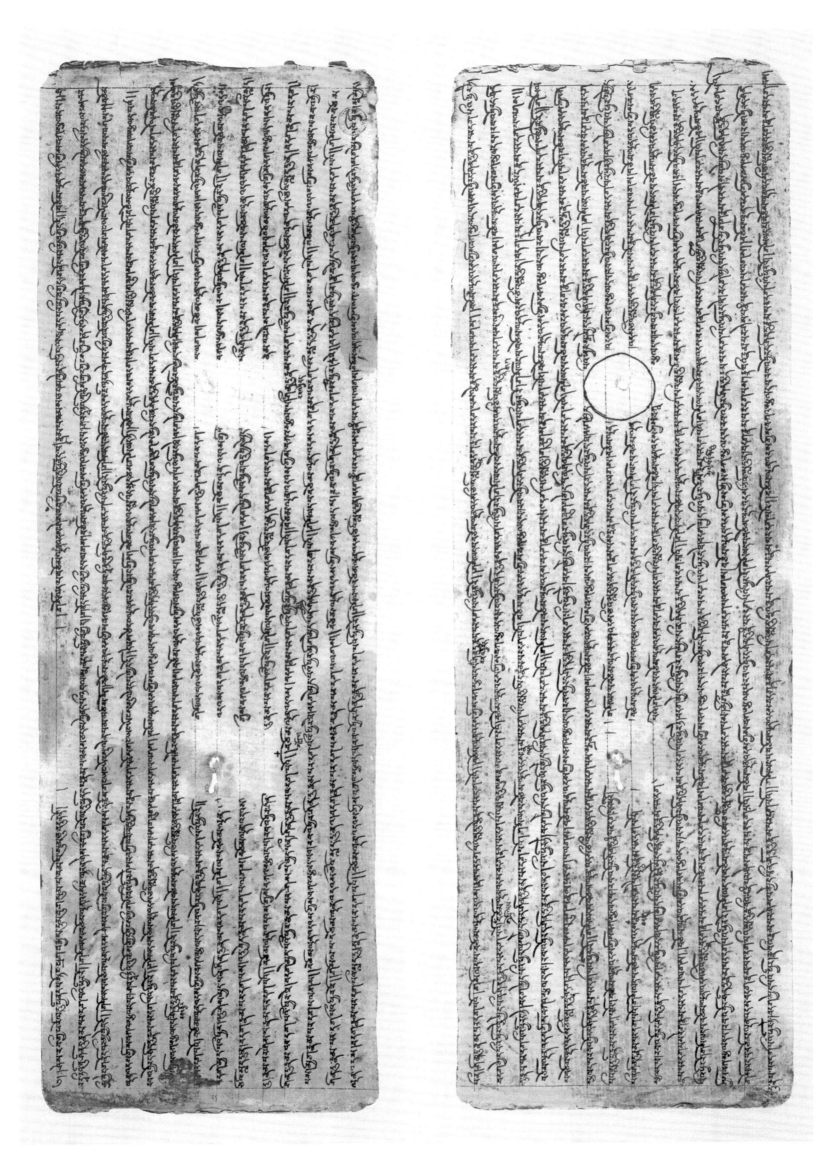

法 Pel.tib.1309　31.ཤེས་རབ་ཀྱི་ཕ་རོལ་ཏུ་ཕྱིན་པ་སྟོང་ཕྲག་བརྒྱ་པ་དུམ་བུ་གསུམ་པ་བམ་པོ་སུམ་ཅུ་བདུན་ནོ། །

31.十萬頌般若波羅蜜多經第三函第三十七卷　　(52—29)

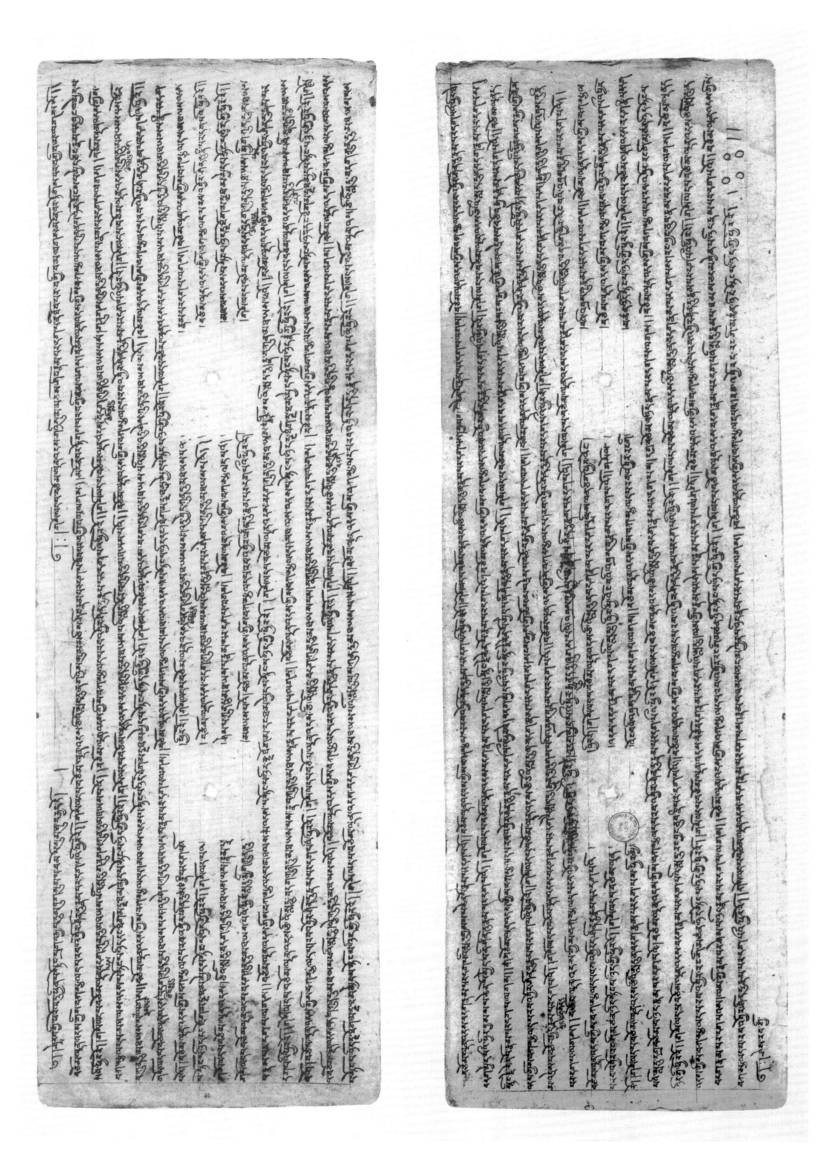

ཤེས་རབ་ཀྱི་ཕ་རོལ་ཏུ་ཕྱིན་པ་སྟོང་ཕྲག་བརྒྱ་པ་དུམ་བུ་གསུམ་པ་བམ་པོ་སུམ་ཅུ་བརྒྱད་དོ།།

32.十萬頌般若波羅蜜多經第三函第三十八卷　　(52—30)

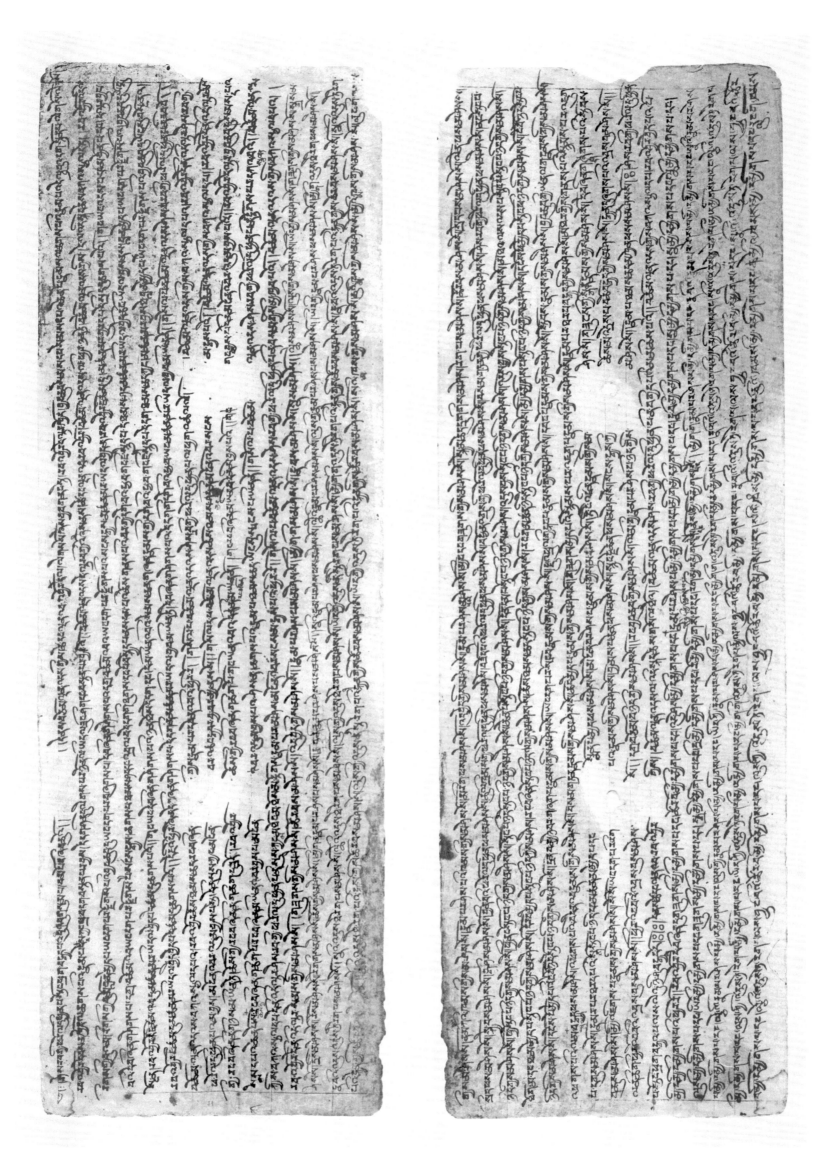

法 Pel.tib.1309　　33.ཤེས་རབ་ཀྱི་ཕ་རོལ་ཏུ་ཕྱིན་པ་སྟོང་ཕྲག་བརྒྱ་པའ་དྱུ་བ་གསུམ་པ་བའམ་པོ་བཞི་བཅུའོ། །
　　　　　　　33.十萬頌般若波羅蜜多經第三函第四十卷　　（52—31）

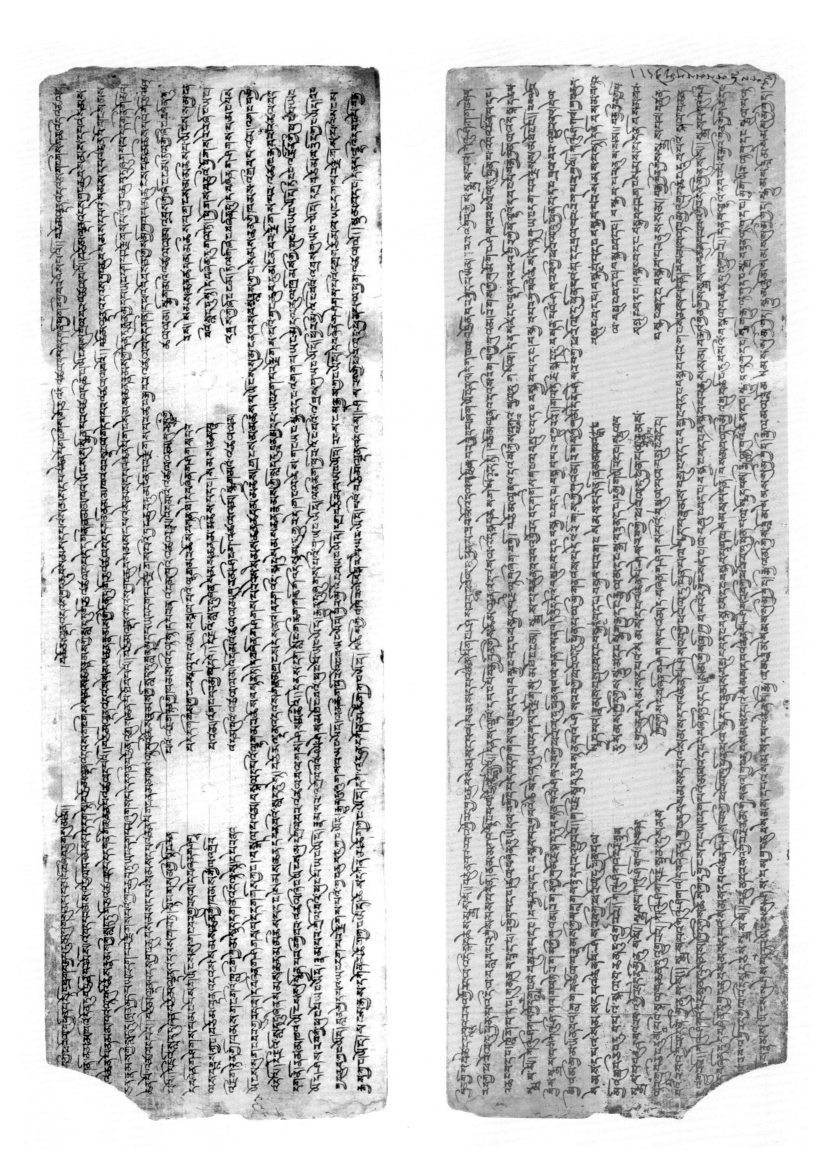

34. ཤེས་རབ་ཀྱི་ཕ་རོལ་ཏུ་ཕྱིན་པ་སྟོང་ཕྲག་བརྒྱ་པ་དུམ་བུ་གསུམ་པ་བམ་པོ་བཞི་བཅུ་གསུམ་མོ། །

34.十萬頌般若波羅蜜多經第三函第四十三卷 (52—32)

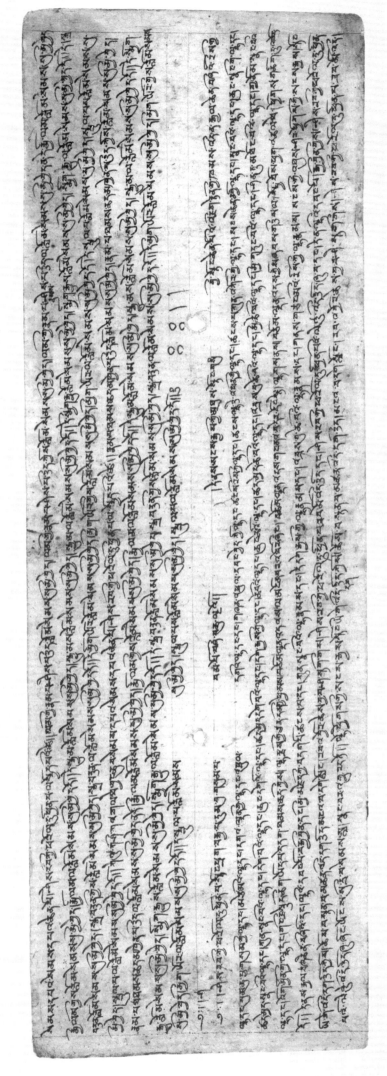

法 Pel.tib.1309

35.ཤེས་རབ་ཀྱི་ཕ་རོལ་ཏུ་ཕྱིན་པ་སྟོང་ཕྲག་བརྒྱ་པ་དུམ་བུ་གསུམ་པ་བམ་པོ་བཞི་བཅུ་ཞེ་བཞི་པ།

36.ཤེས་རབ་ཀྱི་ཕ་རོལ་ཏུ་ཕྱིན་པ་སྟོང་ཕྲག་བརྒྱ་པ་དུམ་བུ་གསུམ་པ་བམ་པོ་བཞི་བཅུ་ལྔ་པའོ།

35.十萬頌般若波羅蜜多經第三函第四十四卷

36.十萬頌般若波羅蜜多經第三函第四十五卷　(52—33)

57

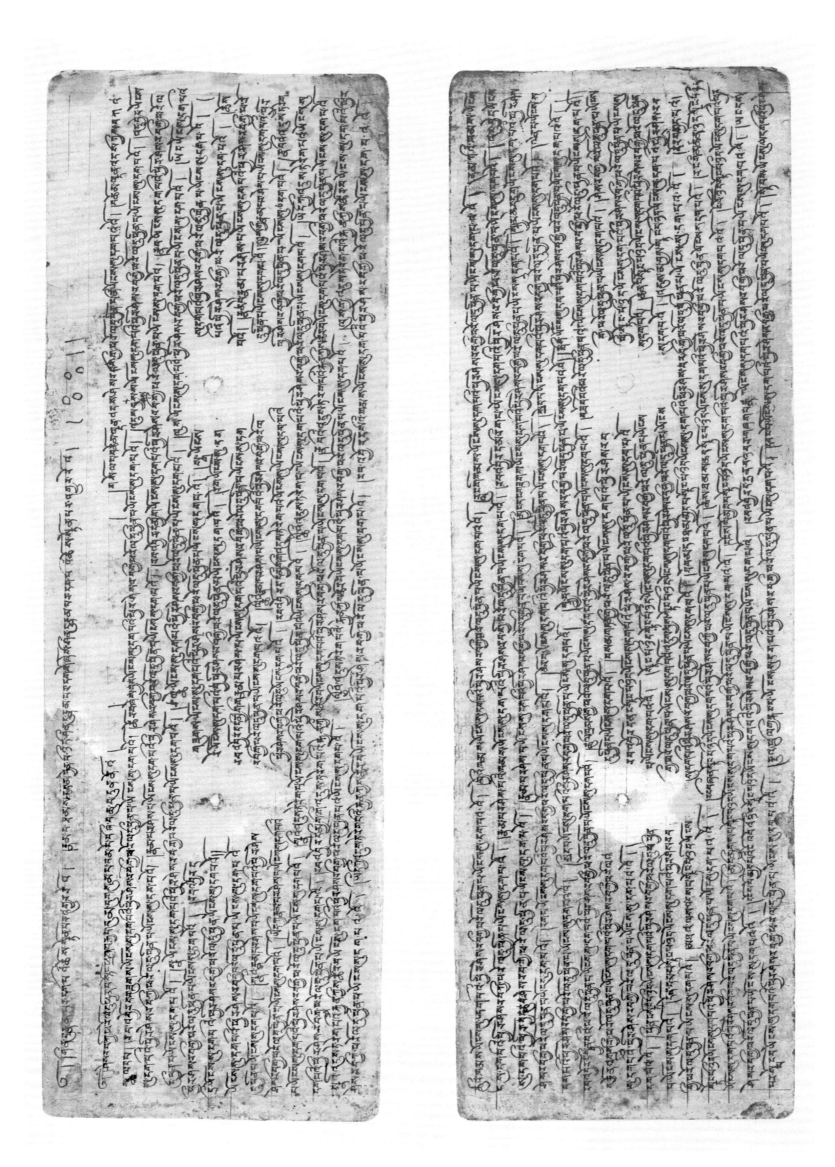

37.ཤེས་རབ་ཀྱི་ཕ་རོལ་དུ་ཕྱིན་པ་སྟོང་ཕྲག་བརྒྱ་པ་དུམ་བུ་གསུམ་པ་བམ་པོ་བཞི་བཅུ་བདུན་རྡོལ།

37.十萬頌般若波羅蜜多經第三函第四十七卷　　(52—34)

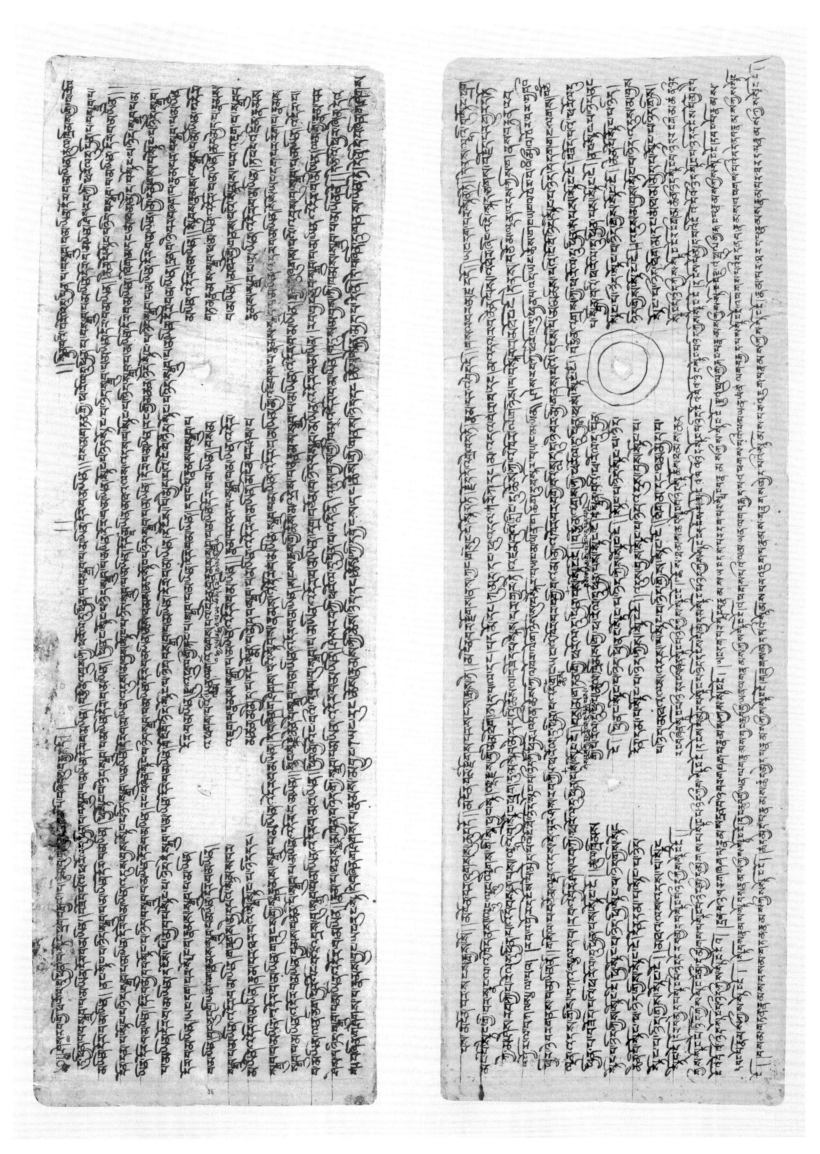

法 Pel.tib.1309　　38.ཤེས་རབ་ཀྱི་ཕ་རོལ་དུ་ཕྱིན་པ་སྟོང་ཕྲག་བརྒྱ་པ་དུམ་བུ་གསུམ་པ་བམ་པོ་བཞི་བཅུ་བརྒྱད་དོ།།

38.十萬頌般若波羅蜜多經第三函第四十八卷　　(52—35)

59

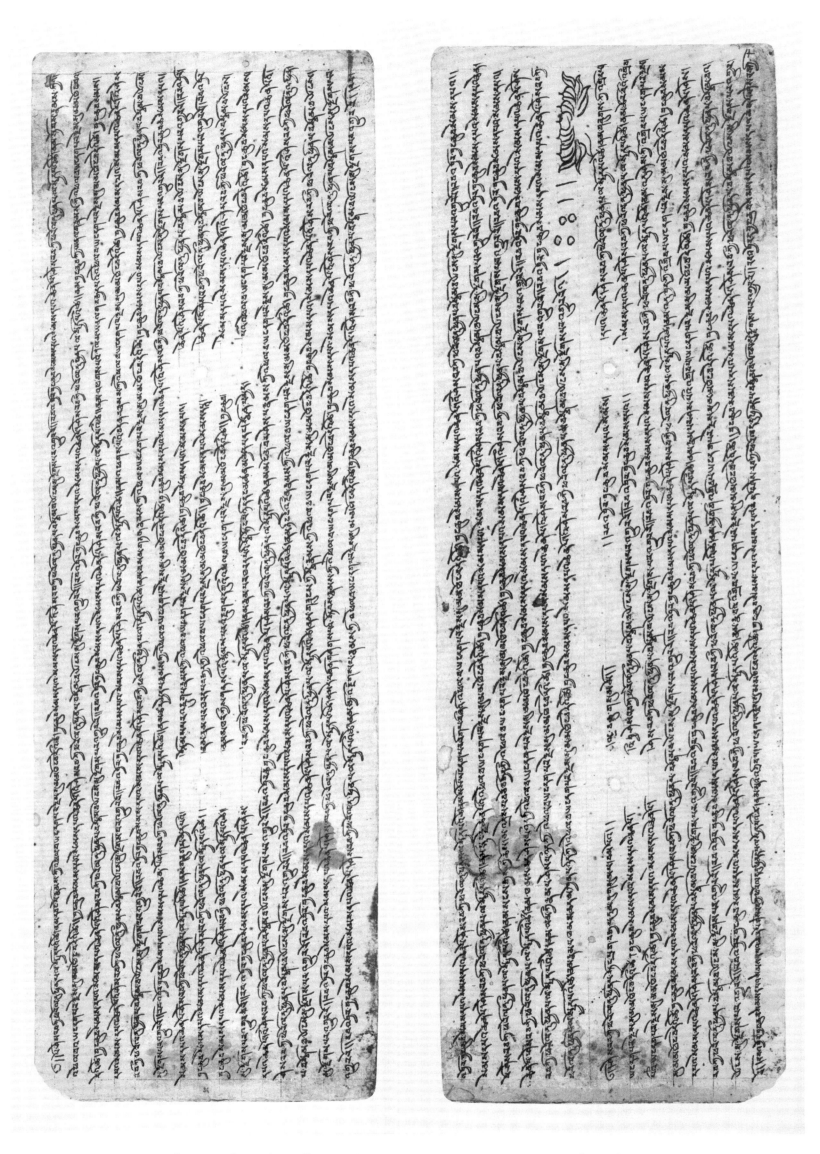

39. ཤེས་རབ་ཀྱི་ཕ་རོལ་ཏུ་ཕྱིན་པ་སྟོང་ཕྲག་བརྒྱ་པ་དུམ་བུ་གསུམ་པ་བམ་པོ་ལྔ་བཅུ་ར་གཉིས་པའོ།།

40. ཤེས་རབ་ཀྱི་ཕ་རོལ་ཏུ་ཕྱིན་པ་སྟོང་ཕྲག་བརྒྱ་པ་དུམ་བུ་གསུམ་པ་བམ་པོ་ལྔ་བཅུ་ང་གསུམ་མོ།།

39. 十萬頌般若波羅蜜多經第三函第五十二卷

40. 十萬頌般若波羅蜜多經第三函第五十三卷　　(52—36)

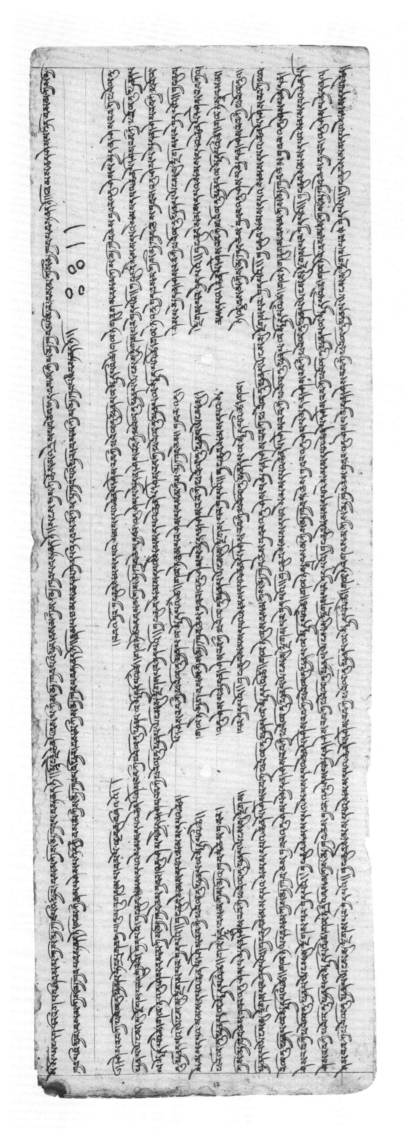
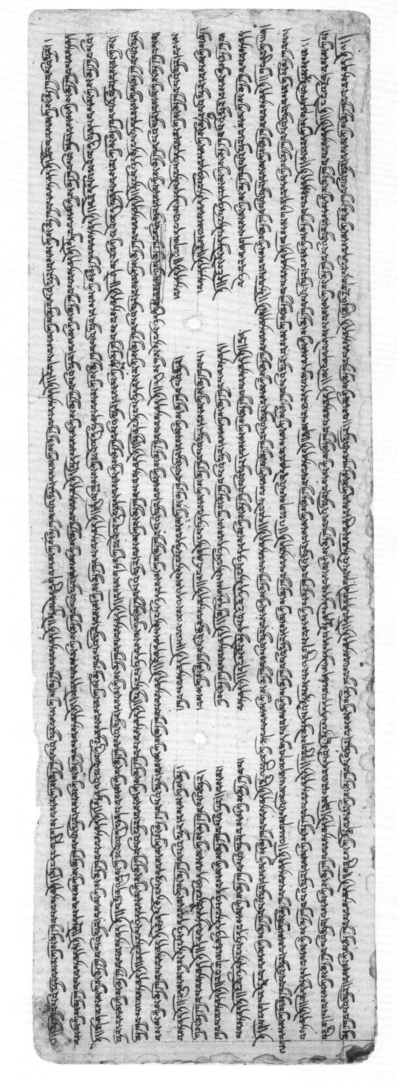

法 Pel.tib.1309　40.ཤེས་རབ་ཀྱི་ཕ་རོལ་ཏུ་ཕྱིན་པ་སྟོང་ཕྲག་བརྒྱ་པ་དུམ་བུ་གསུམ་པ་བམ་པོ་ལྔ་བཅུ་གསུམ་མོ། །

41.ཤེས་རབ་ཀྱི་ཕ་རོལ་ཏུ་ཕྱིན་པ་སྟོང་ཕྲག་བརྒྱ་པ་དུམ་བུ་གསུམ་པ་བམ་པོ་ལྔ་བཅུ་བཞིན་ནོ། །

40.十萬頌般若波羅蜜多經第三函第五十三卷

41.十萬頌般若波羅蜜多經第三函第五十四卷　　(52—37)

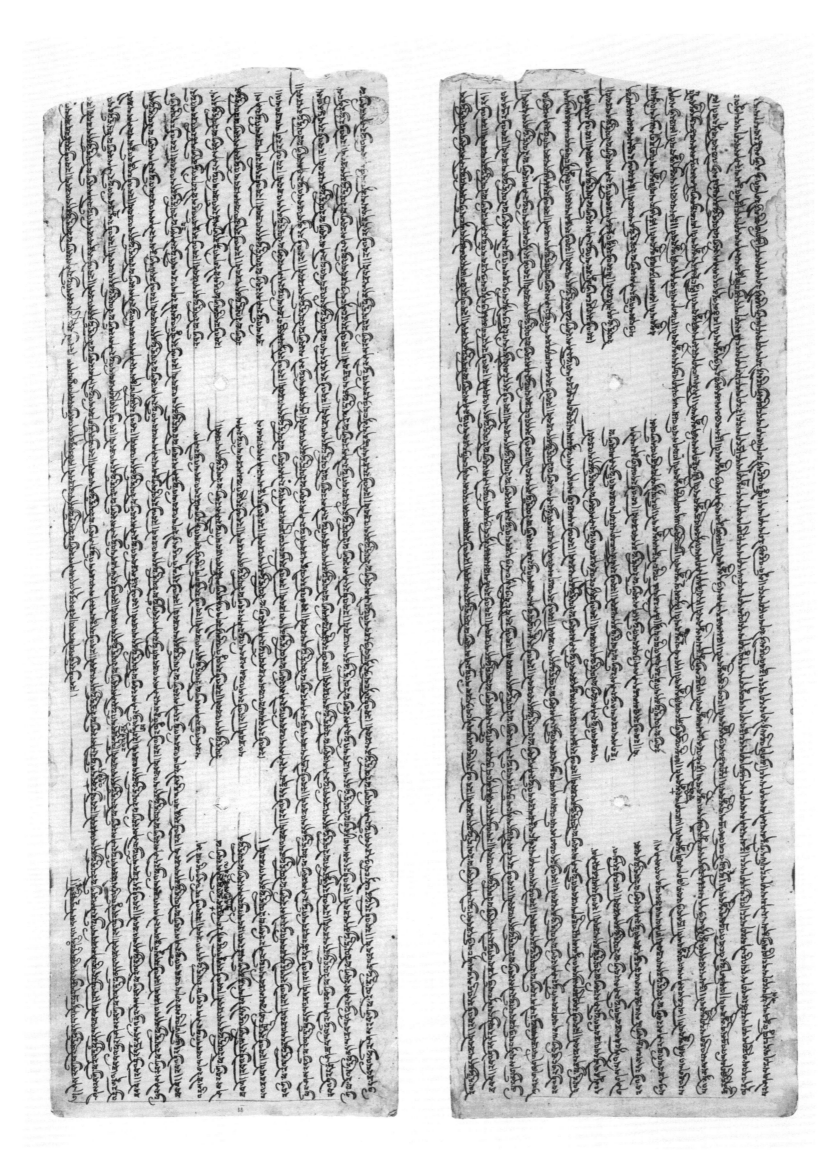

法 Pel.tib.1309　42.ཤེས་རབ་ཀྱི་ཕ་རོལ་ཏུ་ཕྱིན་པ་སྟོང་ཕྲག་བརྒྱ་པ་ལས་དུམ་བུ་གསུམ་པ་བམ་པོ་ལྔ་བཅུ་རྩ་ལྔའོ།།

42.十萬頌般若波羅蜜多經第三函第五十五卷　　(52—38)

62

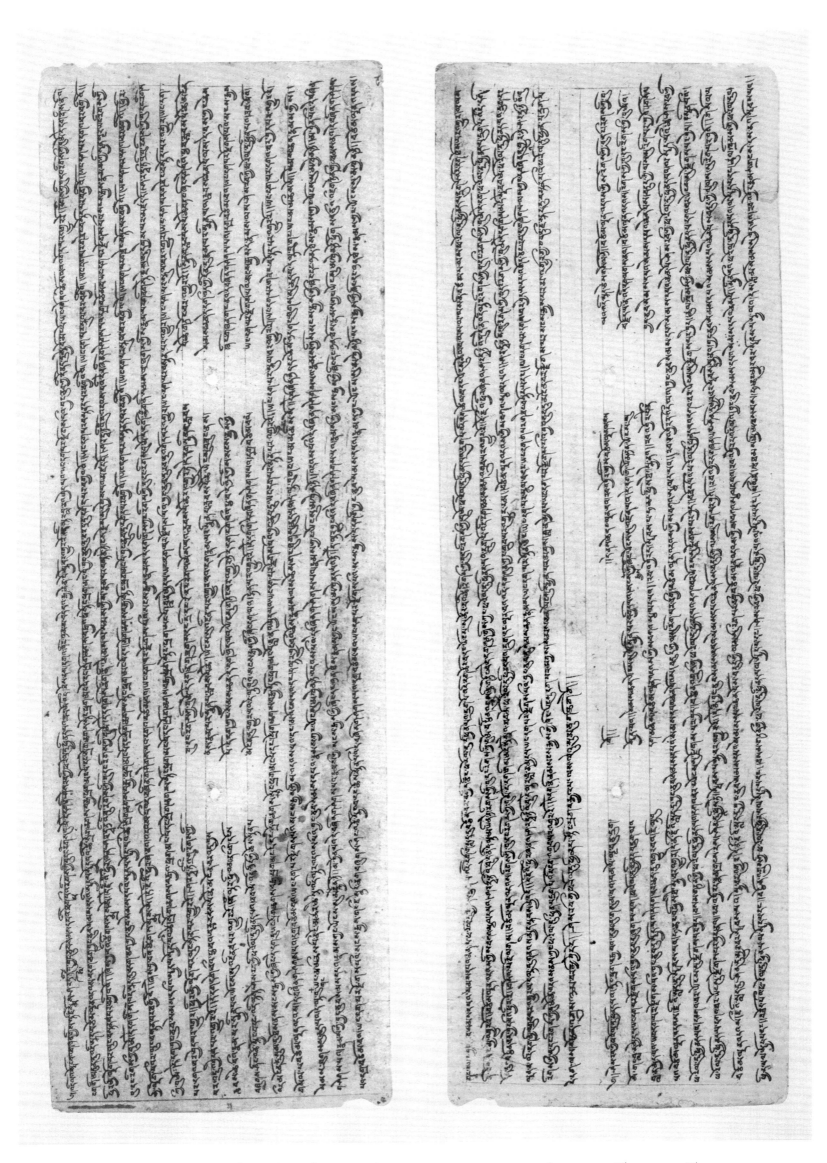

法 Pel.tib.1309　42.ཤེས་རབ་ཀྱི་ཕ་རོལ་དུ་ཕྱིན་པ་སྟོང་ཕྲག་བརྒྱ་པ་དུམ་བུ་གསུམ་པ་བམ་པོ་ལྔ་བཅུ་རྩ་ལྔའོ།།

43.ཤེས་རབ་ཀྱི་ཕ་རོལ་དུ་ཕྱིན་པ་འབུང་ཕྲག་བརྒྱ་པ་དུམ་བུ་གསུམ་པ་བམ་པོ་ལྔ་བཅུ་རྩ་དྲུག་གོ།།

42.十萬頌般若波羅蜜多經第三函第五十五卷
43.十萬頌般若波羅蜜多經第三函第五十六卷　　（52—39）

63

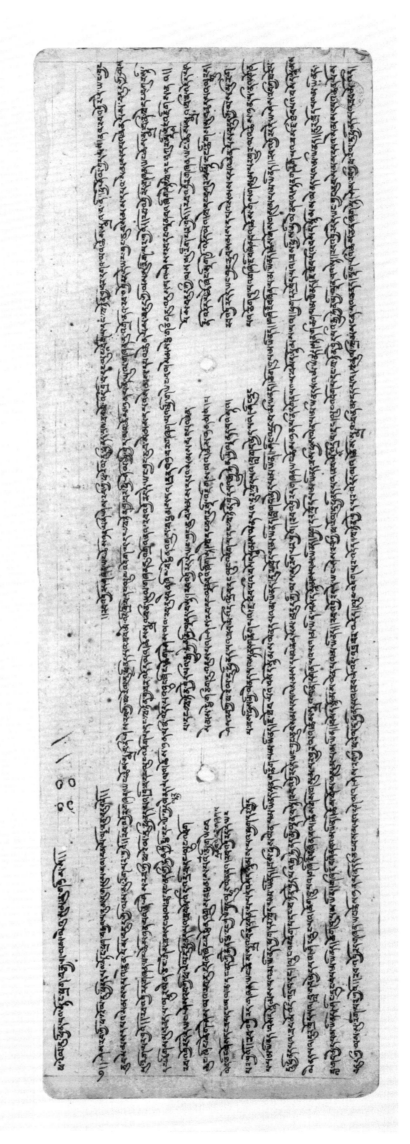

43.ཤེས་རབ་ཀྱི་ཕ་རོལ་ཏུ་ཕྱིན་པ་སྟོང་ཕྲག་བརྒྱ་པ་དུམ་བུ་གསུམ་པ་བམ་པོ་ལྔ་བཅུ་དྲུག་གོ །།

44.ཤེས་རབ་ཀྱི་ཕ་རོལ་ཏུ་ཕྱིན་པ་སྟོང་ཕྲག་བརྒྱ་པ་དུམ་བུ་གསུམ་པ་བམ་པོ་ལྔ་བཅུ་བདུན་ནོ །།

43.十萬頌般若波羅蜜多經第三函第五十六卷

44.十萬頌般若波羅蜜多經第三函第五十七卷　　(52—40)

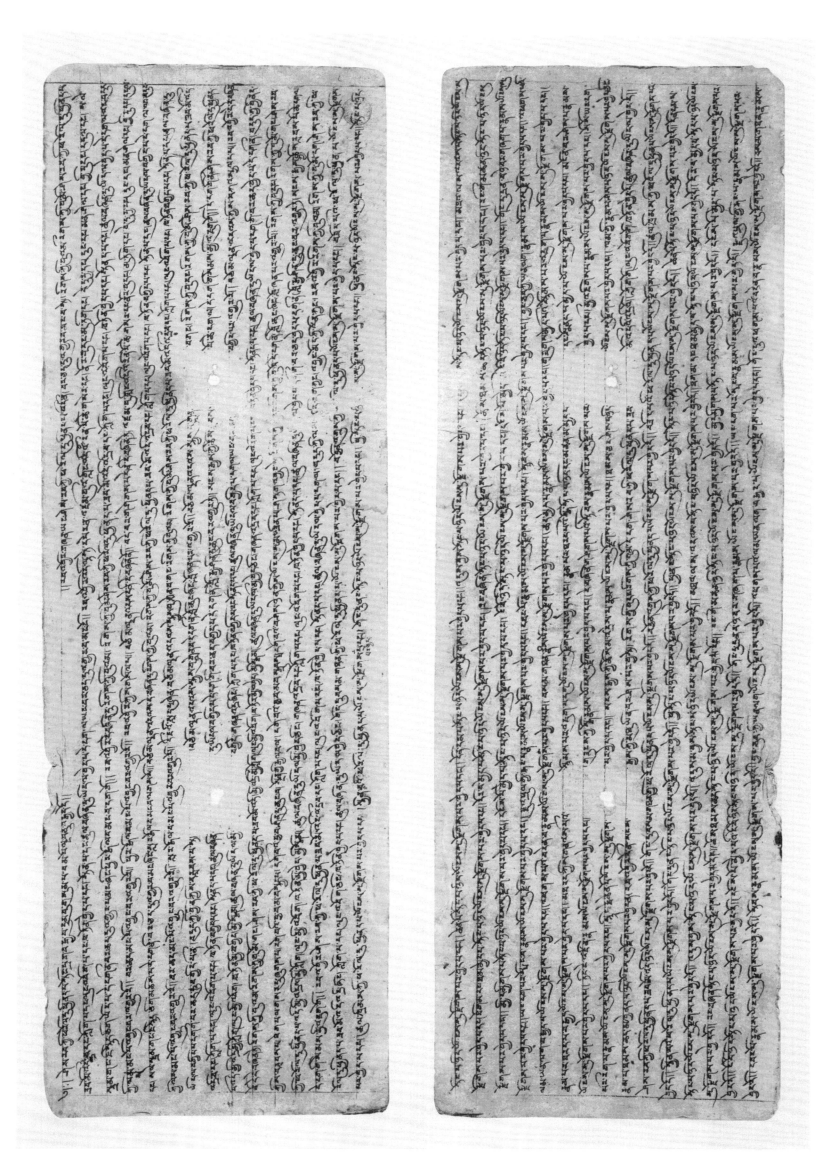

法 Pel.tib.1309　45.ཤེས་རབ་ཀྱི་ཕ་རོལ་ཏུ་ཕྱིན་པ་སྟོང་ཕྲག་བརྒྱ་པ་དུམ་བུ་གསུམ་པ་བམ་པོ་ལྔ་བཅུ་བརྒྱད་དོ།།

45.十萬頌般若波羅蜜多經第三函第五十八卷　　(52—41)

法 Pel.tib.1309

45.ཤེས་རབ་ཀྱི་ཕ་རོལ་དུ་ཕྱིན་པ་སྟོང་ཕྲག་བརྒྱ་པ་དུམ་བུ་གསུམ་པ་བམ་པོ་ལྔ་བཅུ་བརྒྱད་དོ།།

46.ཤེས་རབ་ཀྱི་ཕ་རོལ་དུ་ཕྱིན་པ་སྟོང་ཕྲག་བརྒྱ་པ་དུམ་བུ་གསུམ་པ་བམ་པོ་ལྔ་བཅུ་དགུ་འོ།།

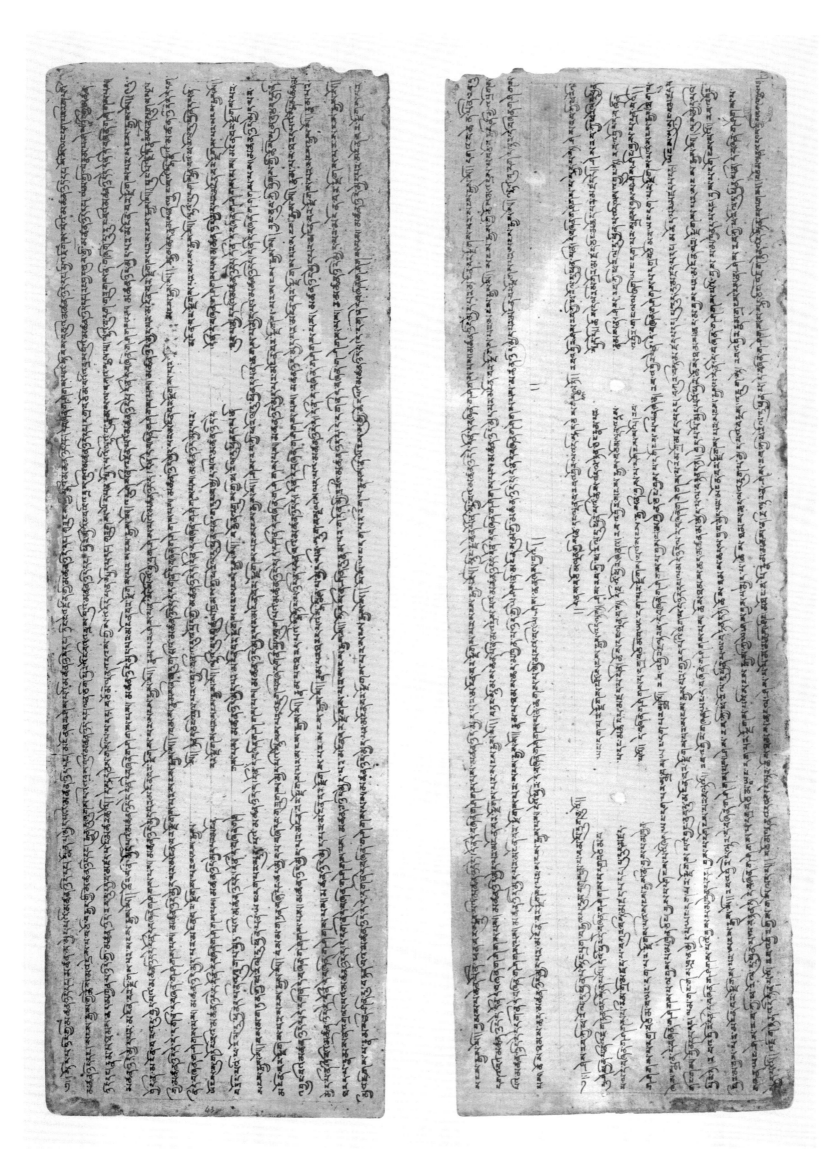

法 Pel.tib.1309

46.ཤེས་རབ་ཀྱི་ཕ་རོལ་ཏུ་ཕྱིན་པ་སྟོང་ཕྲག་བརྒྱ་པ་དུམ་བུ་གསུམ་པ་བམ་པོ་ལྔ་བཅུ་དགུ་བོ། །
47.ཤེས་རབ་ཀྱི་ཕ་རོལ་ཏུ་ཕྱིན་པ་སྟོང་ཕྲག་བརྒྱན་པ་དུམ་བུ་གསུམ་པ་བམ་པོ་དྲུག་བོ། །

46.十萬頌般若波羅蜜多經第三函第五十九卷
47.十萬頌般若波羅蜜多經第三函第六十卷　　(52—43)

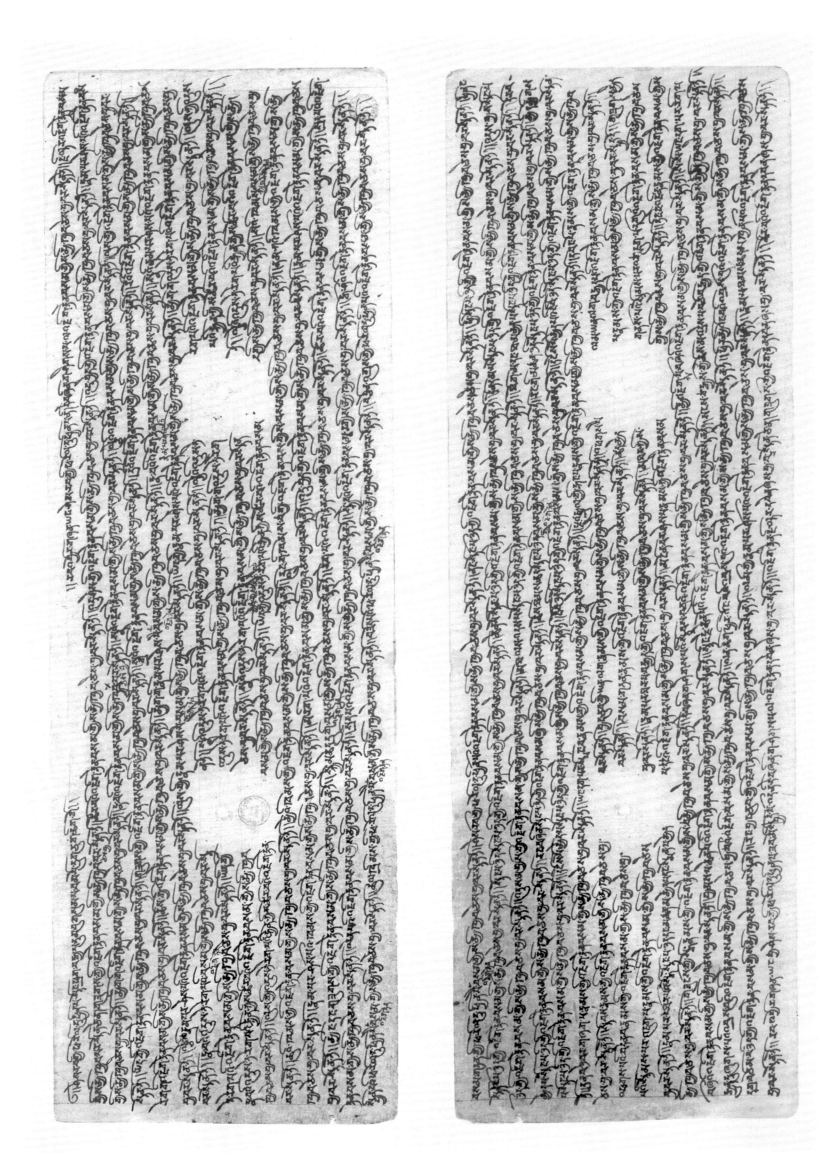

法 Pel.tib.1309

48.ཤེས་རབ་ཀྱི་ཕ་རོལ་དུ་ཕྱིན་པ་སྟོང་ཕྲག་བརྒྱ་བ་དུམ་བུ་གསུམ་པ་བམ་པོ་དྲུག་ཅུ་གཅིག་གོ །།

48.十萬頌般若波羅蜜多經第三函第六十一卷　　(52—44)

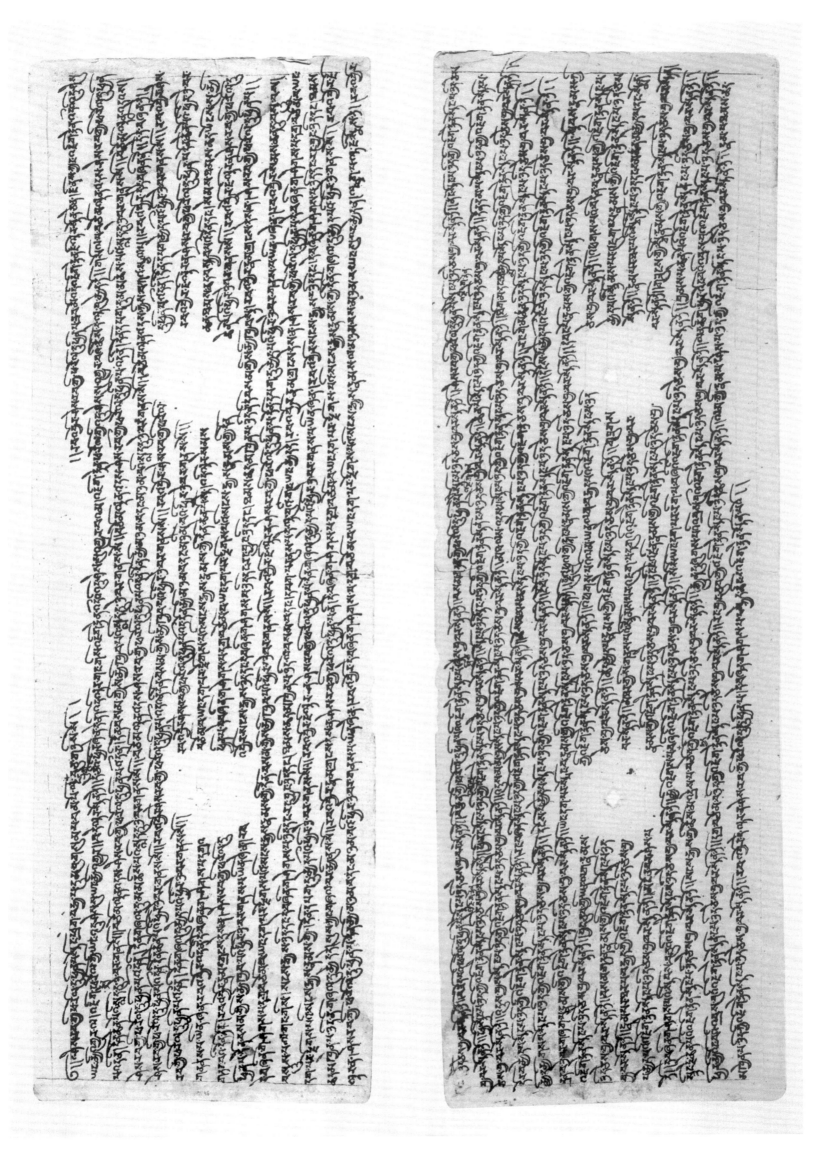

法 Pel.tib.1309　49.ཤེས་རབ་ཀྱི་ཕ་རོལ་དུ་ཕྱིན་པ་སྟོང་ཕྲག་བརྒྱ་པ་དུམ་བུ་གསུམ་པ་བམ་པོ་དྲུག་བཅུ་གཉིས་སོ། །

49.十萬頌般若波羅蜜多經第三函第六十二卷　　(52—45)

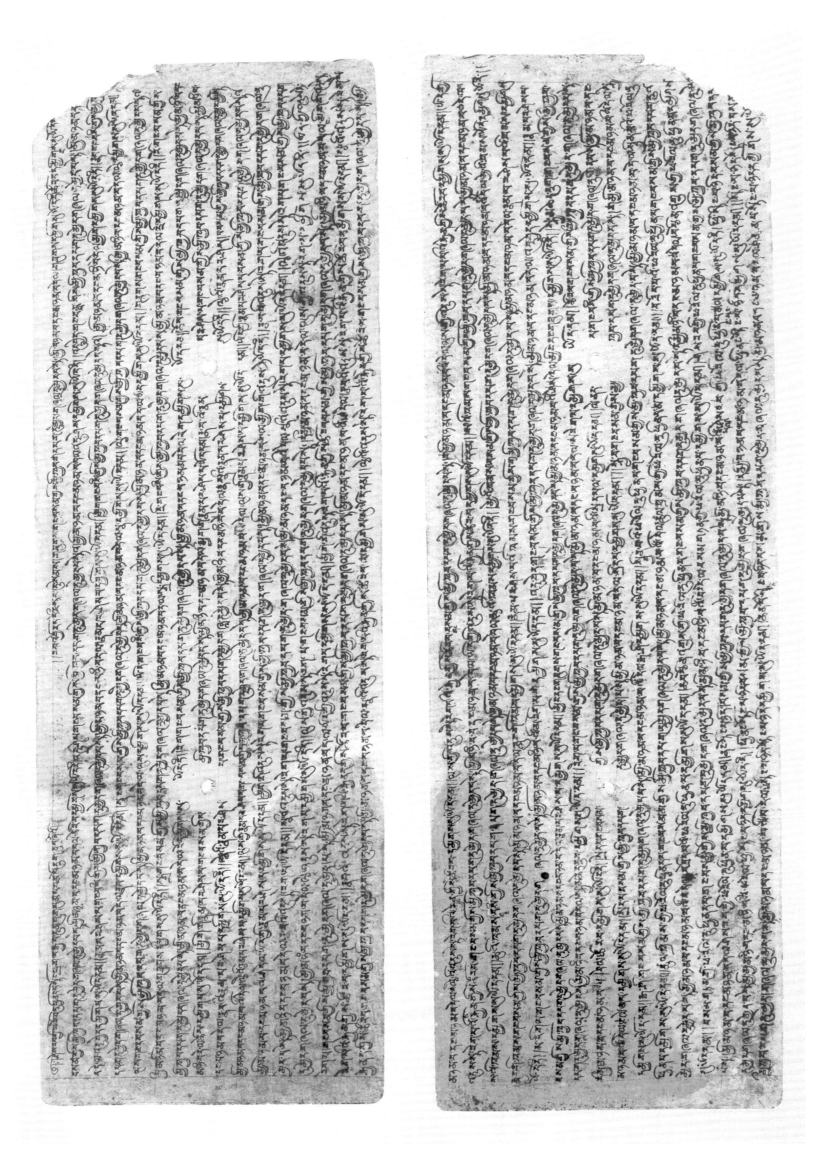

50.ཤེས་རབ་ཀྱི་ཕ་རོལ་ཏུ་ཕྱིན་པ་སྟོང་ཕྲག་བརྒྱ་པ་དུམ་བུ་གསུམ་པ་བམ་པོ་དྲུག་ཅུ་བཞིའོ། །

50.十萬頌般若波羅蜜多經第三函第六十四卷　　(52—46)

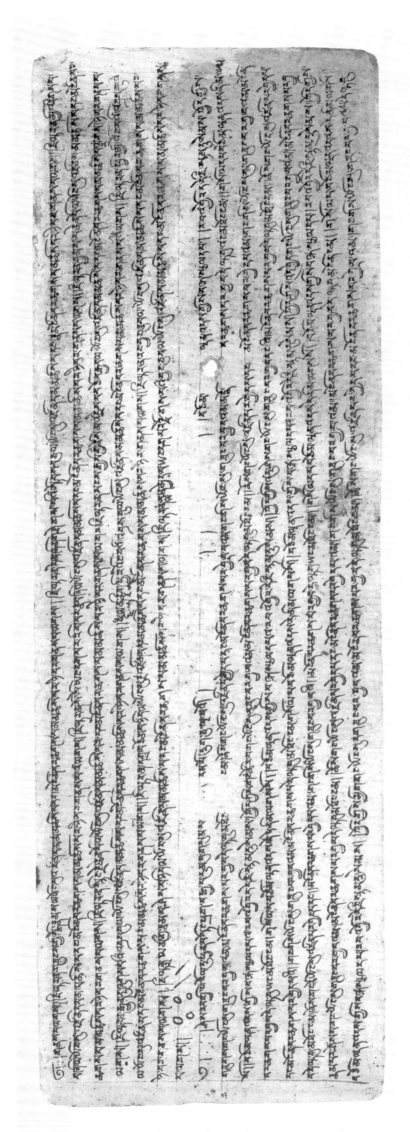

法 Pel.tib.1309

50. ཤེས་རབ་ཀྱི་ཕ་རོལ་ཏུ་ཕྱིན་པ་སྟོང་ཕྲག་བརྒྱ་པ་དུམ་བུ་གསུམ་པ་བམ་པོ་དྲུག་ཅུ་བཞི་བ། །

51. ཤེས་རབ་ཀྱི་ཕ་རོལ་ཏུ་ཕྱིན་པ་སྟོང་ཕྲག་བརྒྱ་པ་དུམ་བུ་གསུམ་པ་བམ་པོ་དྲུག་ཅུ་ལྔ་བོ། །

50. 十萬頌般若波羅蜜多經第三函第六十四卷

51. 十萬頌般若波羅蜜多經第三函第六十五卷　(52—47)

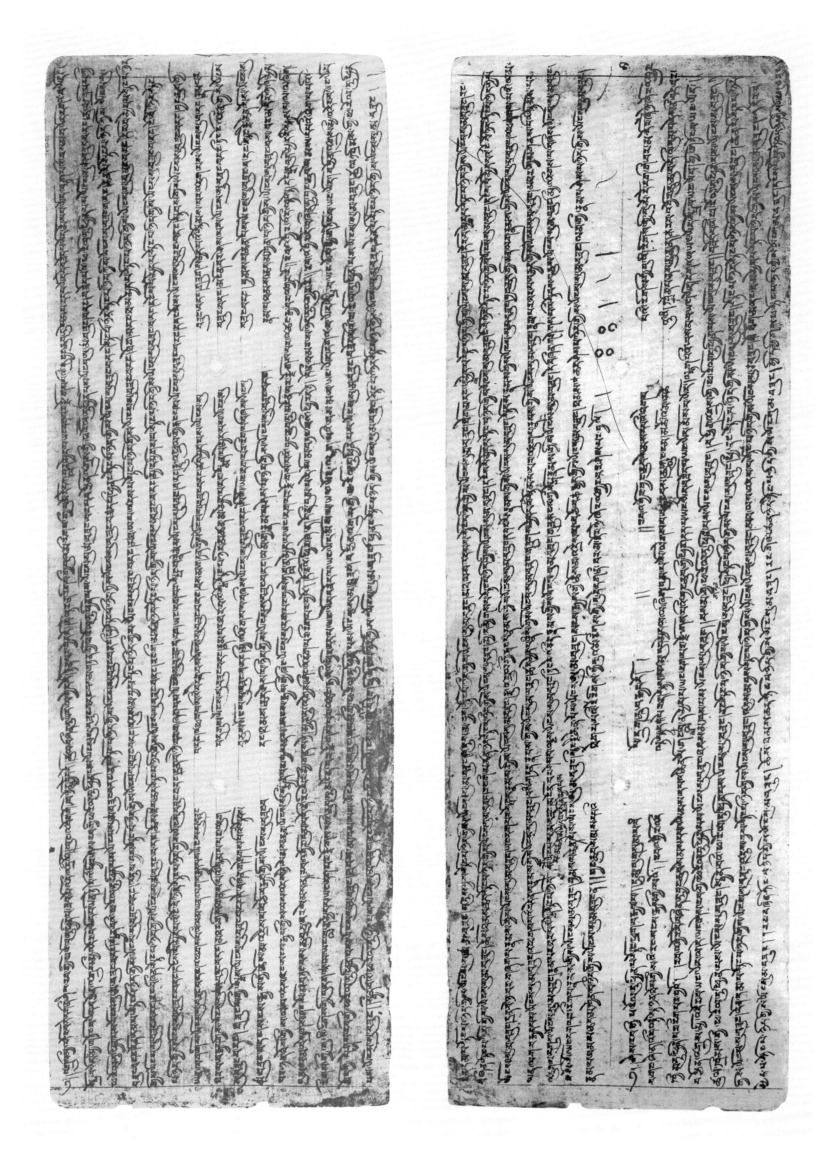

52. ཤེས་རབ་ཀྱི་ཕ་རོལ་ཏུ་ཕྱིན་པ་སྟོང་ཕྲག་བརྒྱ་པ་དུམ་བུ་གསུམ་པ་བམ་པོ་དྲུག་ཅུ་རེ་བདུན་པ།

53. ཤེས་རབ་ཀྱི་ཕ་རོལ་ཏུ་ཕྱིན་པ་སྟོང་ཕྲག་བརྒྱ་པ་དུམ་བུ་གསུམ་པ་བེ་པོ་དྲུག་ཅུ་རྩ་བརྒྱད་དོ།།

52. 十萬頌般若波羅蜜多經第三函第六十七卷

53. 十萬頌般若波羅蜜多經第三函第六十八卷　　（52—48）

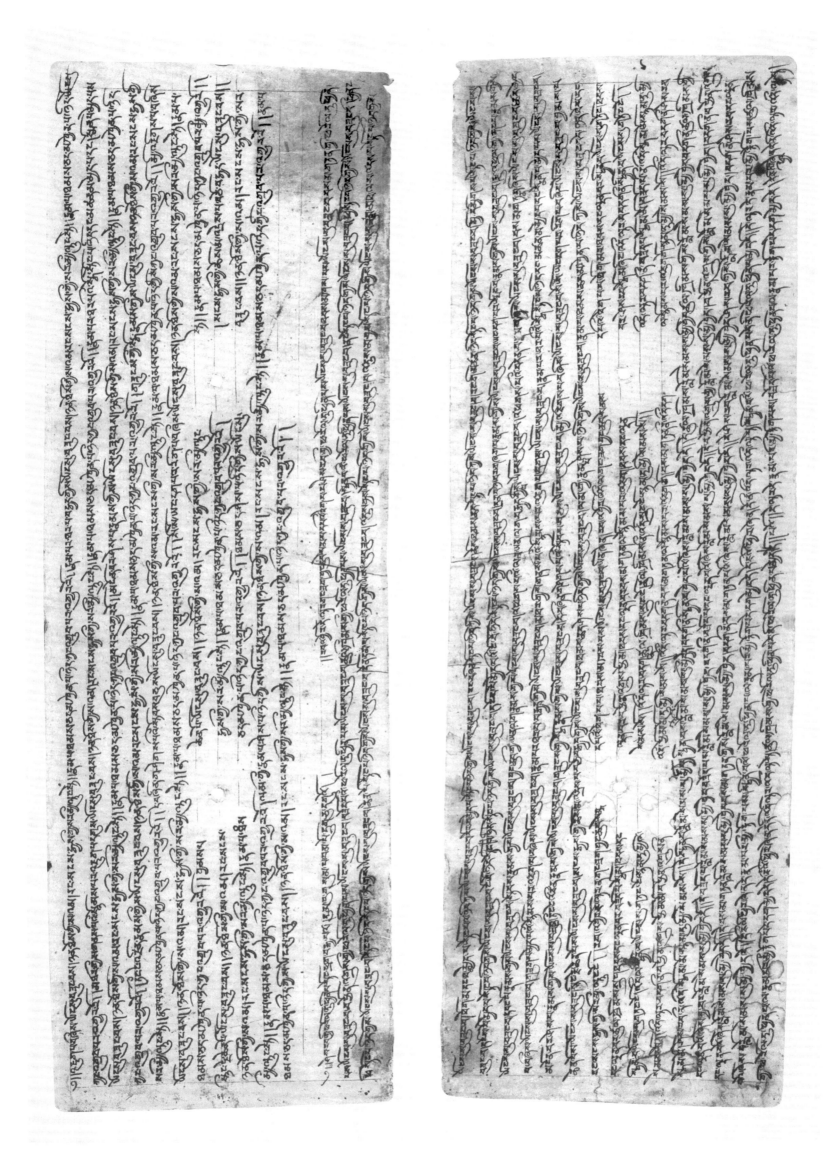

53. ཤེས་རབ་ཀྱི་ཕ་རོལ་ཏུ་ཕྱིན་པ་སྟོང་ཕྲག་བརྒྱ་པ་འདུལ་བ་གསུམ་པ་པོ་ཕོ་དྲུག་ཅུ་ལ་བརྒྱད་དོ། །

54. ཤེས་རབ་ཀྱི་ཕ་རོལ་ཏུ་ཕྱིན་པ་སྟོང་ཕྲག་བརྒྱ་པ་འདུལ་བ་གསུམ་པ་བམ་པོ་དྲུག་ཅུ་དགུའོ། །

73

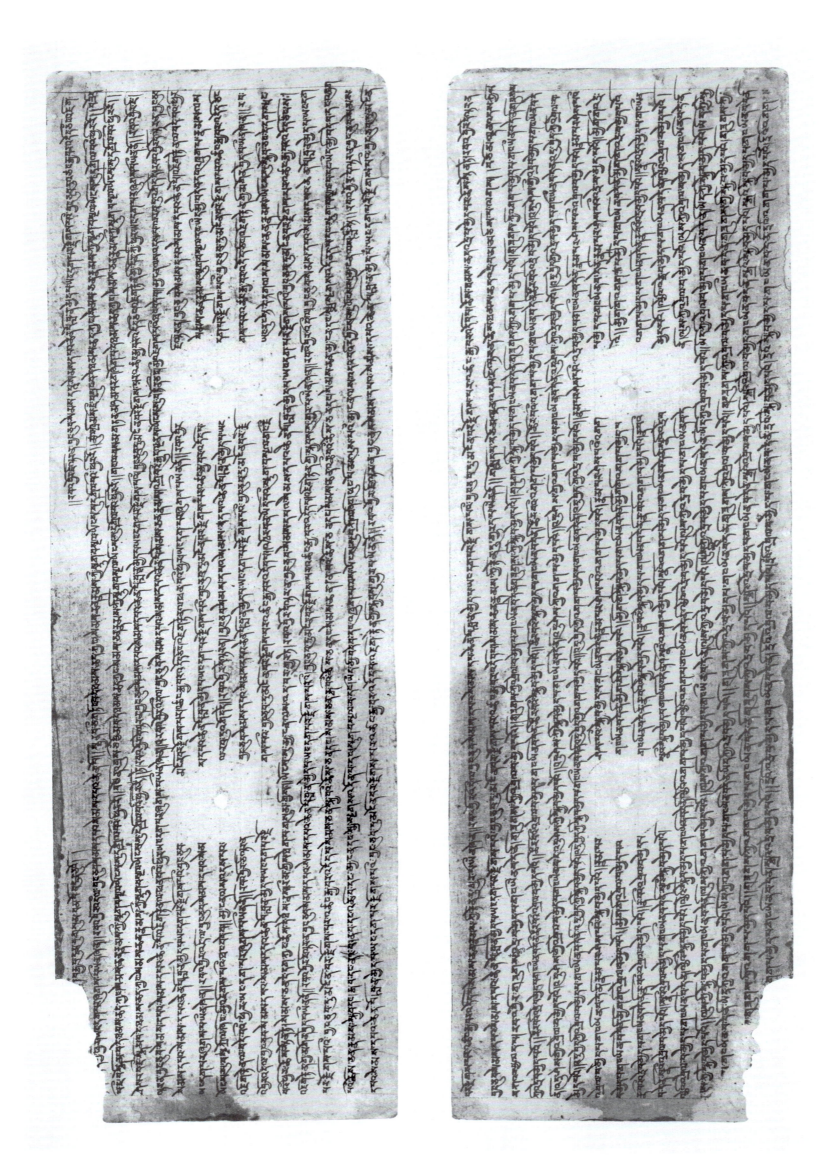

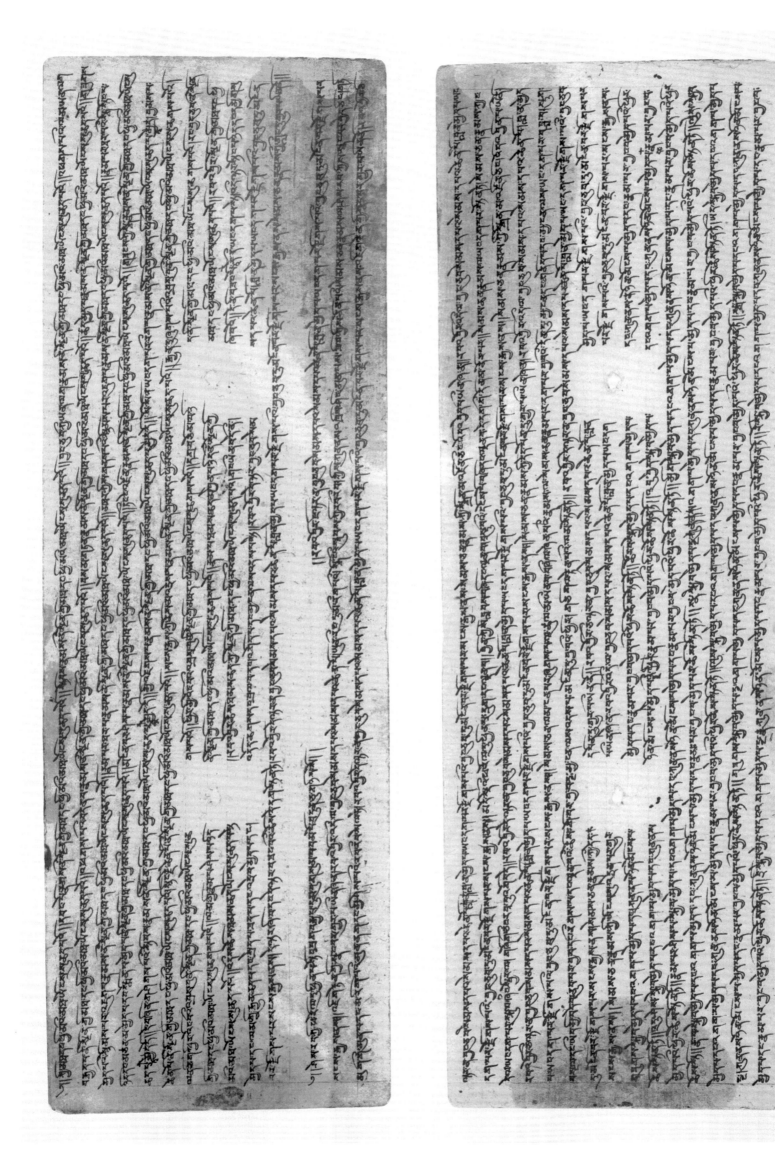

法 Pel.tib.1309

56.ཤེས་རབ་ཀྱི་ཕ་རོལ་ཏུ་ཕྱིན་པ་སྟོང་ཕྲག་བརྒྱ་པ་དུམ་བུ་གསུམ་པ་བམ་པོ་བདུན་ཅུ་རྩ་གཅིག་པ།

57.ཤེས་རབ་ཀྱི་ཕ་རོལ་ཏུ་ཕྱིན་པ་སྟོང་ཕྲག་བརྒྱ་པ་དུམ་བུ་གསུམ་པ་བམ་པོ་བདུན་ཅུ་རྩ་གཉིས་སོ། །

56.十萬頌般若波羅蜜多經第三函第七十一卷

57.十萬頌般若波羅蜜多經第三函第七十二卷　　(52—51)

75

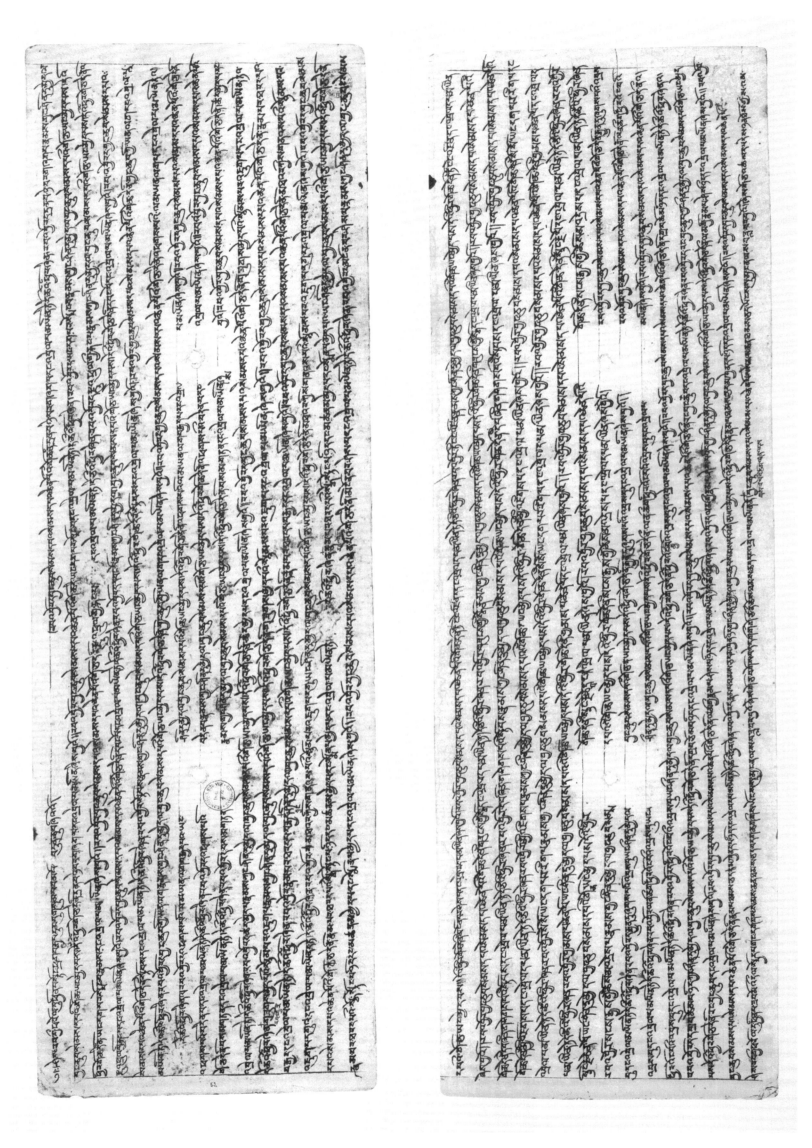

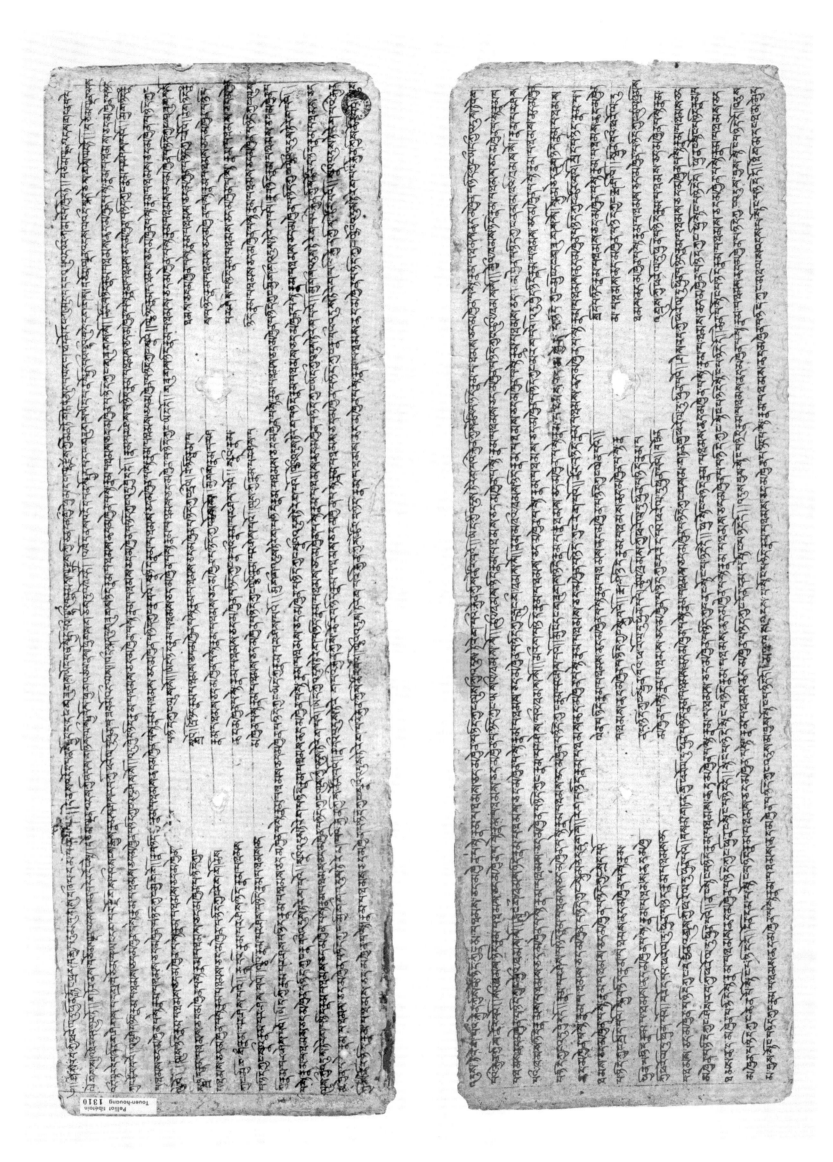

法 Pel.tib.1310　　1.ཤེས་རབ་ཀྱི་ཕ་རོལ་དུ་ཕྱིན་པ་སྟོང་ཕྲག་བརྒྱ་བ་དུམ་བུ་བཞི་པ་བམ་པོ་དང་པོ།།

1.十萬頌般若波羅蜜多經第四函第一卷　　(52—1)

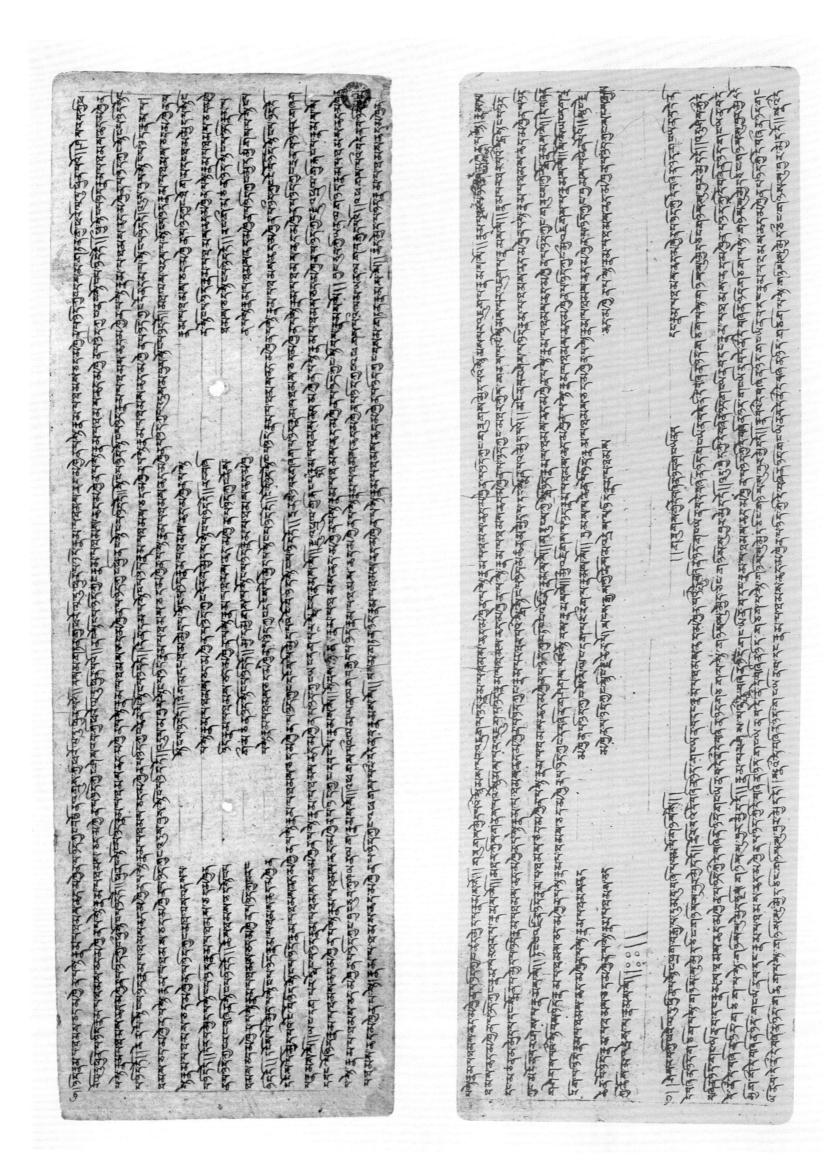

法 Pel.tib.1310

1.ཤེས་རབ་ཀྱི་ཕ་རོལ་དུ་ཕྱིན་པ་སྟོང་ཕྲག་བརྒྱ་པ་དུམ་བུ་བཞི་པ་བམ་པོ་དང་པོ།།

2.ཤེས་རབ་ཀྱི་ཕ་རོལ་དུ་ཕྱིན་པ་སྟོང་ཕྲག་བརྒྱ་པ་དུམ་བུ་བཞི་པ་བམ་པོ་གཉིས་སོ།།

78

1.十萬頌般若波羅蜜多經第四函第一卷

2.十萬頌般若波羅蜜多經第四函第二卷　　(52—2)

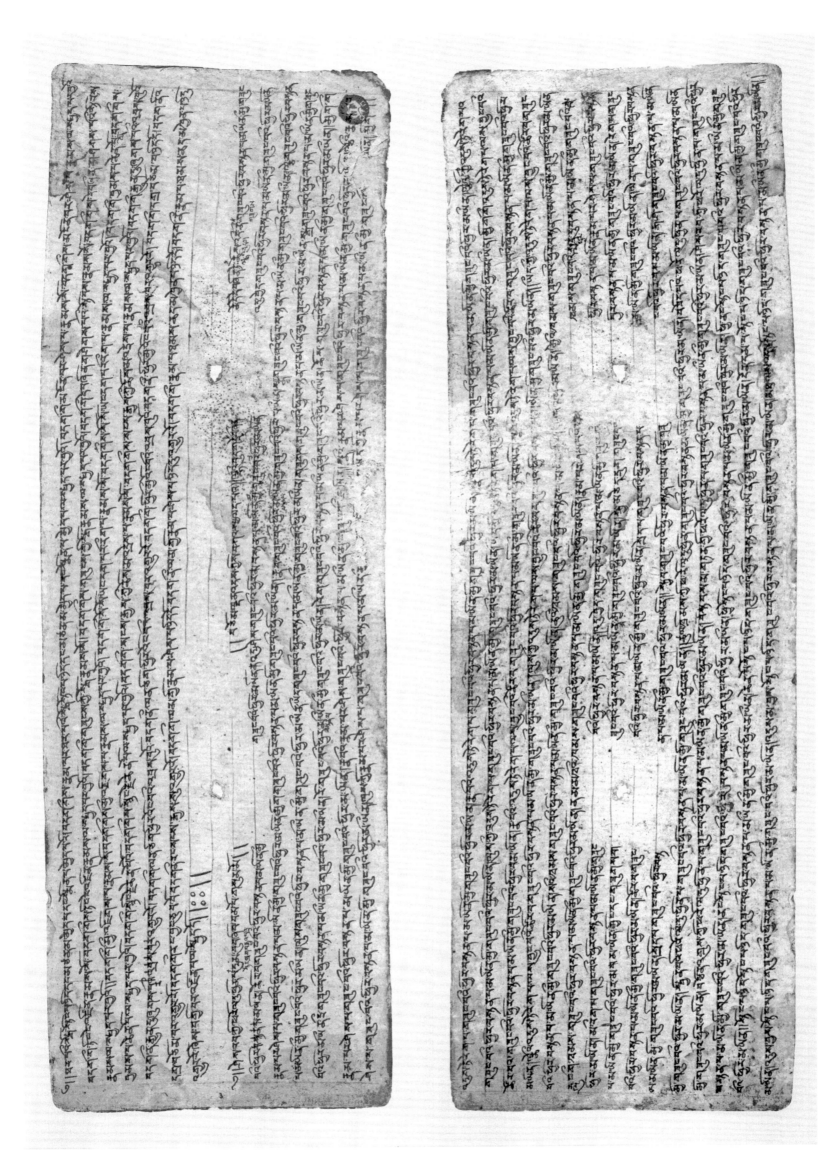

法 Pel.tib.1310　2.ཤེས་རབ་ཀྱི་ཕ་རོལ་དུ་ཕྱིན་པ་སྟོང་ཕྲག་བརྒྱ་པ་དུམ་བུ་བཞི་པ་བམ་པོ་གཉིས་སོ།།

3.ཤེས་རབ་ཀྱི་ཕ་རོལ་དུ་ཕྱིན་པ་སྟོང་ཕྲག་བརྒྱ་པའ་དུམ་བུ་བཞི་བ་བམ་པོ་གསུམ་སོ།།

2.十萬頌般若波羅蜜多經第四函第二卷

3.十萬頌般若波羅蜜多經第四函第三卷　(52—3)

79

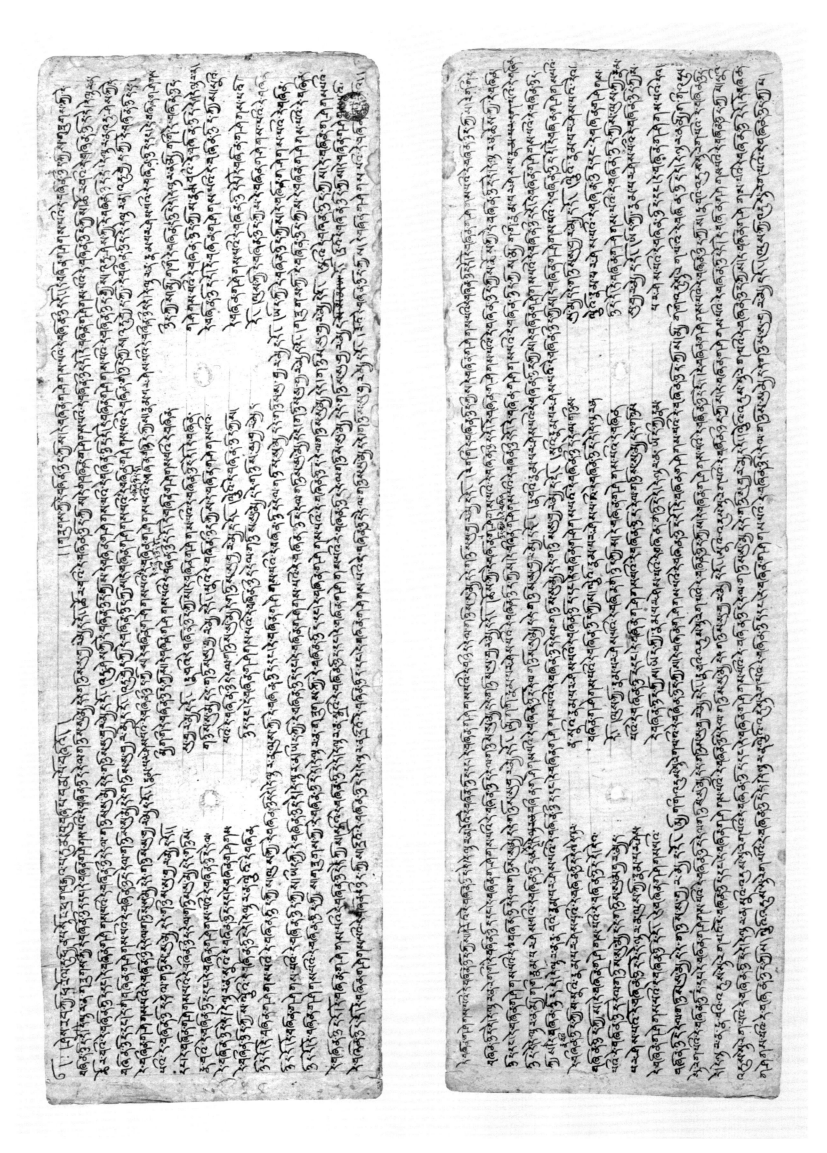

4.ཤེས་རབ་ཀྱི་ཕ་རོལ་ཏུ་ཕྱིན་པ་སྟོང་ཕྲག་བརྒྱ་པ་དུམ་བུ་བཞི་པ་བམ་པོ་བཞི་བོ།།

4.十萬頌般若波羅蜜多經第四函第四卷　　(52—4)

法 Pel.tib.1310

5. ཤེས་རབ་ཀྱི་ཕ་རོལ་དུ་ཕྱིན་པ་སྟོང་ཕྲག་བརྒྱ་པ་དུམ་བུ་བཞི་པ་བམ་པོ་ལྔ་པ།

6. ཤེས་རབ་ཀྱི་ཕ་རོལ་དུ་ཕྱིན་པ་སྟོང་ཕྲག་བརྒྱན་པ་རྡུ་བུ་བཞི་པ་བམ་པོ་ན་དུག་གོ།

5. 十萬頌般若波羅蜜多經第四函第五卷

6. 十萬頌般若波羅蜜多經第四函第六卷　　(52—5)

81

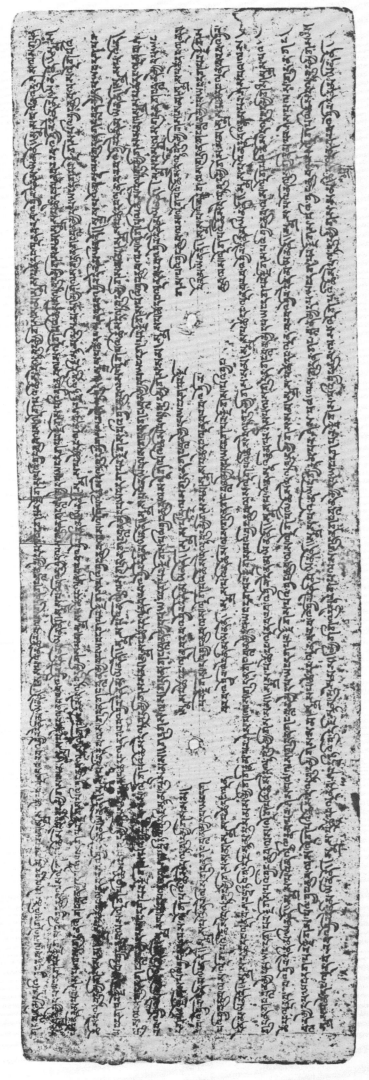

法 Pel.tib.1310　　7.ཤེས་རབ་ཀྱི་ཕ་རོལ་ཏུ་ཕྱིན་པའི་སྟོང་ཕྲག་བརྒྱ་པ་དུམ་བུ་བཞི་པ་བམ་པོ་བདུན་ནོ།།

7.十萬頌般若波羅蜜多經第四函第七卷　　(52—6)

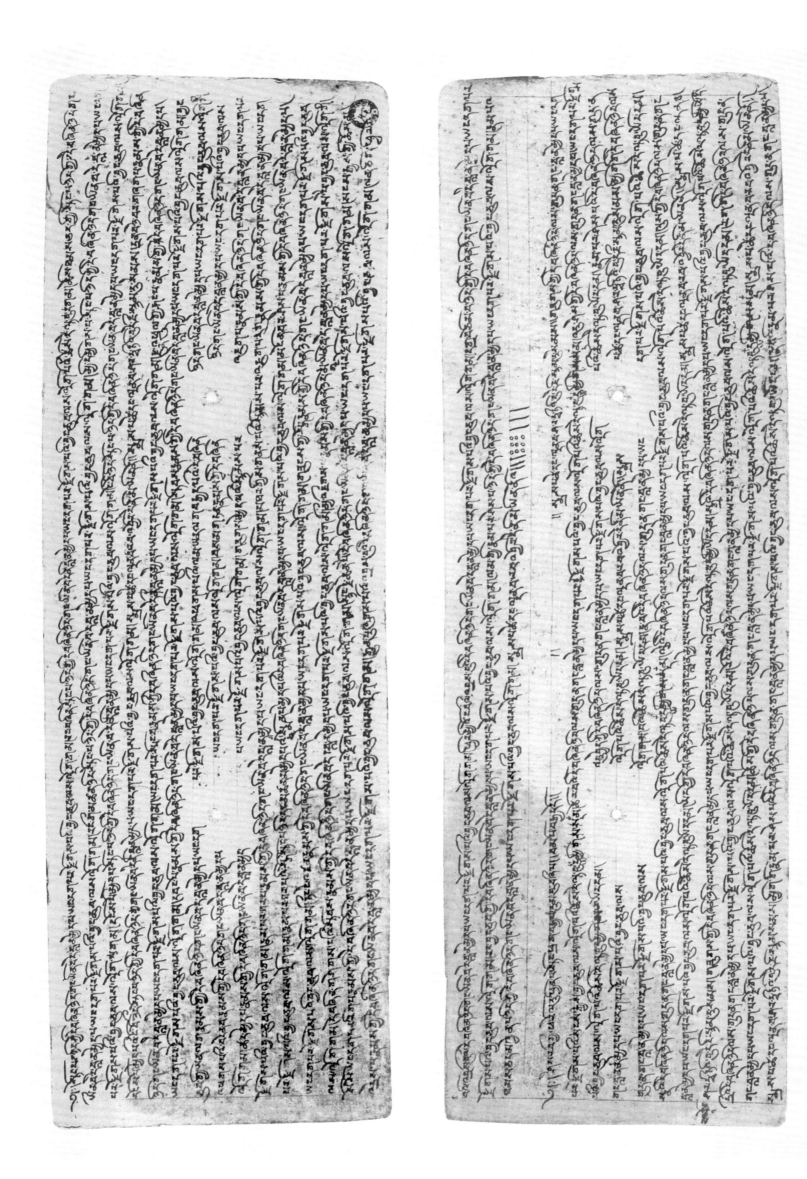

法 Pel.tib.1310　7.ཤེས་རབ་ཀྱི་ཕ་རོལ་ཏུ་ཕྱིན་པའི་སྟོང་ཕྲག་བརྒྱ་པ་དུམ་བུ་བཞི་པ་བམ་པོ་བདུན་ནོ།།
　　　　　　　　8.ཤེས་རབ་ཀྱི་ཕ་རོལ་ཏུ་ཕྱིན་པའི་སྟོང་ཕྲག་བརྒྱ་པ་དུམ་བུ་བཞི་པ།།བམ་པོ་བརྒྱད་དོ།།
　　　　　　　7.十萬頌般若波羅蜜多經第四函第七卷
　　　　　　　8.十萬頌般若波羅蜜多經第四函第八卷　　(52—7)

83

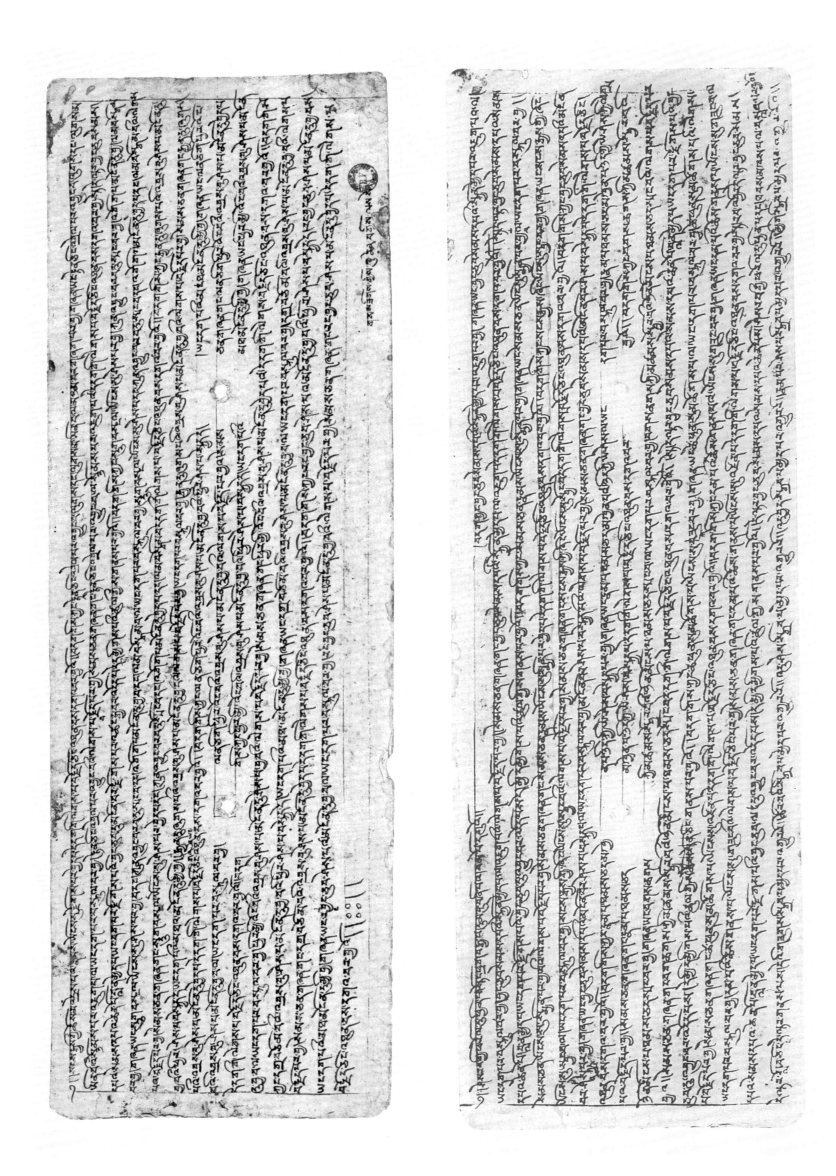

8.ཤེས་རབ་ཀྱི་ཕ་རོལ་ཏུ་ཕྱིན་པ་སྟོང་ཕྲག་བརྒྱ་པ་དུམ་བུ་བཞི་པ་ཁབས་པོ་བརྒྱད་དོ། །

9.ཤེས་རབ་ཀྱི་ཕ་རོལ་ཏུ་ཕྱིན་པའ་སྟོང་ཕྲག་བརྒྱ་པ་དུམ་བུ་བཞི་པའ་བམ་པོ་དགུའོ། །

8.十萬頌般若波羅蜜多經第四函第八卷

9.十萬頌般若波羅蜜多經第四函第九卷　　(52—8)

法 Pel.tib.1310　10.ཤེས་རབ་ཀྱི་ཕ་རོལ་དུ་ཕྱིན་པ་སྟོང་ཕྲག་བརྒྱ་པ་དུམ་བུ་བཞི་པ་བམ་པོ་བཅུབོ། །

10.十萬頌般若波羅蜜多經第四函第十卷　　(52—9)

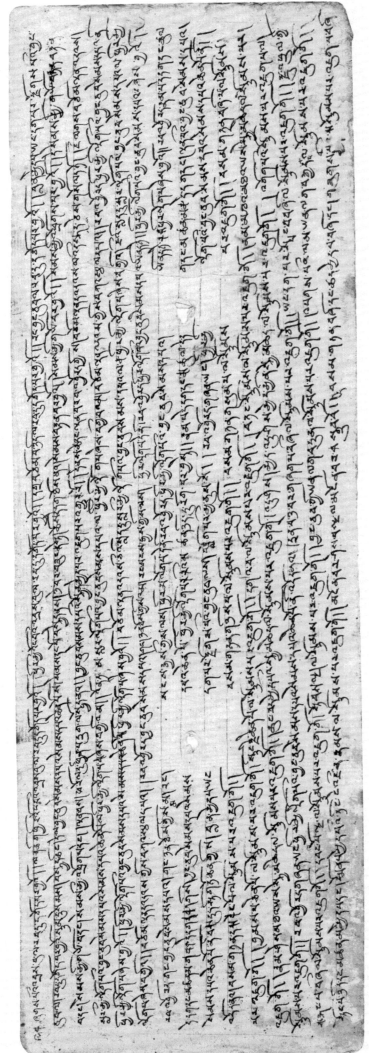

法 Pel.tib.1310

10. ཤེས་རབ་ཀྱི་ཕ་རོལ་དུ་ཕྱིན་པ་སྟོང་ཕྲག་བརྒྱ་པ་དུམ་བུ་བཞི་པ་བམ་པོ་བཅུ་པོ། །

11. ཤེས་རབ་ཀྱི་ཕ་རོལ་དུ་ཕྱིན་པ་སྟོང་ཕྲག་བརྒྱ་པ་དུམ་བུ་བཞི་པ་བམ་པོ་བཅུ་གཅིག་གོ། །

86

10. 十萬頌般若波羅蜜多經第四函第十卷

11. 十萬頌般若波羅蜜多經第四函第十一卷　　(52—10)

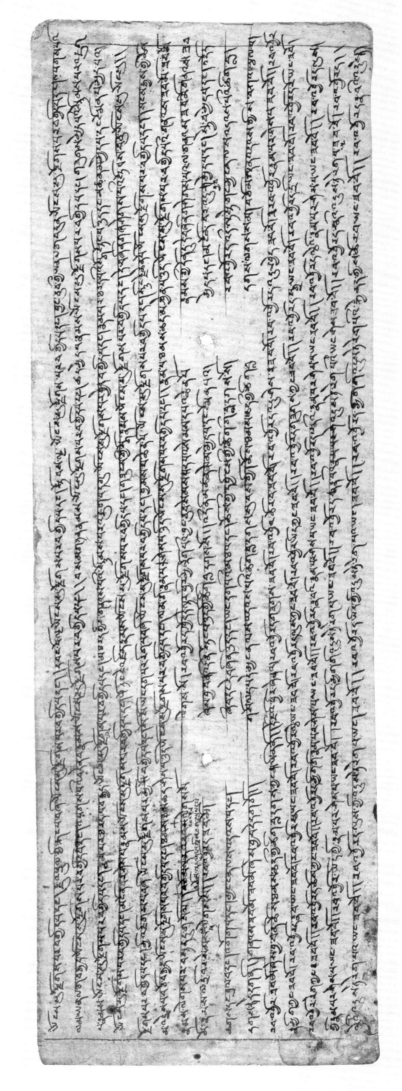

法 Pel.tib.1310　11.ཤེས་རབ་ཀྱི་ཕ་རོལ་དུ་ཕྱིན་པ་སྟོང་ཕྲག་བརྒྱ་པ་དུམ་བུ་བཞི་པ་བམ་པོ་བཅུ་གཅིག་གོ །

12.ཤེས་རབ་ཀྱི་ཕ་རོལ་དུ་ཕྱིན་པ་སྟོང་ཕྲག་བརྒྱ་པ་དུམ་བུ་བཞི་པ་བམ་པོ་བཅུ་གཉིས་སོ །

11.十萬頌般若波羅蜜多經第四函第十一卷

12.十萬頌般若波羅蜜多經第四函第十二卷　　(52—11)

87

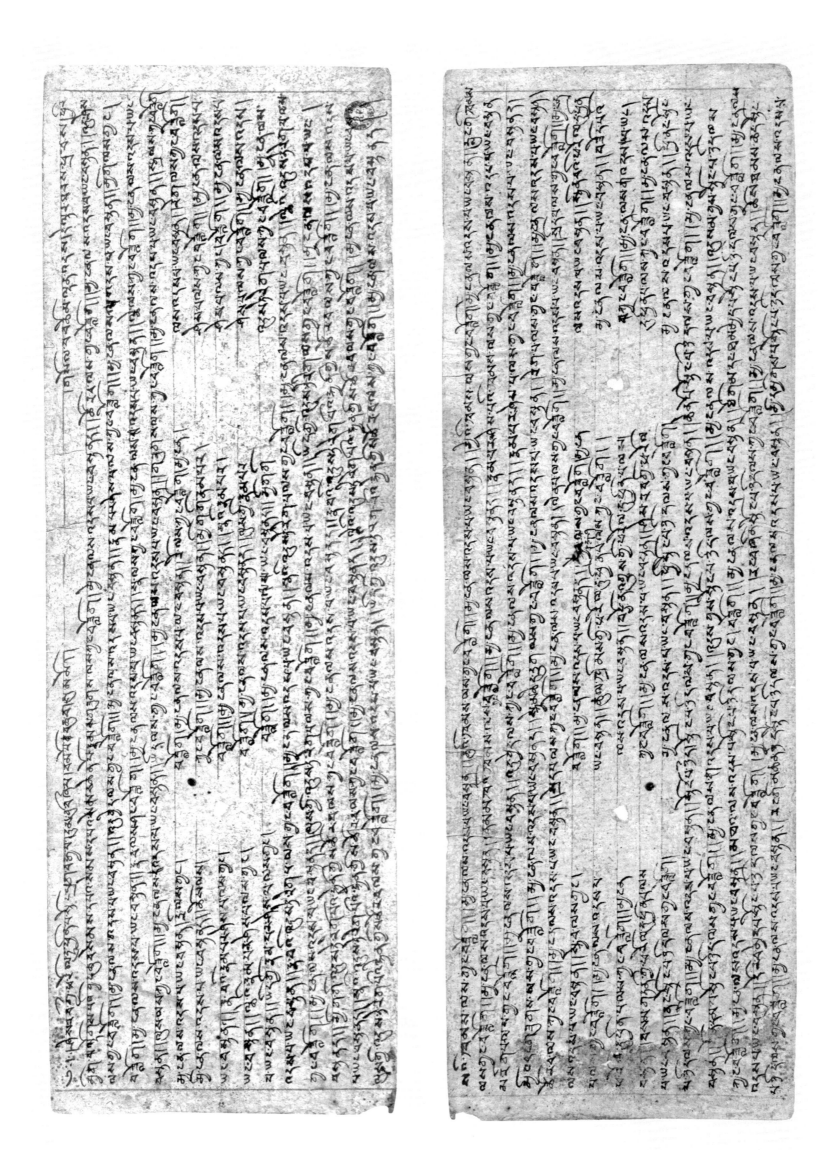

13.ཤེས་རབ་ཀྱི་ཕ་རོལ་ཏུ་ཕྱིན་པ་སྟོང་ཕྲག་བརྒྱ་པ་ལྡུམ་བུ་བཞི་པ་བམ་པོ་བཅུ་གསུམ་མོ། །

13.十萬頌般若波羅蜜多經第四函第十三卷　　(52—12)

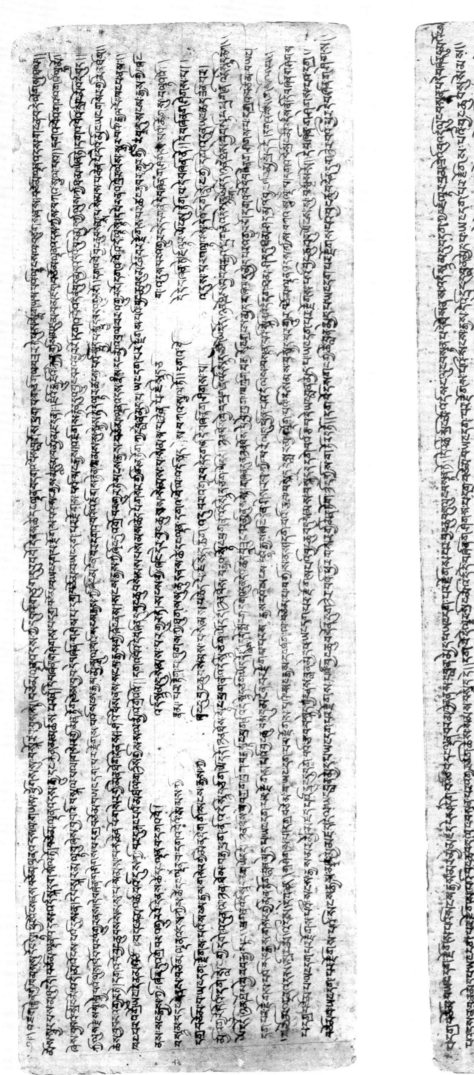

14.ཤེས་རབ་ཀྱི་ཕ་རོལ་ཏུ་ཕྱིན་པ་སྟོང་ཕྲག་བརྒྱ་པ་དུག་ན་བཞི་པ་བམ་པོ་བཅུ་བཞི་པ།

15.ཤེས་རབ་ཀྱི་ཕ་རོལ་ཏུ་ཕྱིན་པ་སྟོང་ཕྲག་བརྒྱ་པ་དུག་ན་བཞི་པ་བམ་པོ་བཅོ་ལྔ་པོ།།

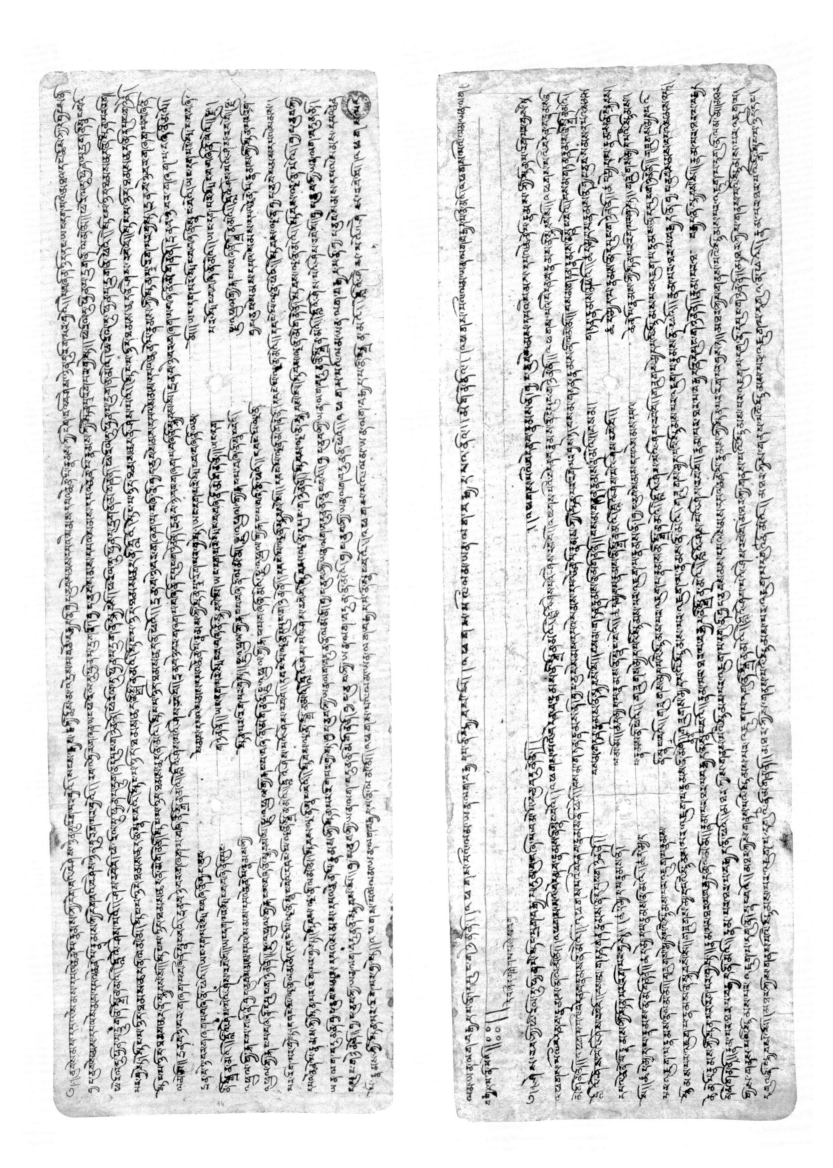

16.ཤེས་རབ་ཀྱི་ཕ་རོལ་དུ་ཕྱིན་པ་སྟོང་ཕྲག་བརྒྱ་པ་དུམ་བུ་བཞི་པ་བམ་པོ་བཅུ་དྲུག་པ།
17.ཤེས་རབ་ཀྱི་ཕ་རོལ་དུ་ཕྱིན་པ་སྟོང་ཕྲག་བརྒྱ་པ་དུམ་བུ་བཞི་པ་བམ་པོ་བཅུ་བདུན་ནོ།།

16.十萬頌般若波羅蜜多經第四函第十六卷
17.十萬頌般若波羅蜜多經第四函第十七卷　　(52—14)

法 Pel.tib.1310

18.ཤེས་རབ་ཀྱི་ཕ་རོལ་ཏུ་ཕྱིན་པ་སྟོང་ཕྲག་བརྒྱ་པ་དུམ་བུ་བཞི་པ་བམ་པོ་བཅུ་དགུ་པ།

19.ཤེས་རབ་ཀྱི་ཕ་རོལ་ཏུ་ཕྱིན་པ་སྟོང་ཕྲག་བརྒྱ་པ་དུམ་བུ་བཞི་པ་བམ་པོ་ཉི་ཤུ་པ།

18.十萬頌般若波羅蜜多經第四函第十九卷

19.十萬頌般若波羅蜜多經第四函第二十卷　　(52—15)

91

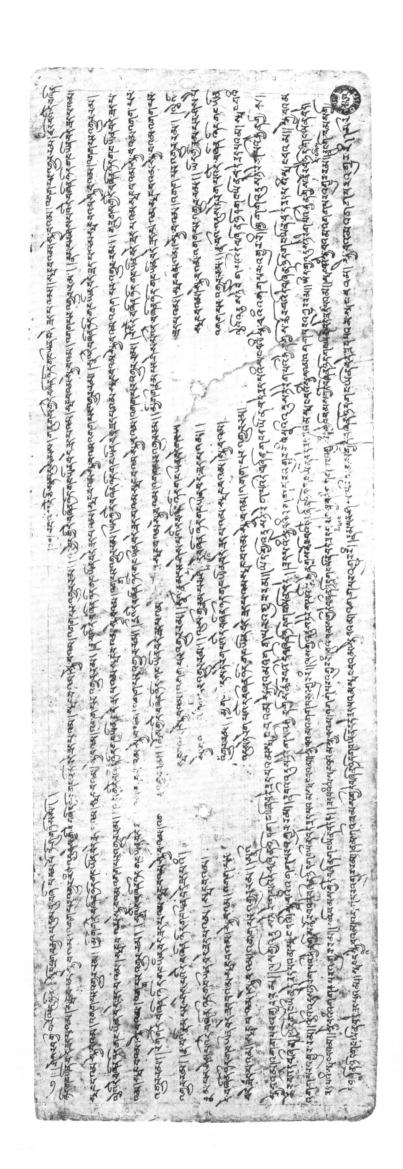
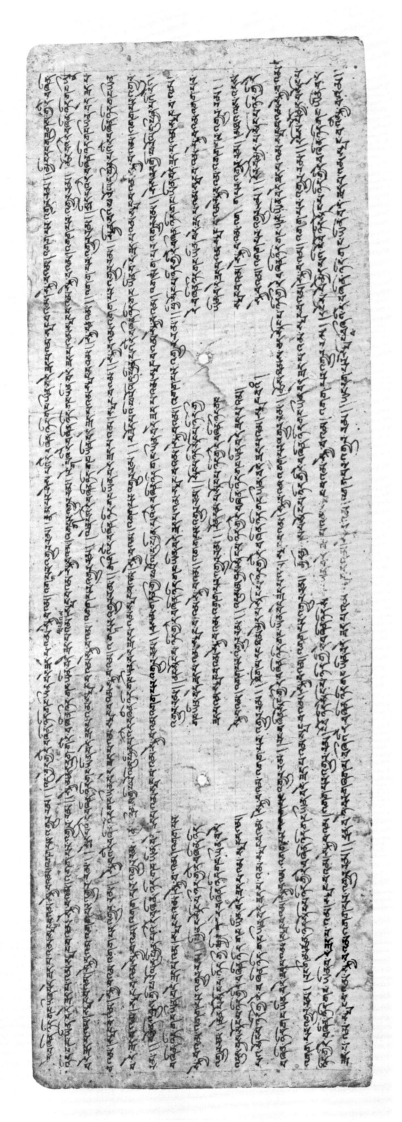

法 Pel.tib.1310　20.ཤེས་རབ་ཀྱི་ཕ་རོལ་ཏུ་ཕྱིན་པ་སྟོང་ཕྲག་བརྒྱ་པ་དུམ་བུ་བཞི་པ་བམ་པོ་ཉི་ཤུ་གཉིས་སོ།།

20.十萬頌般若波羅蜜多經第四函第二十二卷　　(52—16)

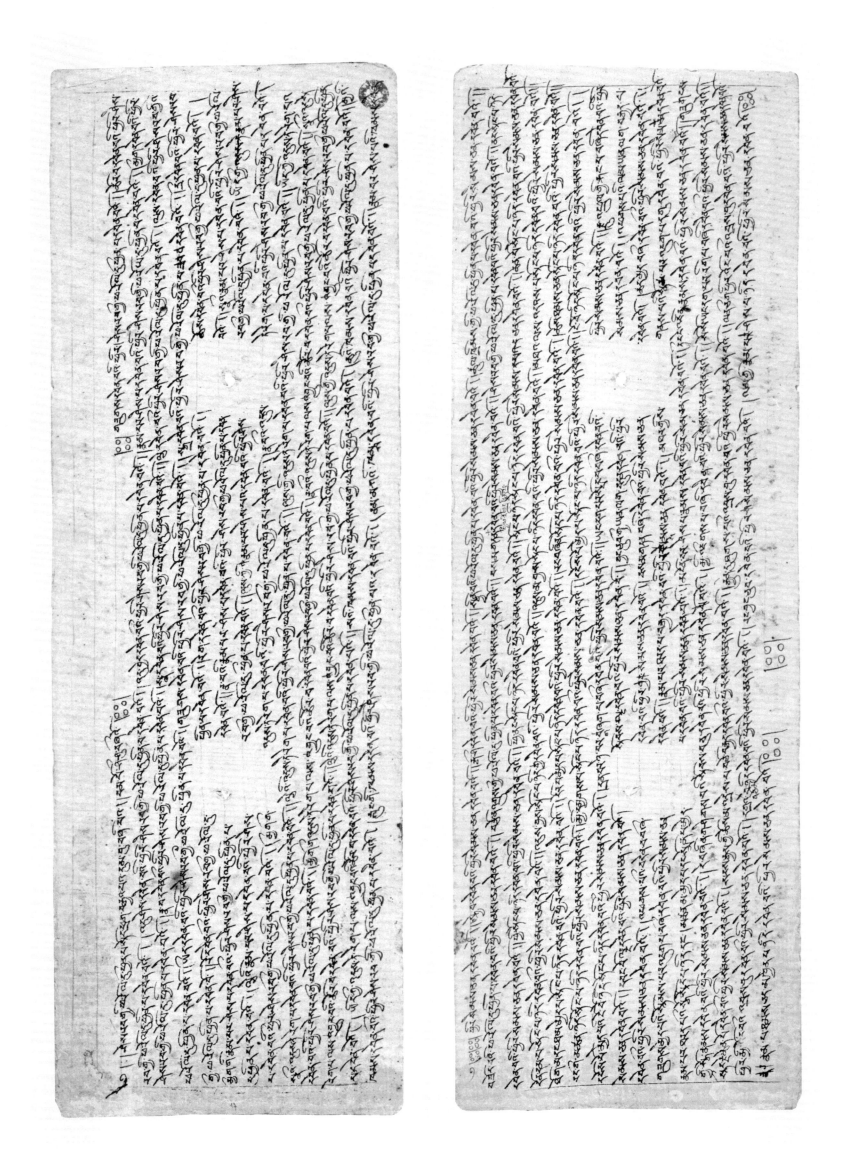

法 Pel.tib.1310　　21.ཤེས་རབ་ཀྱི་ཕ་རོལ་ཏུ་ཕྱིན་པ་སྟོང་ཕྲག་བརྒྱ་པ་འདུམ་བུ་བཞི་པའ།།བམ་པོ་ཉི་ཤུ་བཞིའོ།།
　　　21.十萬頌般若波羅蜜多經第四函第二十四卷　　(52—17)

93

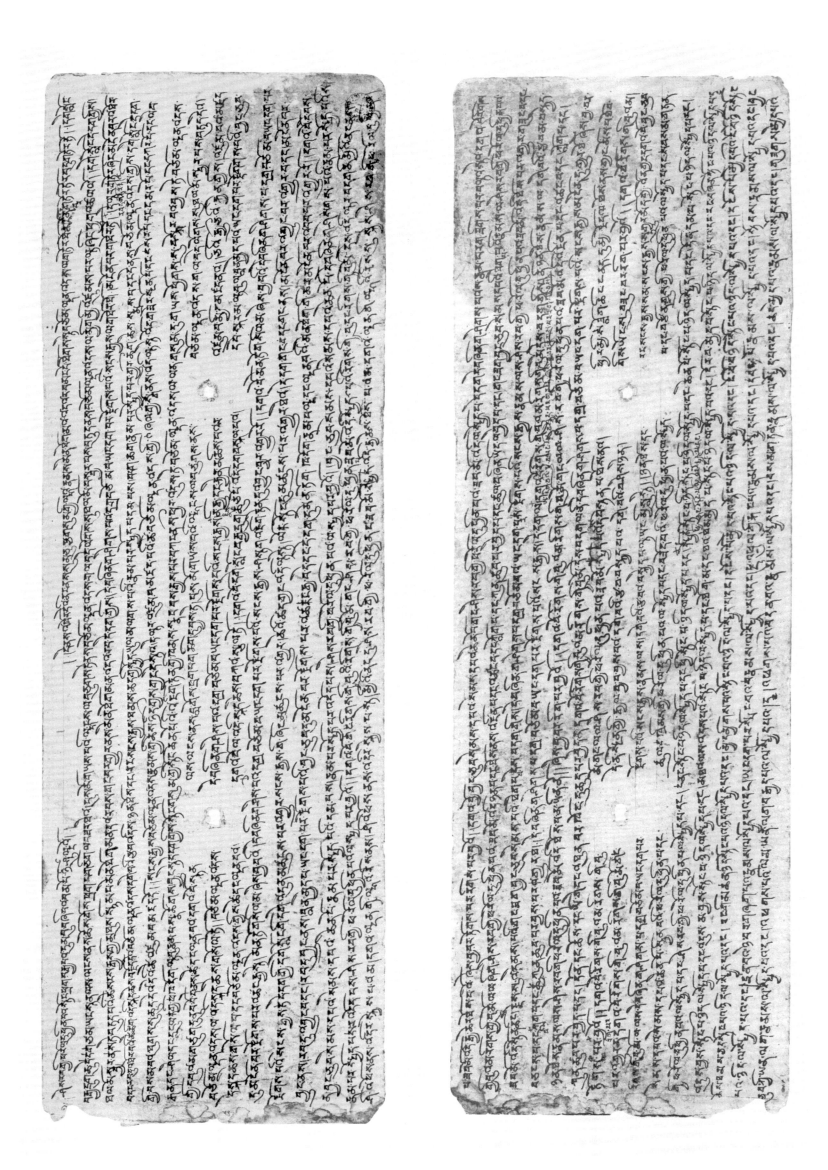

法 Pel.tib.1310

ཤེས་རབ་ཀྱི་ཕ་རོལ་ཏུ་ཕྱིན་པའི་སྟོང་ཕྲག་བརྒྱ་པའི་དུམ་བུ་བཞི་པའི་བམ་པོ་ཉི་ཤུ་ལྔཔོ།།

22.十萬頌般若波羅蜜多經第四函第二十五卷　(52—18)

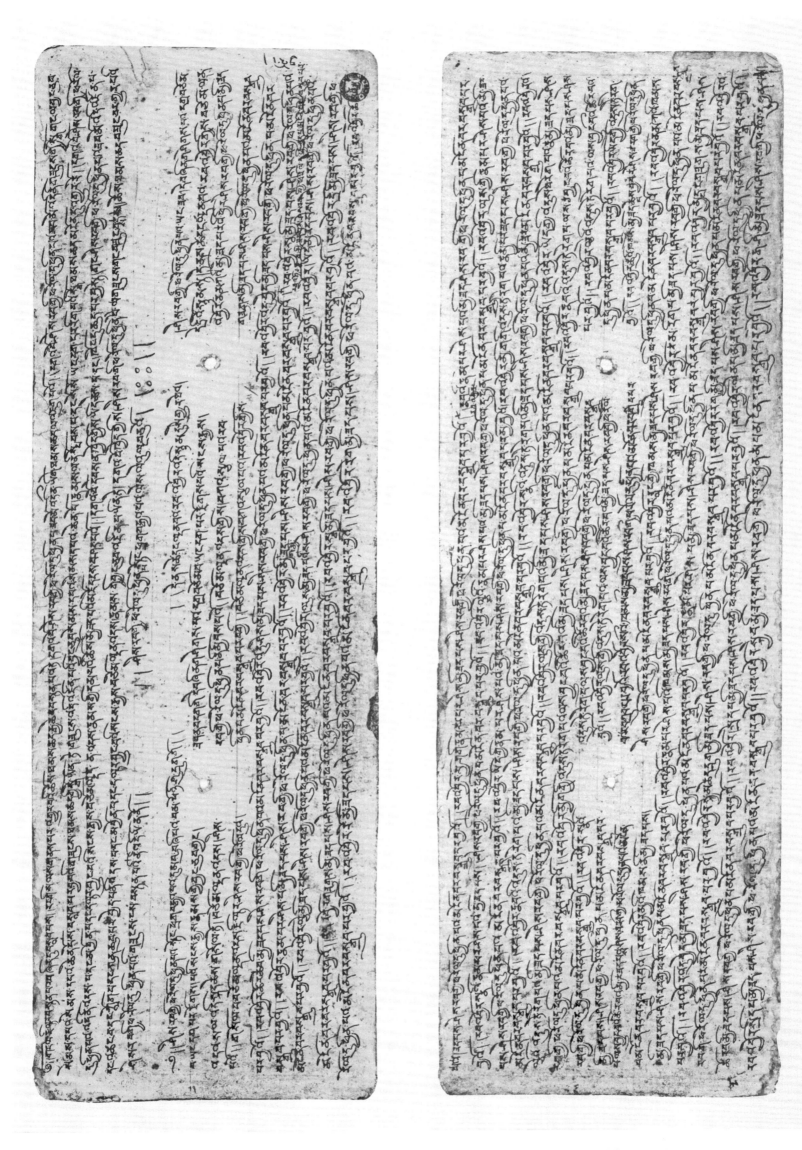

法 Pel.tib.1310

22. ཤེས་རབ་ཀྱི་ཕ་རོལ་དུ་ཕྱིན་པའི་སྟོང་ཕྲག་བརྒྱ་པའི་དུམ་བུ་བཞི་པ་བམ་པོ་ཉི་ཤུ་ལྔ་པའོ། །

23. ཤེས་རབ་ཀྱི་ཕ་རོལ་དུ་ཕྱིན་པའི་སྟོང་ཕྲག་བརྒྱའི་དུམ་བུ་བཞི་པ་བམ་པོ་ཉི་ཤུ་དྲུག་གོ། །

22. 十萬頌般若波羅蜜多經第四函第二十五卷

23. 十萬頌般若波羅蜜多經第四函第二十六卷　　(52—19)

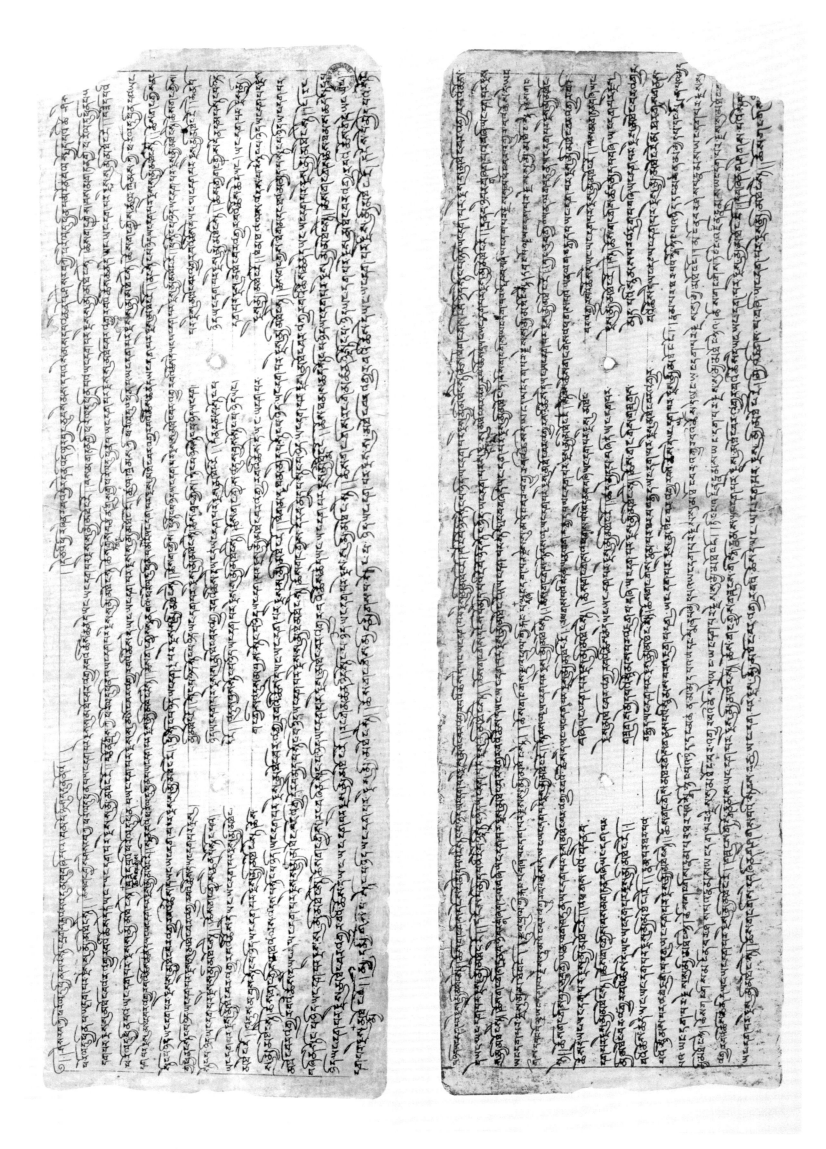

24.ཤེས་རབ་ཀྱི་ཕ་རོལ་ཏུ་ཕྱིན་པའི་སྟོང་ཕྲག་བརྒྱ་པ་དུམ་བུ་བཞི་པ་བམ་པོ་ཉི་ཤུ་བདུན་རྫོགས་སོ།།

24.十萬頌般若波羅蜜多經第四函第二十七卷　　(52—20)

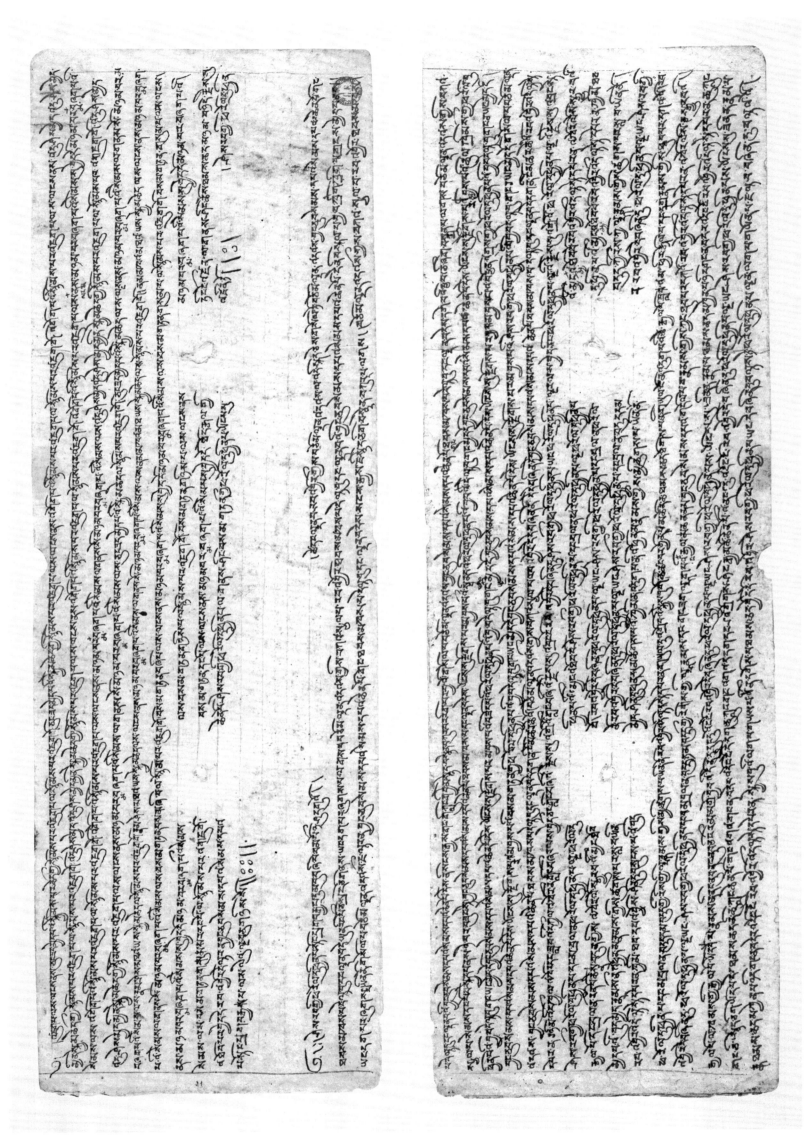

法 Pel.tib.1310　25.ཤེས་རབ་ཀྱི་ཕ་རོལ་ཏུ་ཕྱིན་པ་སྟོང་ཕྲག་བརྒྱ་པ་དུམ་བུ་བཞི་པ་བམ་པོ་ཉེར་བརྒྱད་པ།

26.ཤེས་རབ་ཀྱི་ཕ་རོལ་ཏུ་ཕྱིན་པ་སྟོང་ཕྲག་བརྒྱ་པ་དུམ་བུ་བཞི་པ་བམ་པོ་ཉེ་ཤུ་དགུ་གོ །

97

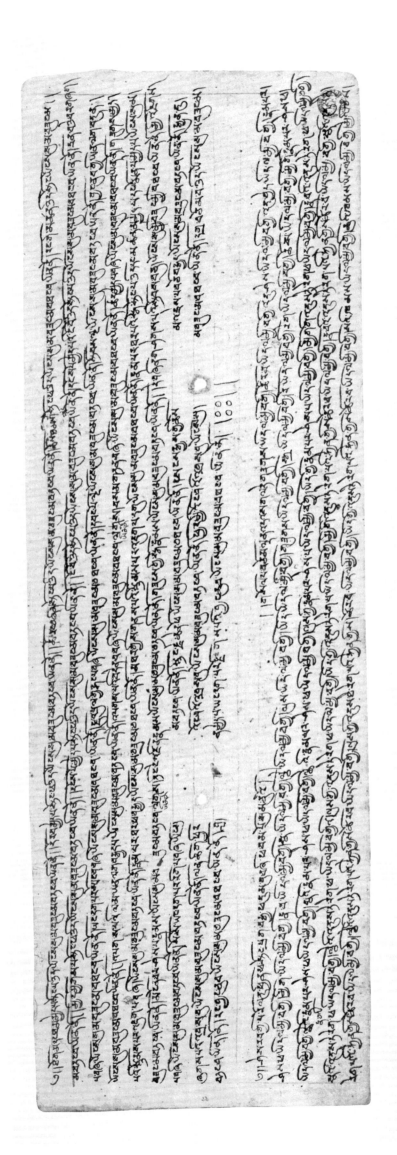

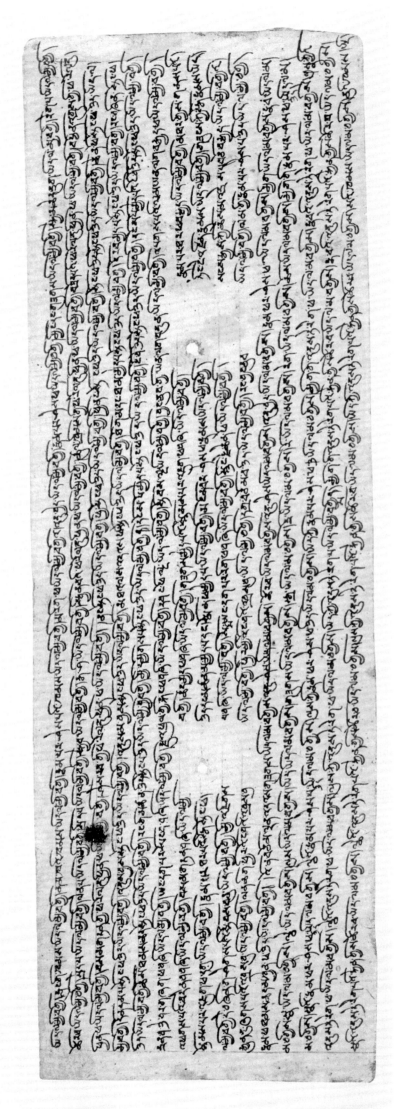

法 Pel.tib.1310

98

法 Pel.tib.1310   28.ཤེས་རབ་ཀྱི་ཕ་རོལ་ཏུ་ཕྱིན་པ་སྟོང་ཕྲག་བརྒྱད་པ་དུམ་བུ་བཞི་པ་བའི་པོ་སུམ་ཅུ་གཅིག་གོ །

28.十萬頌般若波羅蜜多經第四函第三十一卷　　(52—23)

99

29.ཤེས་རབ་ཀྱི་ཕ་རོལ་ཏུ་ཕྱིན་པ་སྟོང་ཕྲག་བརྒྱ་པ་དུམ་བུ་བཞི་པ་བམ་པོ་སུམ་ཅུ་གཉིས་སོ། །

29.十萬頌般若波羅蜜多經第四函第三十二卷　　(52—24)

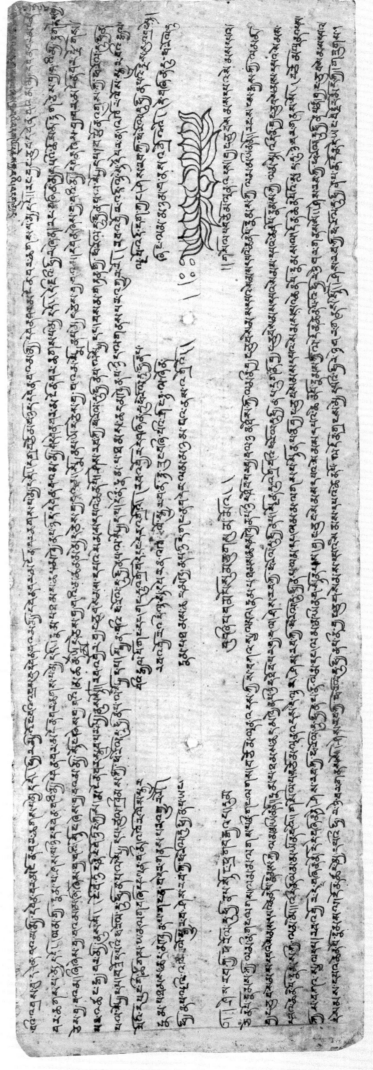

法 Pel.tib.1310

29. ཤེས་རབ་ཀྱི་ཕ་རོལ་ཏུ་ཕྱིན་པ་སྟོང་ཕྲག་བརྒྱ་པ་དུམ་བུ་བཞི་པ་བམ་པོ་སུམ་ཅུ་གཉིས་སོ། །

30. ཤེས་རབ་ཀྱི་ཕ་རོལ་ཏུ་ཕྱིན་པ་སྟོང་ཕྲག་བརྒྱ་པ་དུམ་བུ་བཞི་པ་བམ་པོ་སུམ་ཅུ་གསུམ་མོ། །

29. 十萬頌般若波羅蜜多經第四函第三十二卷

30. 十萬頌般若波羅蜜多經第四函第三十三卷　　(52—25)

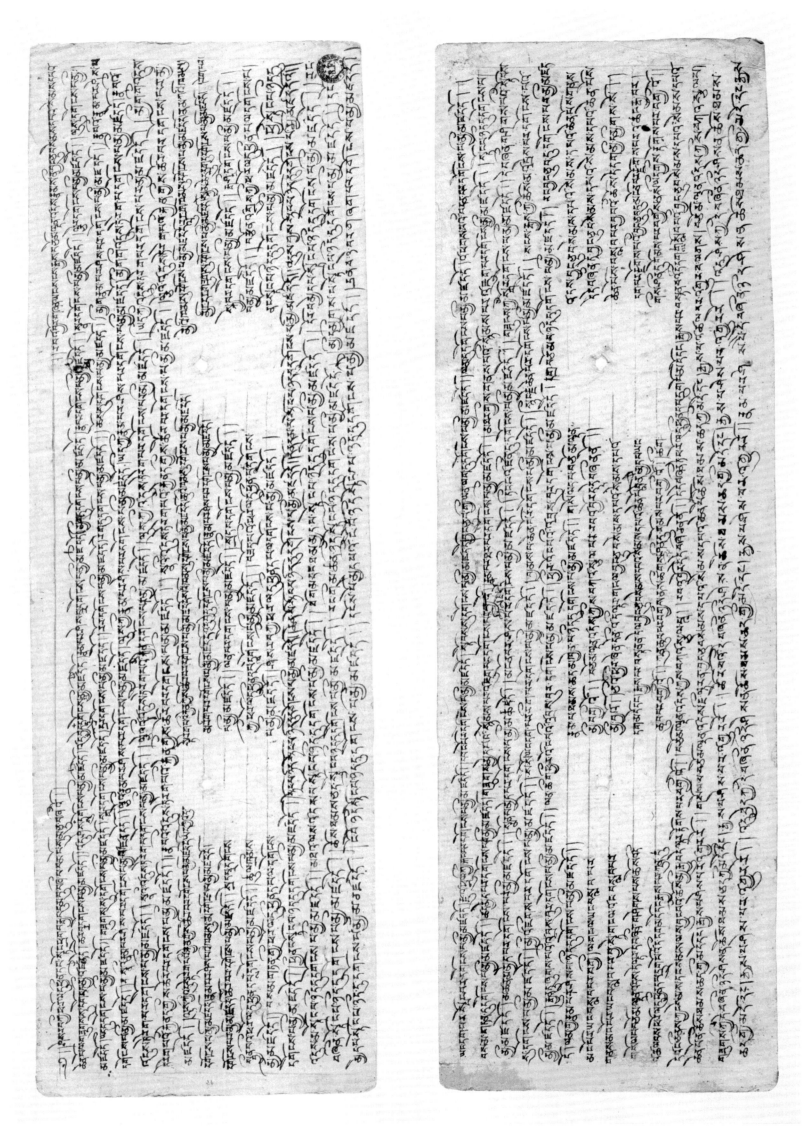

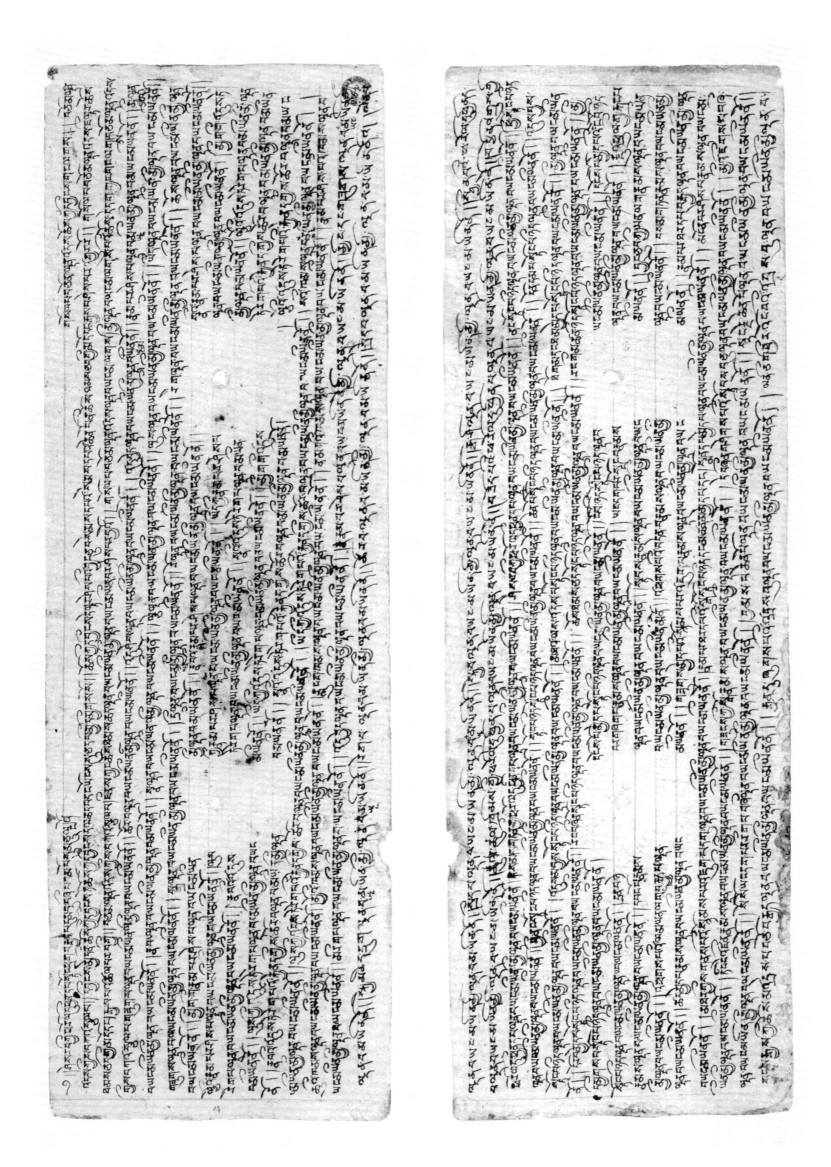

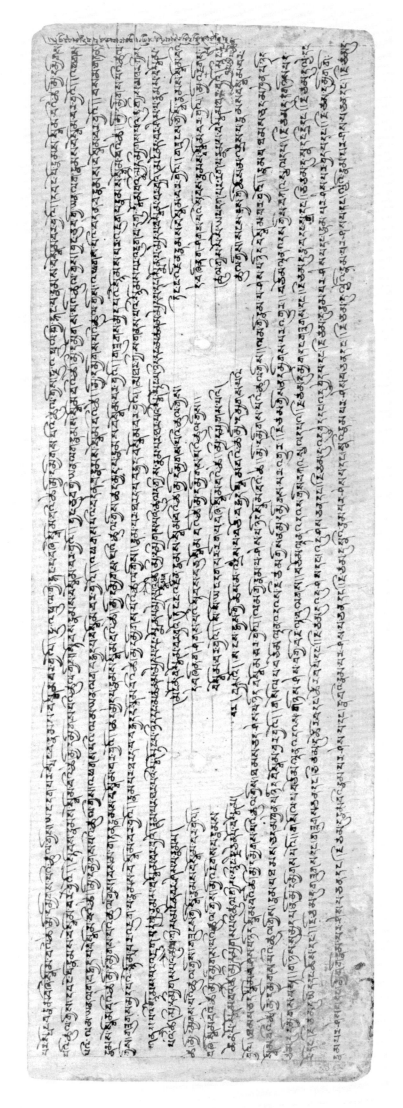

法 Pel.tib.1310

33. ཤེས་རབ་ཀྱི་ཕ་རོལ་དུ་ཕྱིན་པ་སྟོང་ཕྲག་བརྒྱ་པ་དུམ་བུ་བཞི་པ་བམ་པོ་སུམ་ཅུ་བདུན་གོ ། །

33. 十萬頌般若波羅蜜多經第四函第三十七卷　　(52—28)

104

法 Pel.tib.1310

33.ཤེས་རབ་ཀྱི་ཕ་རོལ་ཏུ་ཕྱིན་པ་སྟོང་ཕྲག་བརྒྱ་པ་དུམ་བུ་བཞི་པ་བམ་པོ་སུམ་ཅུ་བདུན་ནོ། །

34.ཤེས་རབ་ཀྱི་ཕ་རོལ་ཏུ་ཕྱིན་པ་སྟོང་ཕྲག་བརྒྱ་པ་དུམ་བུ་བཞི་པ་བམ་པོ་སུམ་ཅུ་བརྒྱད་དོ། །

33.十萬頌般若波羅蜜多經第四函第三十七卷

34.十萬頌般若波羅蜜多經第四函第三十八卷　(52—29)

105

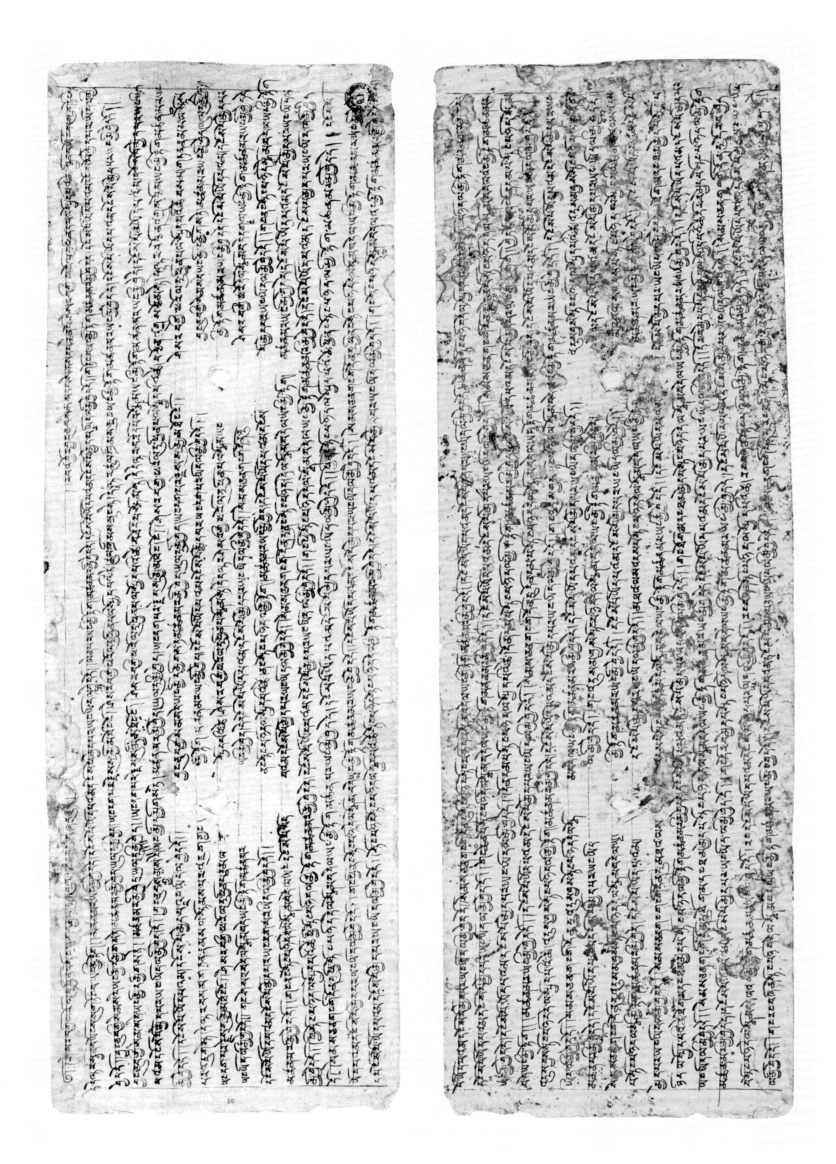

35. ཤེས་རབ་ཀྱི་ཕ་རོལ་དུ་ཕྱིན་པ་སྟོང་ཕྲག་བརྒྱ་པ་ལས་བུ་བཞི་པ་བཞི་བཅུ་པའོ། །

35.十萬頌般若波羅蜜多經第四函第四十卷　　(52—30)

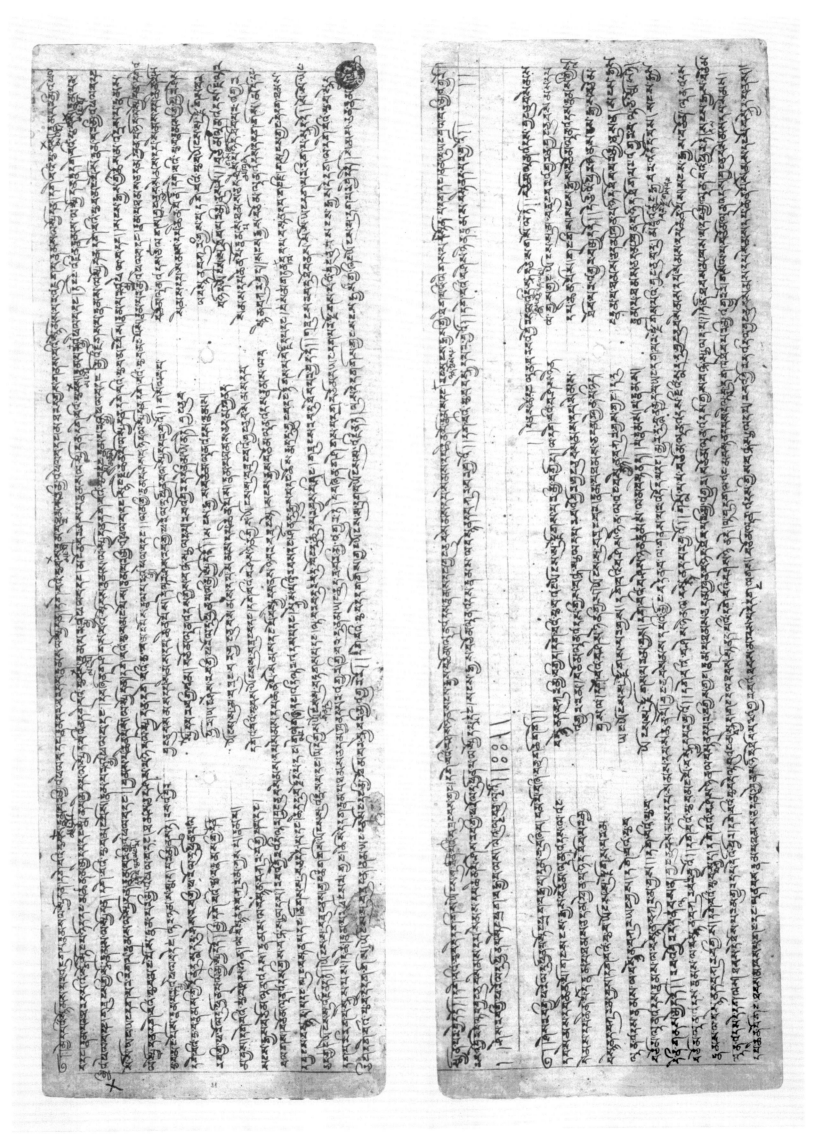

法 Pel.tib.1310

35.ཤེས་རབ་ཀྱི་ཕ་རོལ་ཏུ་ཕྱིན་པ་སྟོང་ཕྲག་བརྒྱ་པ་དུམ་བུ་བཞི་པ་བམ་པོ་བཞི་བཅུ་པའོ། །

36.ཤེས་རབ་ཀྱི་ཕ་རོལ་ཏུ་ཕྱིན་པ་སྟོང་ཕྲག་བརྒྱ་པ་དུམ་བུ་བཞི་པ་བམ་པོ་བཞི་བཅུ་གཅིག་གོ། །

35.十萬頌般若波羅蜜多經第四函第四十卷

36.十萬頌般若波羅蜜多經第四函第四十一卷　　(52—31)

107

37.ཤེས་རབ་ཀྱི་ཕ་རོལ་དུ་ཕྱིན་པ་སྟོང་ཕྲག་བརྒྱ་པ་དུམ་བུ་བཞི་པ་བམ་པོ་ཞེ་གསུམ་པ།

38.ཤེས་རབ་ཀྱི་ཕ་རོལ་དུ་ཕྱིན་པ་སྟོང་ཕྲག་བརྒྱ་པ་དུམ་བུ་བཞི་པ་བམ་པོ་བཞི་བཅུ་རྩ་བཞི་པོ།

37.十萬頌般若波羅蜜多經第四函第四十三卷

38.十萬頌般若波羅蜜多經第四函第四十四卷　　(52—32)

法 Pel.tib.1310　39.ཤེས་རབ་ཀྱི་ཕ་རོལ་དུ་ཕྱིན་པ་སྟོང་ཕྲག་བརྒྱ་པ་དུམ་བུ་བཞི་པ་བཞི་བཅུ་རྩ་དྲུག་གོ། །

39.十萬頌般若波羅蜜多經第四函第四十六卷　　(52—33)

40.ཤེས་རབ་ཀྱི་ཕ་རོལ་དུ་ཕྱིན་པ་སྟོང་ཕྲག་བརྒྱ་པ་དུམ་བུ་བཞི་པ་བམ་པོ་ཞེ་བདུན་པ།
41.ཤེས་རབ་ཀྱི་ཕ་རོལ་དུ་ཕྱིན་པ་སྟོང་ཕྲག་བརྒྱ་པ་དུམ་བུ་བཞི་པ་བམ་པོ་བཞི་བཅུ་རྩ་བརྒྱད་དོ།།

40.十萬頌般若波羅蜜多經第四函第四十七卷
41.十萬頌般若波羅蜜多經第四函第四十八卷　　(52—34)

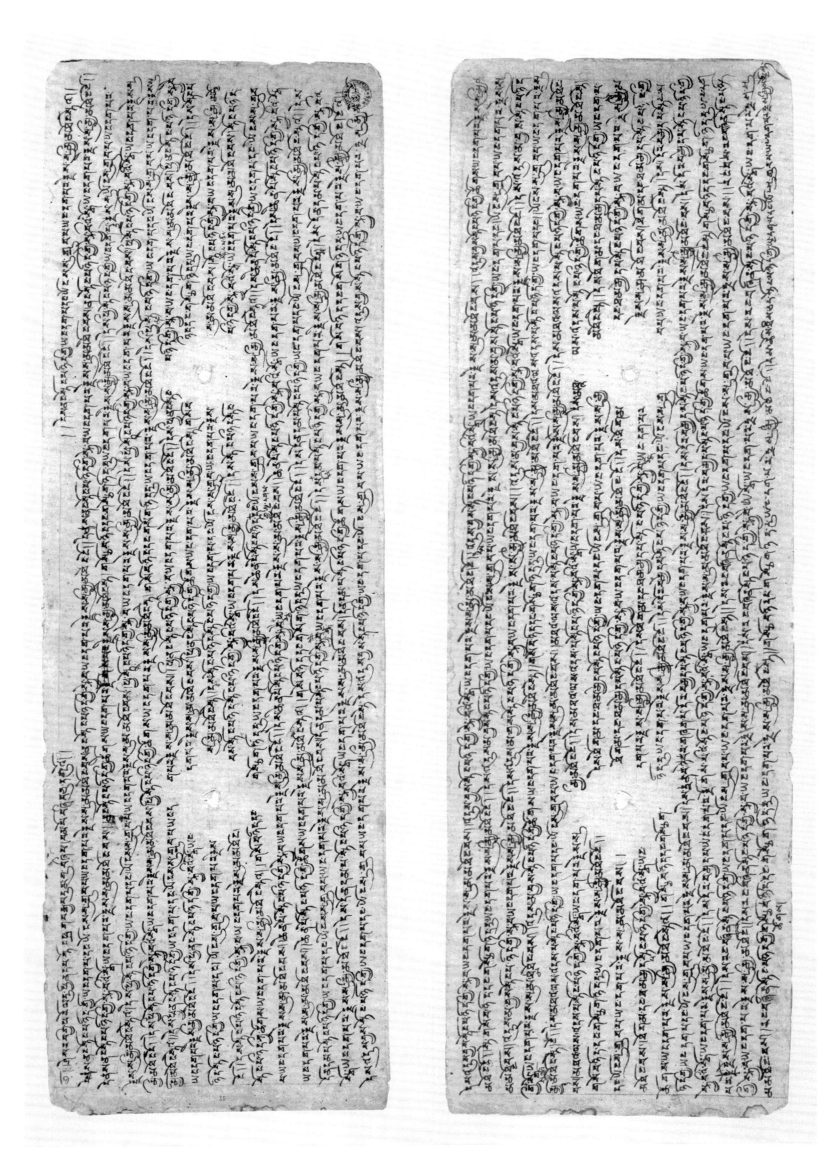

法 Pel.tib.1310　42.ཤེས་རབ་ཀྱི་ཕ་རོལ་ཏུ་ཕྱིན་པ་སྟོང་ཕྲག་བརྒྱ་པ་དུམ་བུ་བཞི་པ་བམ་པོ་བཞི་བཅུ་དགུཔོ། །

42.十萬頌般若波羅蜜多經第四函第四十九卷　　(52—35)

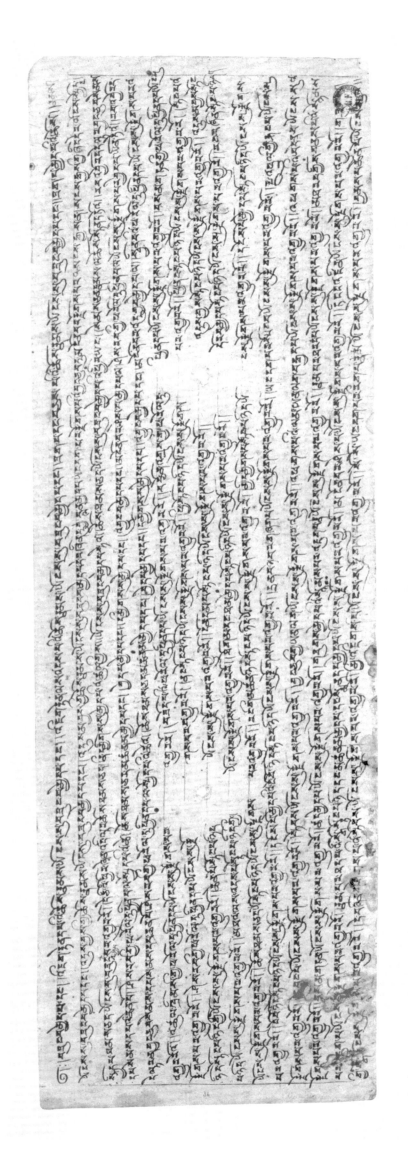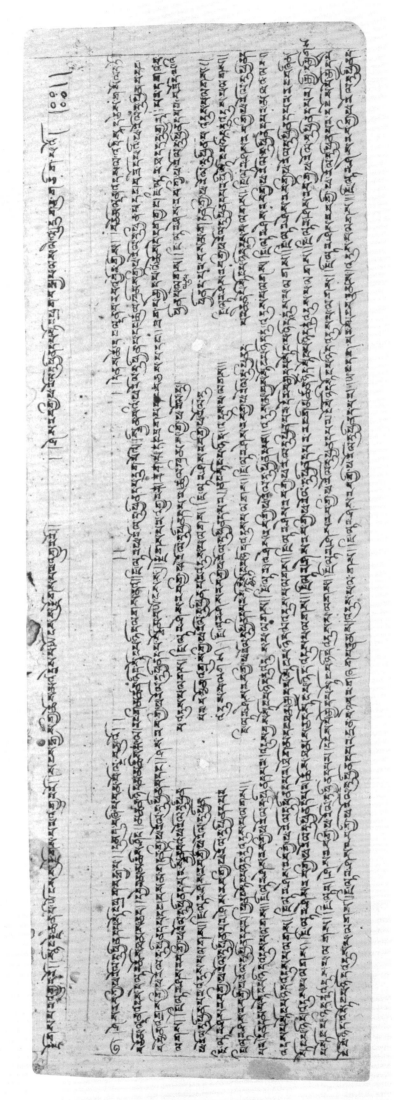

42.ཤེས་རབ་ཀྱི་ཕ་རོལ་ཏུ་ཕྱིན་པ་སྟོང་ཕྲག་བརྒྱ་པ་དུམ་བུ་བཞི་པ་བཞི་བཅུ་དགུའོ།།

43.ཤེས་རབ་ཀྱི་ཕ་རོལ་ཏུ་ཕྱིན་པ་སྟོང་ཕྲག་བརྒྱ་པ་དུམ་བུ་བཞི་པ་བཞི་བཅུ་ལྔ་བཅུའོ།།

42.十萬頌般若波羅蜜多經第四函第四十九卷

43.十萬頌般若波羅蜜多經第四函第五十卷　　(52—36)

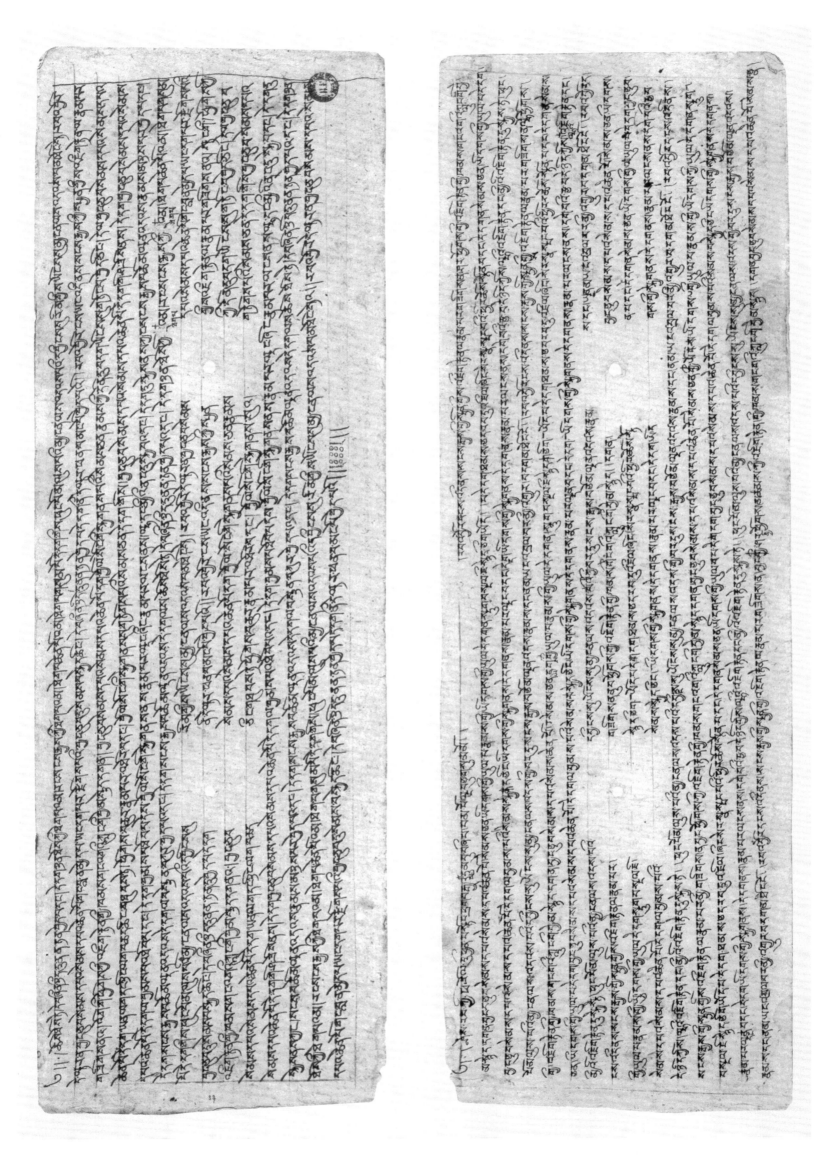

法 Pel.tib.1310　44.ཤེས་རབ་ཀྱི་ཕ་རོལ་དུ་ཕྱིན་པ་སྟོང་ཕྲག་བརྒྱ་པ་དུམ་བུ་བཞི་པ་བམ་པོ་ད་གཉིས་པ།

45.ཤེས་རབ་ཀྱི་ཕ་རོལ་དུ་ཕྱིན་པ་སྟོང་ཕྲག་བརྒྱའ་པ་དུམ་བུ་བཞི་པ་བམ་པོ་ལྔ་བཅུ་གསུམ་མོ། །

44.十萬頌般若波羅蜜多經第四函第五十二卷

45.十萬頌般若波羅蜜多經第四函第五十三卷　　(52—37)

113

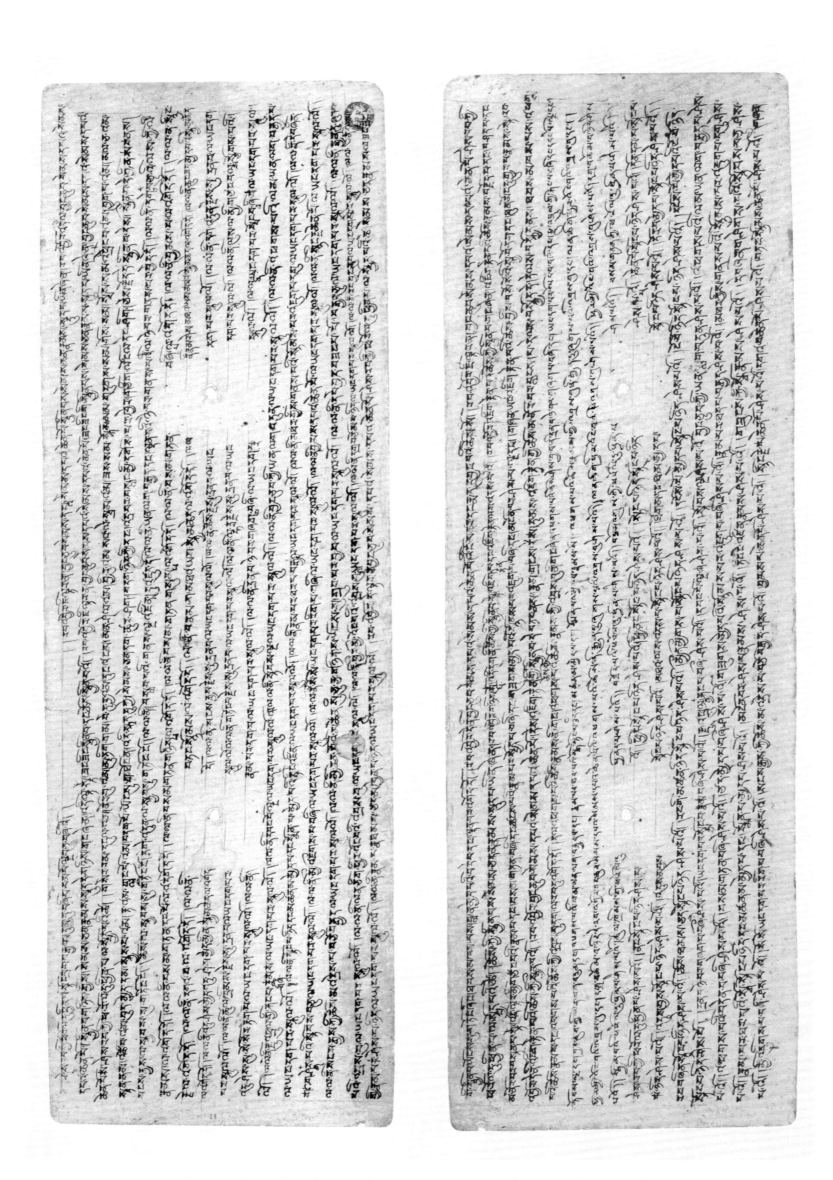

46.ཤེས་རབ་ཀྱི་ཕ་རོལ་ཏུ་ཕྱིན་པ་སྟོང་ཕྲག་བརྒྱ་པ་དུམ་བུ་བཞི་པ་བམ་པོ་ལྔ་བཅུ་བཞི་པོ། །

46.十萬頌般若波羅蜜多經第四函第五十四卷　　(52—38)

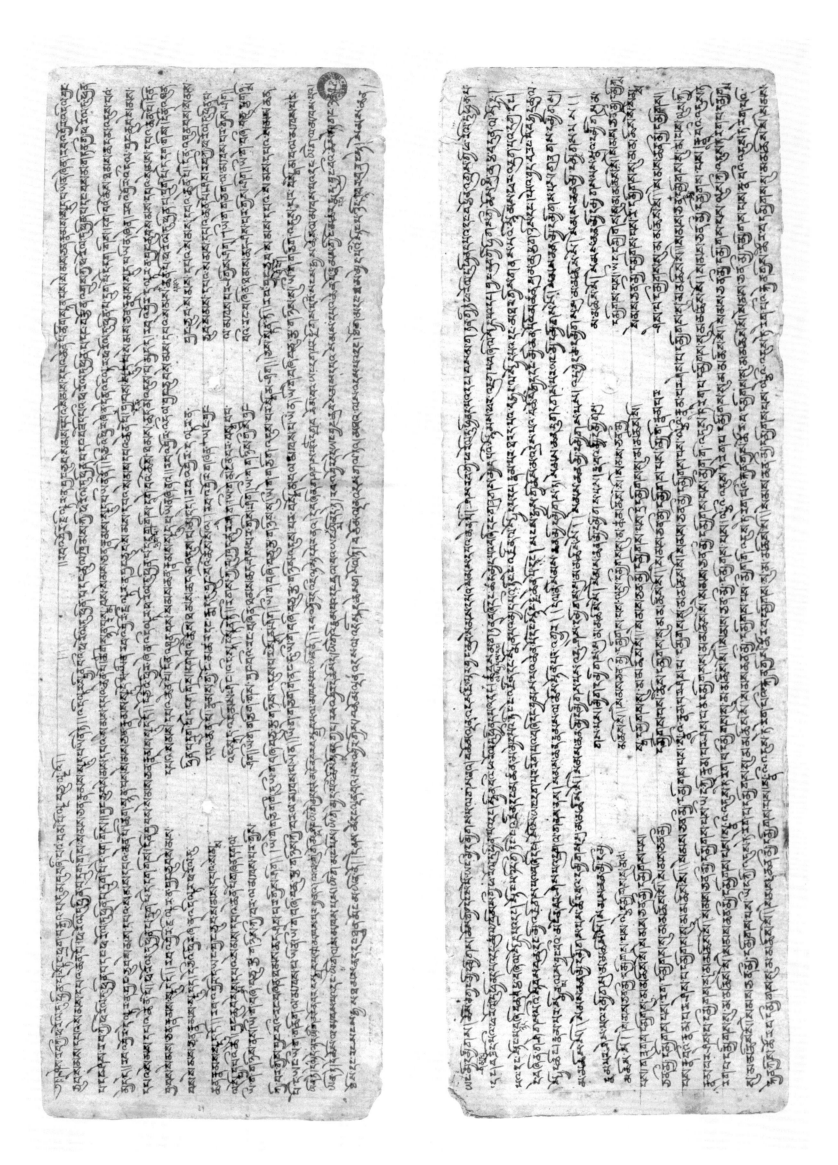

47.ཤེས་རབ་ཀྱི་ཕ་རོལ་དུ་ཕྱིན་པ་སྟོང་ཕྲག་བརྒྱ་པ་དུམ་བུ་བཞི་པ་བམ་པོ་ལྔ་བཅུ་རྩ་ལྔའོ། །

47.十萬頌般若波羅蜜多經第四函第五十五卷　　（52—39）

115

法 Pel.tib.1310

116

47. ཤེས་རབ་ཀྱི་ཕ་རོལ་ཏུ་ཕྱིན་པ་སྟོང་ཕྲག་བརྒྱ་པ་དུམ་བུ་བཞི་པ་བམ་པོ་ལྔ་བཅུ་རྩ་ལྔ་པའོ།།

48. ཤེས་རབ་ཀྱི་ཕ་རོལ་ཏུ་ཕྱིན་པ་སྟོང་ཕྲག་བརྒྱ་པ་དུམ་བུ་བཞི་པ་བམ་པོ་ལྔ་བཅུ་རྩ་དྲུག་གོ།།

47. 十萬頌般若波羅蜜多經第四函第五十五卷

48. 十萬頌般若波羅蜜多經第四函第五十六卷　　(52—40)

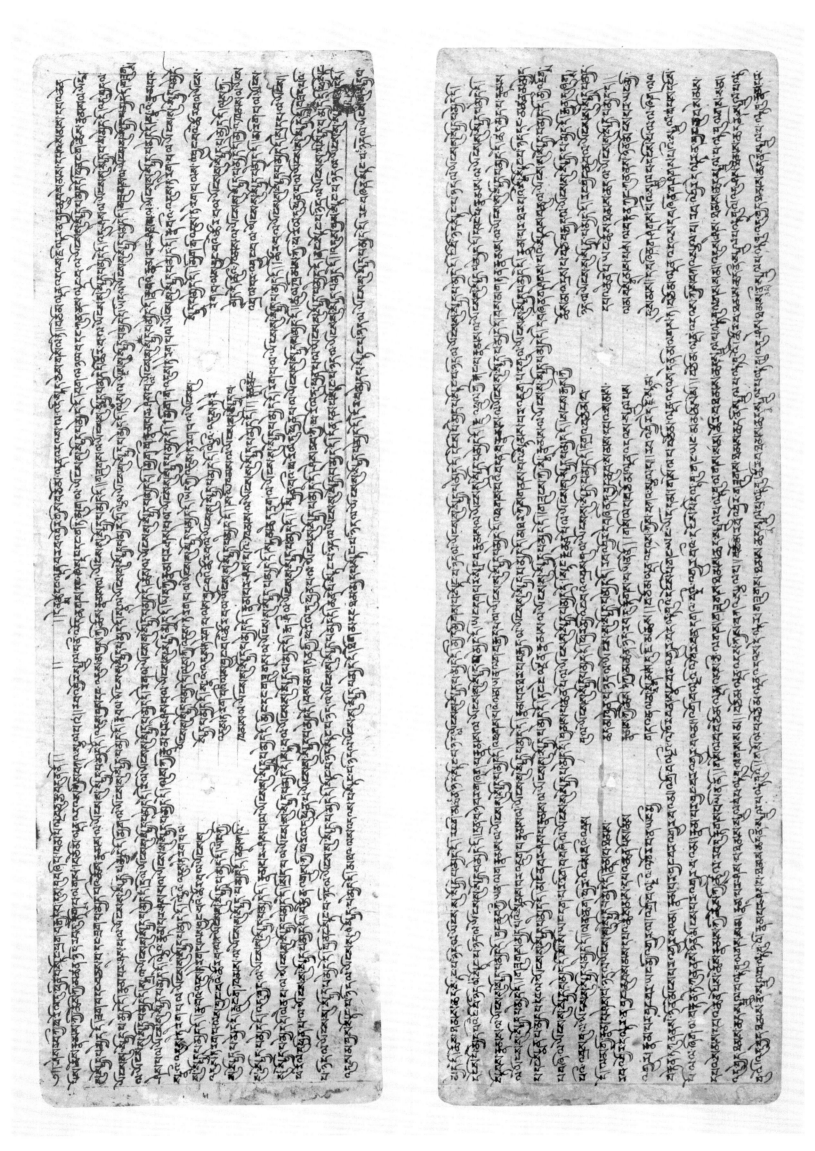

50.ཤེས་རབ་ཀྱི་ཕ་རོལ་ཏུ་ཕྱིན་པ་སྟོང་ཕྲག་བརྒྱ་པ་དུམ་བུ་བཞི་པ་ཁམས་པོ་ལྔ་བཅུ་བརྒྱད་དོ། །

50.十萬頌般若波羅蜜多經第四函第五十八卷　(52—42)

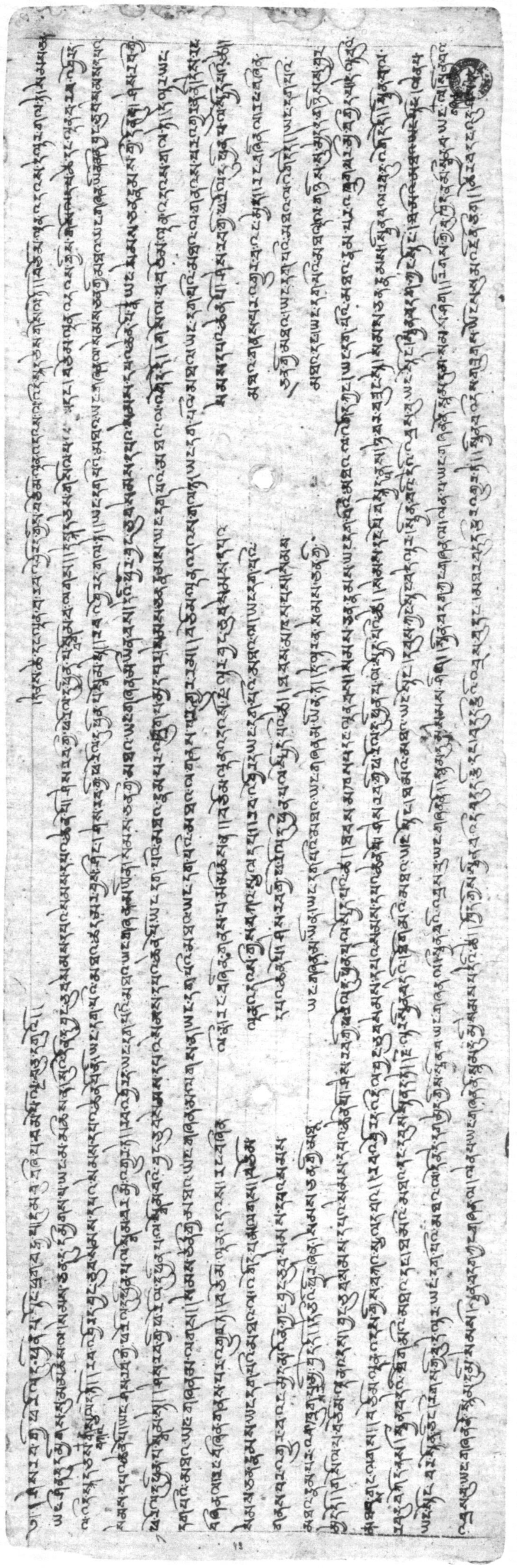

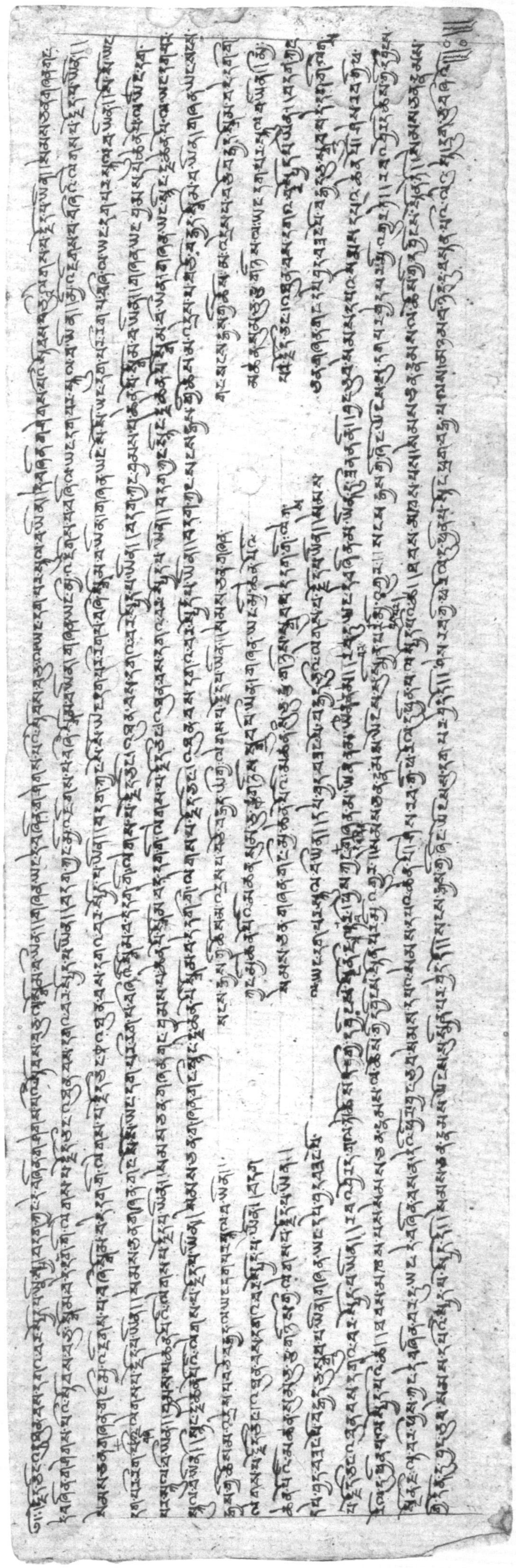

法 Pel.tib.1310　51.ཤེས་རབ་ཀྱི་ཕ་རོལ་ཏུ་ཕྱིན་པ་སྟོང་ཕྲག་བརྒྱ་པ།དུམ་བུ་བཞི་པ་བམ་པོ་ལྔ་བཅུ་དགུ་པ། །

51.十萬頌般若波羅蜜多經第四函第五十九卷　(52—43)

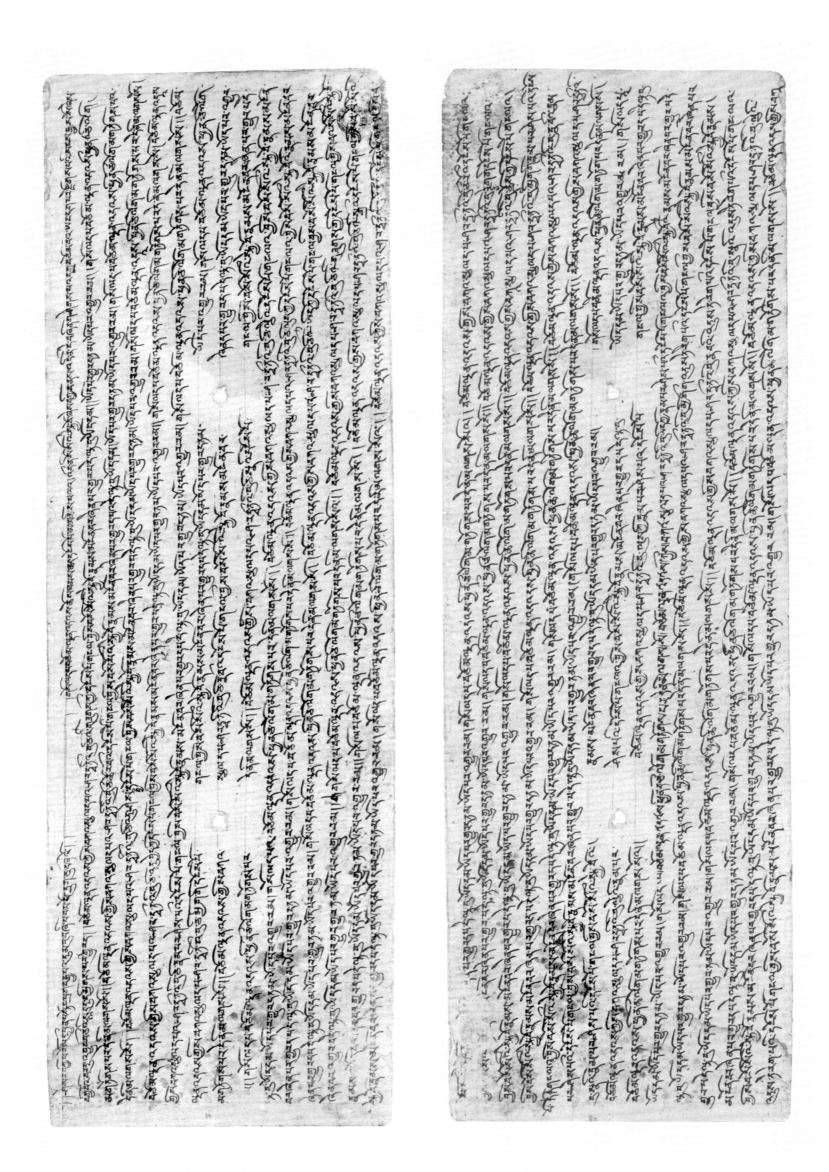

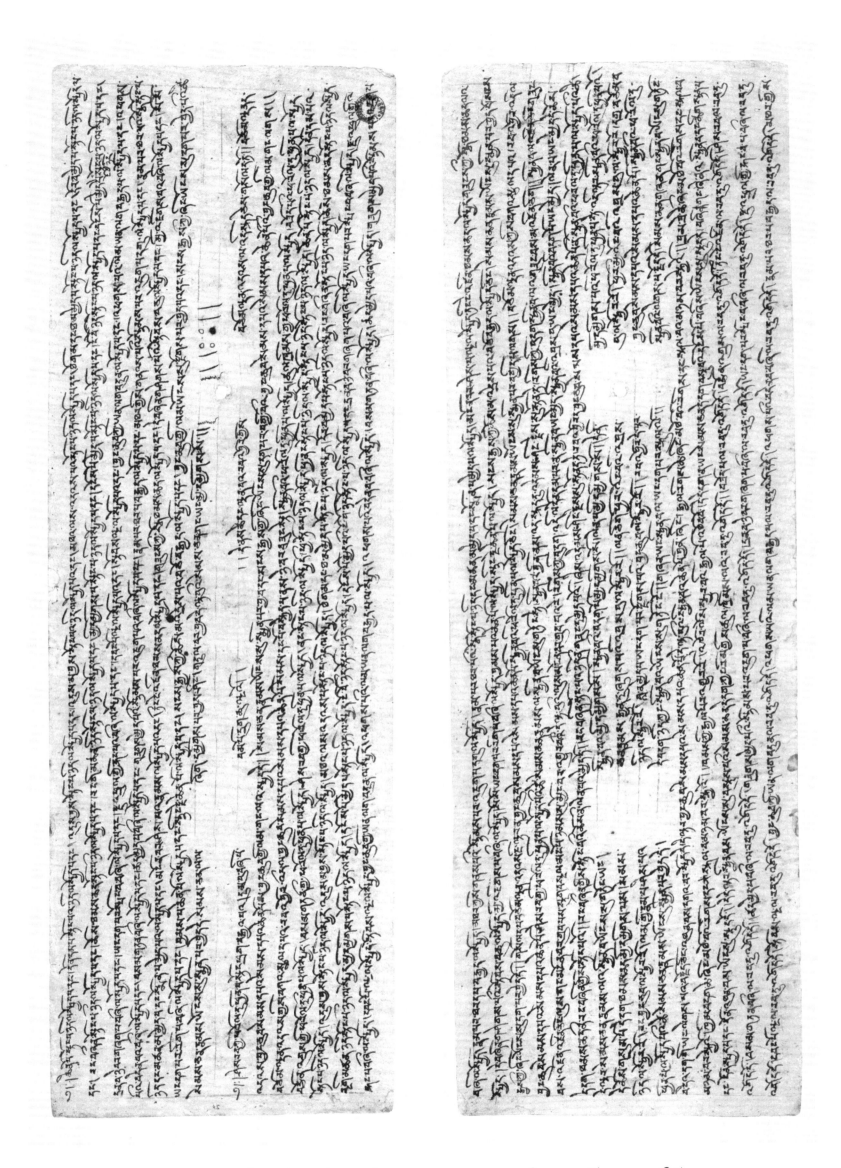

52.ཤེས་རབ་ཀྱི་ཕ་རོལ་ཏུ་ཕྱིན་པ་སྟོང་ཕྲག་བརྒྱ་པ་དུམ་བུ་བཞི་པ་བམ་པོ་དྲུག་ཅུ་བཞི་པོ།།

53.ཤེས་རབ་ཀྱི་ཕ་རོལ་ཏུ་ཕྱིན་པ་སྟོང་ཕྲག་བརྒྱ་པ་འདུམ་བུ་བཞི་པ་བམ་པོ་དྲུག་ཅུ་ལྔ་པོ།།

52.十萬頌般若波羅蜜多經第四函第六十四卷

53.十萬頌般若波羅蜜多經第四函第六十五卷　　(52—45)

121

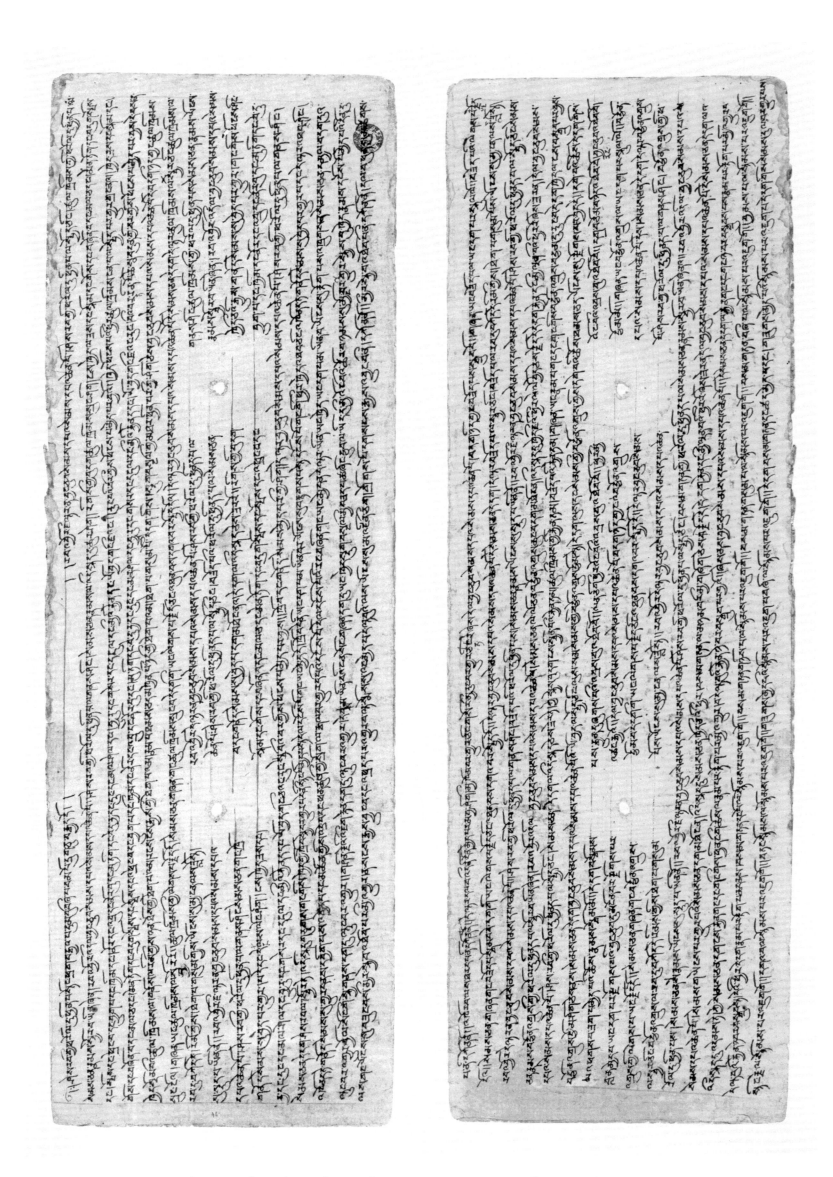

54.ཤེས་རབ་ཀྱི་ཕ་རོལ་ཏུ་ཕྱིན་པ་སྟོང་ཕྲག་བརྒྱ་པ་དུམ་བུ་བཞི་པ་བམ་པོ་དྲུག་ཅུ་བརྒྱད་དོ། །

54.十萬頌般若波羅蜜多經第四函第六十八卷　　(52—46)

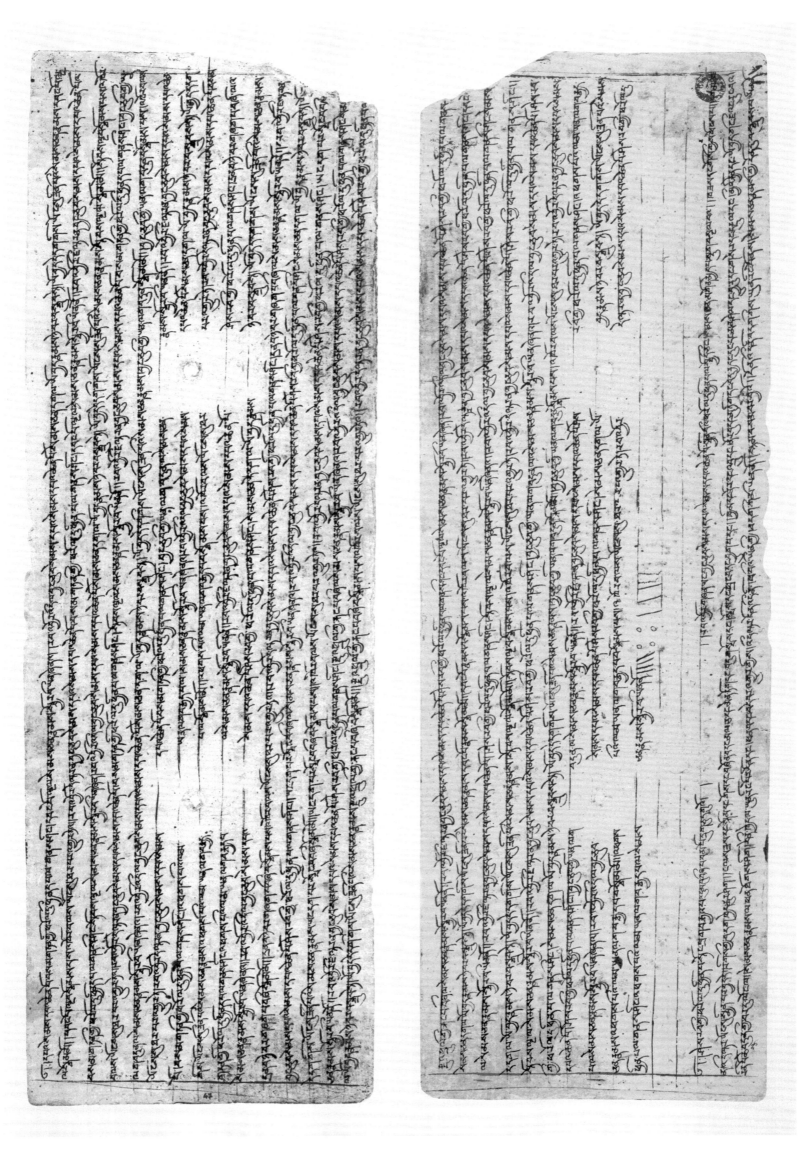

法 Pel.tib.1310　54.ཤེས་རབ་ཀྱི་ཕ་རོལ་ཏུ་ཕྱིན་པ་སྟོང་ཕྲག་བརྒྱ་པ་དུམ་བུ་བཞི་པ་བམ་པོ་དྲུག་ཅུ་བརྒྱད་དོ།།
　　　　　　　55.ཤེས་རབ་ཀྱི་ཕ་རོལ་ཏུ་ཕྱིན་པ་སྟོང་ཕྲག་བརྒྱ་པ་དུམ་བུ་བཞི་པ་བམ་པོ་དྲུག་ཅུ་དགུའོ།།

54.十萬頌般若波羅蜜多經第四函第六十八卷
55.十萬頌般若波羅蜜多經第四函第六十九卷　　(52—47)

123

56.ཤེས་རབ་ཀྱི་ཕ་རོལ་དུ་ཕྱིན་པ་སྟོང་ཕྲག་བརྒྱ་པ་དུམ་བུ་བཞི་པ་བམ་པོ་བདུན་ཅུ་པའོ། །

56.十萬頌般若波羅蜜多經第四函第七十卷　　(52—48)

法 Pel.tib.1310

56.ཤེས་རབ་ཀྱི་ཕ་རོལ་ཏུ་ཕྱིན་པ་སྟོང་ཕྲག་བརྒྱ་པ་དུམ་བུ་བཞི་པ་བམ་པོ་བདུན་ཅུ་པའོ།། །
57.ཤེས་རབ་ཀྱི་ཕ་རོལ་ཏུ་ཕྱིན་པ་སྟོང་ཕྲག་བརྒྱ་པ་དུམ་བུ་བཞི་པ་བམ་པོ་བདུན་ཅུ་རྩ་གཅིག་གོ།། །

56.十萬頌般若波羅蜜多經第四函第七十卷
57.十萬頌般若波羅蜜多經第四函第七十一卷　　(52—49)

125

58.ཤེས་རབ་ཀྱི་ཕ་རོལ་ཏུ་ཕྱིན་པ་སྟོང་ཕྲག་བརྒྱ་པ་དུམ་བུ་བཞི་པ་བམ་པོ་བདུན་ཅུ་གཉིས་སོ།།

58.十萬頌般若波羅蜜多經第四函第七十二卷　　(52—50)

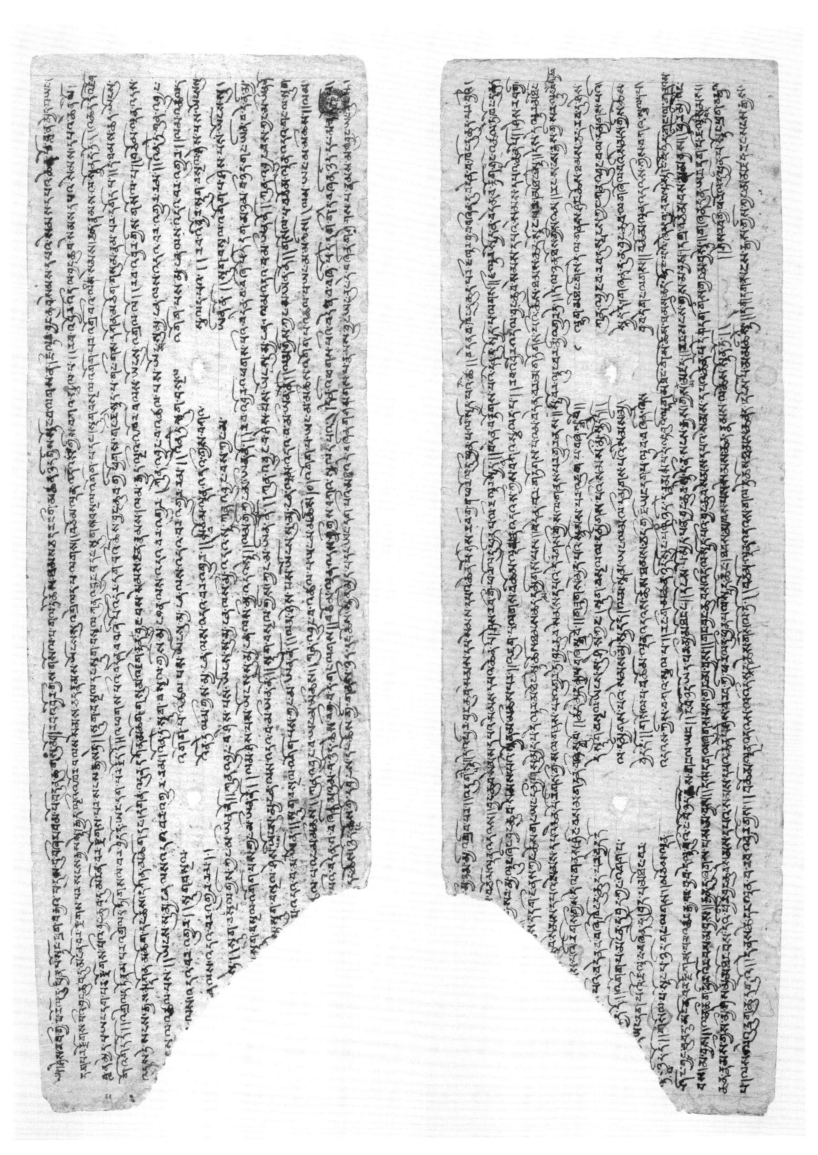

法 Pel.tib.1310

59. ཤེས་རབ་ཀྱི་ཕ་རོལ་ཏུ་ཕྱིན་པ་སྟོང་ཕྲག་བརྒྱ་པ་དུམ་བུ་བཞི་པ་བམ་པོ་བདུན་ཅུ་གསུམ་མོ། །

59.十萬頌般若波羅蜜多經第四函第七十三卷　　(52—51)

127

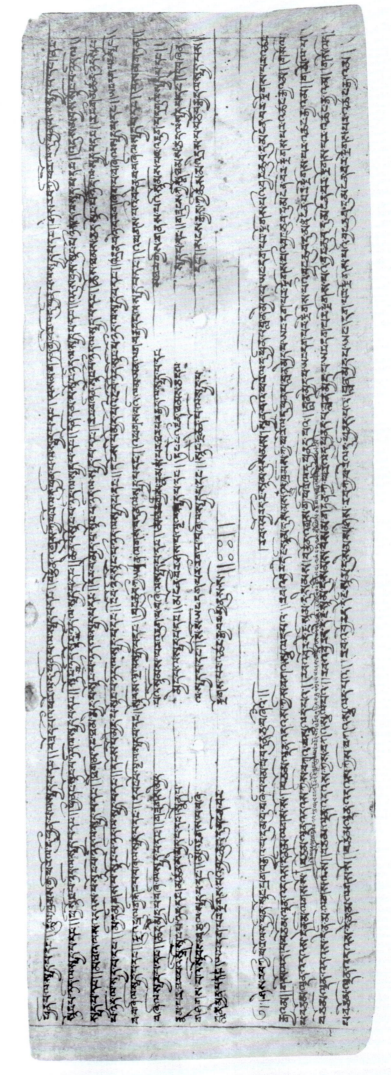

法 Pel.tib.1310

59.ཤེས་རབ་ཀྱི་ཕ་རོལ་ཏུ་ཕྱིན་པ་སྟོང་ཕྲག་བརྒྱ་པ་དུམ་བུ་བཞི་པ་བམ་པོ་བདུན་ཅུ་གསུམ་མོ། །

60.ཤེས་རབ་ཀྱི་ཕ་རོལ་ཏུ་ཕྱིན་པ་སྟོང་ཕྲག་བརྒྱ་པ་དུམ་བུ་བཞི་པ་བམ་པོ་བདུན་ཅུ་བཞིའོ། །

128

59.十萬頌般若波羅蜜多經第四函第七十三卷

60.十萬頌般若波羅蜜多經第四函第七十四卷　　(52—52)

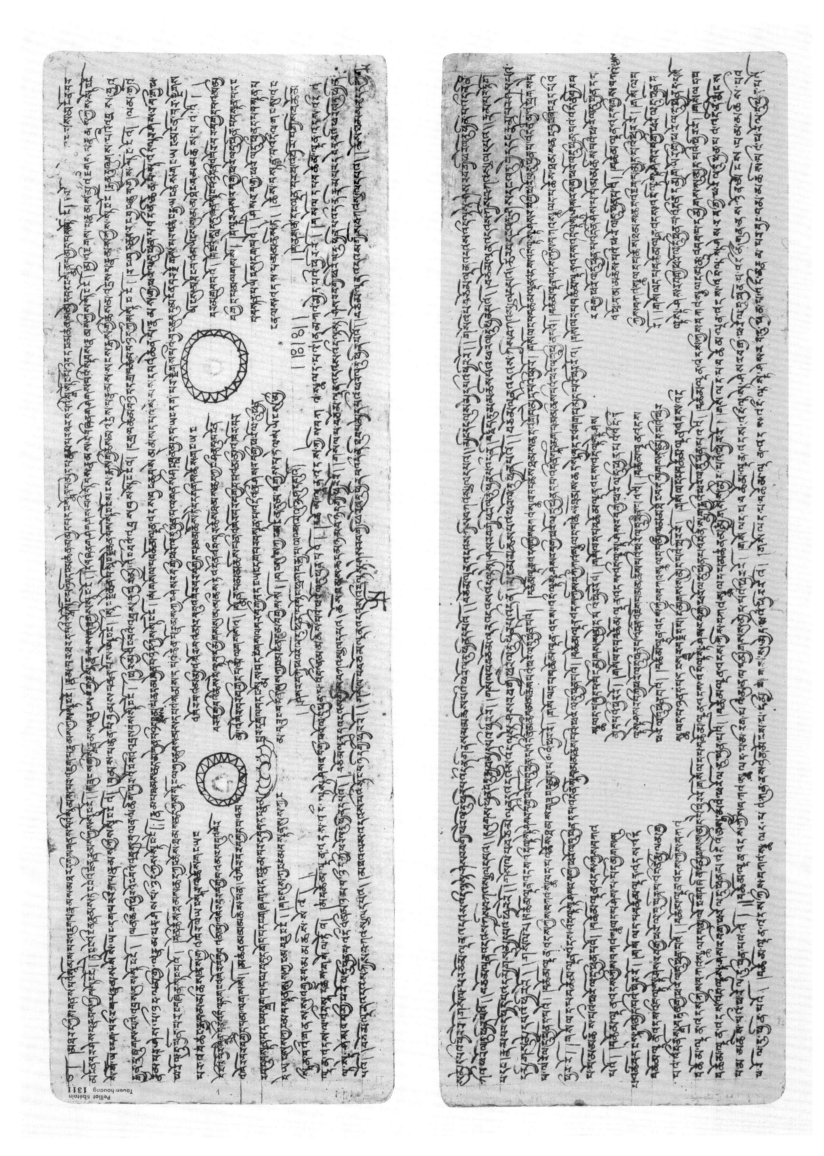

法 Pel.tib.1311　1.ཤེས་རབ་ཀྱི་ཕ་རོལ་དུ་ཕྱིན་པ་སྟོང་ཕྲག་བརྒྱ་པ་ལའངས་ཉིད་ནི་ཤུ་དགུ་གོ།

2.ཤེས་རབ་ཀྱི་ཕ་རོལ་དུ་ཕྱིན་པར་སྟོང་ཕྲག་བརྒྱའ་པ་ལས་ཉིད་སུམ་བཅུ་གོ།

1.十萬頌般若波羅蜜多經第二十九品

2.十萬頌般若波羅蜜多經第三十品　　（13—1）

129

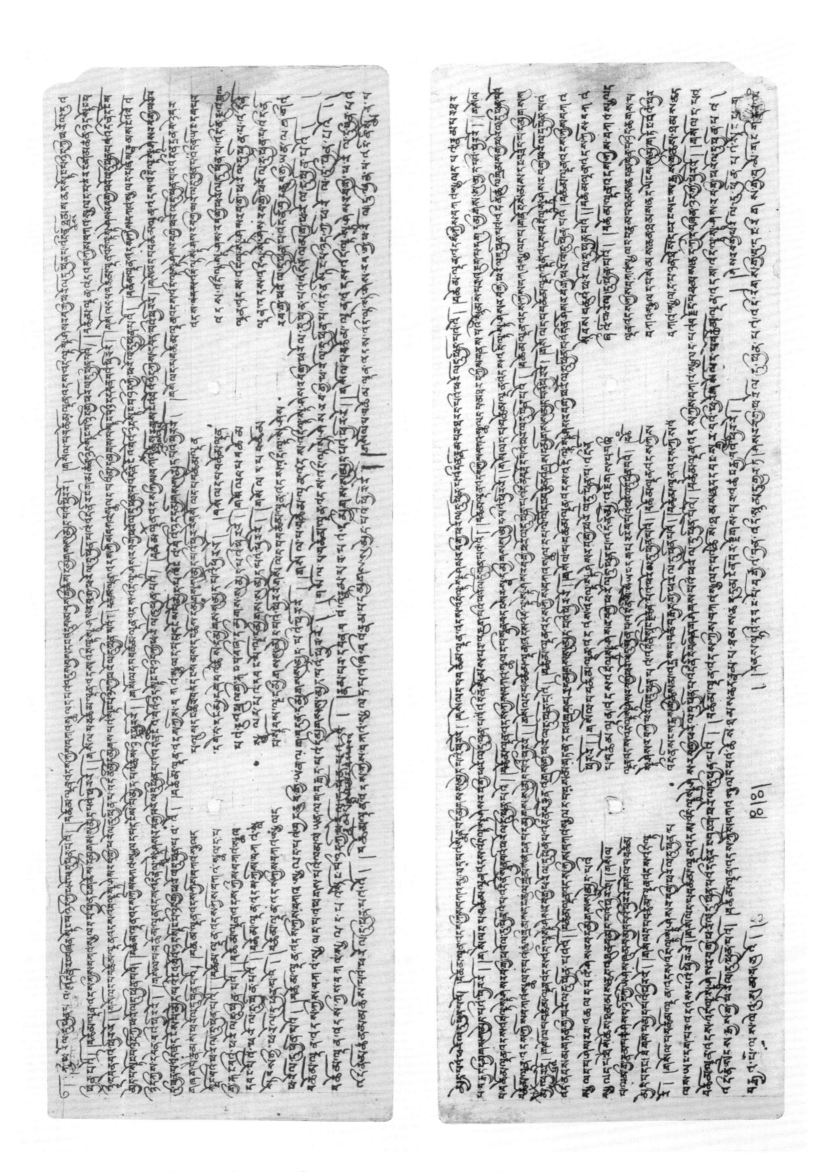

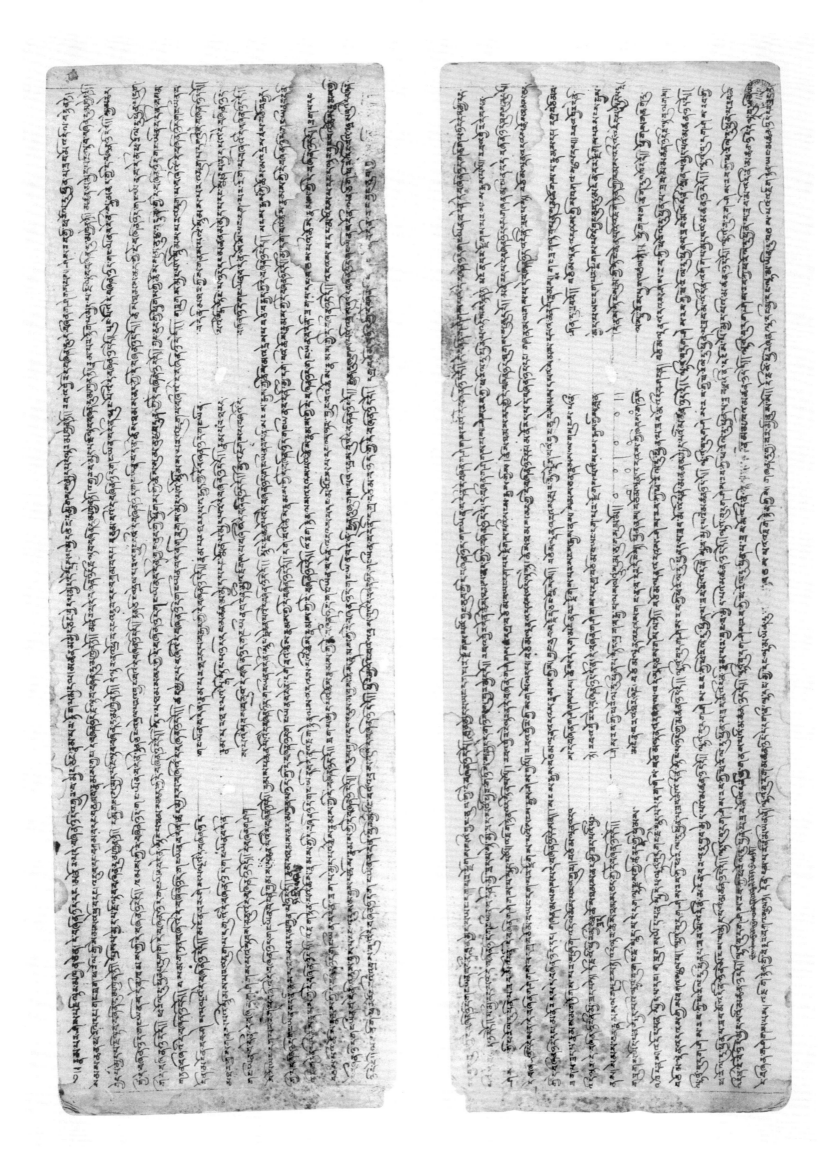

法 Pel.tib.1311　　3.ཤེས་རབ་ཀྱི་ཕ་རོལ་ཏུ་ཕྱིན་པ་སྟོང་ཕྲག་བརྒྱ་པ་ལས་ལེའུ་སུམ་ཅུ་གསུམ་མོ།

4.ཤེས་རབ་ཀྱི་ཕ་རོལ་ཏུ་ཕྱིན་པ་སྟོང་ཕྲག་བརྒྱ་པ་ལས་ལེའུ་སོ་བཞི་བའོ།

3.十萬頌般若波羅蜜多經第三十三品

4.十萬頌般若波羅蜜多經第三十四品　　(13—3)

法 Pel.tib.1311

5.ཤེས་རབ་ཀྱི་ཕ་རོལ་ཏུ་ཕྱིན་པ་སྟོང་ཕྲག་བརྒྱ་པ་ལས་ཞེའུ་སུམ་ཅུ་རྩ་དྲུག་གོ །

6.ཤེས་རབ་ཀྱི་ཕ་རོལ་ཏུ་ཕྱིན་པ་སྟོང་ཕྲག་བརྒྱ་པ་ལས་ཞེའུ་སོ་བདུན་པའོ།

132

5.十萬頌般若波羅蜜多經第三十六品

6.十萬頌般若波羅蜜多經第三十七品　　(13—4)

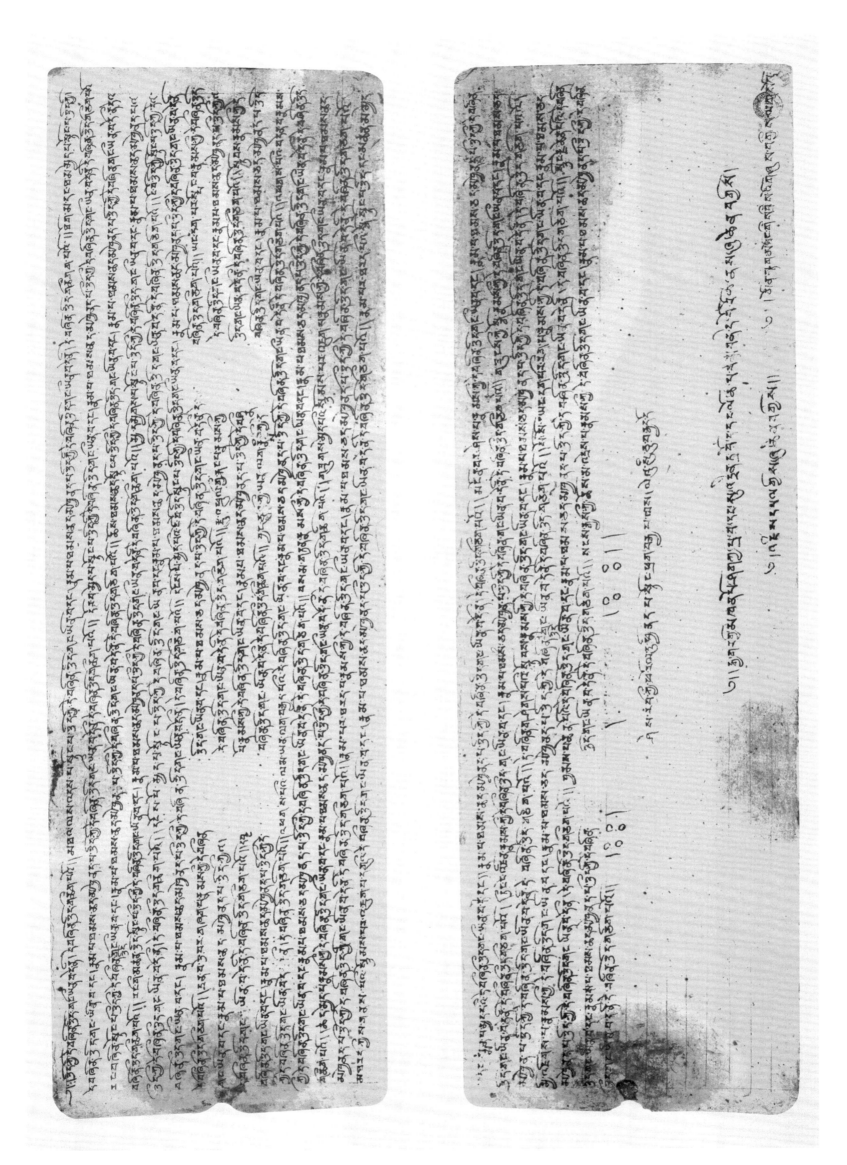

法 Pel.tib.1311　7.ཤེས་རབ་ཀྱི་ཕ་རོལ་ཏུ་ཕྱིན་པའི་སྟོང་ཕྲག་བརྒྱ་པ་ལས་ལེའུ་སུམ་ཅུ་རྩ་བརྒྱད་དོ།།

7.十萬頌般若波羅蜜多經第三十八品　(13—5)

133

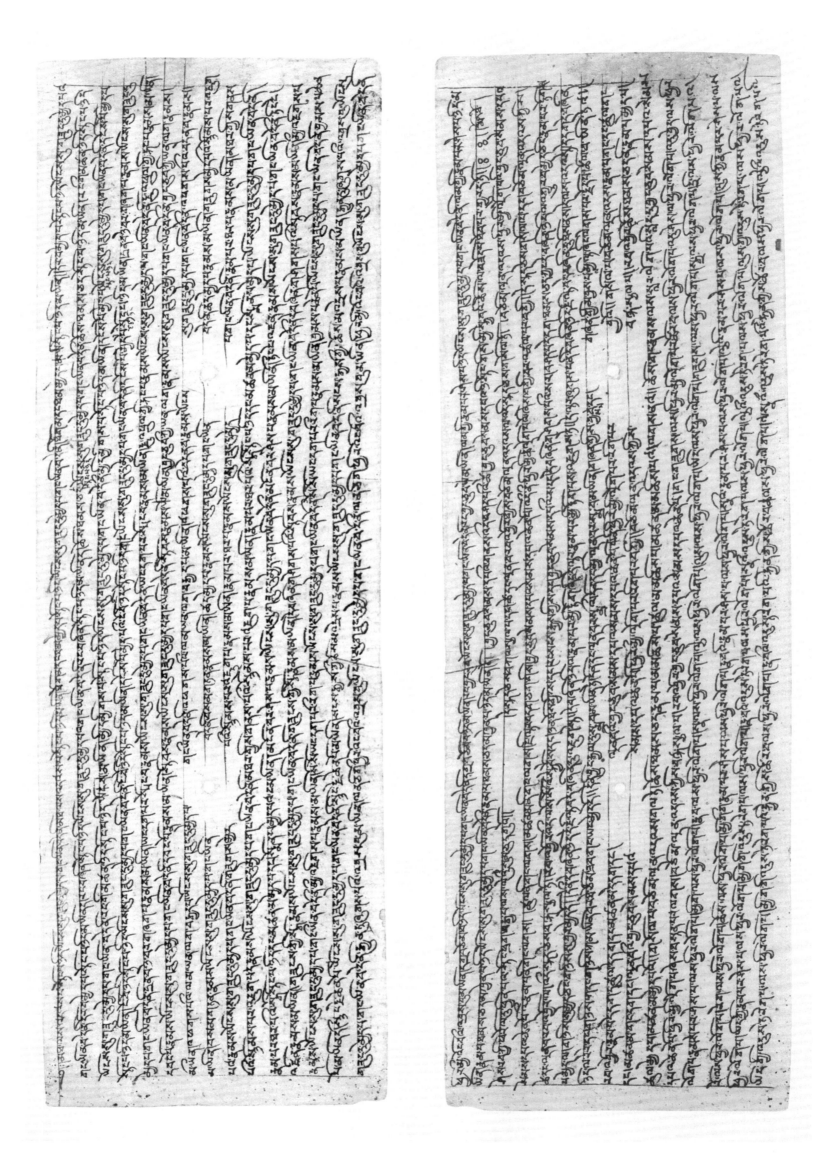

8. ནེས་རབ་ཀྱི་ཕ་རོལ་ཏུ་ཕྱིན་པའ་སྟོང་ཕྲག་བརྒྱ་པ་ལས་ལེའུ་སུམ་ཅུ་ད་གུའོ།།
9. ནེས་རབ་ཀྱི་ཕ་རོལ་ཏུ་ཕྱིན་པ་སྟོང་ཕྲག་བརྒྱ་པ་ལས་ལེའུ་བཞི་བཅུ་བའོ།།

8. 十萬頌般若波羅蜜多經第三十九品
9. 十萬頌般若波羅蜜多經第四十品　　(13—6)

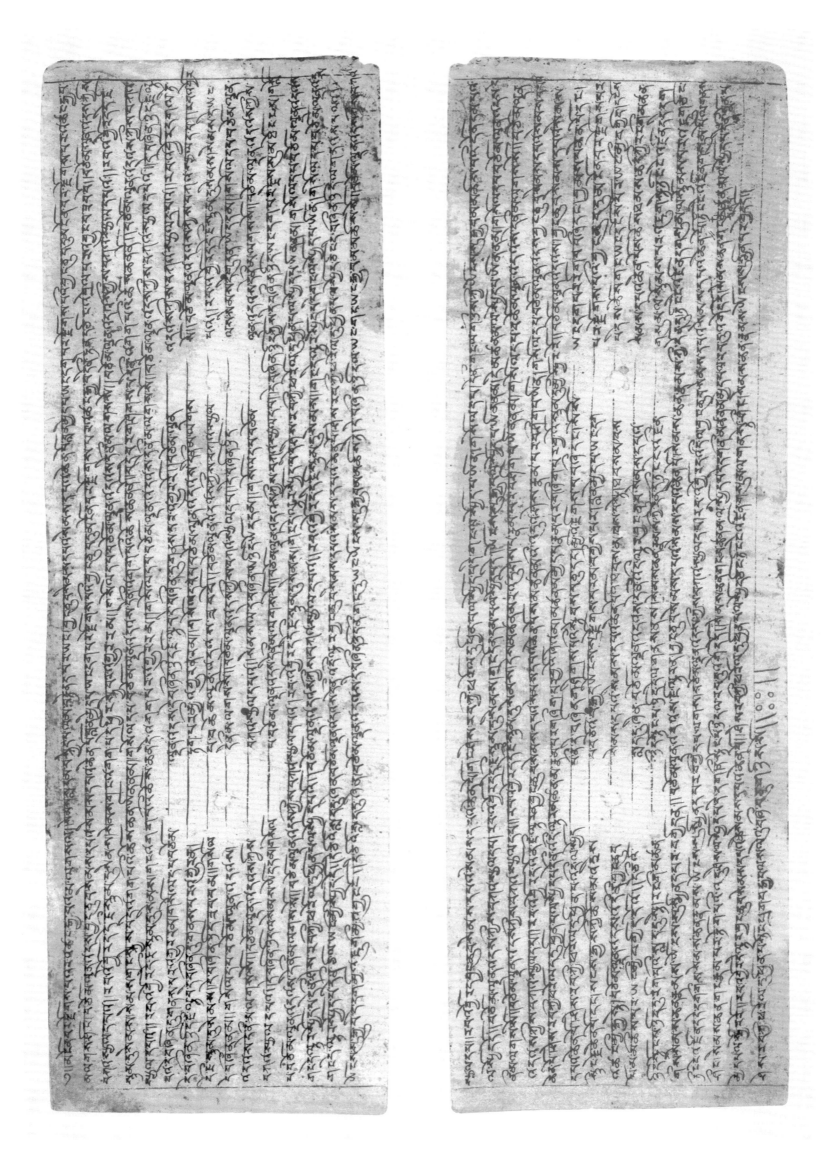

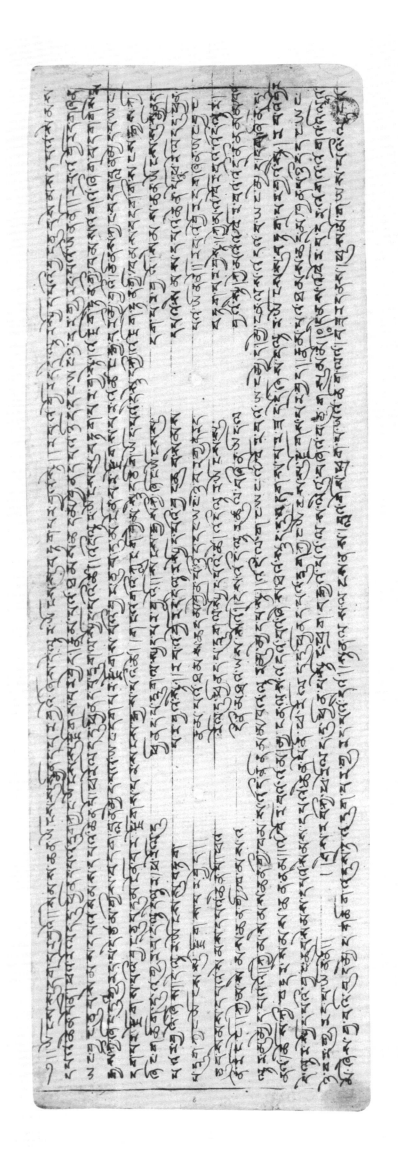
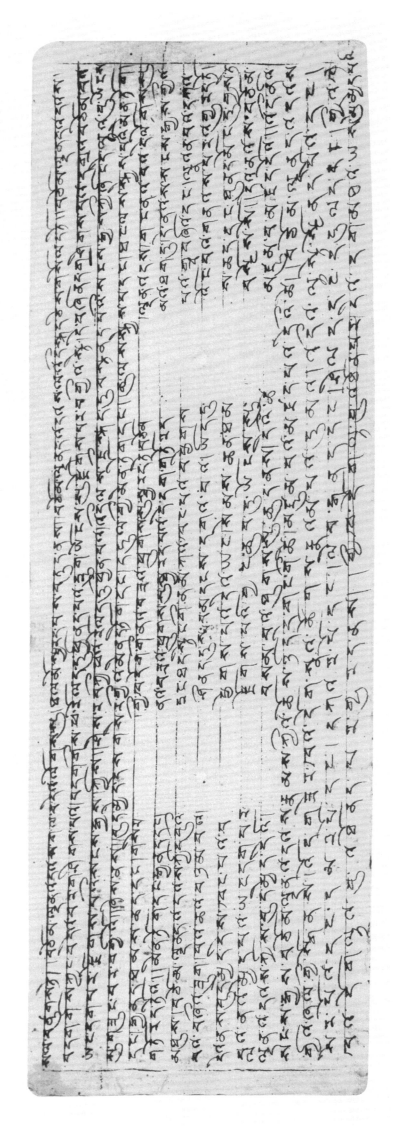

法 Pel.tib.1311

11.ཤེས་རབ་ཀྱི་ཕ་རོལ་ཏུ་ཕྱིན་པ་སྟོང་ཕྲག་བརྒྱ་པ་ལས་ཞེའུ་བཞིའ་བཅུ་གསུམ་མོ། །

12.ཤེས་རབ་ཀྱི་ཕ་རོལ་ཏུ་ཕྱིན་པ་སྟོང་ཕྲག་བརྒྱ་པ་ལས་ཞེའུ་ཞེ་བཞི་བའོ། །

136

11.十萬頌般若波羅蜜多經第四十三品

12.十萬頌般若波羅蜜多經第四十四品　　(13—8)

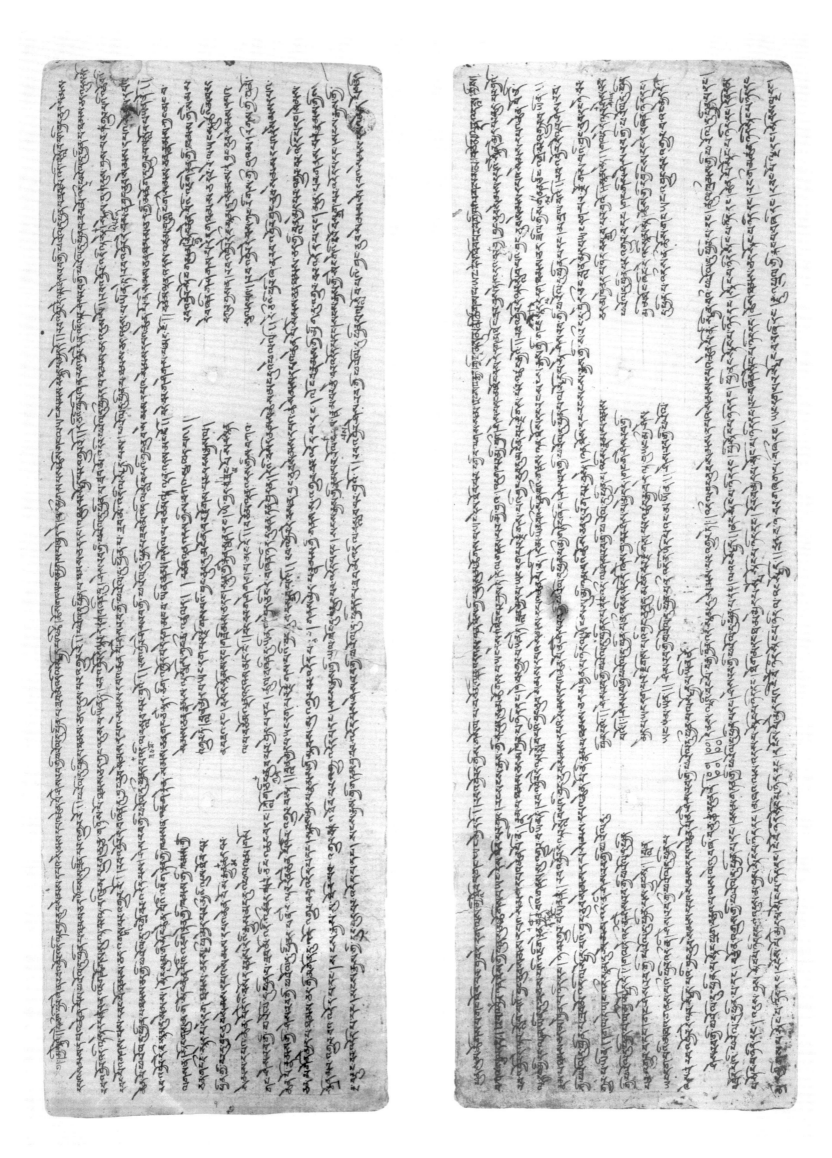

法 Pel.tib.1311   13.ཤེས་རབ་ཀྱི་ཕ་རོལ་ཏུ་ཕྱིན་པ་སྟོང་ཕྲག་བརྒྱ་པ་ལས་ལེའུ་བཞི་བཅུ་བདུན་ནོ།།

14.ཤེས་རབ་ཀྱི་ཕ་རོལ་ཏུ་ཕྱིན་པ་སྟོང་ཕྲག་བརྒྱ་པ་ལས་ལེའུ་ཞེ་བཅུད་པའོ།།

13.十萬頌般若波羅蜜多經第四十七品

14.十萬頌般若波羅蜜多經第四十八品   (13—9)

法 Pel.tib.1311

15. ཤེས་རབ་ཀྱི་ཕ་རོལ་དུ་ཕྱིན་པ་སྟོང་ཕྲག་བརྒྱ་པ་ལས་ཞེའུ་བཞི་བཅུ་དགུ་འོ།

16. ཤེས་རབ་ཀྱི་ཕ་རོལ་དུ་ཕྱིན་པ་སྟོང་ཕྲག་བརྒྱ་པ་ལས་ཞེའུ་ལྔ་བཅུ་བའོ།

138

15. 十萬頌般若波羅蜜多經第四十九品

16. 十萬頌般若波羅蜜多經第五十品　　　(13—10)

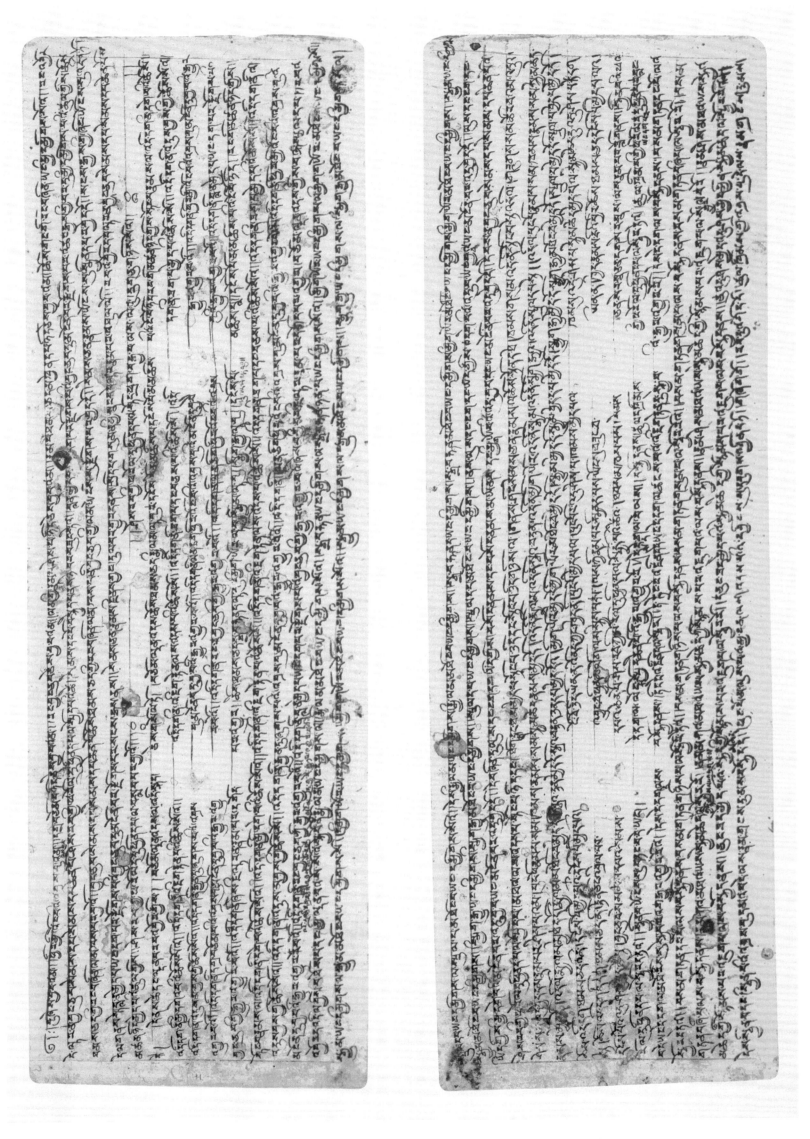

17.ཤེས་རབ་ཀྱི་ཕ་རོལ་དུ་ཕྱིན་པ་སྟོང་ཕྲག་བརྒྱ་པ་ལས་ཞེའུ་དྲུག་ཅུ་གཉིས་སོ།།
18.ཤེས་རབ་ཀྱི་ཕ་རོལ་དུ་ཕྱིན་པ་སྟོང་ཕྲག་བརྒྱ་པ་ལས་མཚན་ཉིད་དང་དཔེ་བྱད་བཟང་པོ་མཚོན་པར་བསྟབ་པ་དང་
པ་རོལ་དུ་ཕྱིན་པ་བསྟན་པའི་ཞེའུ་སྟེ་དྲུག་ཅུ་གསུམ་མོ།།

17.十萬頌般若波羅蜜多經第六十二品
18.十萬頌般若波羅蜜多經第六十三品　　(13—11)

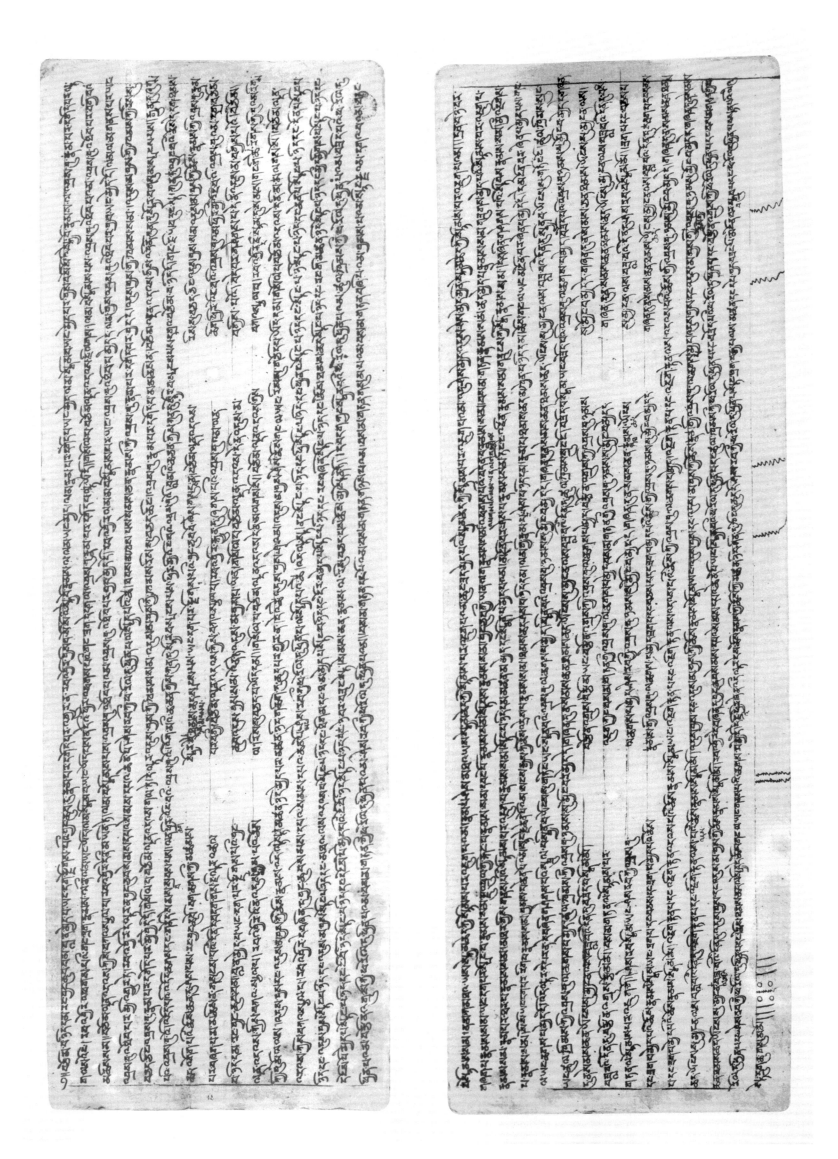

18.ཤེས་རབ་ཀྱི་ཕ་རོལ་ཏུ་ཕྱིན་པ་སྟོང་ཕྲག་བརྒྱ་པ་ལས་མཚན་ཉིད་དང་དཔེ་བྱད་བཟང་པོ་མངོན་པར་བསྒྲུབ་པ་དང་
ཕ་རོལ་ཏུ་ཕྱིན་པ་བསྟན་པའི་ལེའུ་སྟེ་དྲུག་ཅུ་རྩ་གསུམ་མོ།།

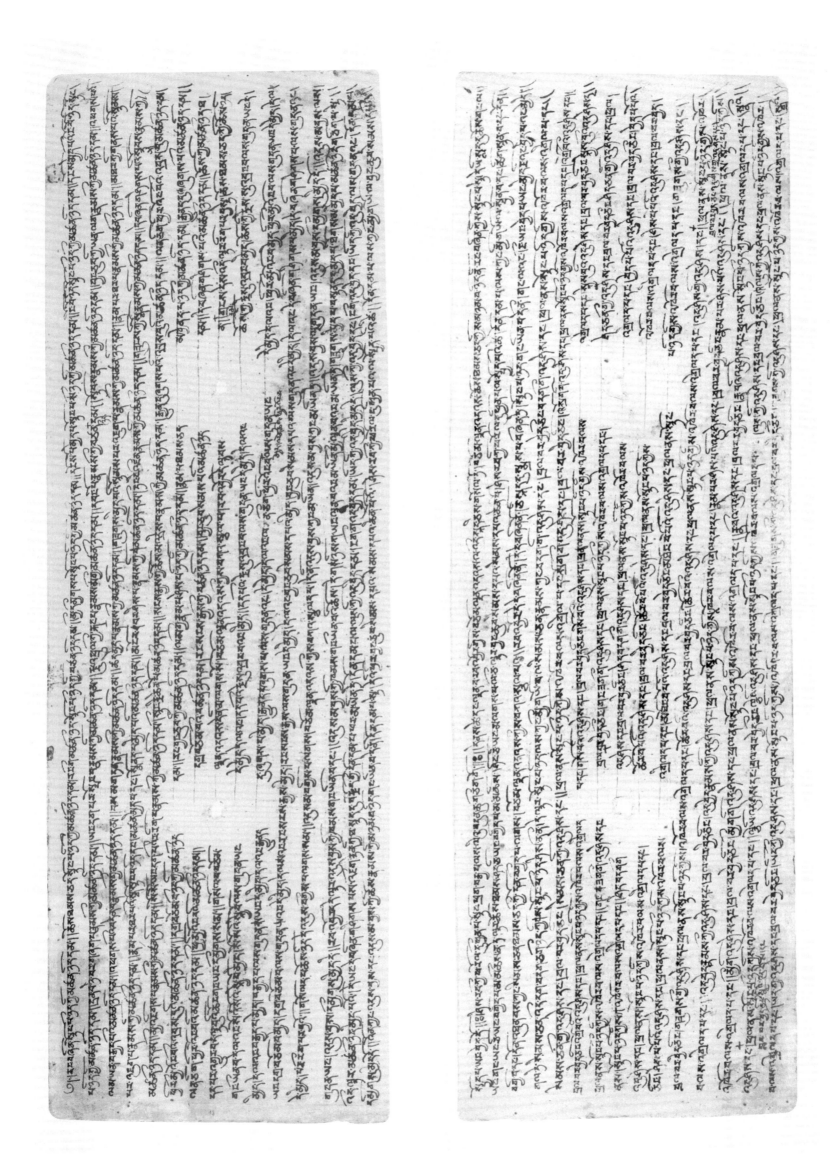

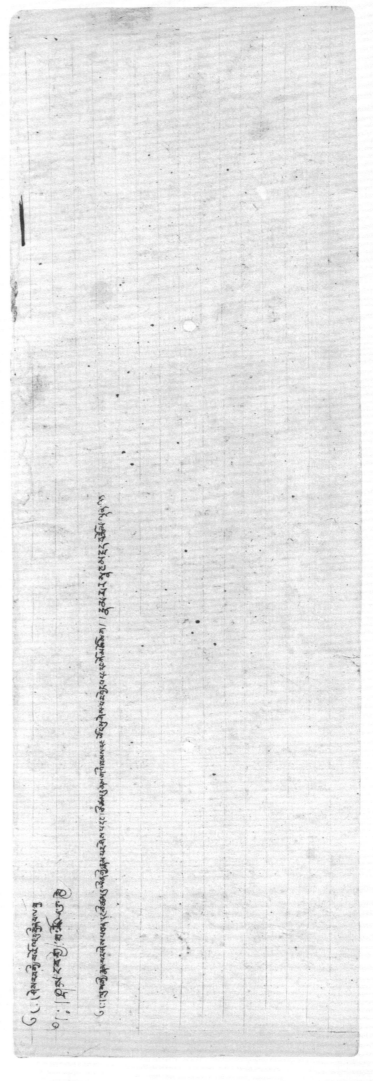

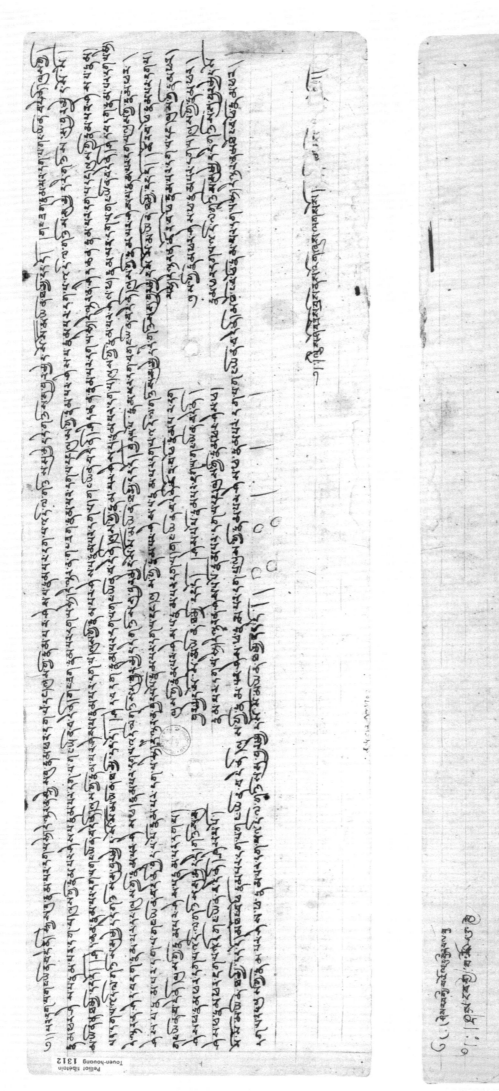

法 Pel.tib.1312　　1.ཤེས་རབ་ཀྱི་ཕ་རོལ་ཏུ་ཕྱིན་པ་སྟོང་ཕྲག་བརྒྱ་པ།

1.十萬頌般若波羅蜜多經　　(37—1)

142

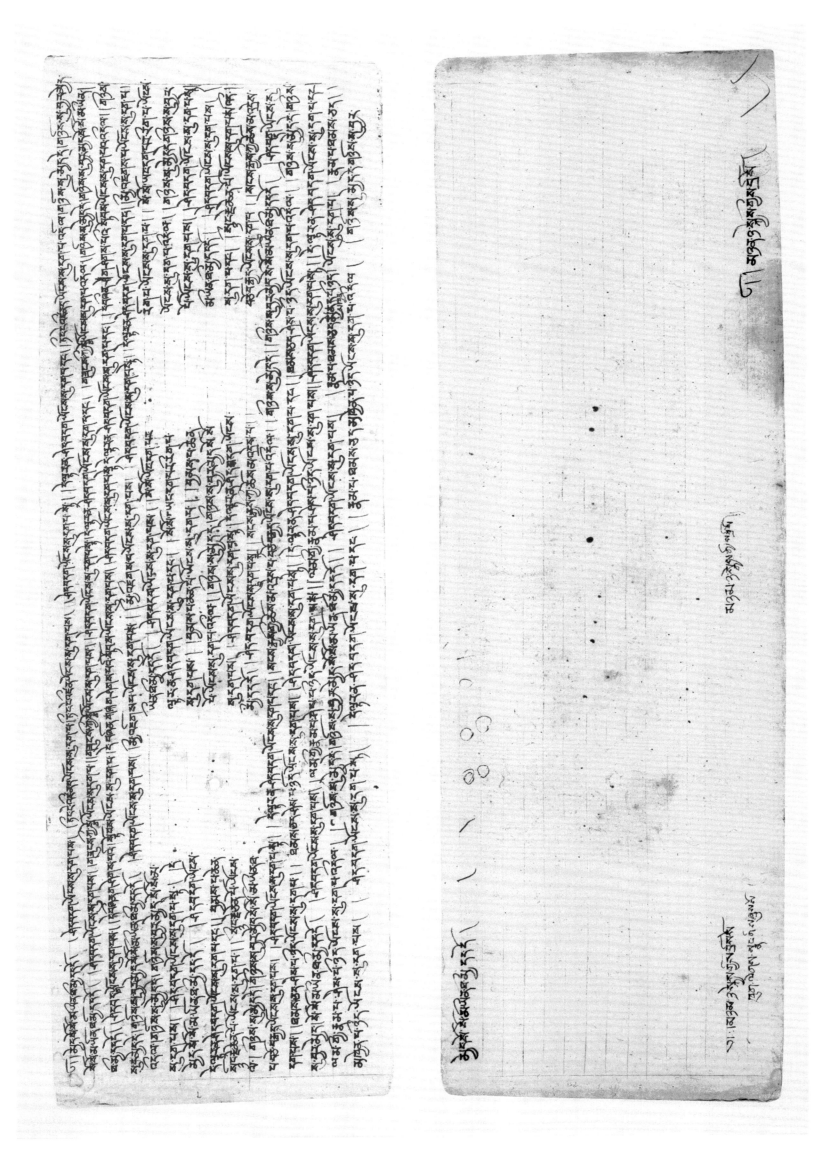

法 Pel.tib.1312　1.ཤེས་རབ་ཀྱི་ཕ་རོལ་དུ་ཕྱིན་པ་སྟོང་ཕྲག་བརྒྱ་པ།

1.十萬頌般若波羅蜜多經　　(37—2)

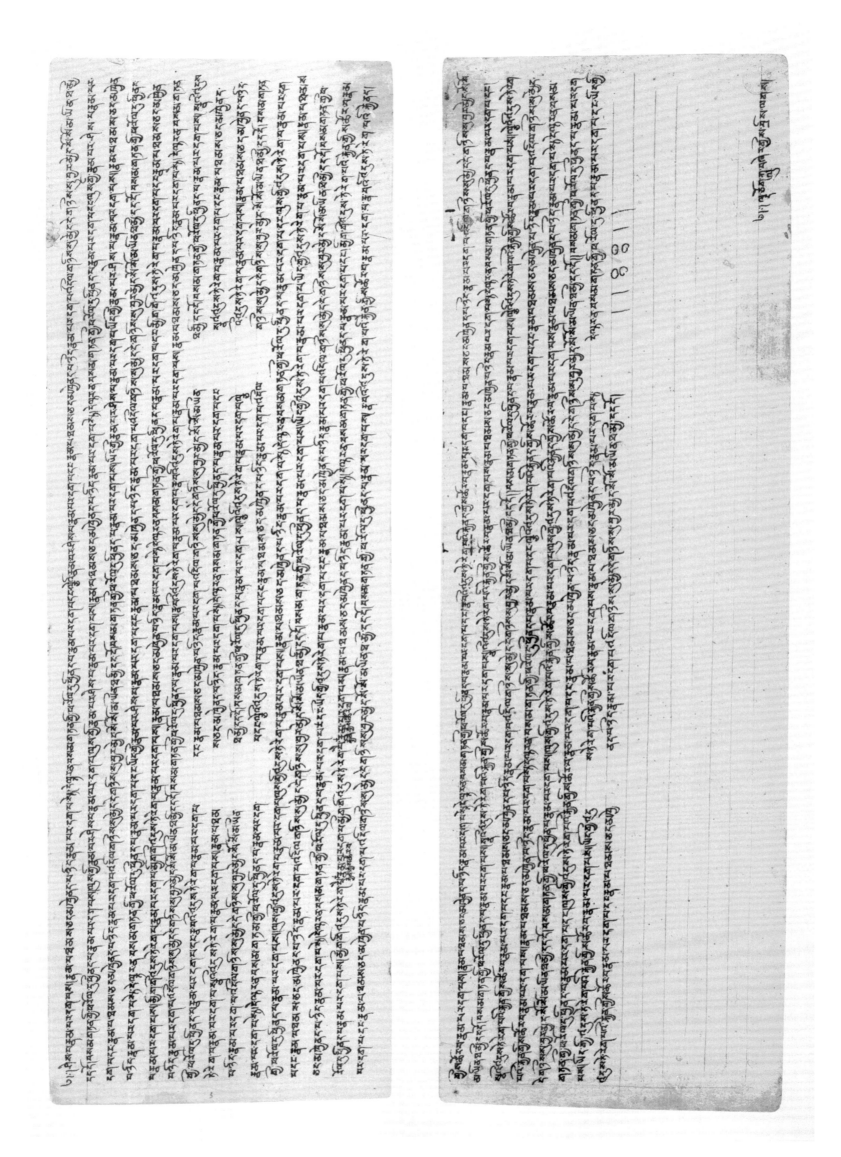

法 Pel.tib.1312　　1.ཤེས་རབ་ཀྱི་ཕ་རོལ་དུ་ཕྱིན་པ་སྟོང་ཕྲག་བརྒྱ་པ།

1.十萬頌般若波羅蜜多經　　(37—3)

144

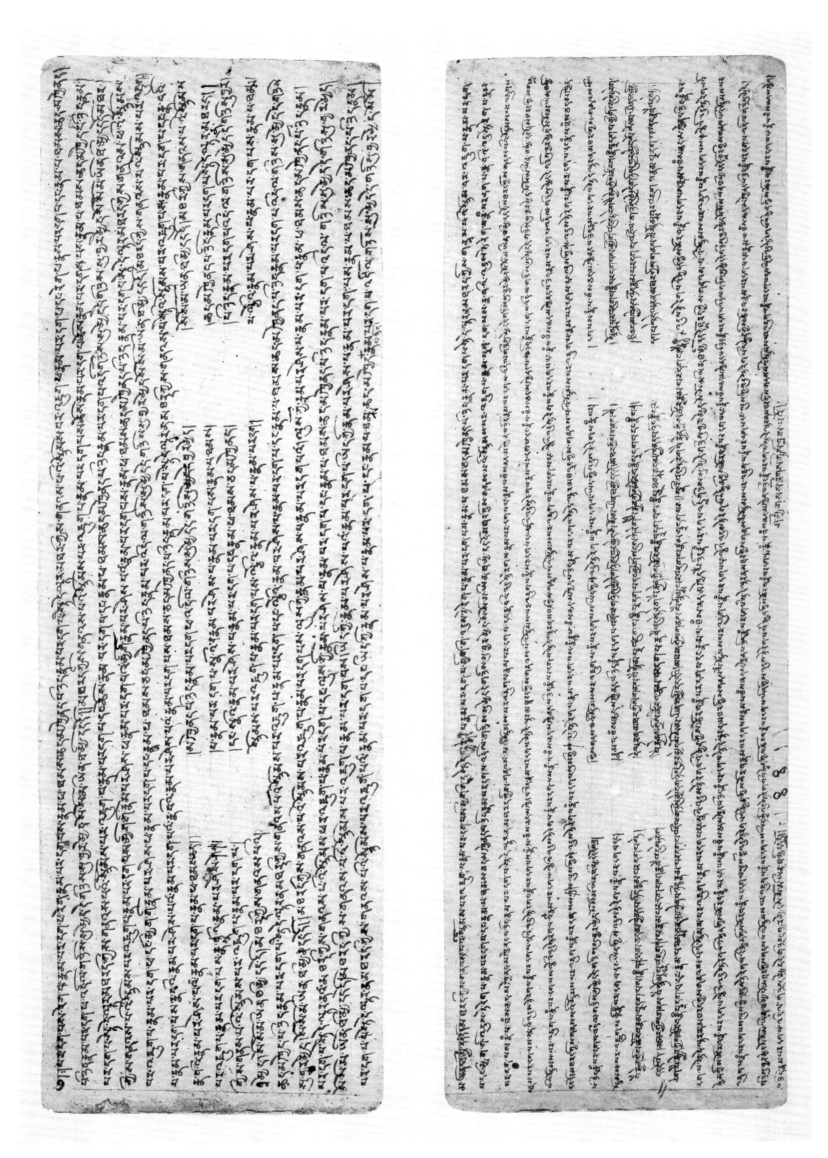

法 Pel.tib.1312　　1.ཤེས་རབ་ཀྱི་ཕ་རོལ་ཏུ་ཕྱིན་པ་སྟོང་ཕྲག་བརྒྱ་པ།
　　　　　　　　　　1.十萬頌般若波羅蜜多經　　　(37—4)

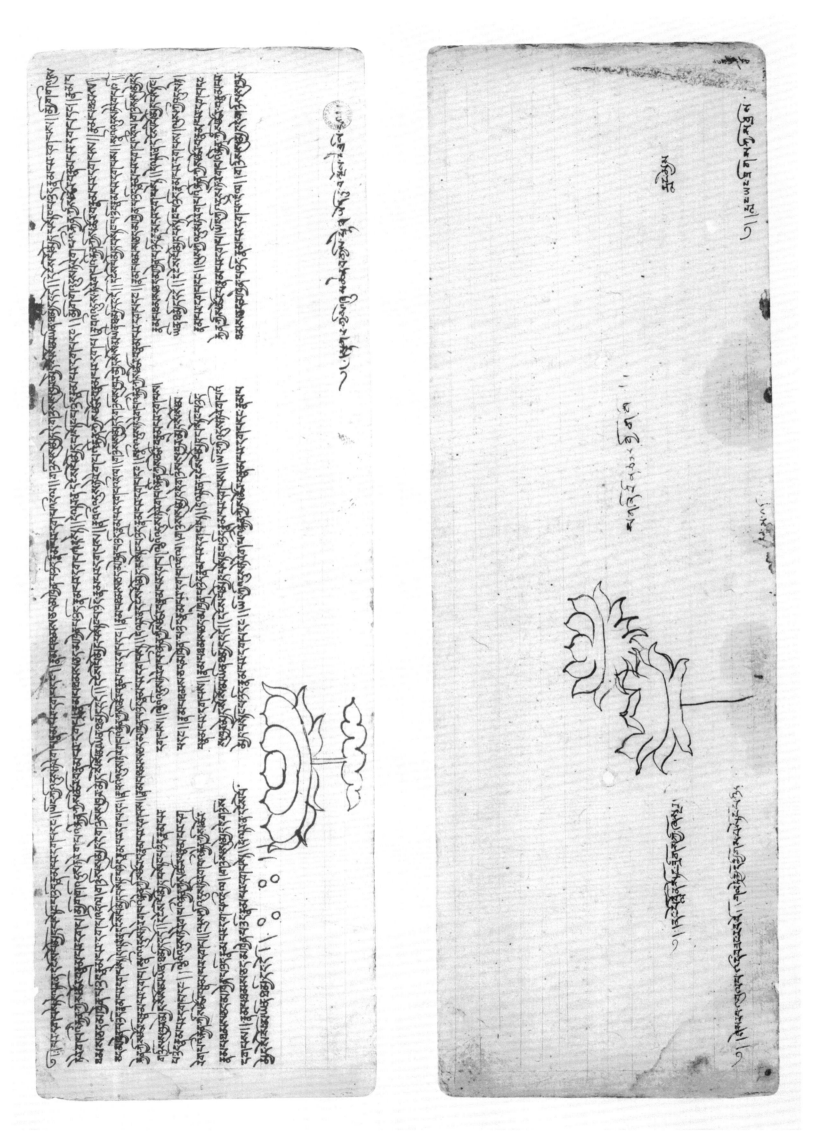

法 Pel.tib.1312　　1.ཤེས་རབ་ཀྱི་ཕ་རོལ་དུ་ཕྱིན་པ་སྟོང་ཕྲག་བརྒྱ་པ།　2.པད་རིས།

1.十萬頌般若波羅蜜多經　2.蓮花圖　　(37—5)

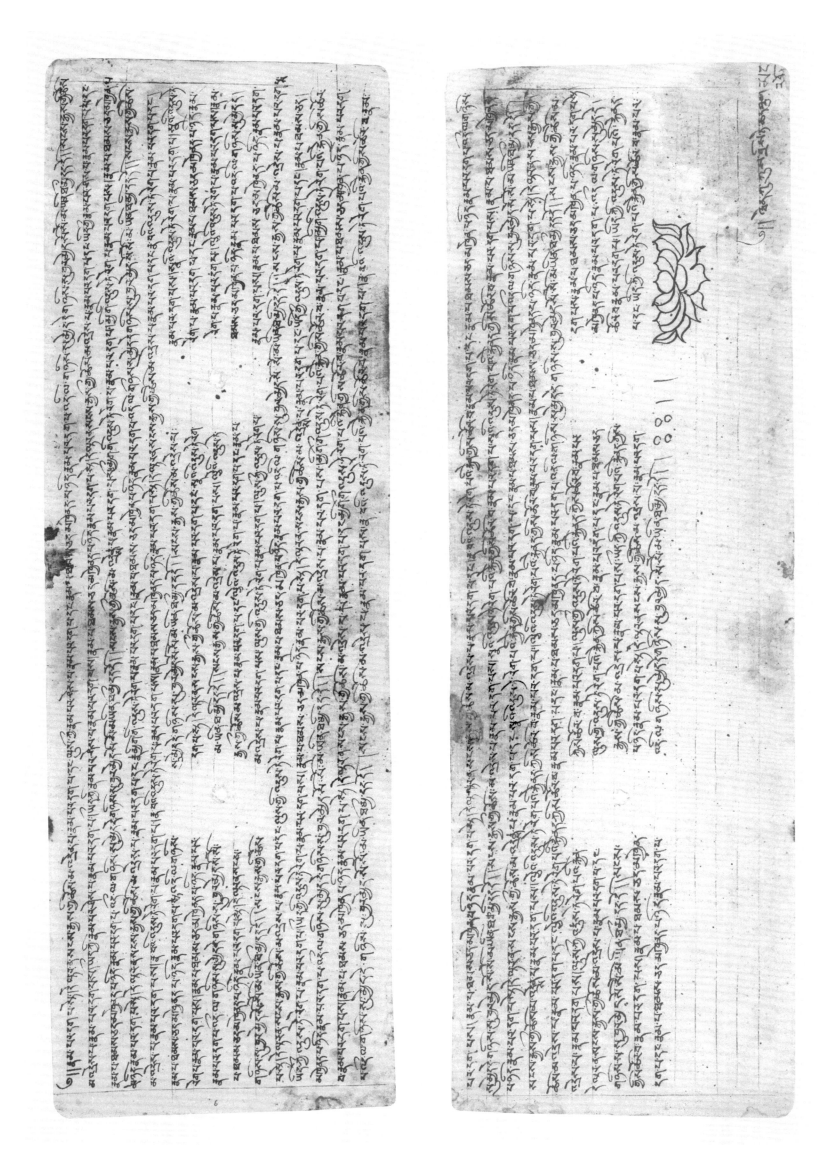

法 Pel.tib.1312　　1.ཤེས་རབ་ཀྱི་ཕ་རོལ་ཏུ་ཕྱིན་པ་སྟོང་ཕྲག་བརྒྱ་པ།

1.十萬頌般若波羅蜜多經　　(37—6)

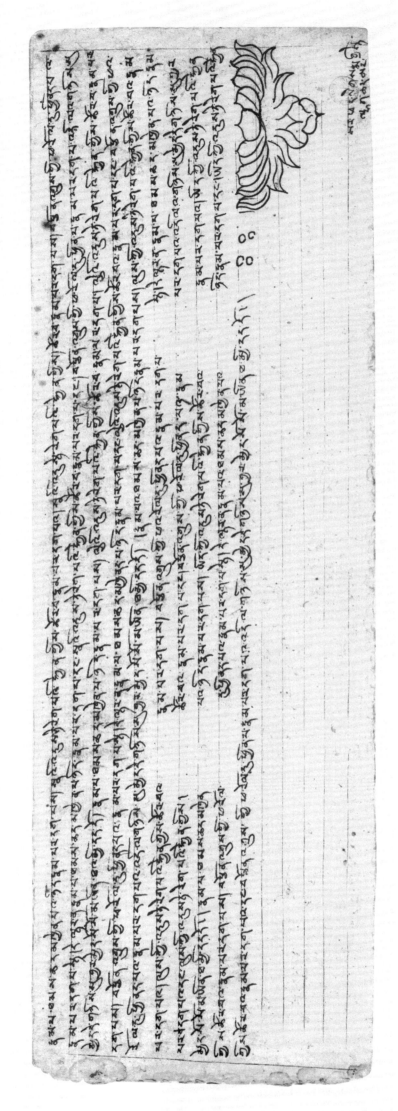

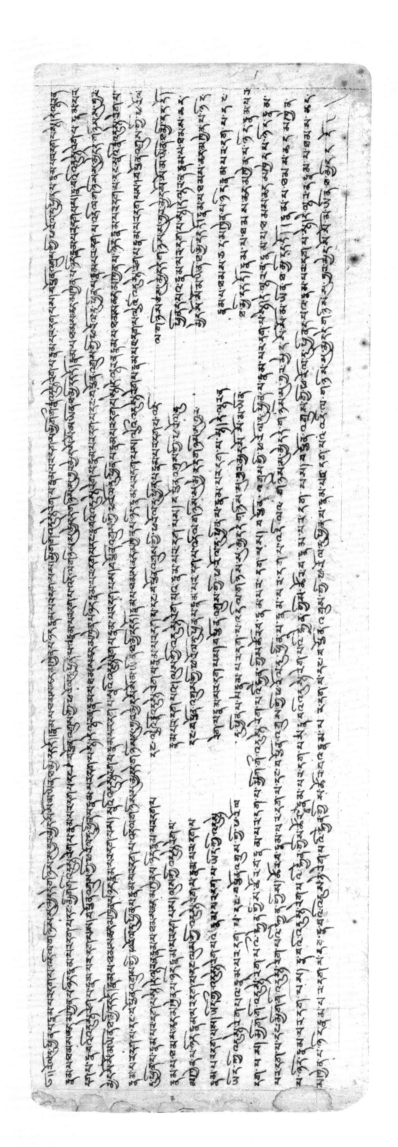

法 Pel.tib.1312　　1.ཤེས་རབ་ཀྱི་ཕ་རོལ་ཏུ་ཕྱིན་པ་སྟོང་ཕྲག་བརྒྱ་པ།

1.十萬頌般若波羅蜜多經　　(37—7)

148

法 Pel.tib.1312　　1.ཤེས་རབ་ཀྱི་ཕ་རོལ་ཏུ་ཕྱིན་པ་སྟོང་ཕྲག་བརྒྱ་པ།

1.十萬頌般若波羅蜜多經　　(37—8)

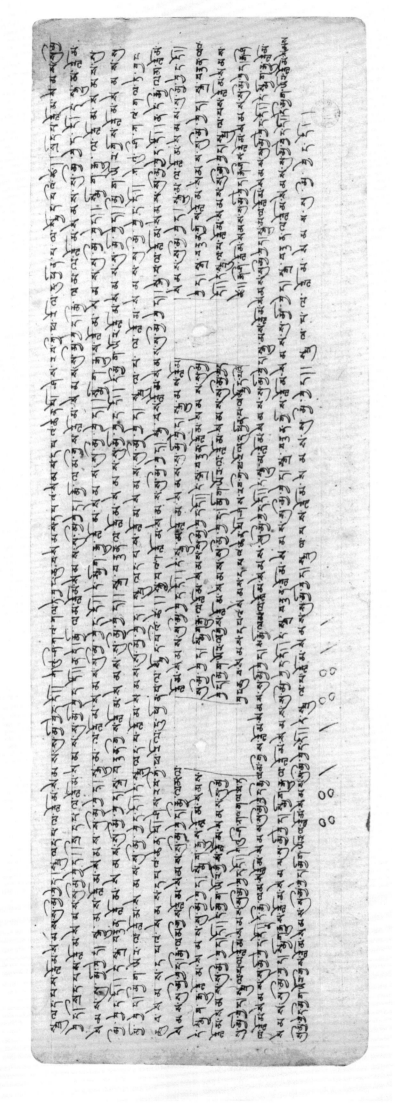

法 Pel.tib.1312　　1.ཤེས་རབ་ཀྱི་ཕ་རོལ་དུ་ཕྱིན་པ་སྟོང་ཕྲག་བརྒྱ་པ།

1.十萬頌般若波羅蜜多經　　(37—9)

150

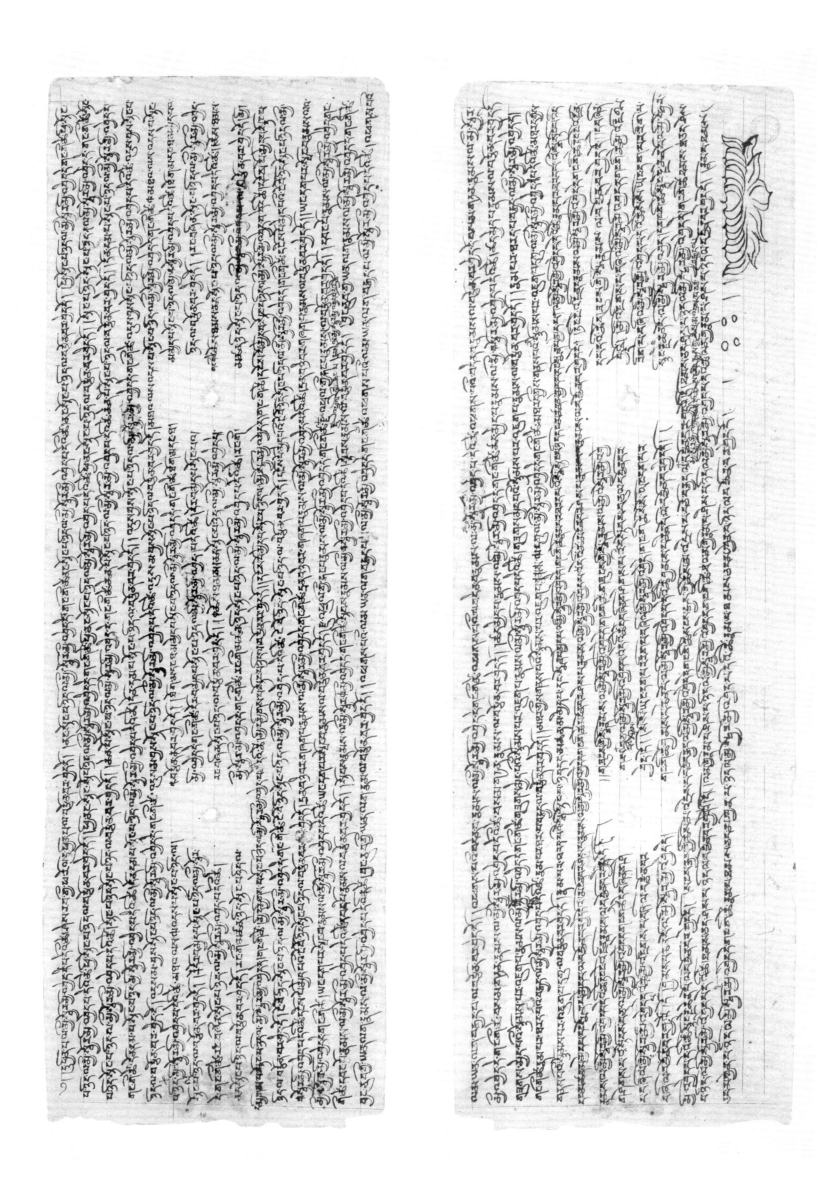

法 Pel.tib.1312　　1.ཤེས་རབ་ཀྱི་ཕ་རོལ་དུ་ཕྱིན་པ་སྟོང་ཕྲག་བརྒྱ་པ།

1.十萬頌般若波羅蜜多經　　(37—10)

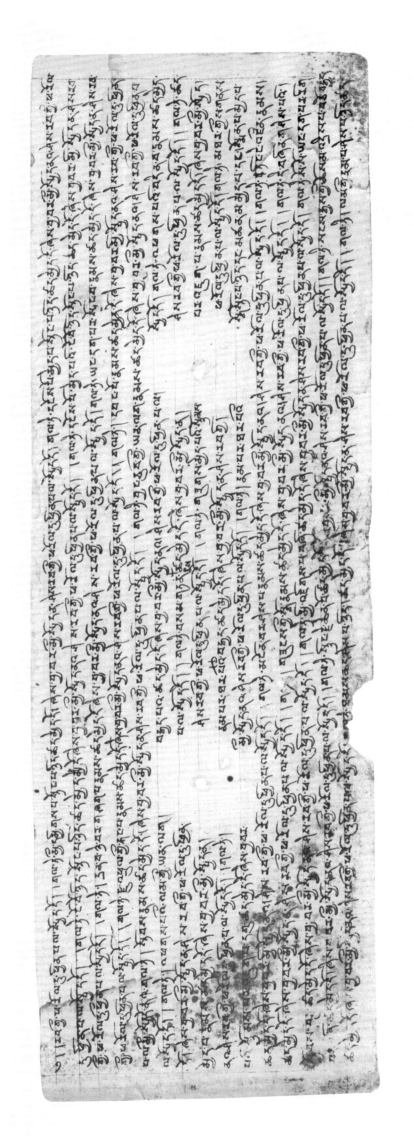

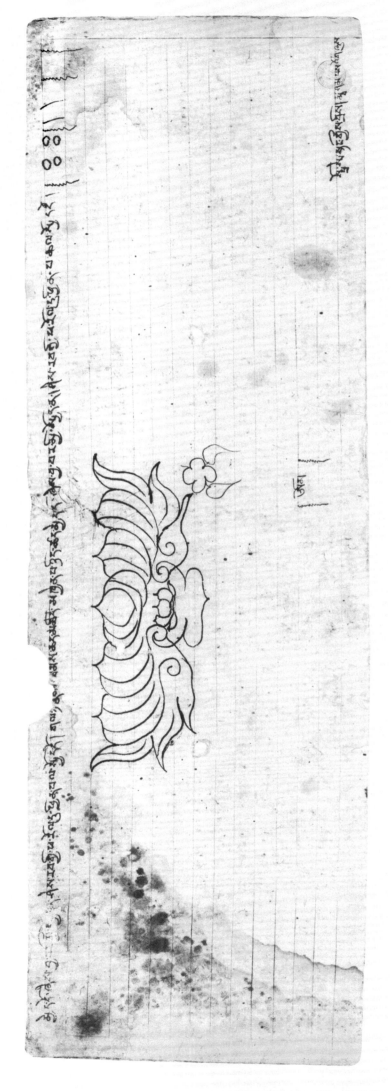

法 Pel.tib.1312　　1.ཤེས་རབ་ཀྱི་ཕ་རོལ་དུ་ཕྱིན་པ་སྟོང་ཕྲག་བརྒྱ་པ།

1.十萬頌般若波羅蜜多經　　(37—11)

152

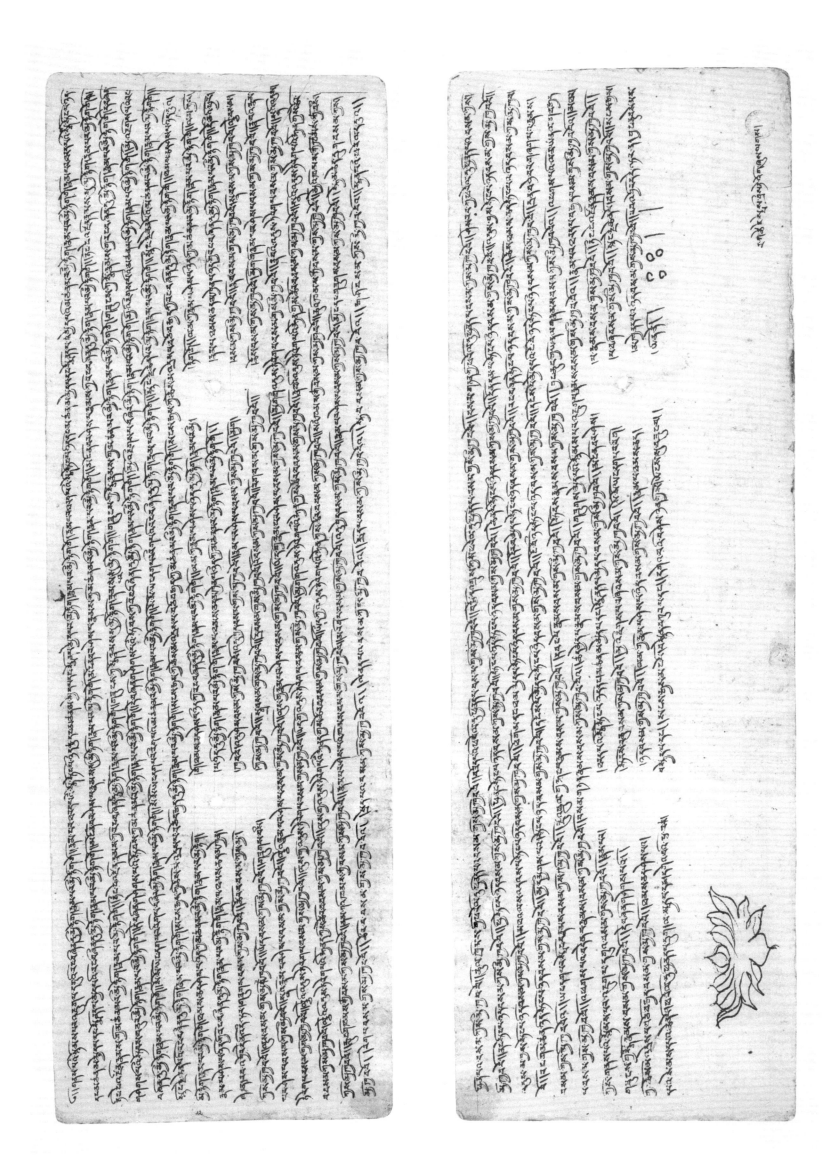

法 Pel.tib.1312　　1.ཤེས་རབ་ཀྱི་ཕ་རོལ་ཏུ་ཕྱིན་པ་སྟོང་ཕྲག་བརྒྱ་པ།

1.十萬頌般若波羅蜜多經　　(37—12)

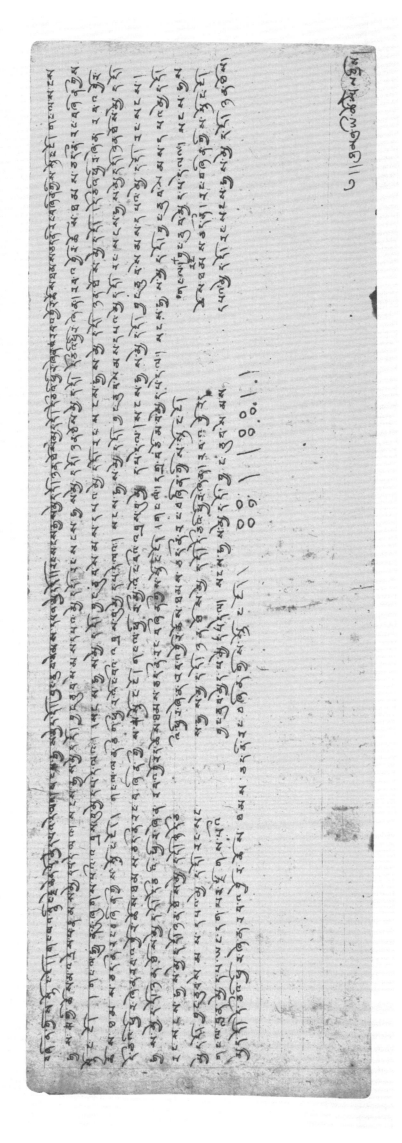

1.ཤེས་རབ་ཀྱི་ཕ་རོལ་ཏུ་ཕྱིན་པ་སྟོང་ཕྲག་བརྒྱ་པ།

1.十萬頌般若波羅蜜多經　　(37—13)

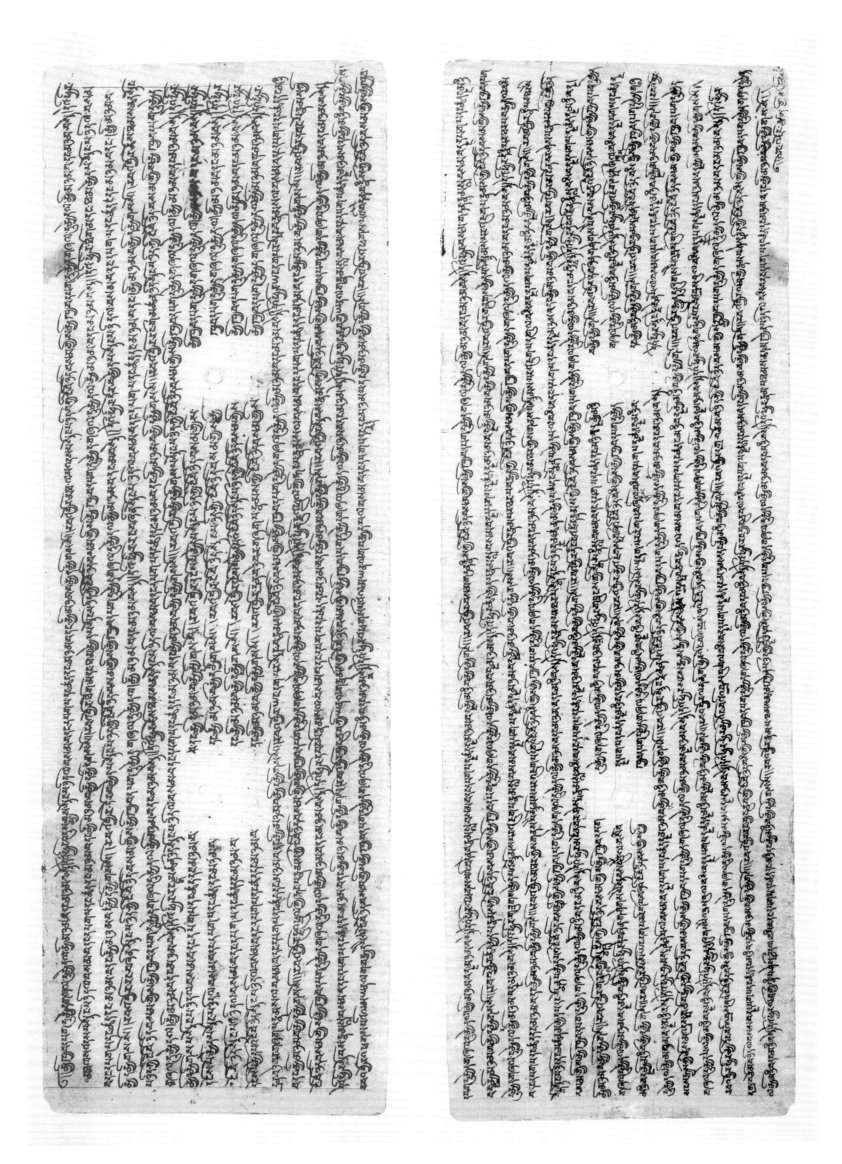

法 Pel.tib.1312　　1.ཤེས་རབ་ཀྱི་ཕ་རོལ་ཏུ་ཕྱིན་པ་སྟོང་ཕྲག་བརྒྱ་པ།

1.十萬頌般若波羅蜜多經　　(37—14)

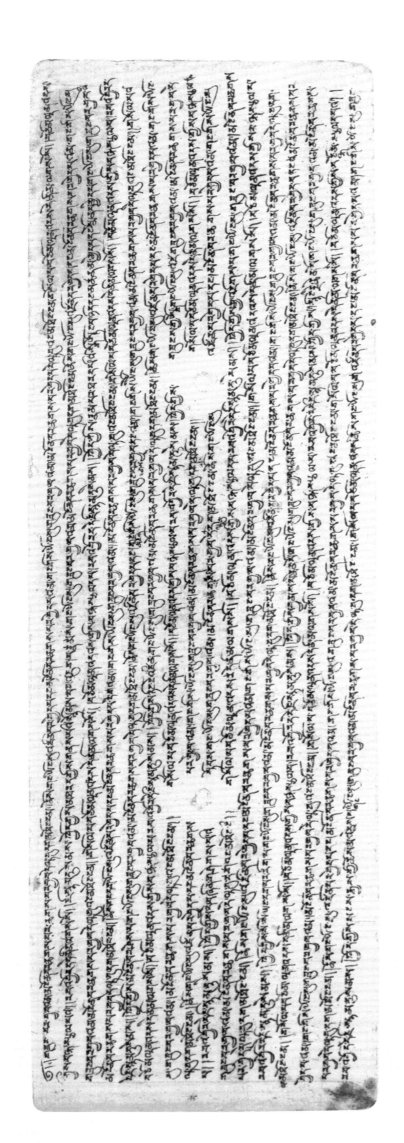
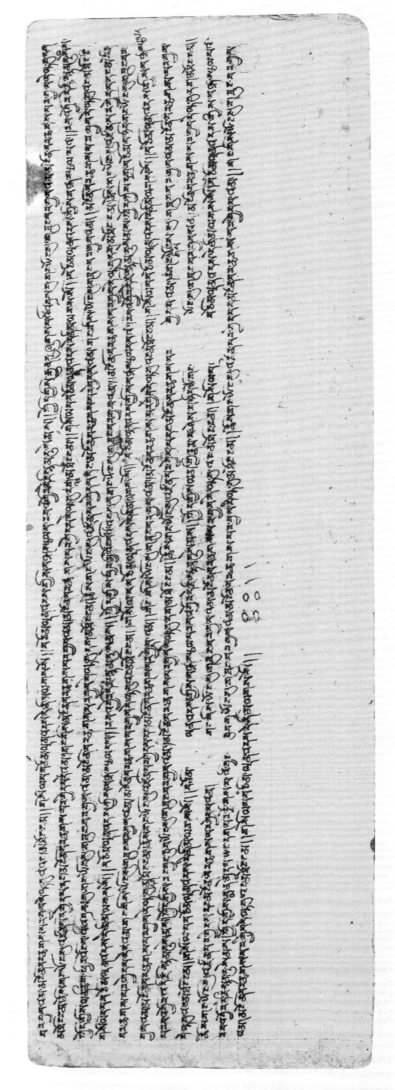

法 Pel.tib.1312　　1.ཤེས་རབ་ཀྱི་ཕ་རོལ་ཏུ་ཕྱིན་པ་སྟོང་ཕྲག་བརྒྱ་པ།

1.十萬頌般若波羅蜜多經　　(37—15)

156

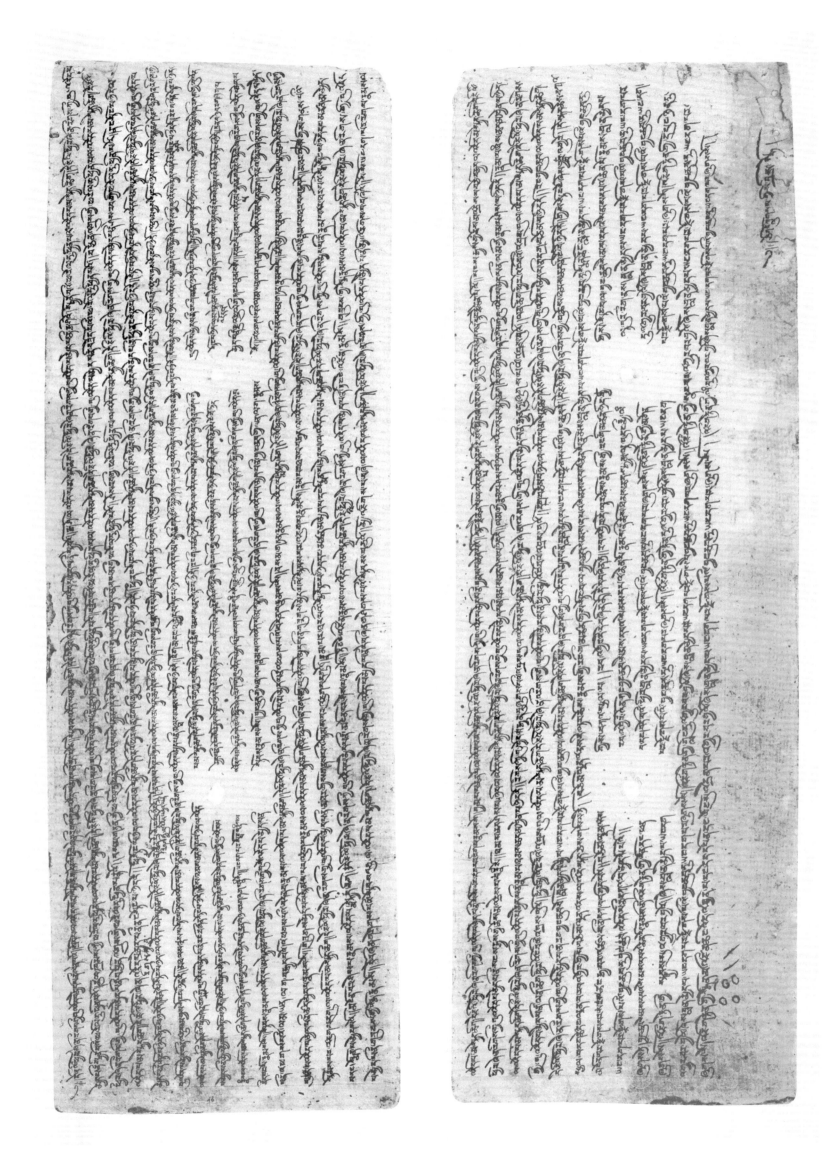

法 Pel.tib.1312　1.ཤེས་རབ་ཀྱི་ཕ་རོལ་དུ་ཕྱིན་པ་སྟོང་ཕྲག་བརྒྱ་པ།

1.十萬頌般若波羅蜜多經　　(37—16)

法 Pel.tib.1312　　1.ཤེས་རབ་ཀྱི་ཕ་རོལ་ཏུ་ཕྱིན་པ་སྟོང་ཕྲག་བརྒྱ་པ།
1.十萬頌般若波羅蜜多經　　(37—17)

158

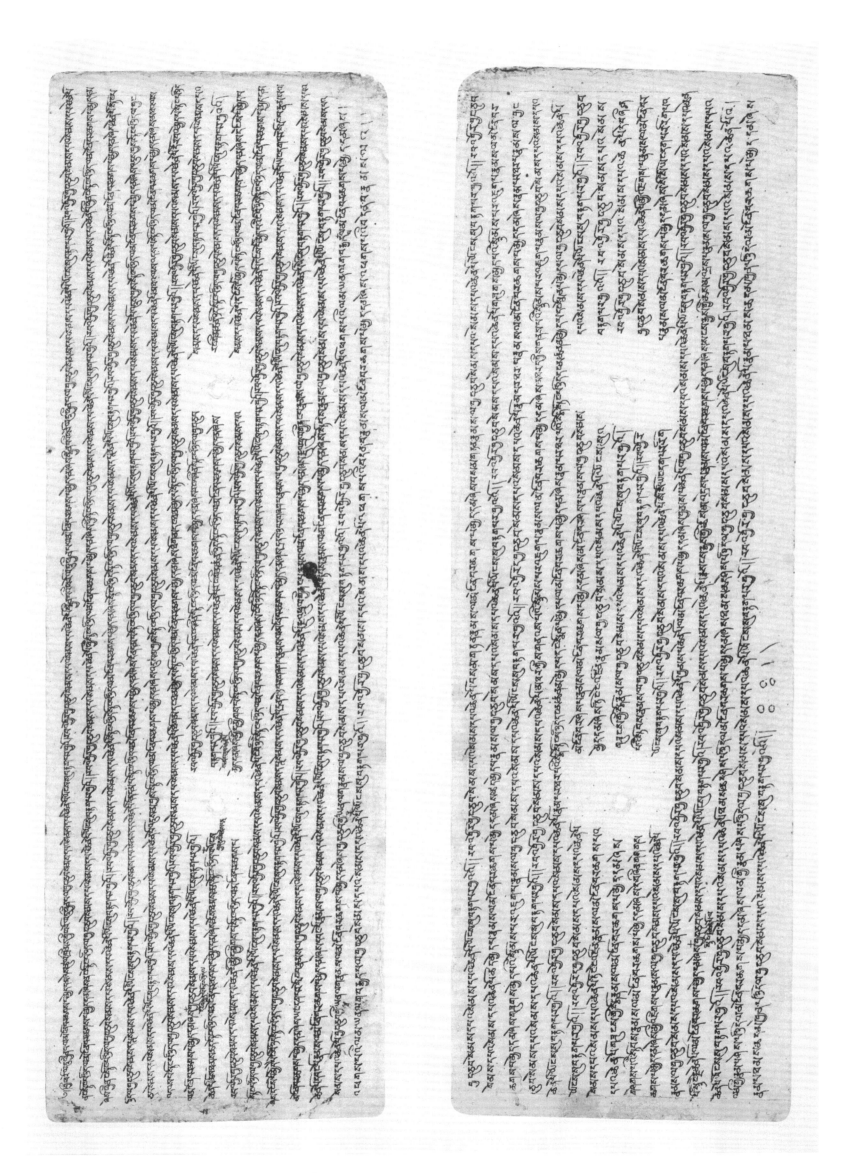

法 Pel.tib.1312　　1.ཤེས་རབ་ཀྱི་ཕ་རོལ་ཏུ་ཕྱིན་པ་སྟོང་ཕྲག་བརྒྱ་པ།
　　　　　　　　1.十萬頌般若波羅蜜多經　　(37—18)

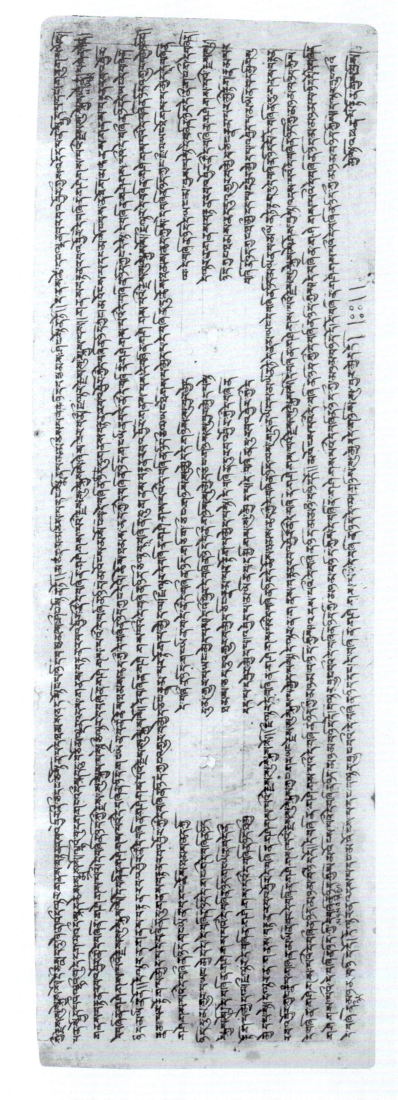

法 Pel.tib.1312　　1.ཤེས་རབ་ཀྱི་ཕ་རོལ་དུ་ཕྱིན་པ་སྟོང་ཕྲག་བརྒྱ་པ།

1.十萬頌般若波羅蜜多經　　(37—19)

160

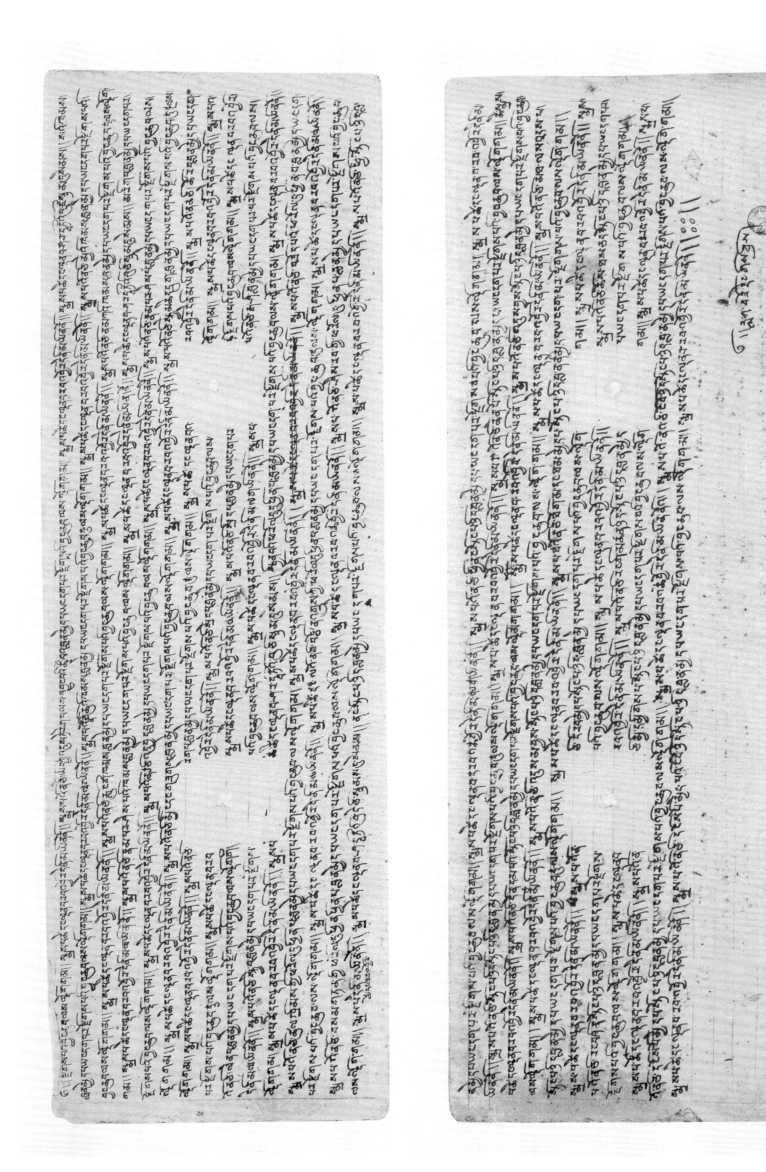

法 Pel.tib.1312　　1.ཤེས་རབ་ཀྱི་ཕ་རོལ་ཏུ་ཕྱིན་པ་སྟོང་ཕྲག་བརྒྱ་པ།

1.十萬頌般若波羅蜜多經　　(37—20)

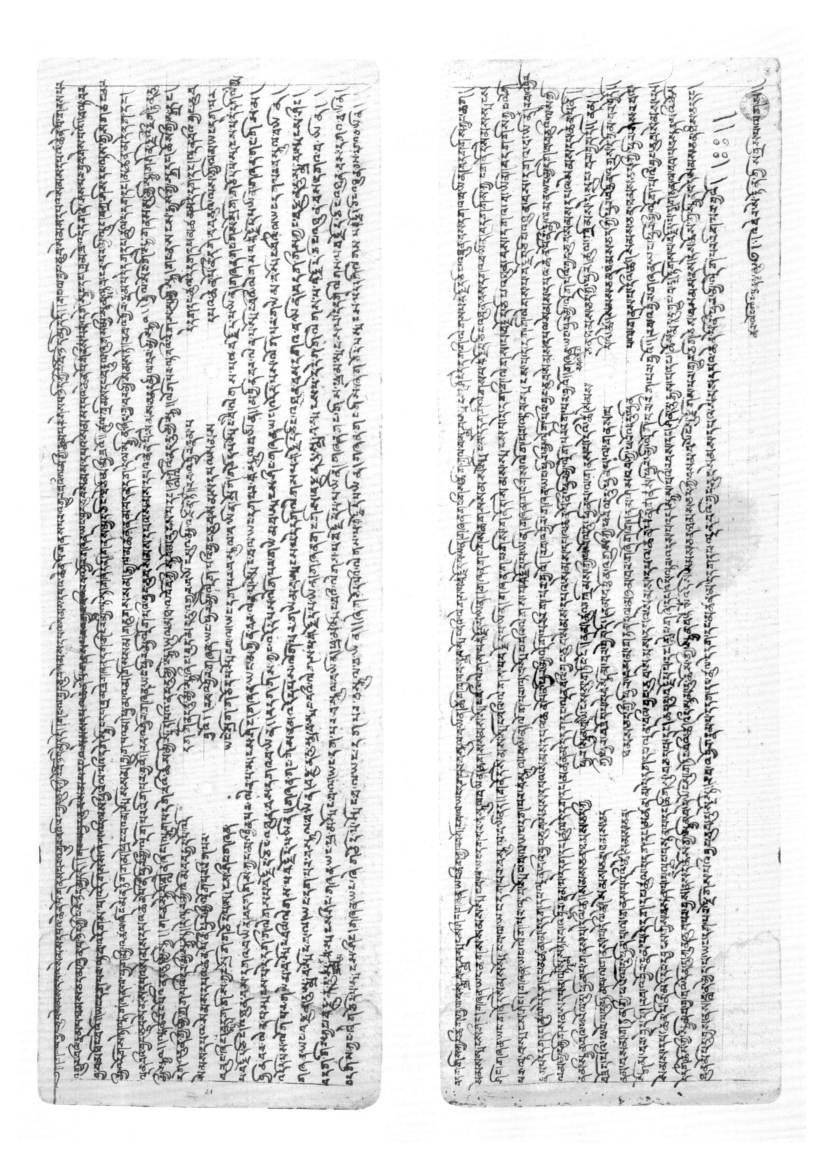

法 Pel.tib.1312　　1.ཤེས་རབ་ཀྱི་ཕ་རོལ་ཏུ་ཕྱིན་པ་སྟོང་ཕྲག་བརྒྱ་པ།

1.十萬頌般若波羅蜜多經　　(37—21)

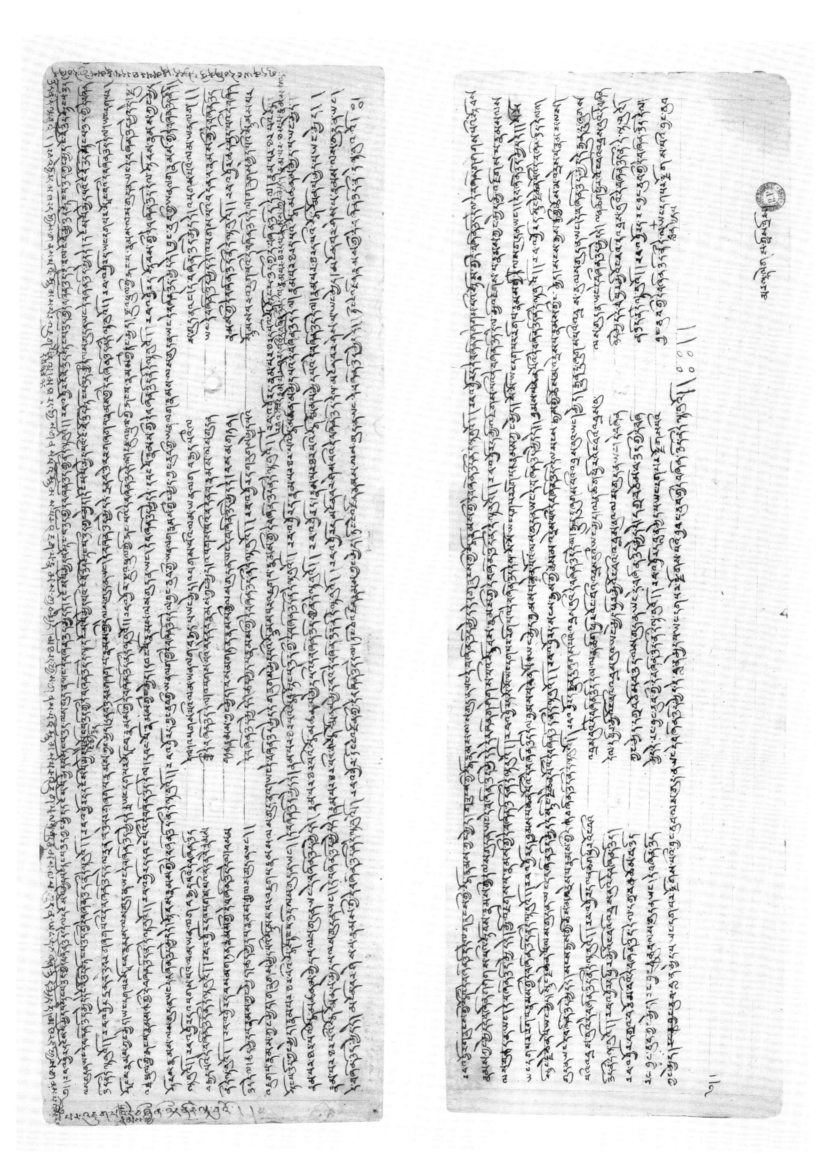

法 Pel.tib.1312　　1.ཤེས་རབ་ཀྱི་ཕ་རོལ་ཏུ་ཕྱིན་པ་སྟོང་ཕྲག་བརྒྱ་པ།

1.十萬頌般若波羅蜜多經　　(37—22)

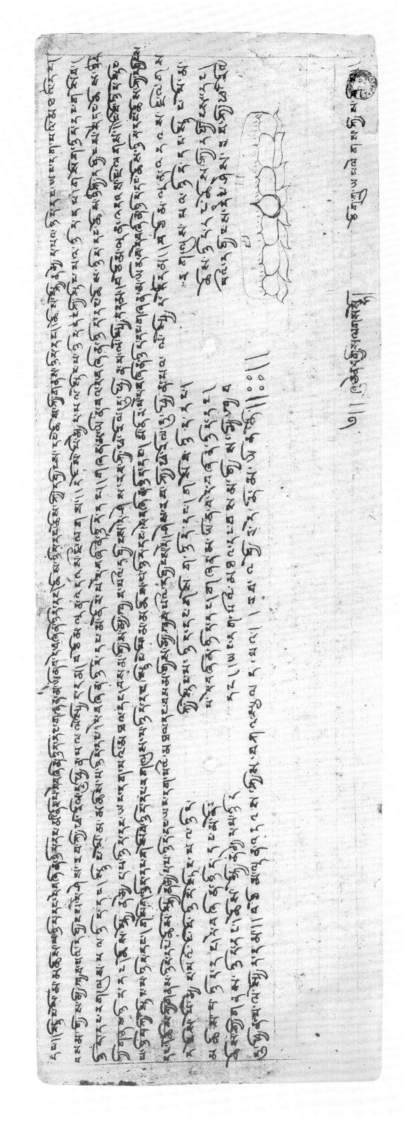

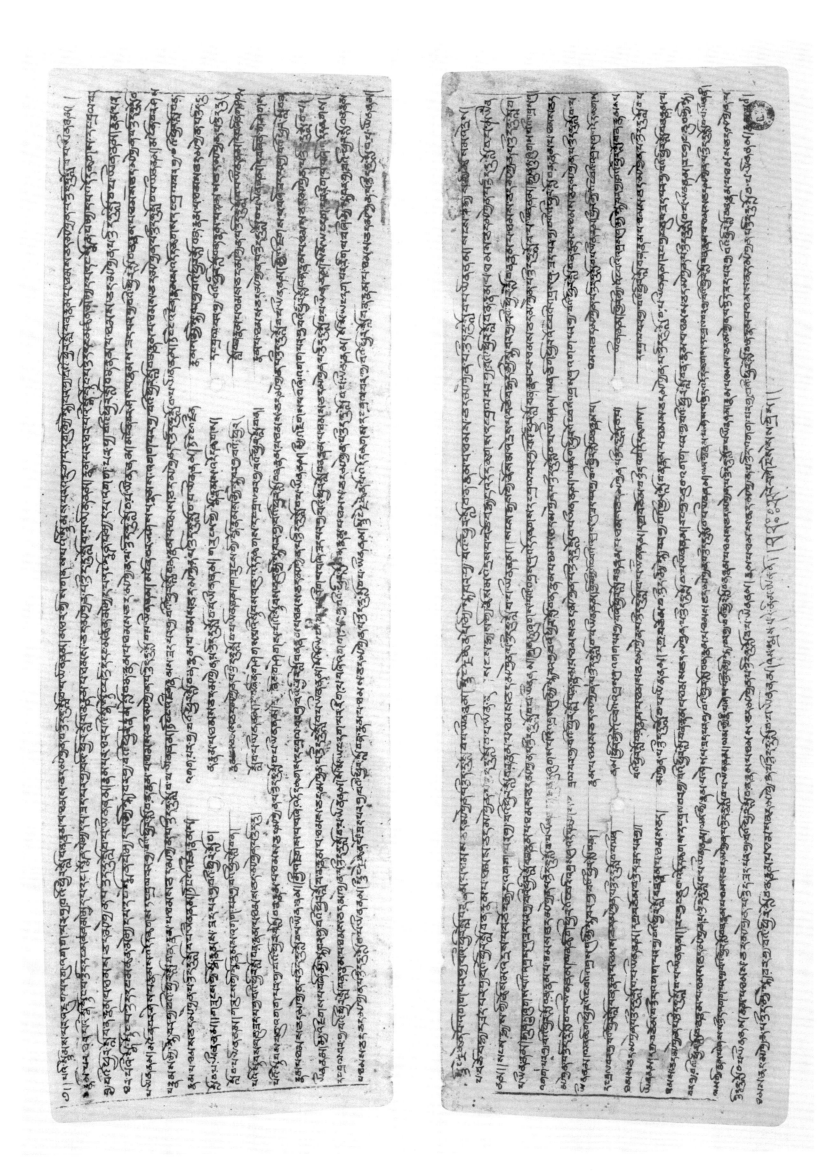

法 Pel.tib.1312　1.ཤེས་རབ་ཀྱི་ཕ་རོལ་ཏུ་ཕྱིན་པ་སྟོང་ཕྲག་བརྒྱ་པ།

1.十萬頌般若波羅蜜多經　　(37—24)

165

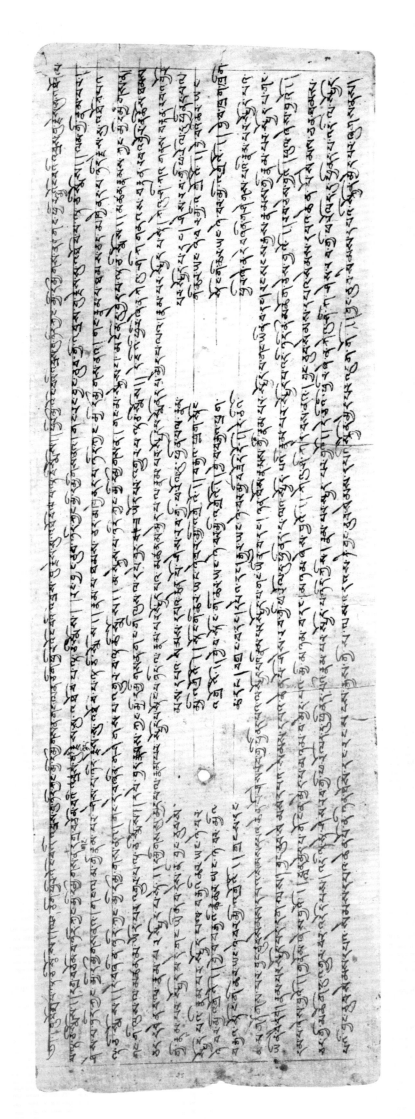
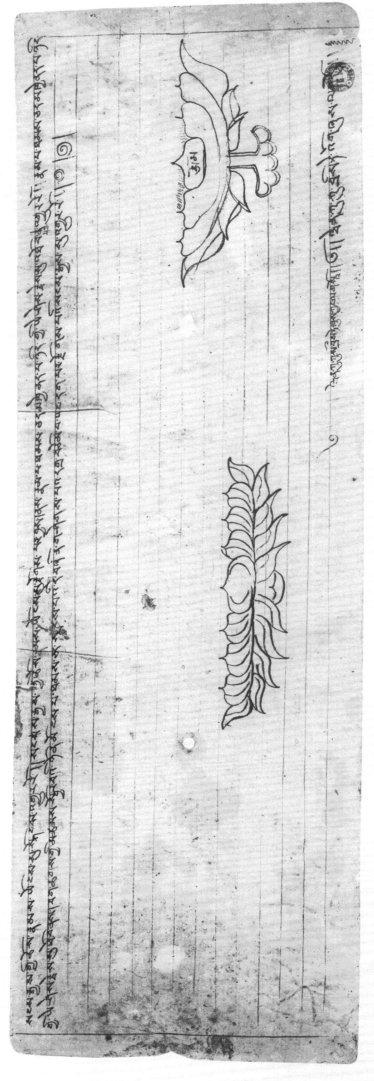

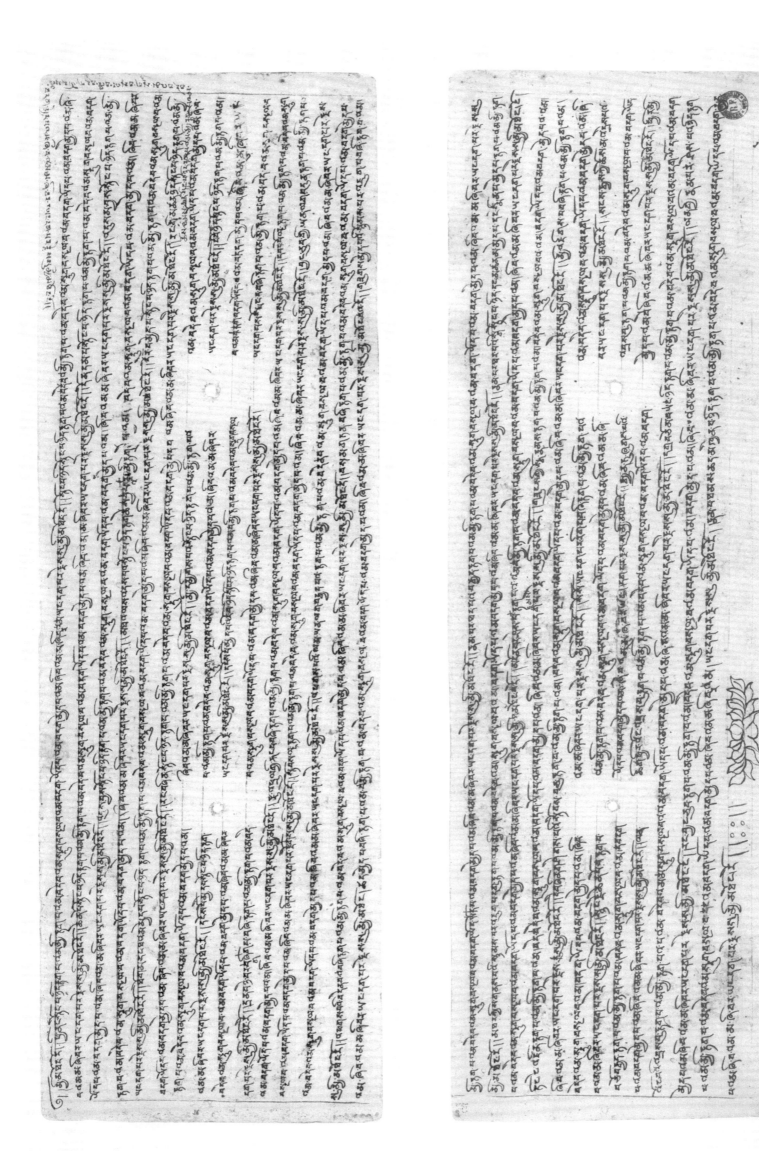

法 Pel.tib.1312 1.ཤེས་རབ་ཀྱི་ཕ་རོལ་ཏུ་ཕྱིན་པ་སྟོང་ཕྲག་བརྒྱ་པ།

1.十萬頌般若波羅蜜多經 (37—26)

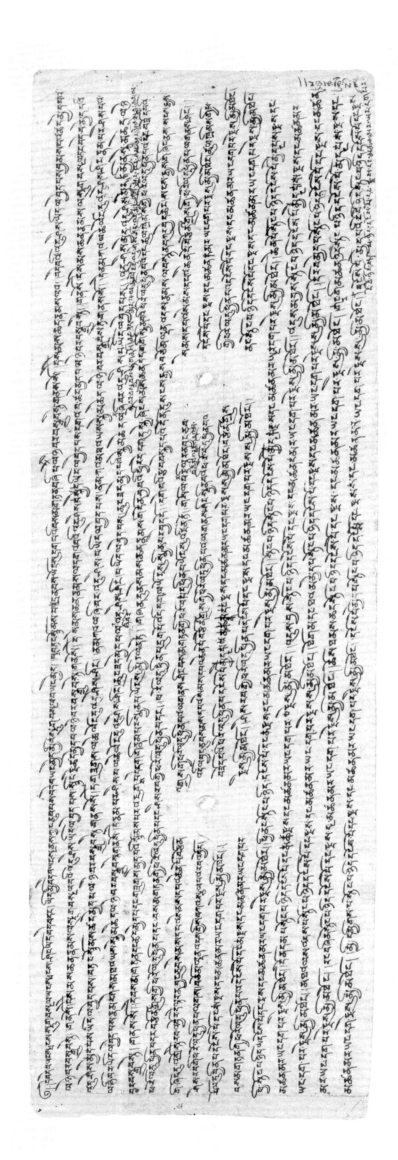

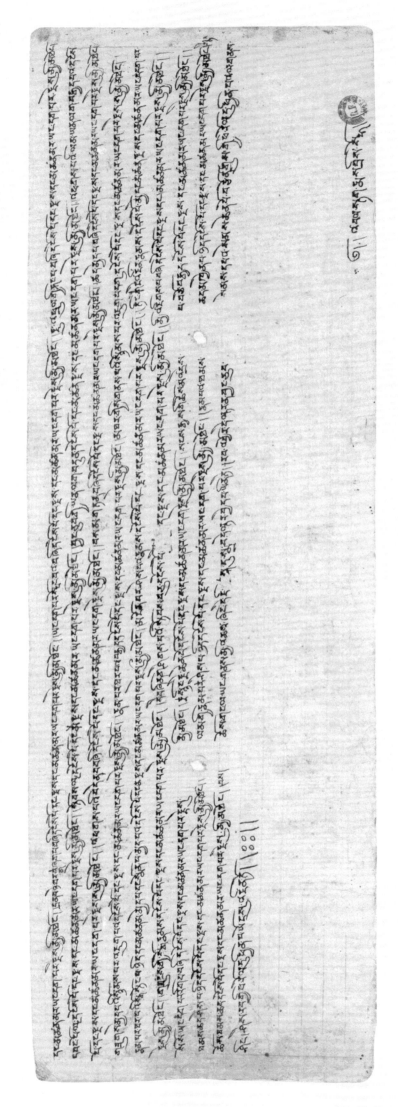

法 Pel.tib.1312　　1.ཤེས་རབ་ཀྱི་པ་རོལ་དུ་ཕྱིན་པ་སྟོང་་ཕྲག་བརྒྱ་པ།

1.十萬頌般若波羅蜜多經　　(37—27)

168

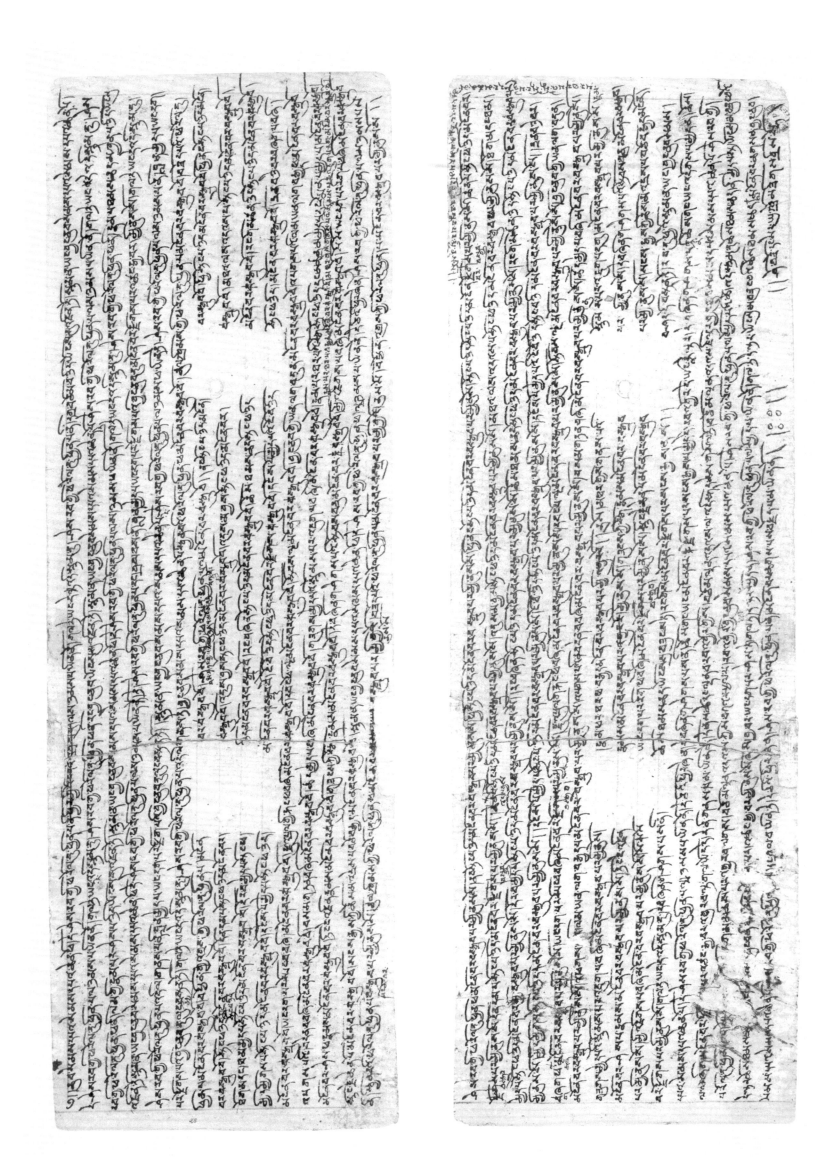

法 Pel.tib.1312　　1.ཤེས་རབ་ཀྱི་ཕ་རོལ་དུ་ཕྱིན་པ་སྟོང་ཕྲག་བརྒྱ་པ།

1.十萬頌般若波羅蜜多經　　(37—28)

法 Pel.tib.1312　　1.ཤེས་རབ་ཀྱི་ཕ་རོལ་ཏུ་ཕྱིན་པ་སྟོང་ཕྲག་བརྒྱ་པ།

1.十萬頌般若波羅蜜多經　　(37—29)

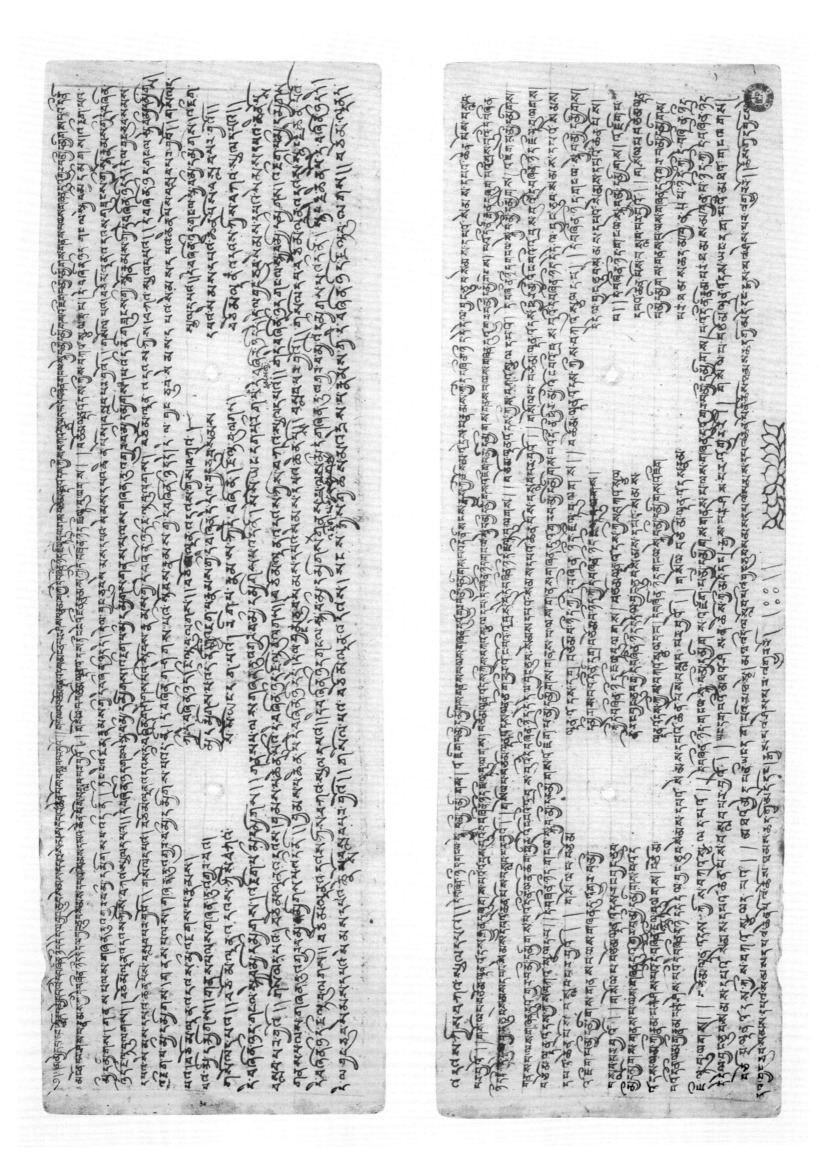

法 Pel.tib.1312　　1.ཤེས་རབ་ཀྱི་ཕ་རོལ་ཏུ་ཕྱིན་པ་སྟོང་ཕྲག་བརྒྱ་པ།

1.十萬頌般若波羅蜜多經　　(37—30)

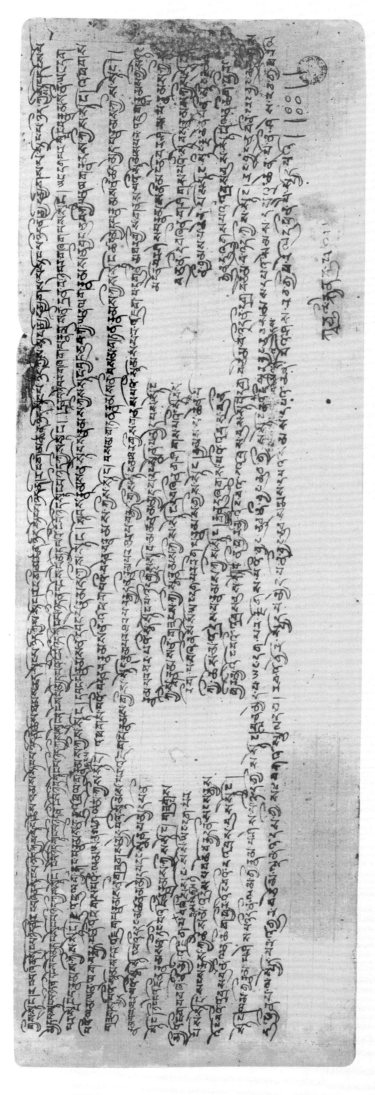

法 Pel.tib.1312　　1.ཤེས་རབ་ཀྱི་ཕ་རོལ་དུ་ཕྱིན་པ་སྟོང་ཕྲག་བརྒྱ་པ།

1.十萬頌般若波羅蜜多經　　(37—31)

172

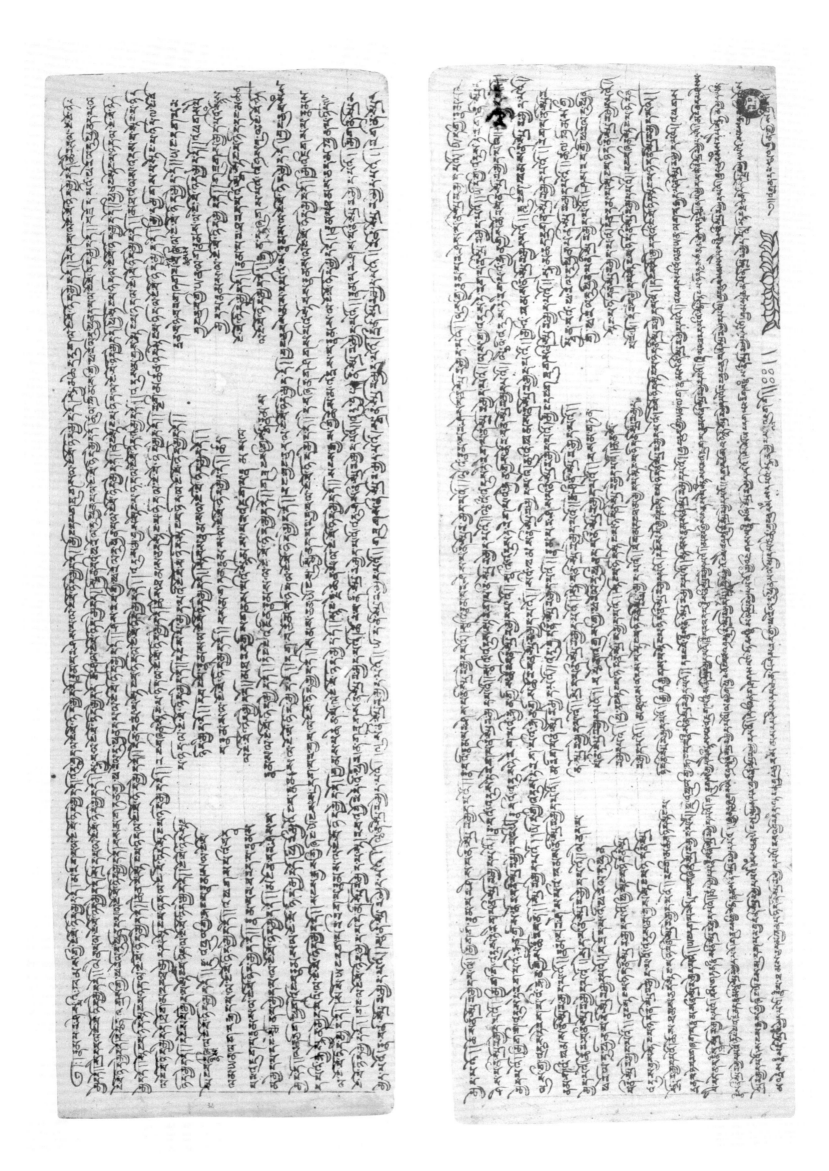

法 Pel.tib.1312　　1.ཤེས་རབ་ཀྱི་ཕ་རོལ་ཏུ་ཕྱིན་པ་སྟོང་ཕྲག་བརྒྱ་པ།

1.十萬頌般若波羅蜜多經　　(37—32)

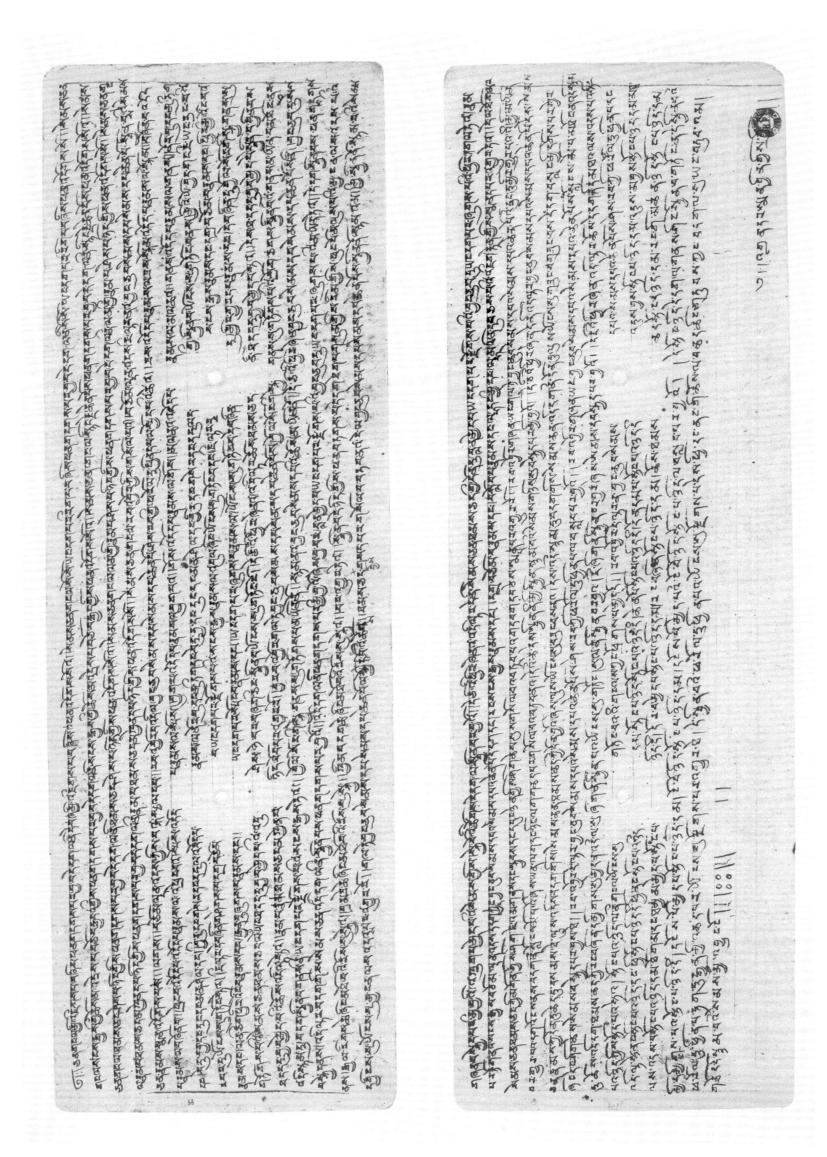

法 Pel.tib.1312 1.ཤེས་རབ་ཀྱི་ཕ་རོལ་ཏུ་ཕྱིན་པ་སྟོང་ཕྲག་བརྒྱ་པ།

1.十萬頌般若波羅蜜多經 (37—33)

174

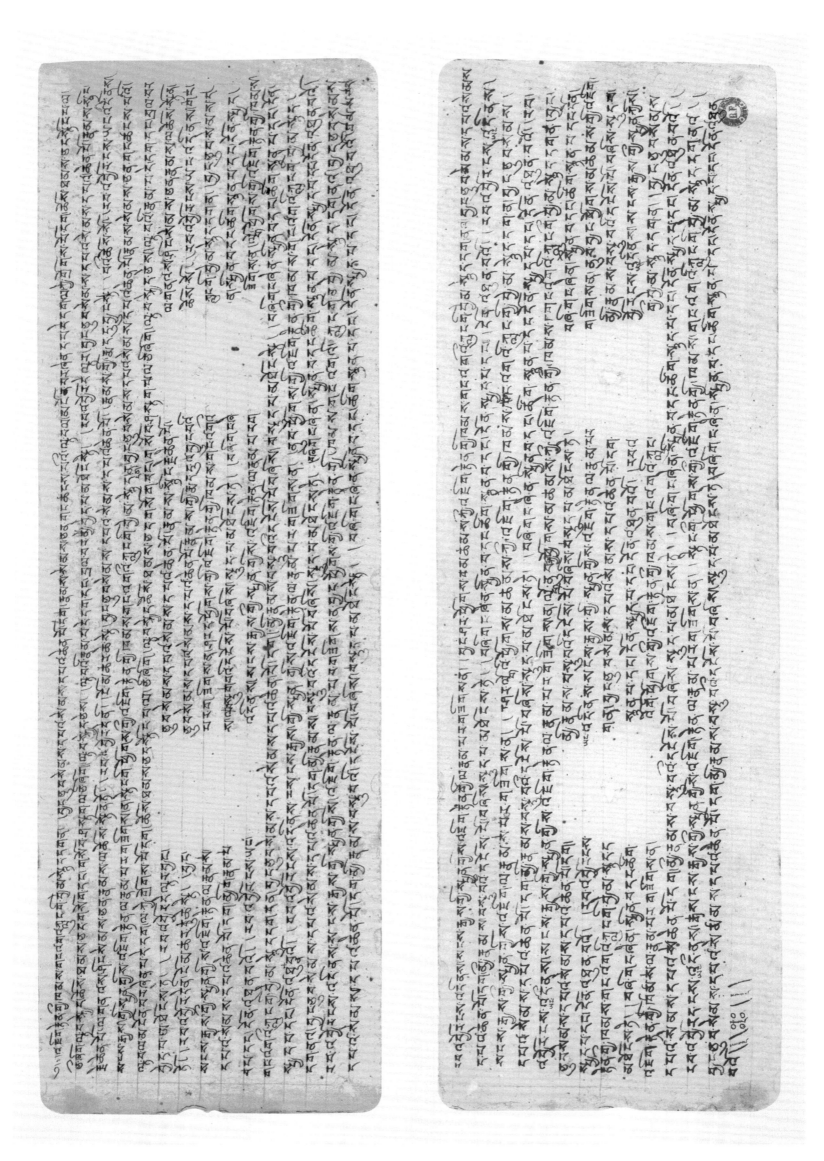

法 Pel.tib.1312　　1.ཤེས་རབ་ཀྱི་ཕ་རོལ་དུ་ཕྱིན་པ་སྟོང་ཕྲག་བརྒྱ་པ།

1.十萬頌般若波羅蜜多經　　(37—34)

法 Pel.tib.1312　　1.ཤེས་རབ་ཀྱི་ཕ་རོལ་ཏུ་ཕྱིན་པ་སྟོང་ཕྲག་བརྒྱ་པ།

1.十萬頌般若波羅蜜多經　　(37—35)

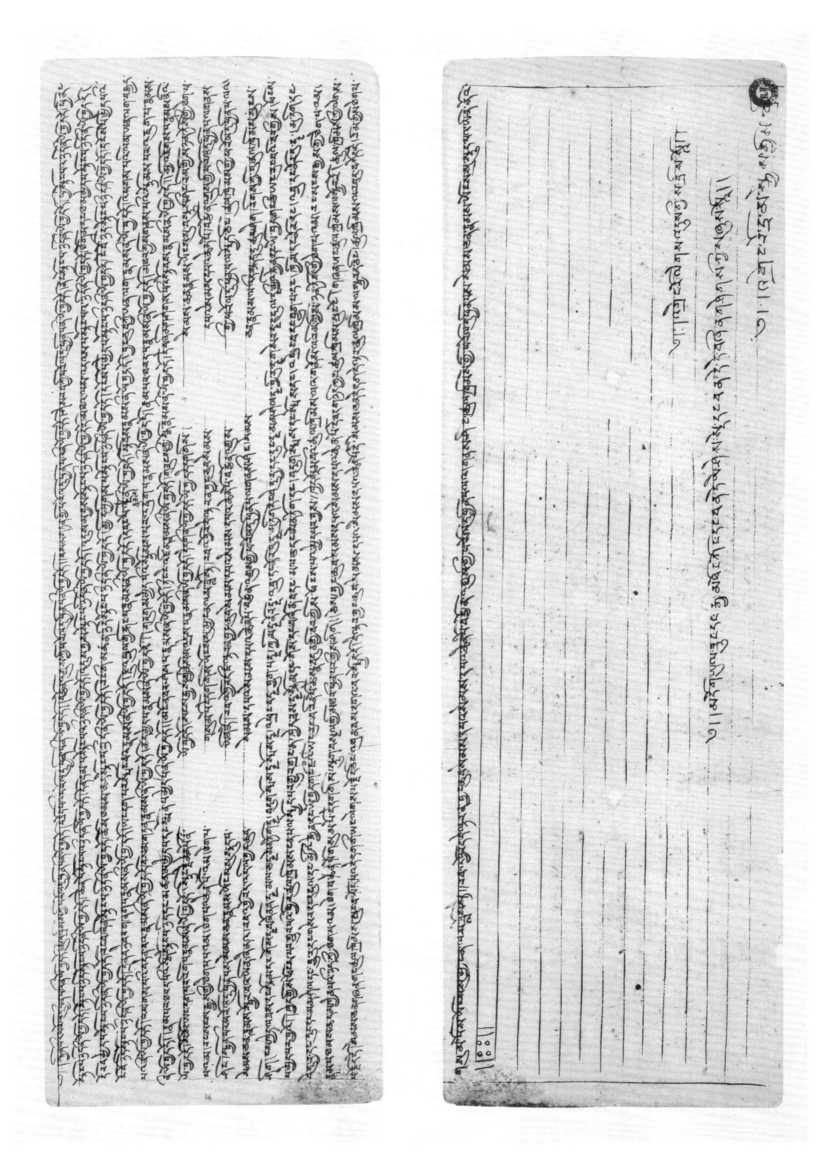

法 Pel.tib.1312　　1.ཤེས་རབ་ཀྱི་ཕ་རོལ་ཏུ་ཕྱིན་པ་སྟོང་ཕྲག་བརྒྱ་པ།

1.十萬頌般若波羅蜜多經　　(37—36)

法 Pel.tib.1312 1.ཤེས་རབ་ཀྱི་ཕ་རོལ་དུ་ཕྱིན་པ་སྟོང་ཕྲག་བརྒྱ་པ།

1.十萬頌般若波羅蜜多經 (37—37)

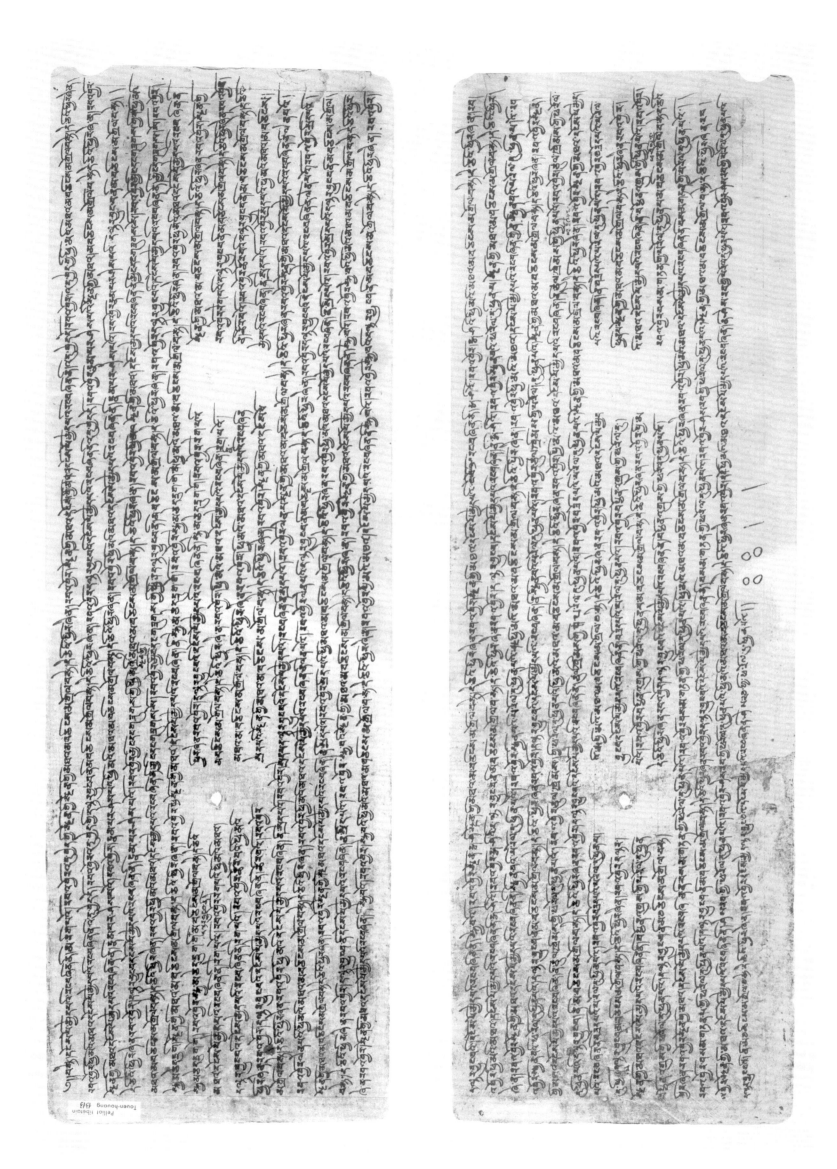

法 Pel.tib.1313　ཤེས་རབ་ཀྱི་ཕ་རོལ་དུ་ཕྱིན་པ་སྟོང་ཕྲག་བརྒྱ་པ།

十萬頌般若波羅蜜多經　　(2—1)

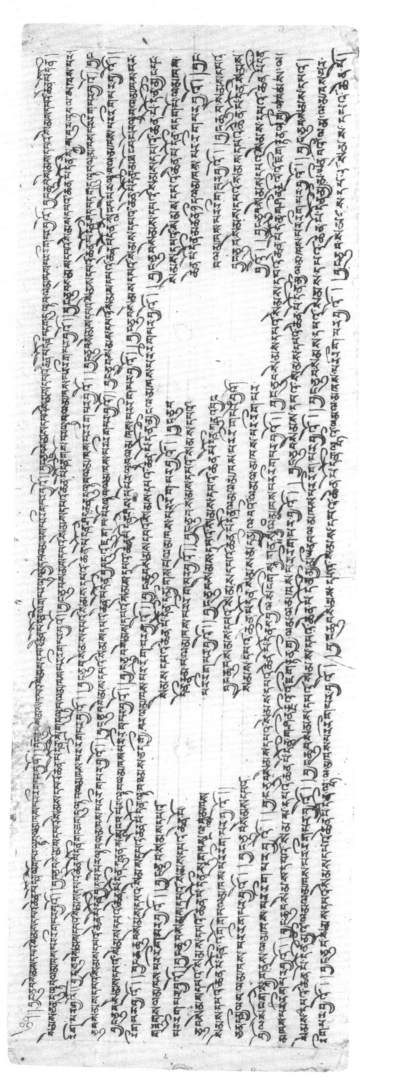

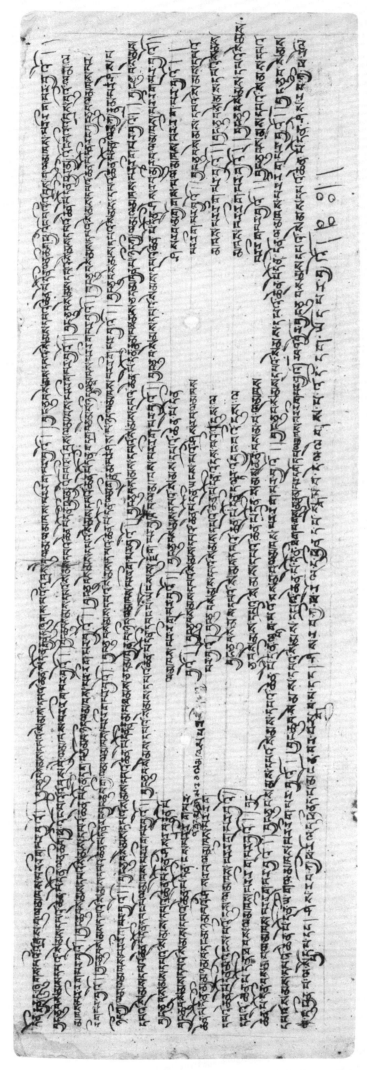

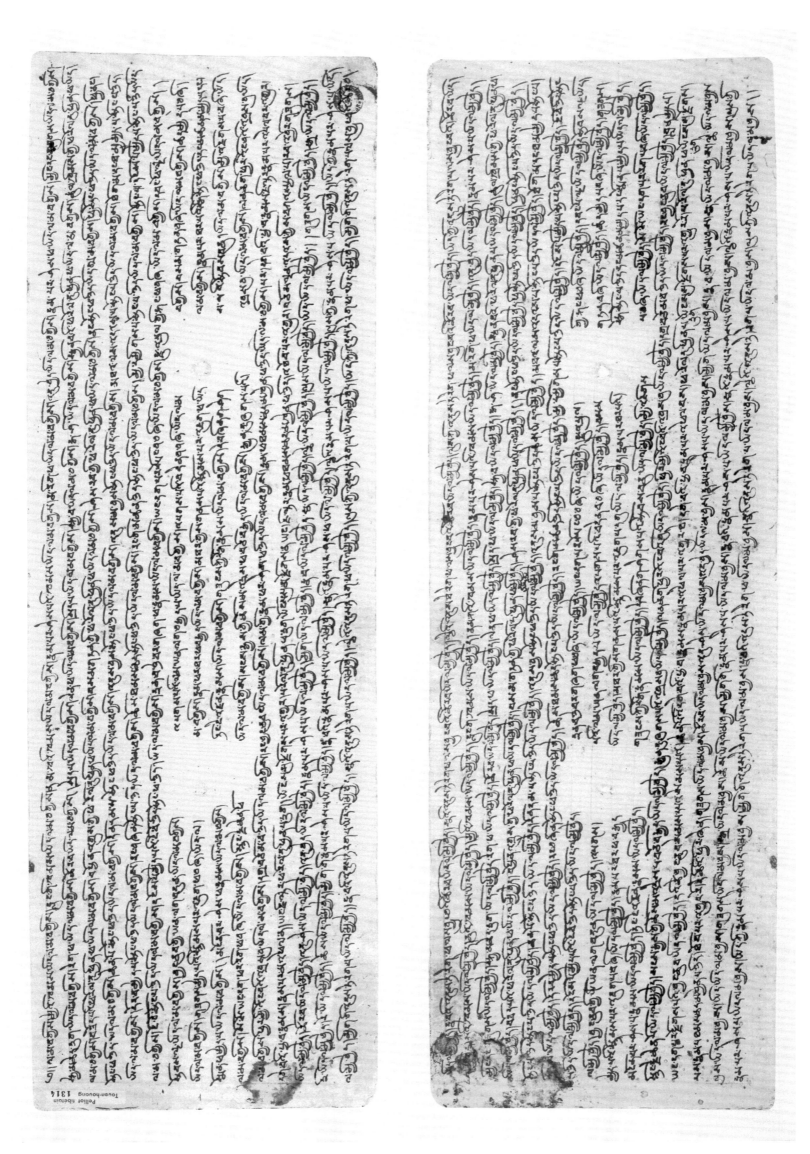

法 Pel.tib.1314　　1.ཤེས་རབ་ཀྱི་ཕ་རོལ་ཏུ་ཕྱིན་པ་སྟོང་ཕྲག་བརྒྱ་པ།
1.十萬頌般若波羅蜜多經　　(100—1)

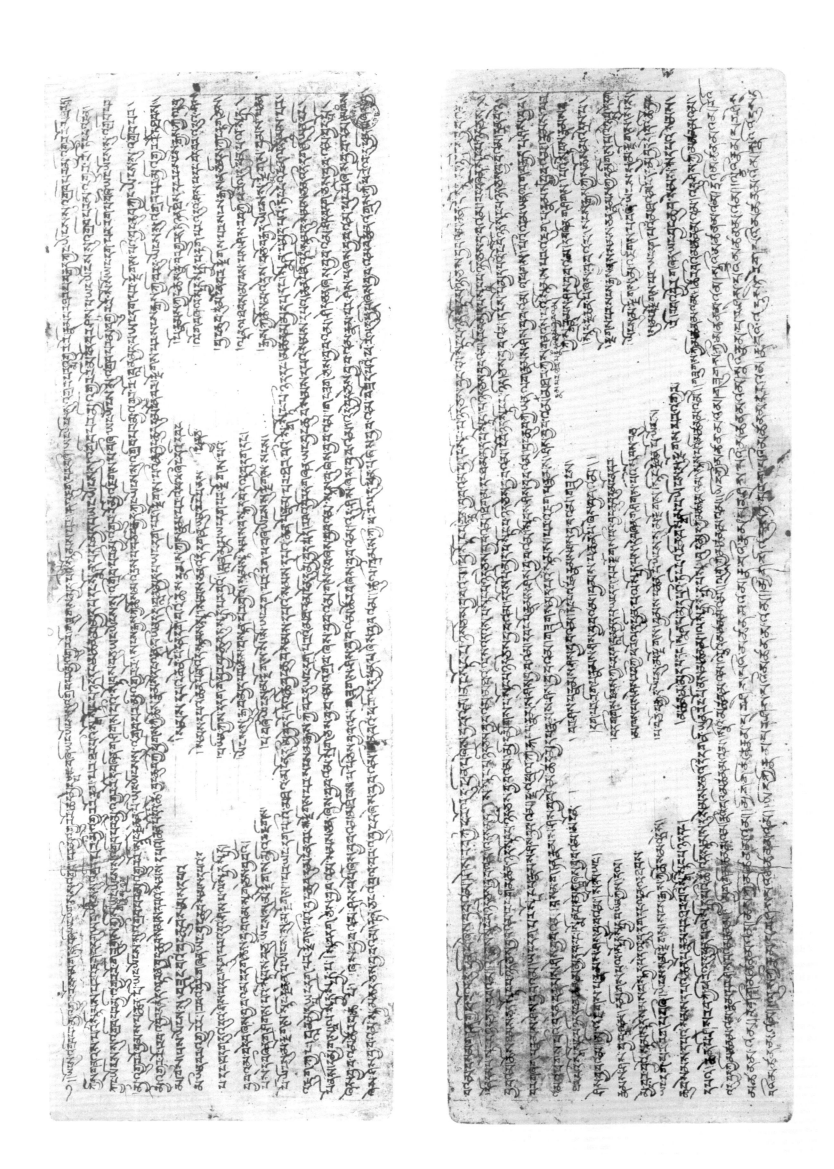

法 Pel.tib.1314　　1.ཤེས་རབ་ཀྱི་ཕ་རོལ་དུ་ཕྱིན་པ་སྟོང་ཕྲག་བརྒྱ་པ།

1.十萬頌般若波羅蜜多經　　(100—2)

法 Pel.tib.1314　　1.ཤེས་རབ་ཀྱི་ཕ་རོལ་དུ་ཕྱིན་པ་སྟོང་ཕྲག་བརྒྱ་པ།

1.十萬頌般若波羅蜜多經　　(100—3)

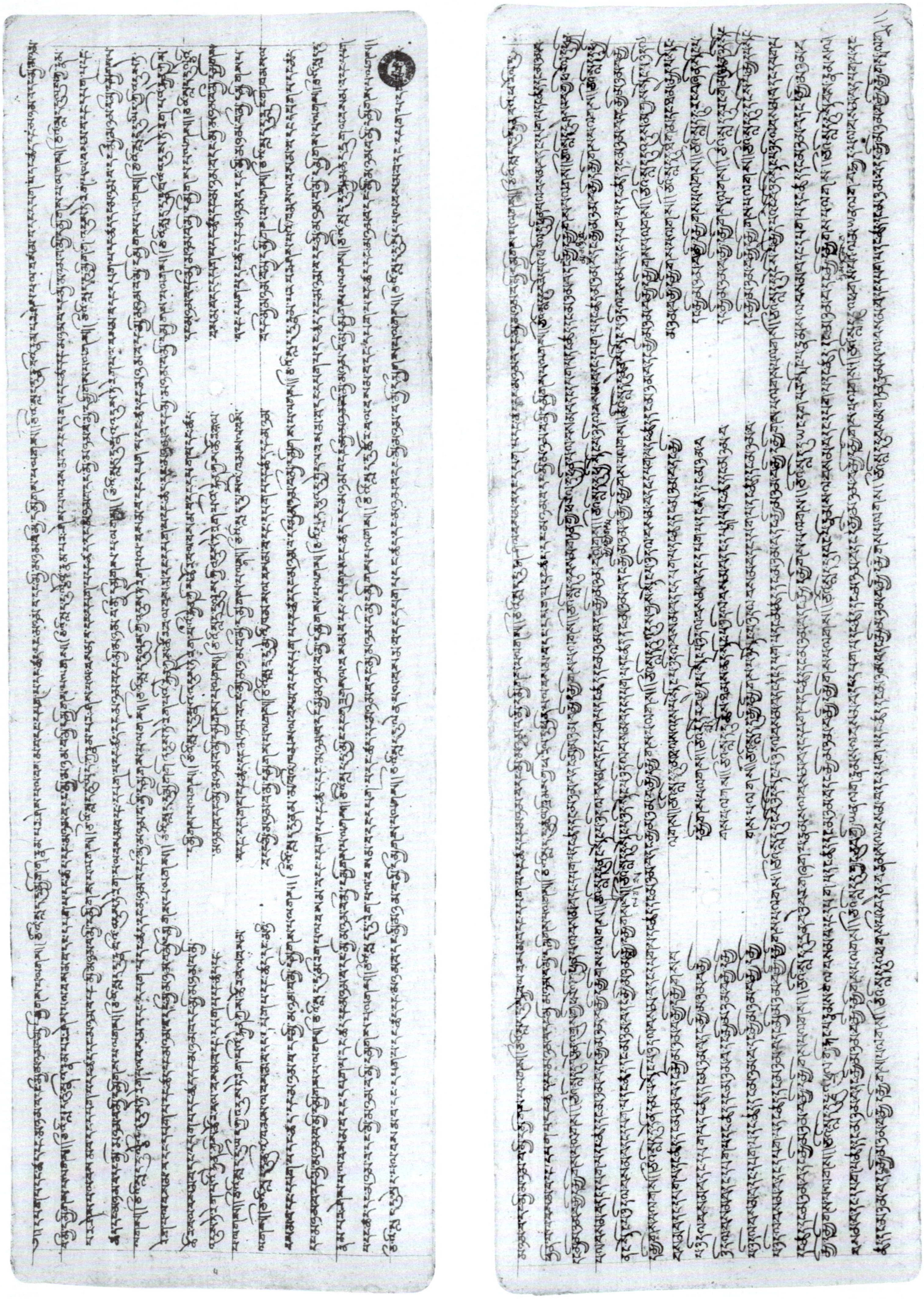

法 Pel.tib.1314　　1.ཤེས་རབ་ཀྱི་ཕ་རོལ་དུ་ཕྱིན་པ་སྟོང་ཕྲག་བརྒྱ་པ།

1.十萬頌般若波羅蜜多經　　(100—4)

184

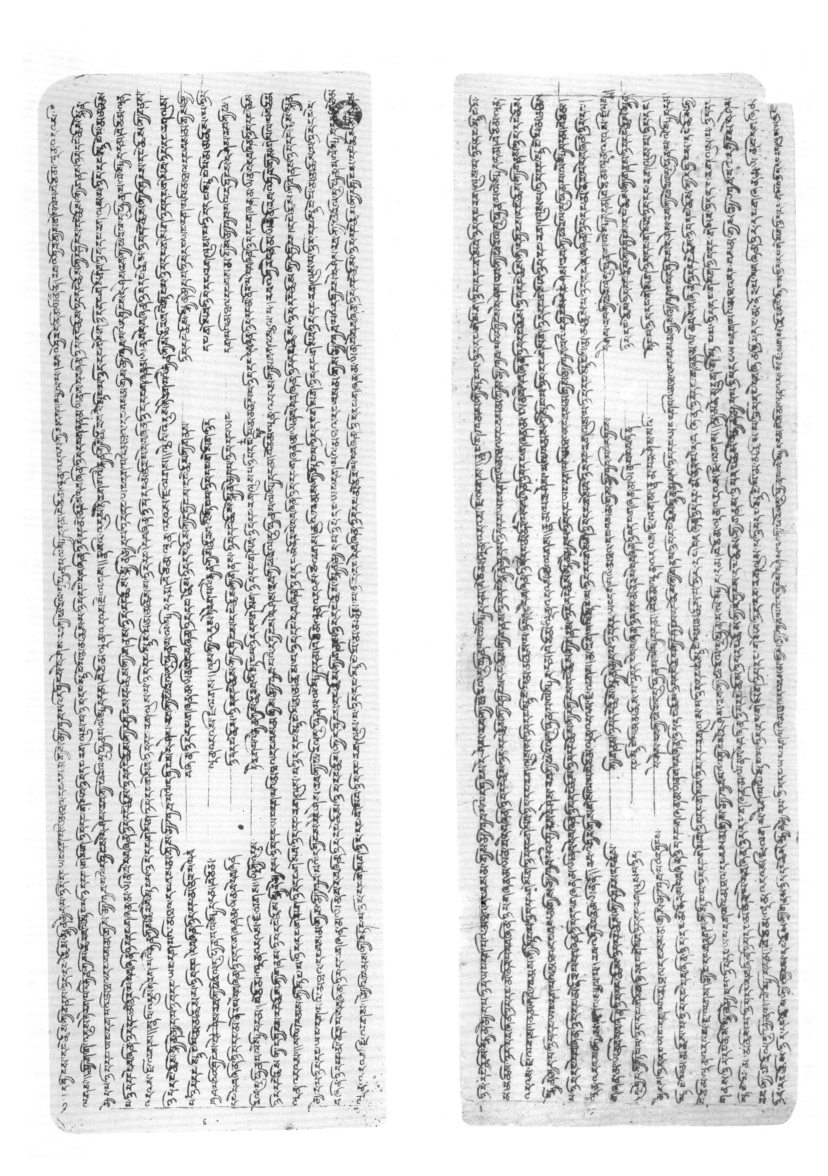

法 Pel.tib.1314　　1.ཤེས་རབ་ཀྱི་ཕ་རོལ་ཏུ་ཕྱིན་པ་སྟོང་ཕྲག་བརྒྱ་པ།

1.十萬頌般若波羅蜜多經　　(100—5)

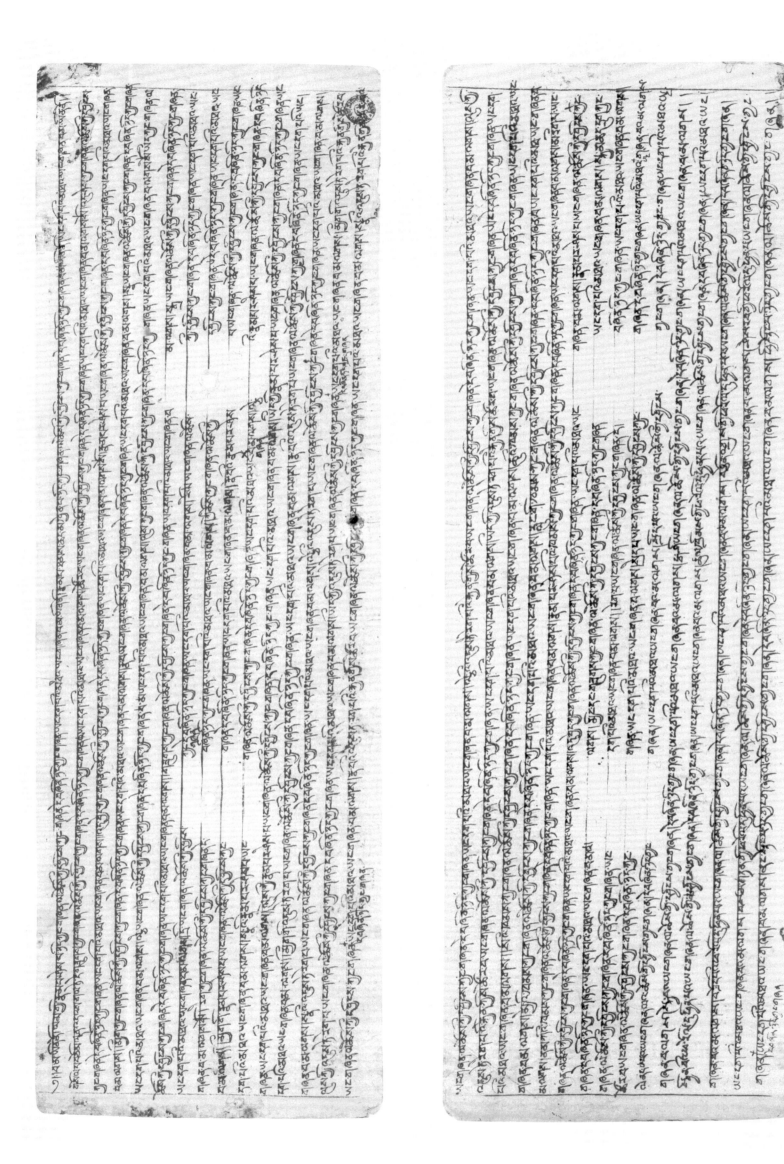

法 Pel.tib.1314　　1.ཤེས་རབ་ཀྱི་ཕ་རོལ་ཏུ་ཕྱིན་པ་སྟོང་ཕྲག་བརྒྱ་པ།

1.十萬頌般若波羅蜜多經　　(100—6)

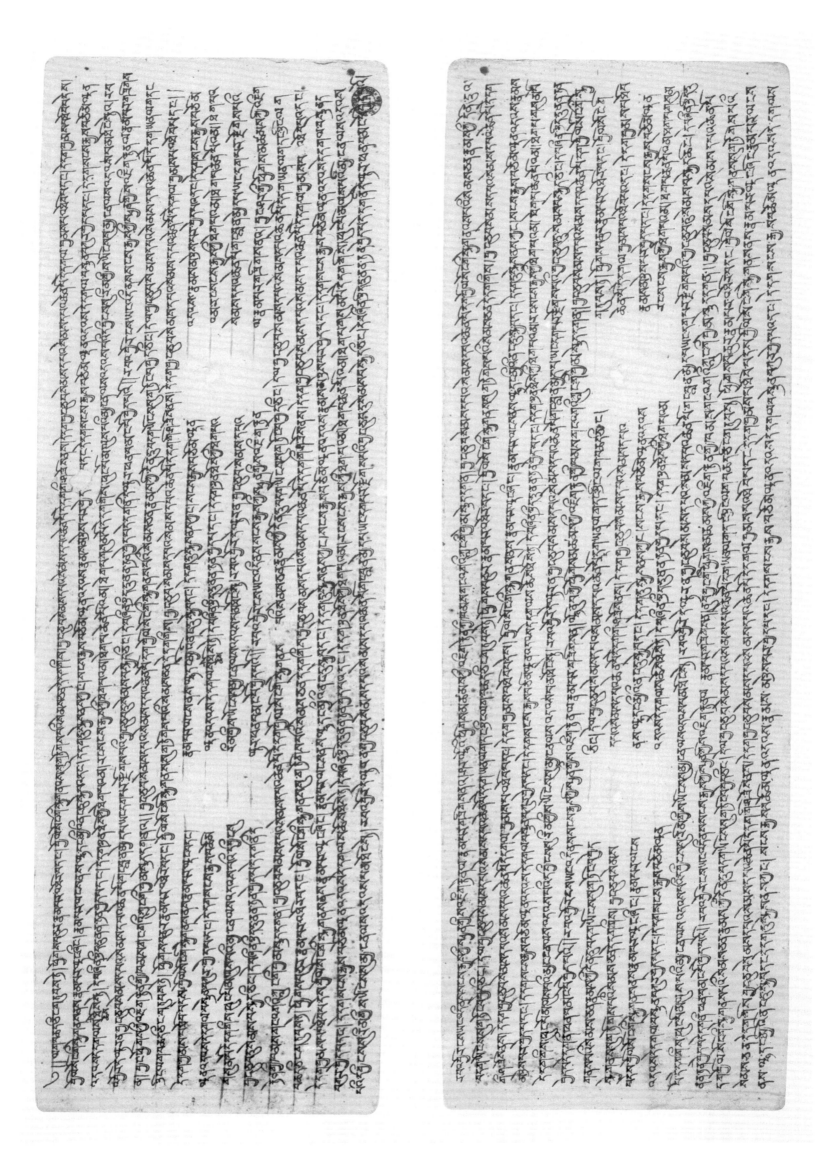

法 Pel.tib.1314　　1.ཤེས་རབ་ཀྱི་ཕ་རོལ་ཏུ་ཕྱིན་པ་སྟོང་ཕྲག་བརྒྱ་པ།

1.十萬頌般若波羅蜜多經　　(100—7)

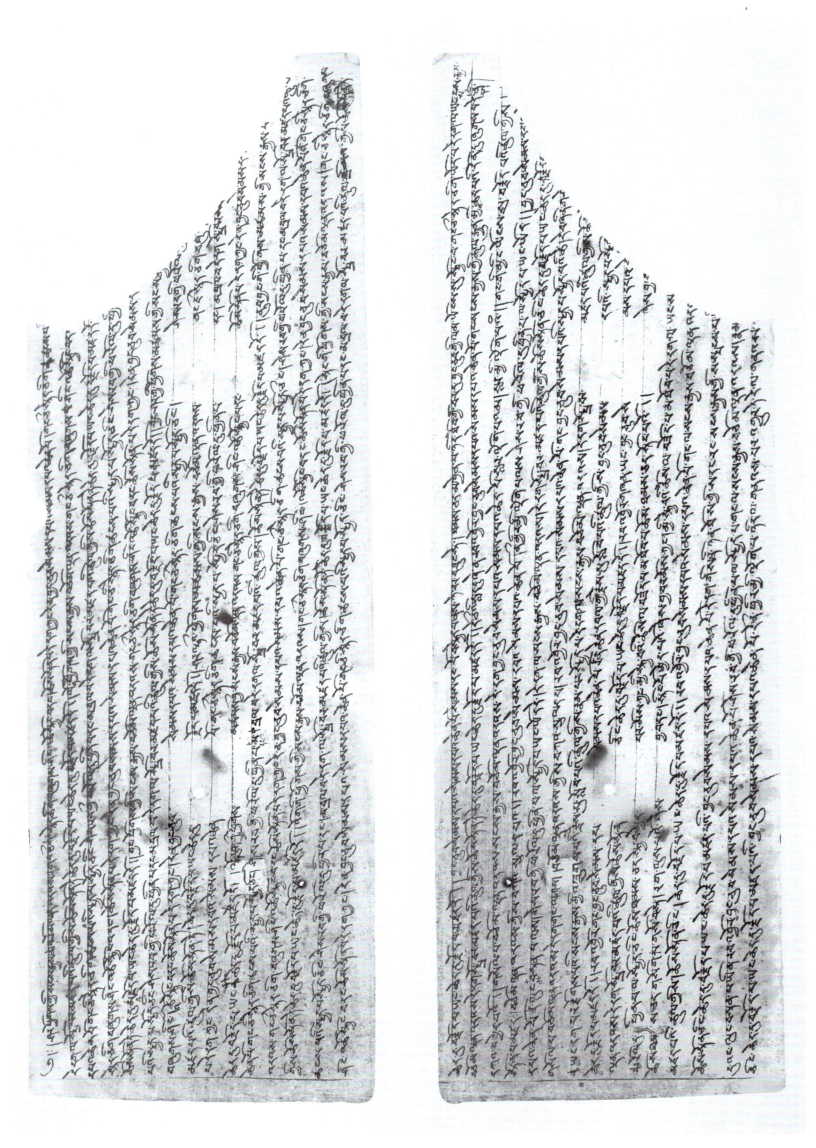

法 Pel.tib.1314　　1.ཤེས་རབ་ཀྱི་ཕ་རོལ་ཏུ་ཕྱིན་པ་སྟོང་ཕྲག་བརྒྱ་པ།

1.十萬頌般若波羅蜜多經　　(100—8)

188

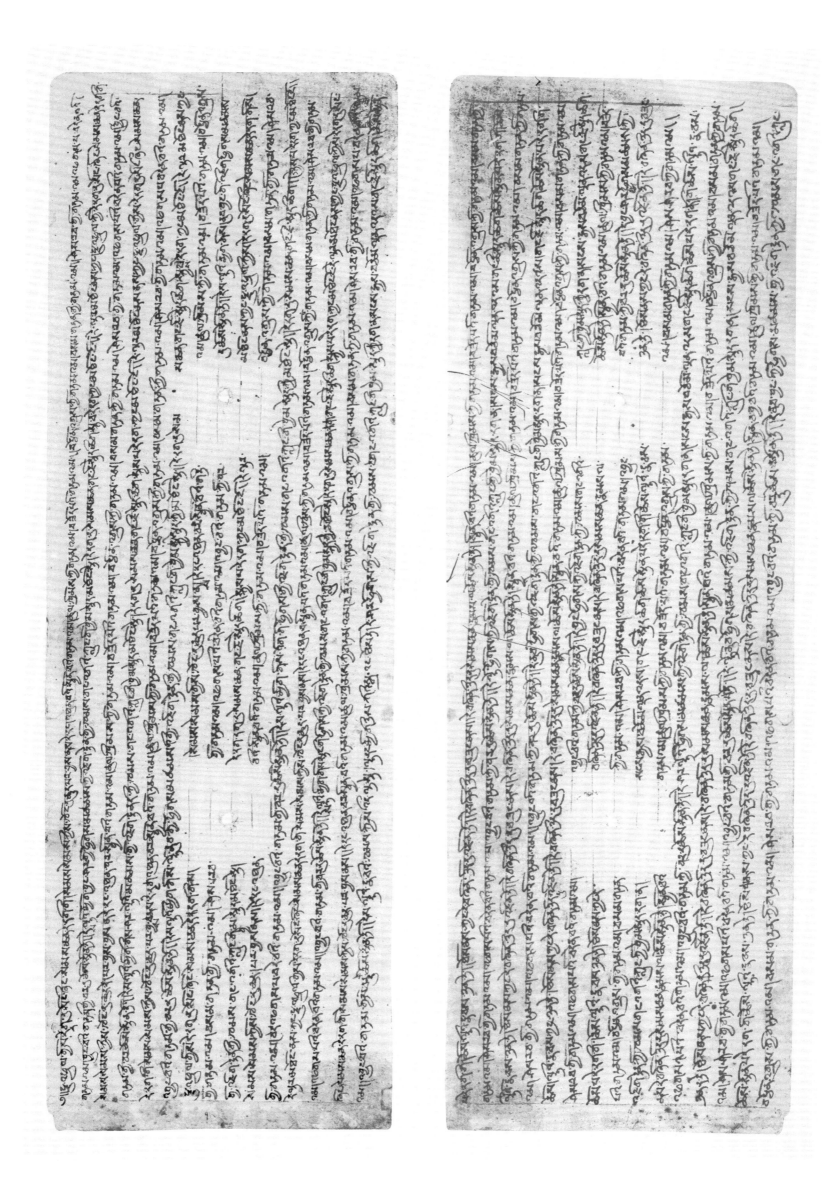

法 Pel.tib.1314　　1.ཤེས་རབ་ཀྱི་ཕ་རོལ་ཏུ་ཕྱིན་པ་སྟོང་ཕྲག་བརྒྱ་པ།

1.十萬頌般若波羅蜜多經　　(100—9)

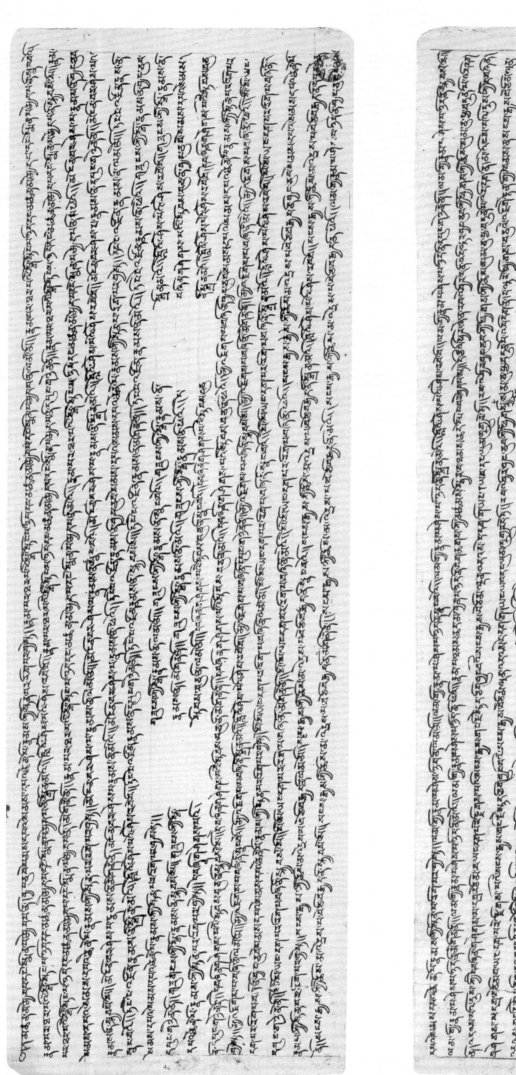

法 Pel.tib.1314　　1.ཤེས་རབ་ཀྱི་ཕ་རོལ་ཏུ་ཕྱིན་པ་སྟོང་ཕྲག་བརྒྱ་པ།

1.十萬頌般若波羅蜜多經　　(100—10)

190

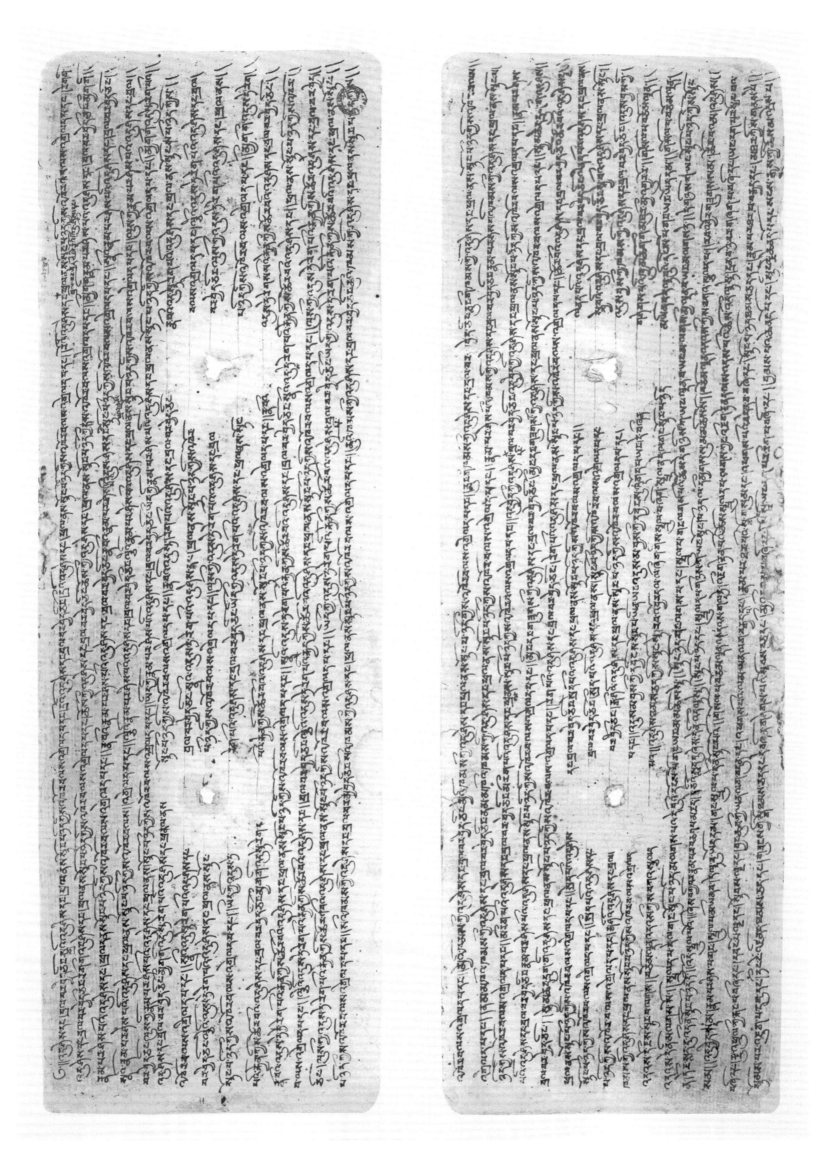

法 Pel.tib.1314　　1.ཤེས་རབ་ཀྱི་ཕ་རོལ་ཏུ་ཕྱིན་པ་སྟོང་ཕྲག་བརྒྱ་པ།

1.十萬頌般若波羅蜜多經　　(100—11)

191

法 Pel.tib.1314　　1.ཤེས་རབ་ཀྱི་ཕ་རོལ་ཏུ་ཕྱིན་པ་སྟོང་ཕྲག་བརྒྱ་པ།

1.十萬頌般若波羅蜜多經　　(100—12)

192

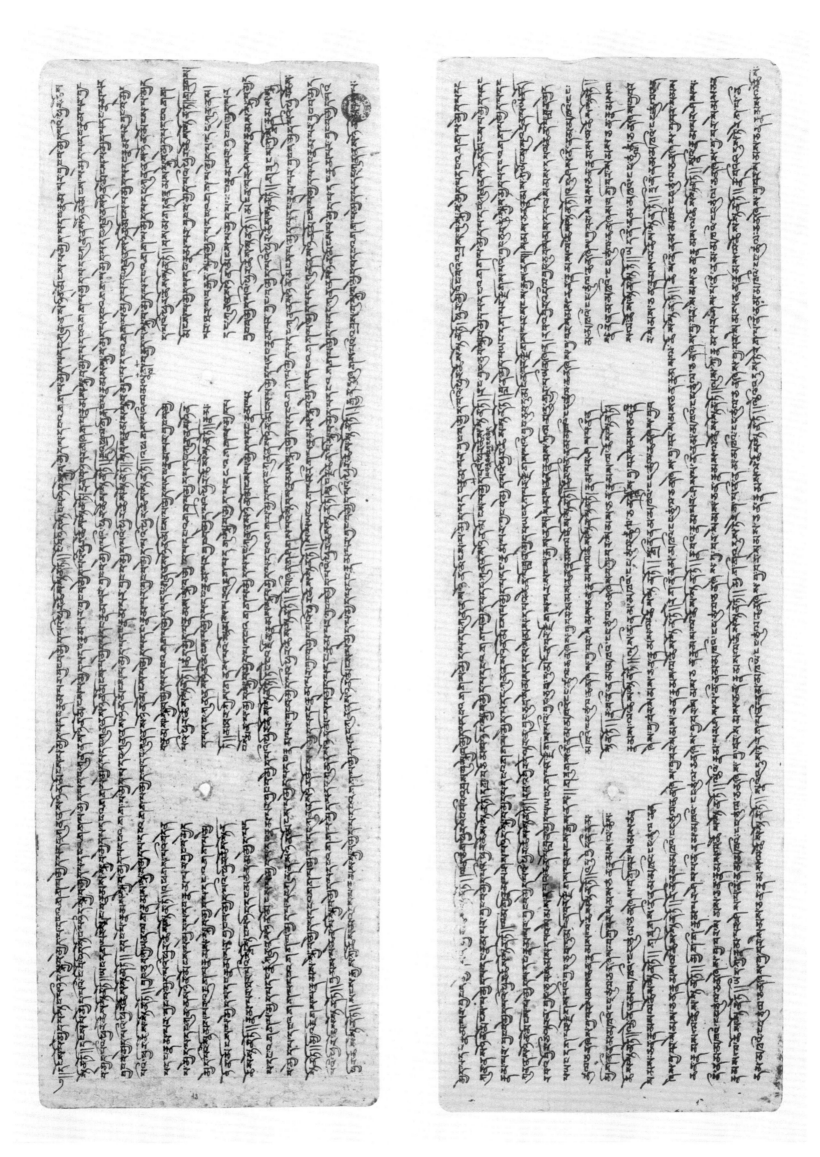

法 Pel.tib.1314　　1.ཤེས་རབ་ཀྱི་ཕ་རོལ་ཏུ་ཕྱིན་པ་སྟོང་ཕྲག་བརྒྱ་པ།

1.十萬頌般若波羅蜜多經　　(100—13)

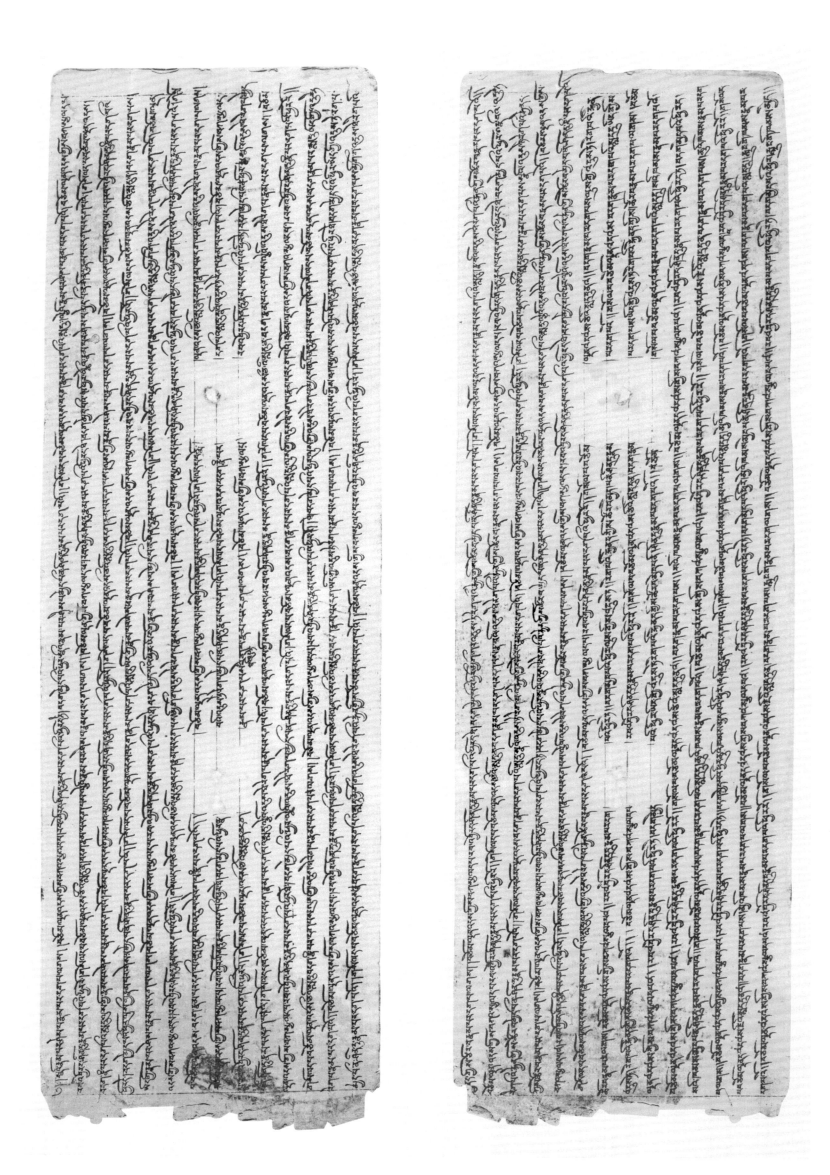

法 Pel.tib.1314　　1.ཤེས་རབ་ཀྱི་ཕ་རོལ་དུ་ཕྱིན་པ་སྟོང་ཕྲག་བརྒྱ་པ།

1.十萬頌般若波羅蜜多經　　(100—14)

194

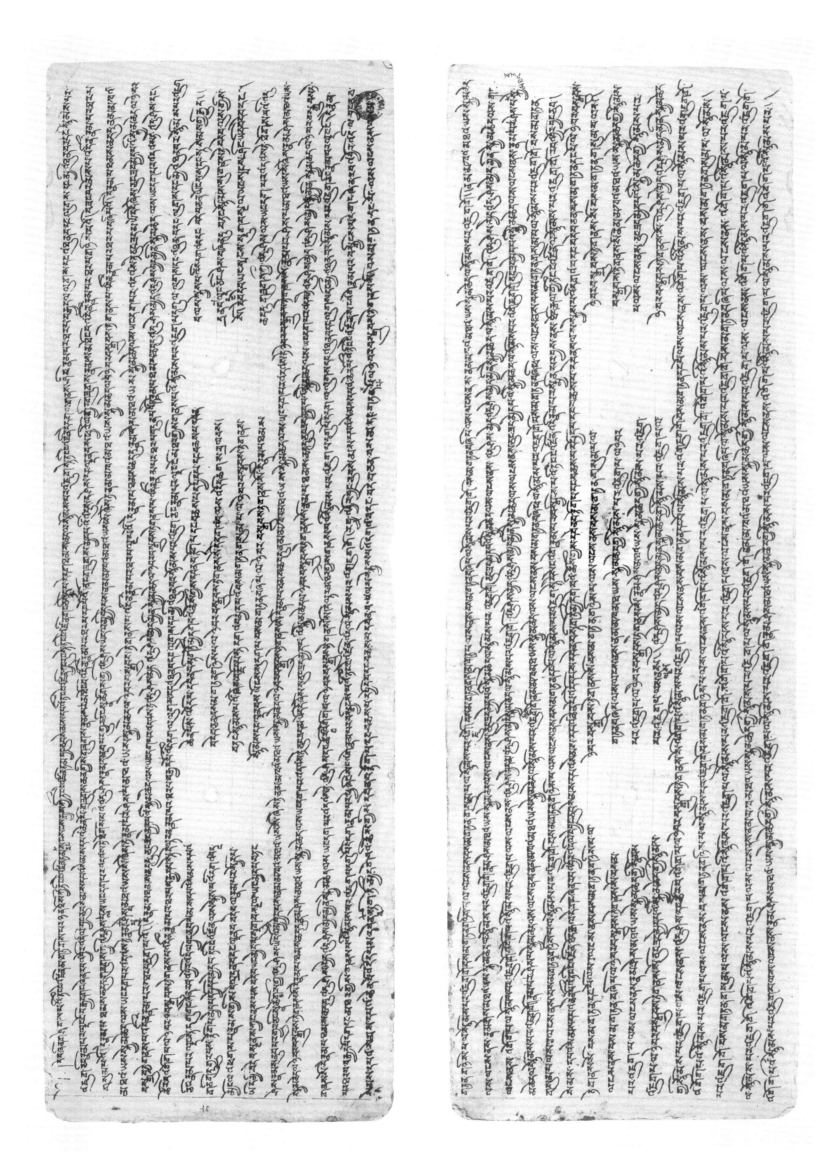

法 Pel.tib.1314　　1.ཤེས་རབ་ཀྱི་ཕ་རོལ་དུ་ཕྱིན་པ་སྟོང་ཕྲག་བརྒྱ་པ།

1.十萬頌般若波羅蜜多經　　(100—15)

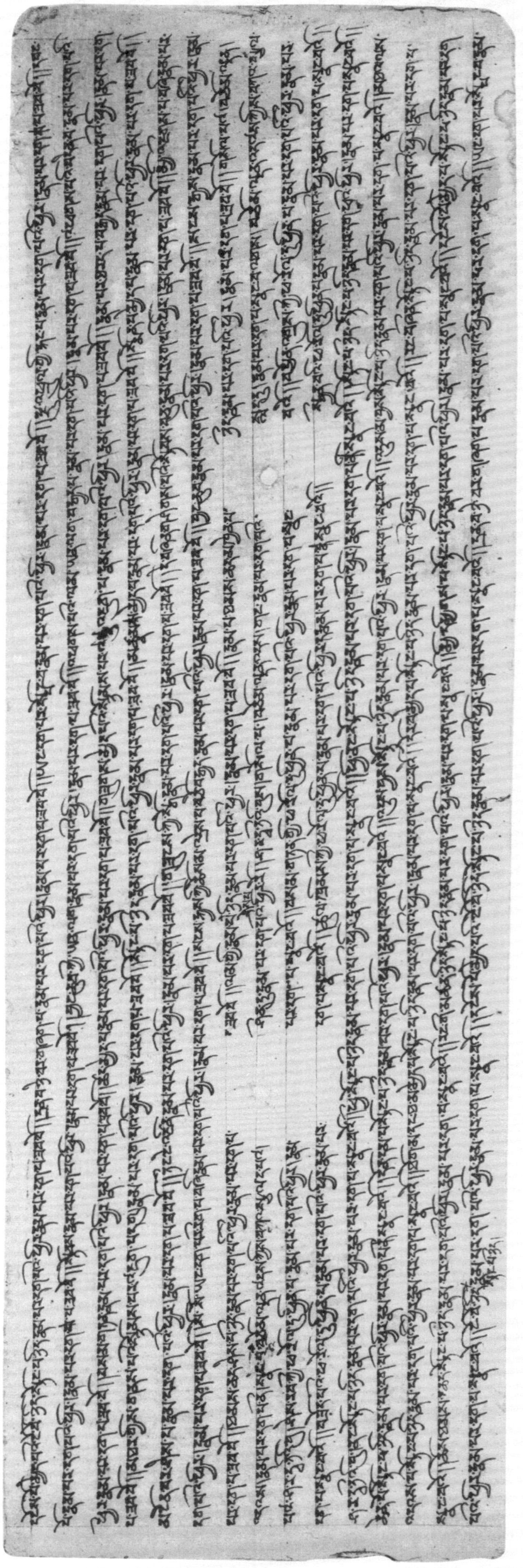

法 Pel.tib.1314　　1.ཤེས་རབ་ཀྱི་ཕ་རོལ་དུ་ཕྱིན་པ་སྟོང་ཕྲག་བརྒྱ་པ།

1.十萬頌般若波羅蜜多經　　(100—16)

196

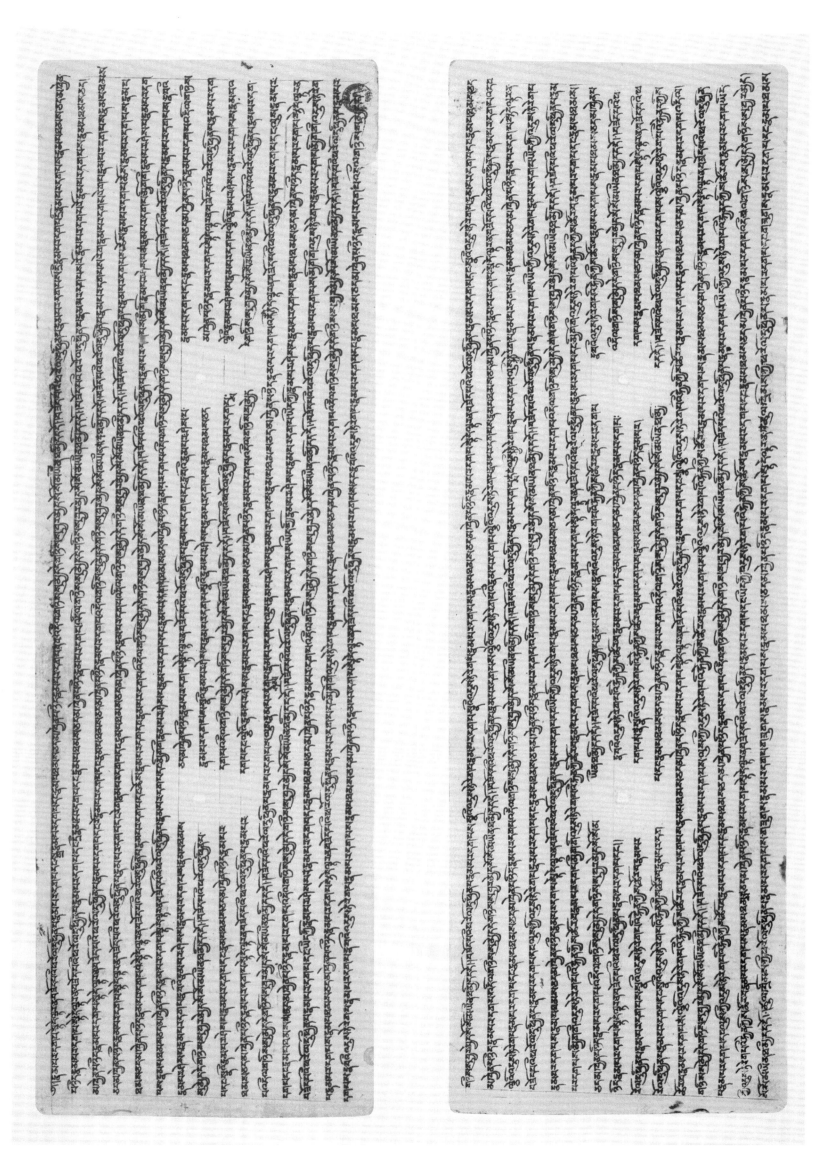

法 Pel.tib.1314　　1.ཤེས་རབ་ཀྱི་ཕ་རོལ་ཏུ་ཕྱིན་པ་སྟོང་ཕྲག་བརྒྱ་པ།

1.十萬頌般若波羅蜜多經　　(100—17)

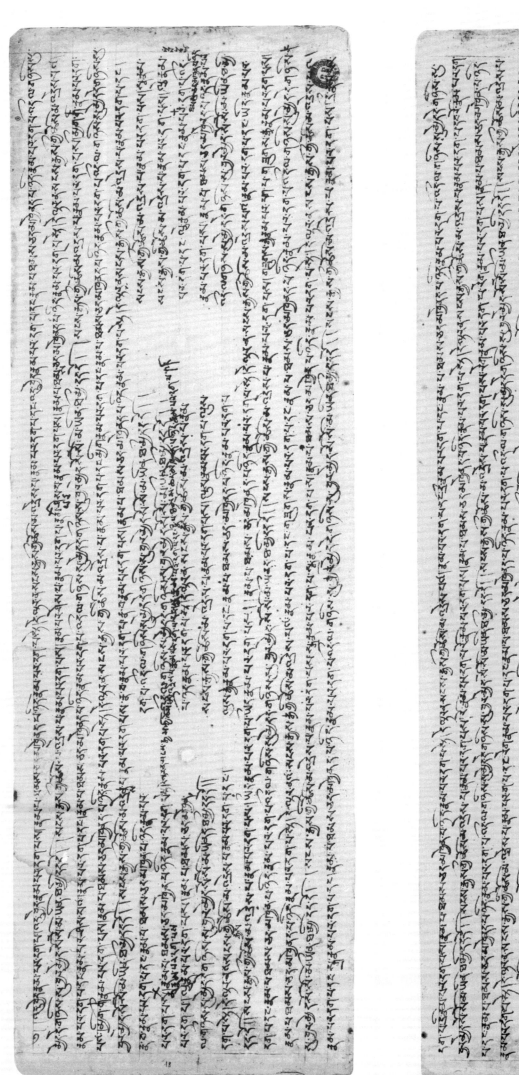

法 Pel.tib.1314   1.ཤེས་རབ་ཀྱི་ཕ་རོལ་དུ་ཕྱིན་པ་སྟོང་ཕྲག་བརྒྱ་པ།

1.十萬頌般若波羅蜜多經   (100—18)

198

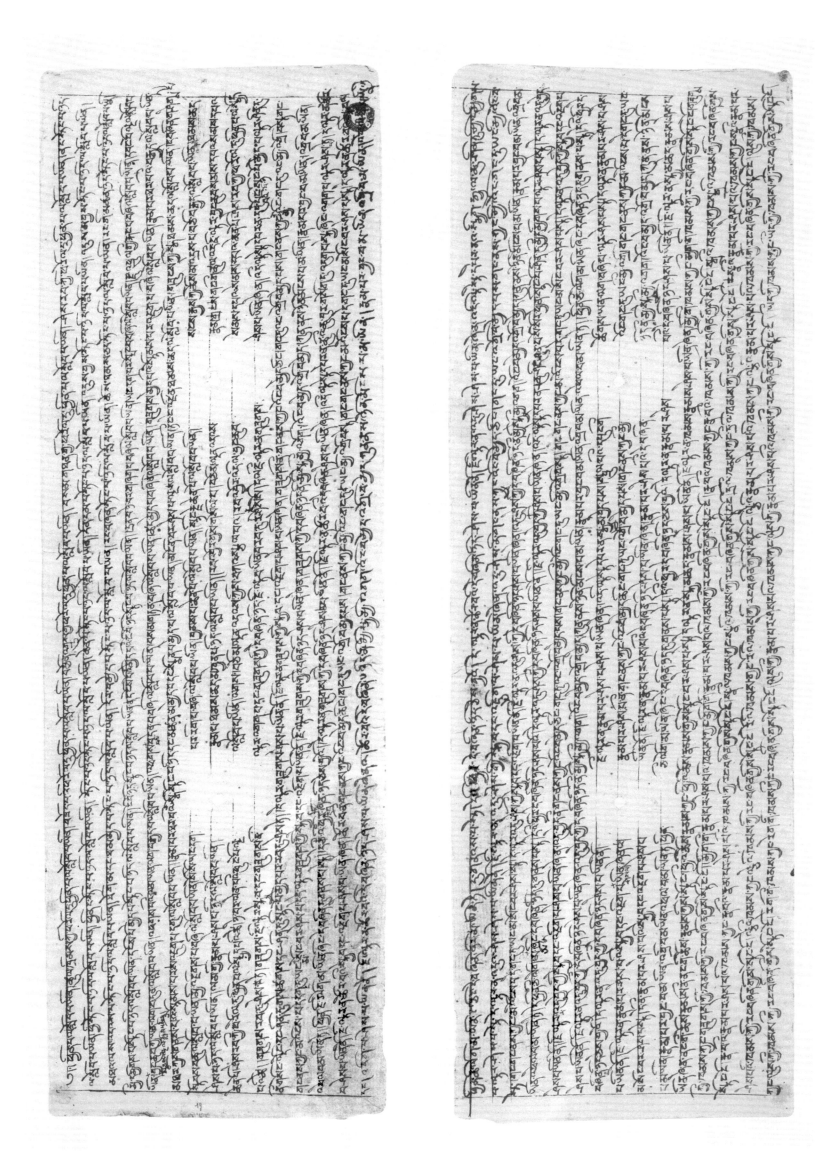

法 Pel.tib.1314 1.ཤེས་རབ་ཀྱི་ཕ་རོལ་དུ་ཕྱིན་པ་སྟོང་ཕྲག་བརྒྱ་པ།

1.十萬頌般若波羅蜜多經 　　(100—19)

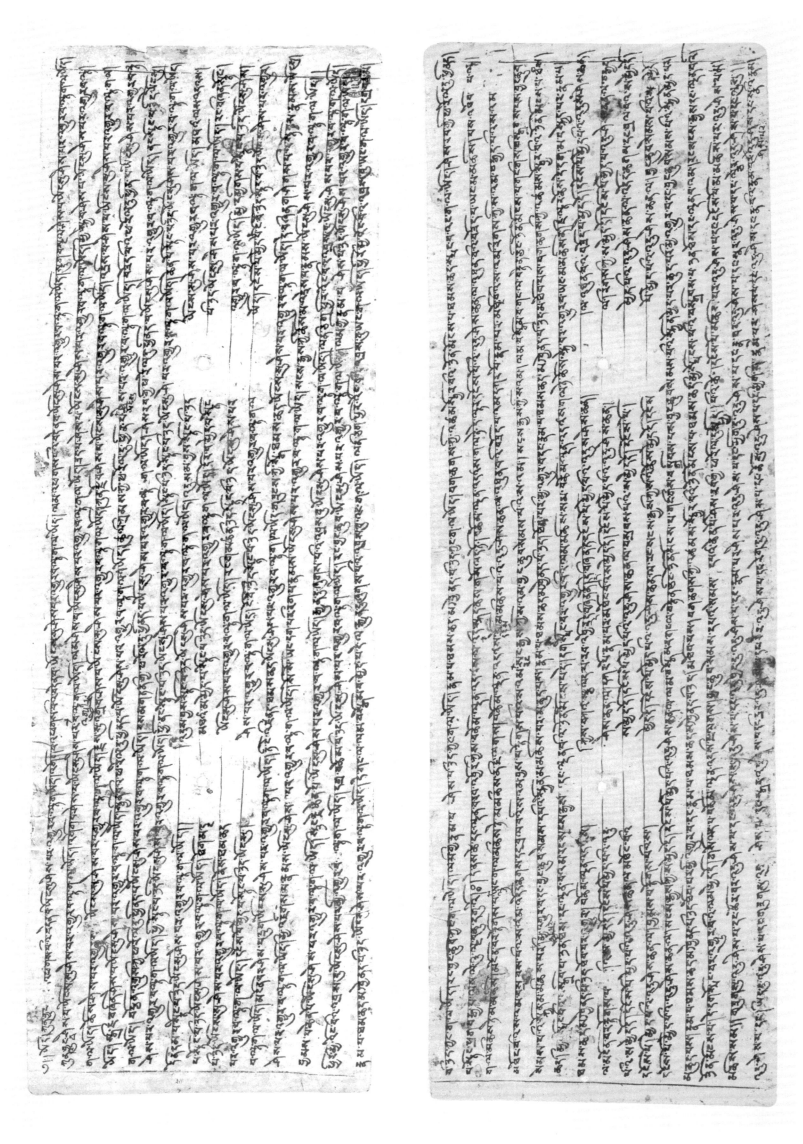

法 Pel.tib.1314　2.ཤེས་རབ་ཀྱི་ཕ་རོལ་དུ་ཕྱིན་པ་སྟོང་ཕྲག་བརྒྱ་པ་ལས་ཞིའུ་ལྔ་བཅུ་དགུ་འོ། །

3.ཤེས་རབ་ཀྱི་ཕ་རོལ་དུ་ཕྱིན་པ་སྟོང་ཕྲག་བརྒྱ་པ་ལས་ཞིའུ་དྲུག་ཅུ་པའོ། །

200　　2.十萬頌般若波羅蜜多經第五十九品

　　　　3.十萬頌般若波羅蜜多經第六十品　　(100—20)

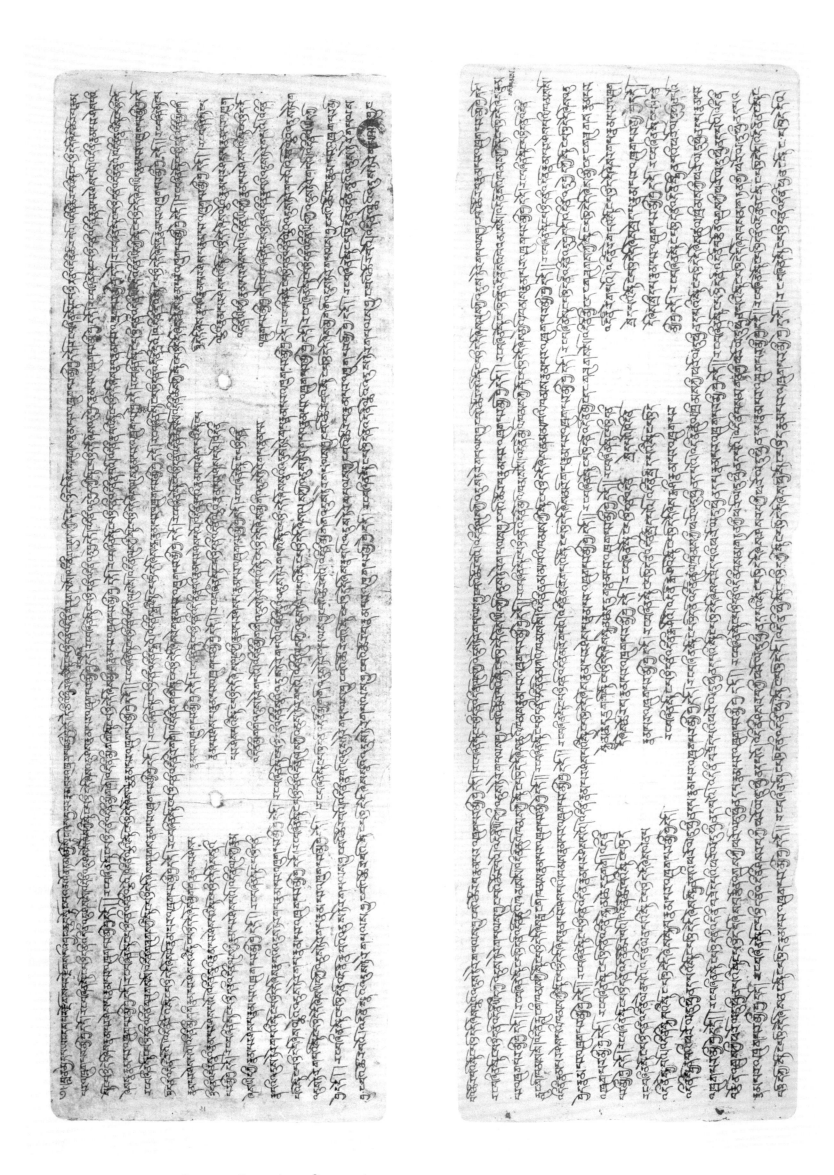

法 Pel.tib.1314　　1.ཤེས་རབ་ཀྱི་ཕ་རོལ་ཏུ་ཕྱིན་པ་སྟོང་ཕྲག་བརྒྱ་པ།

1.十萬頌般若波羅蜜多經　　(100—21)

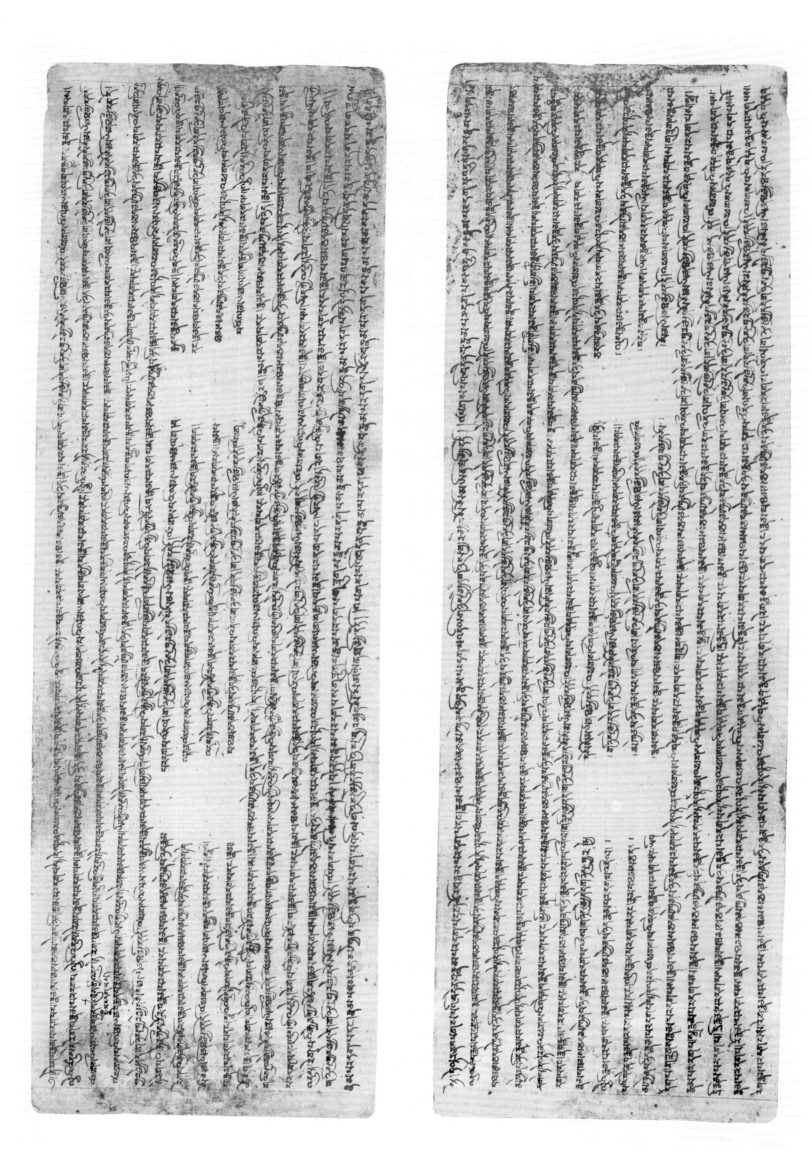

法 Pel.tib.1314　　1.ཤེས་རབ་ཀྱི་ཕ་རོལ་ཏུ་ཕྱིན་པ་སྟོང་ཕྲག་བརྒྱ་པ།

1.十萬頌般若波羅蜜多經　　(100—22)

202

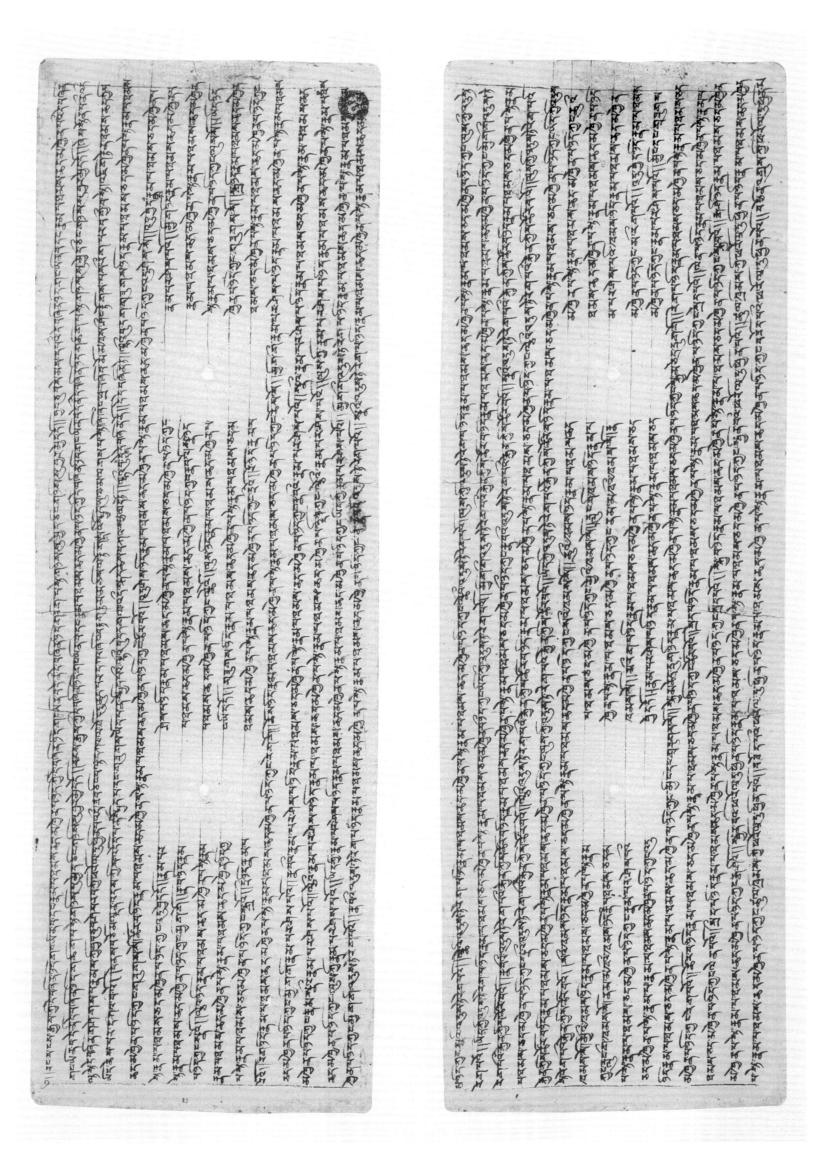

法 Pel.tib.1314　　1.ཤེས་རབ་ཀྱི་ཕ་རོལ་ཏུ་ཕྱིན་པ་སྟོང་ཕྲག་བརྒྱ་པ།

1.十萬頌般若波羅蜜多經　　(100—23)

1.ཤེས་རབ་ཀྱི་ཕ་རོལ་དུ་ཕྱིན་པ་སྟོང་ཕྲག་བརྒྱ་པ།

1.十萬頌般若波羅蜜多經　　(100—24)

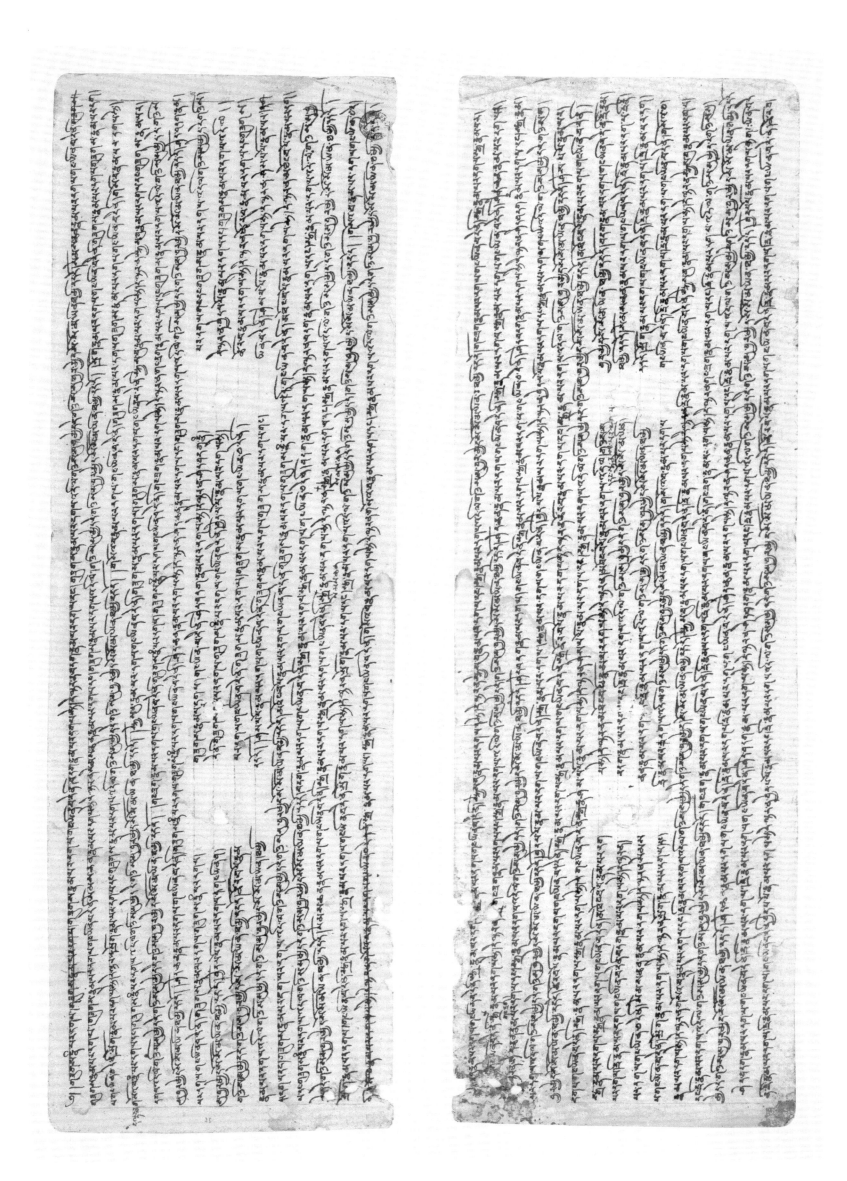

法 Pel.tib.1314　　1.ཤེས་རབ་ཀྱི་ཕ་རོལ་ཏུ་ཕྱིན་པ་སྟོང་ཕྲག་བརྒྱ་པ།

1.十萬頌般若波羅蜜多經　　(100—25)

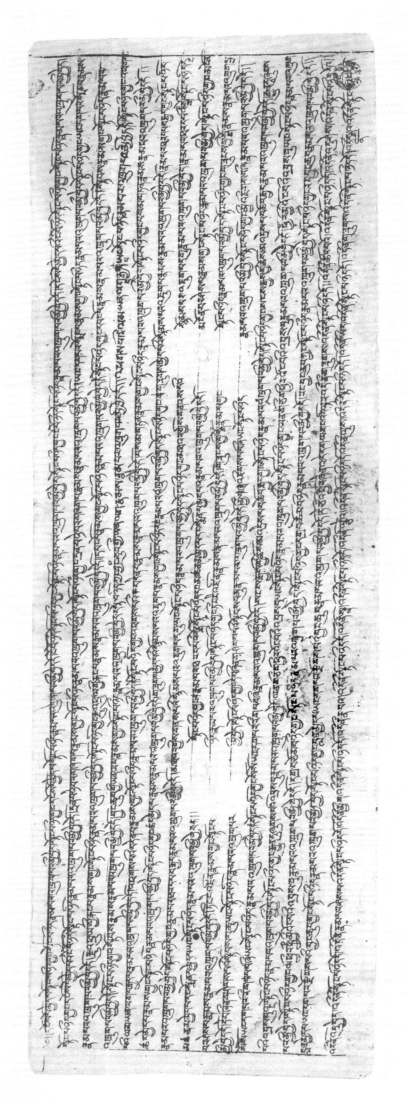
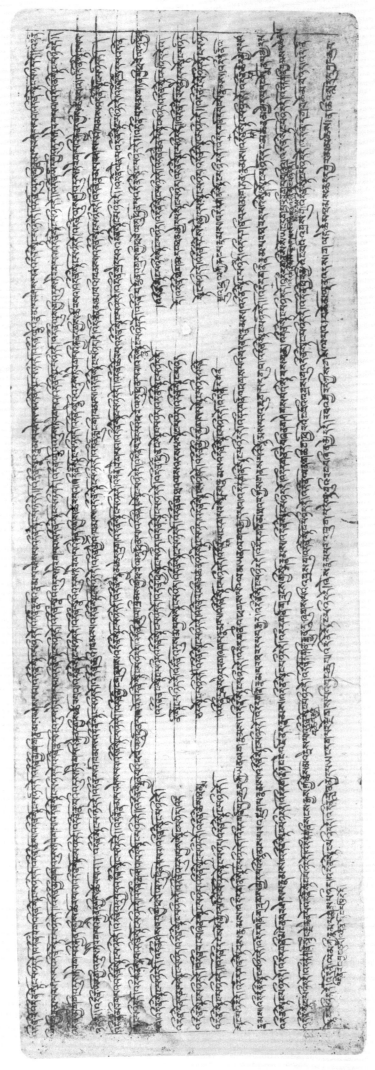

法 Pel.tib.1314　　1.ཤེས་རབ་ཀྱི་ཕ་རོལ་དུ་ཕྱིན་པ་སྟོང་ཕྲག་བརྒྱ་པ།

1.十萬頌般若波羅蜜多經　　(100—26)

206

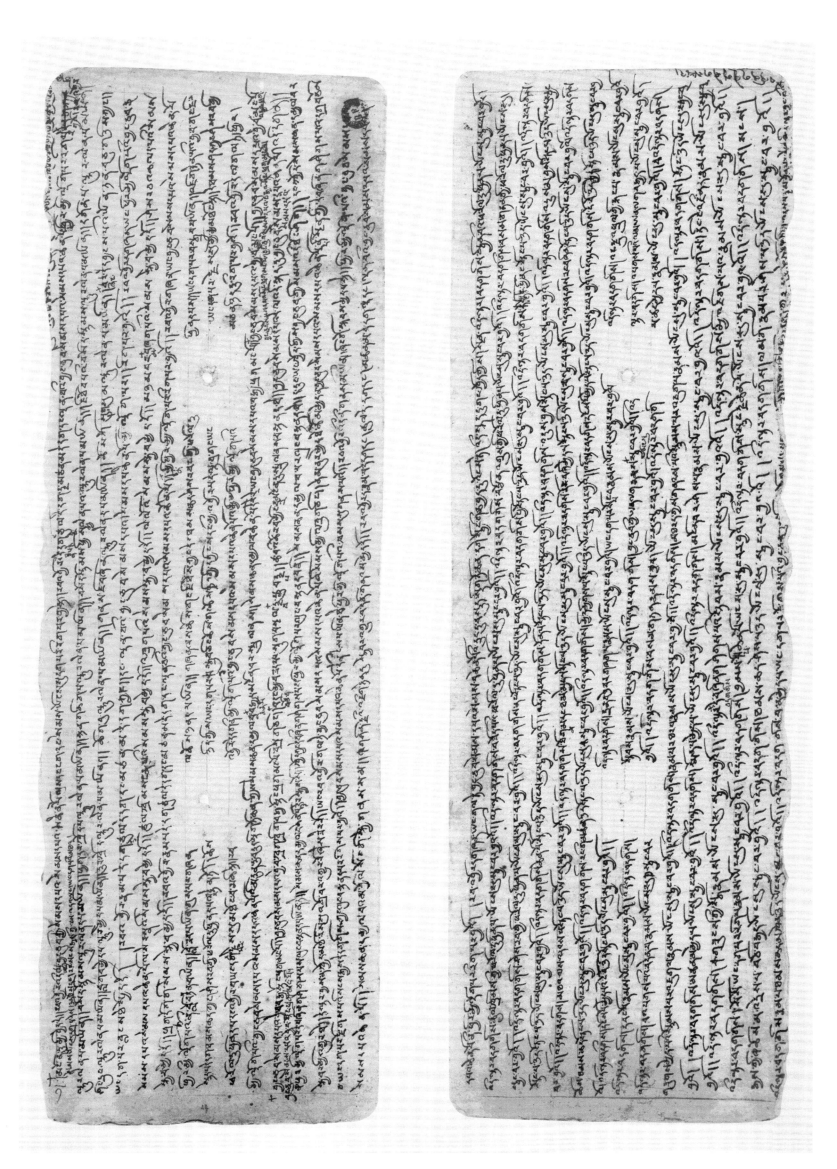

法 Pel.tib.1314　　1.ཤེས་རབ་ཀྱི་ཕ་རོལ་དུ་ཕྱིན་པ་སྟོང་ཕྲག་བརྒྱ་པ།

1.十萬頌般若波羅蜜多經　　(100—27)

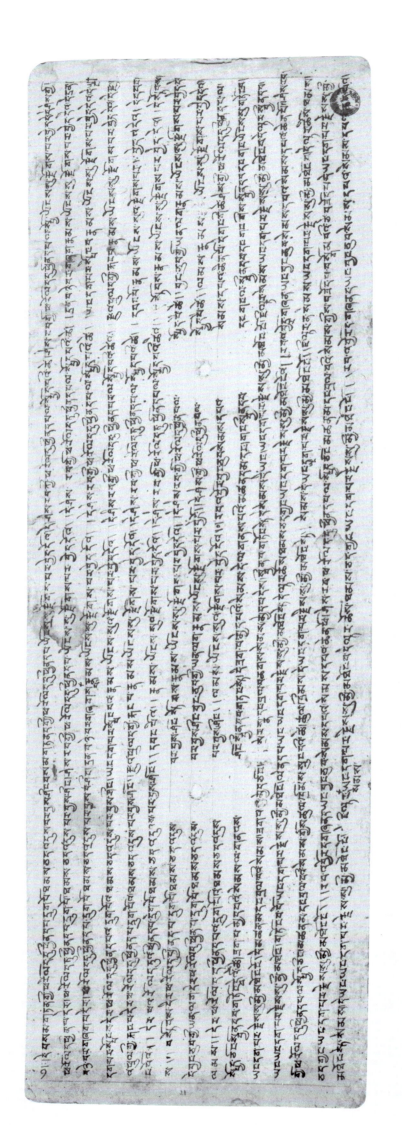
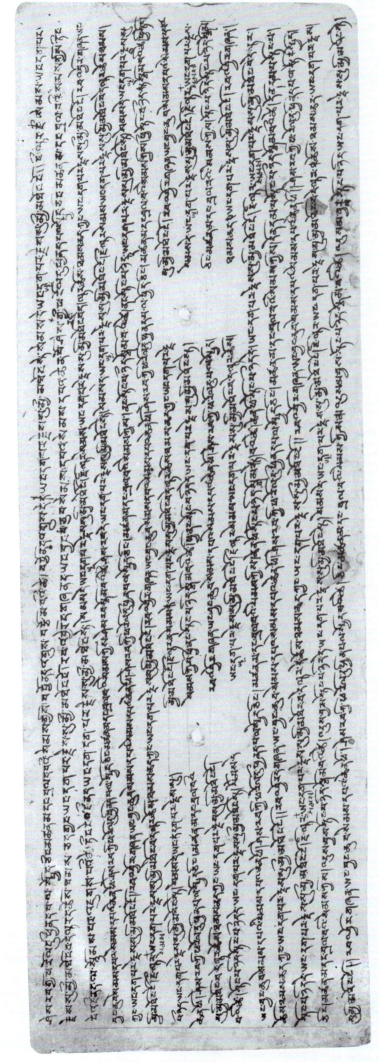

法 Pel.tib.1314　　1.ཤེས་རབ་ཀྱི་ཕ་རོལ་དུ་ཕྱིན་པ་སྟོང་ཕྲག་བརྒྱ་པ།

1.十萬頌般若波羅蜜多經　　(100—28)

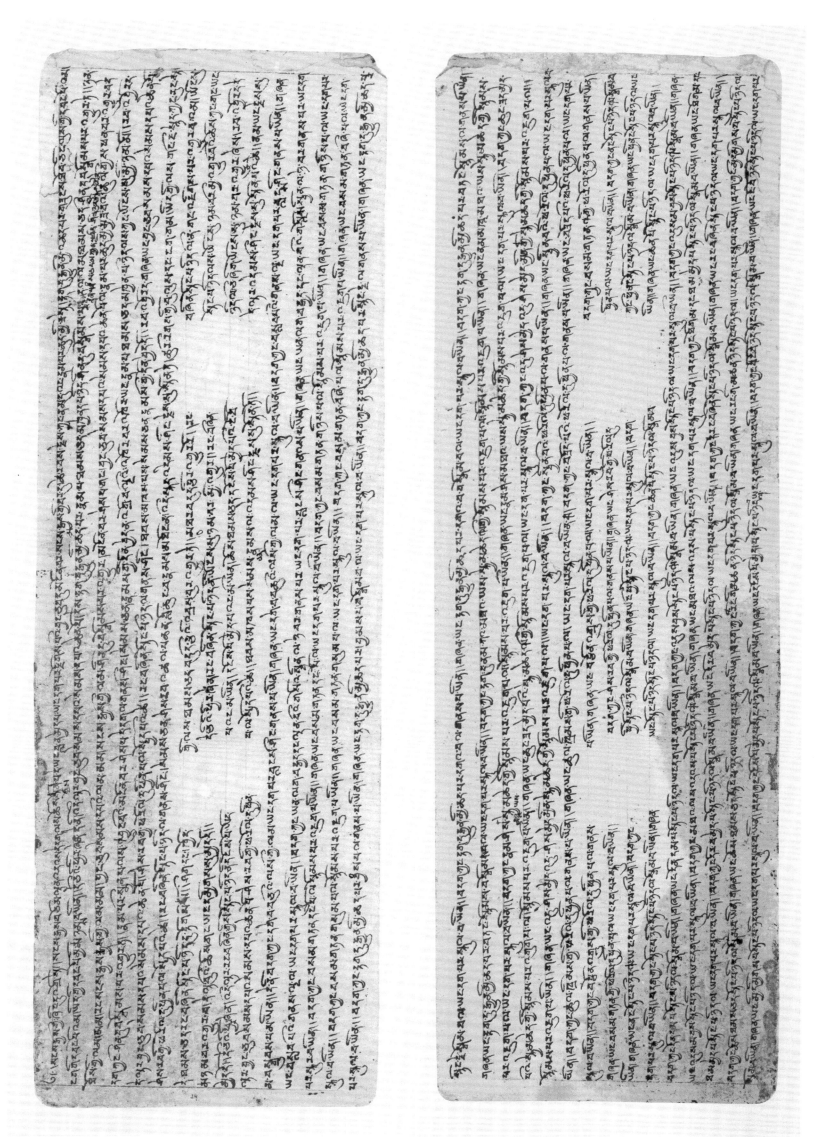

法 Pel.tib.1314　1.ཤེས་རབ་ཀྱི་ཕ་རོལ་དུ་ཕྱིན་པ་སྟོང་ཕྲག་བརྒྱ་པ།

1.十萬頌般若波羅蜜多經　　(100—29)

法 Pel.tib.1314　　1.ཤེས་རབ་ཀྱི་ཕ་རོལ་ཏུ་ཕྱིན་པ་སྟོང་ཕྲག་བརྒྱ་པ།

1.十萬頌般若波羅蜜多經　　(100—30)

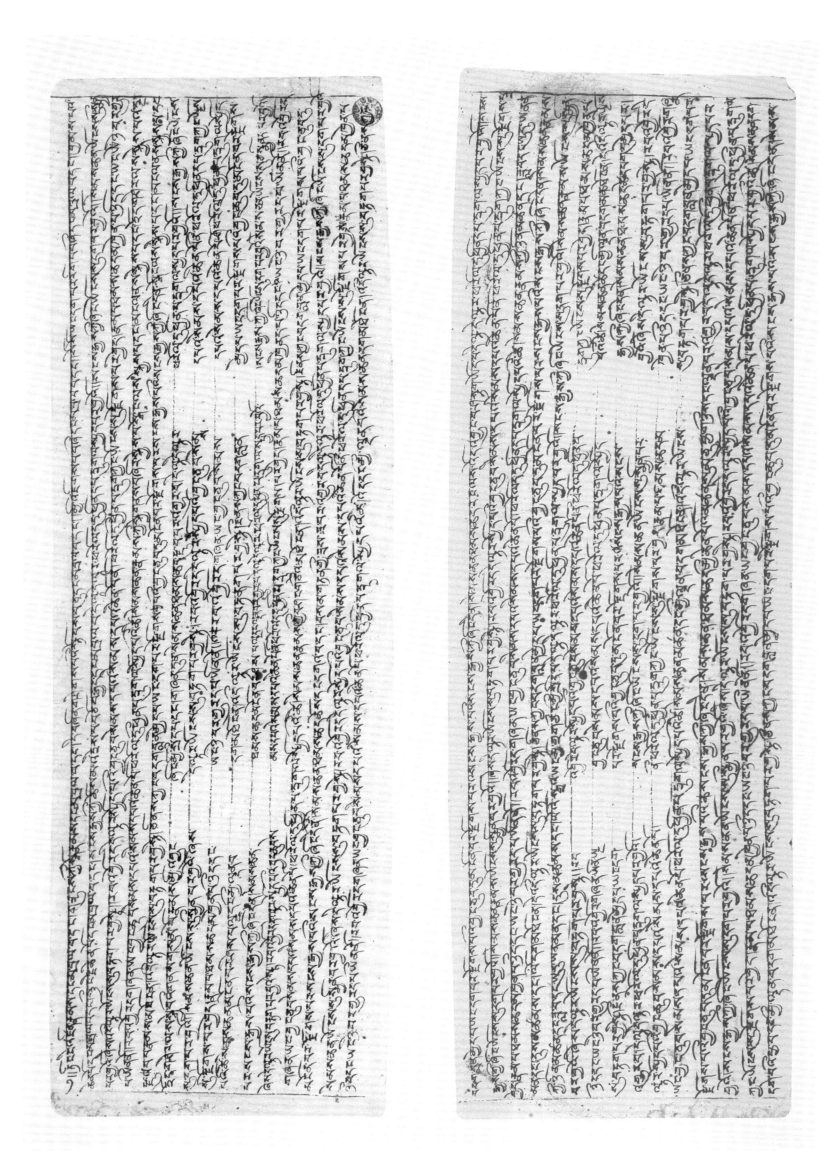

法 Pel.tib.1314　　1.ཤེས་རབ་ཀྱི་ཕ་རོལ་ཏུ་ཕྱིན་པ་སྟོང་ཕྲག་བརྒྱ་པ།

1.十萬頌般若波羅蜜多經　　(100—31)

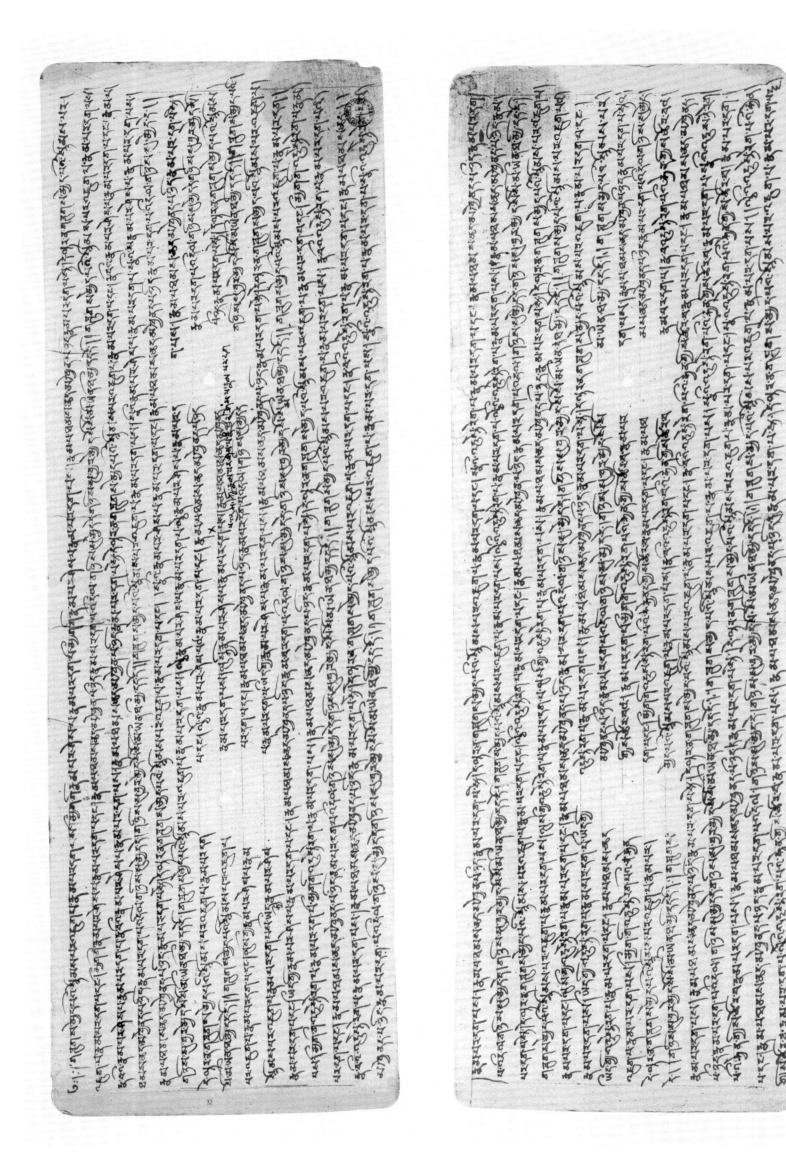

法 Pel.tib.1314　　1.ཤེས་རབ་ཀྱི་ཕ་རོལ་དུ་ཕྱིན་པ་སྟོང་ཕྲག་བརྒྱ་པ།
　　　　　　　　　1.十萬頌般若波羅蜜多經　　(100—32)

法 Pel.tib.1314　　1.ཤེས་རབ་ཀྱི་ཕ་རོལ་དུ་ཕྱིན་པ་སྟོང་ཕྲག་བརྒྱ་པ།

1.十萬頌般若波羅蜜多經　　(100—33)

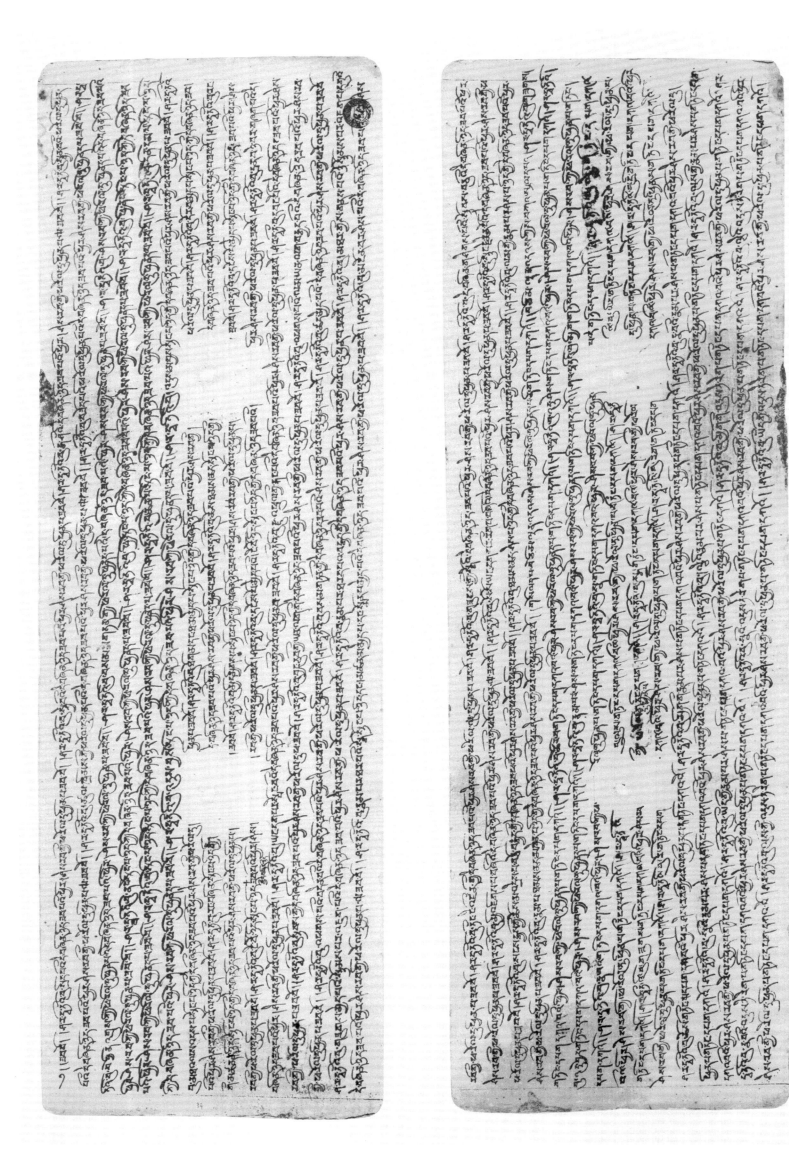

法 Pel.tib.1314　　1.ཤེས་རབ་ཀྱི་ཕ་རོལ་དུ་ཕྱིན་པ་སྟོང་ཕྲག་བརྒྱ་པ།

1.十萬頌般若波羅蜜多經　　(100—34)

214

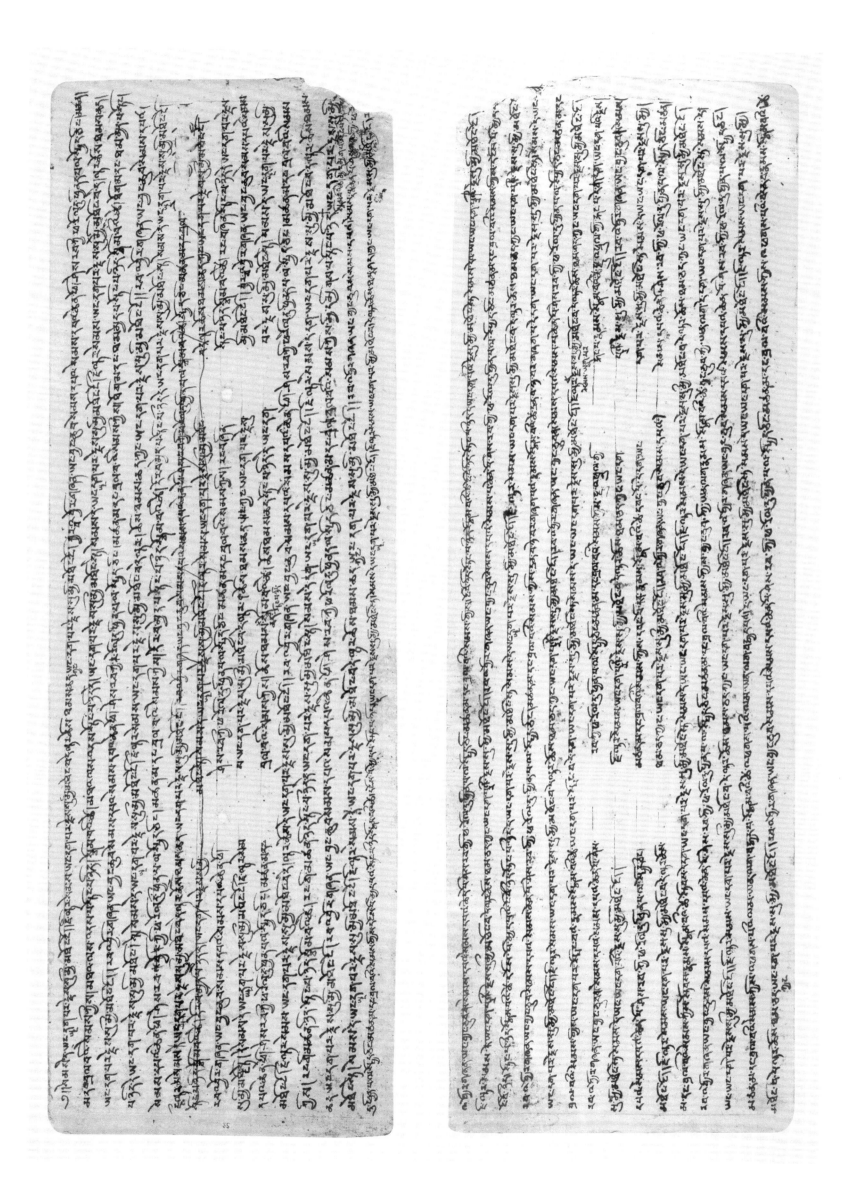

法 Pel.tib.1314　　1.ཤེས་རབ་ཀྱི་ཕ་རོལ་ཏུ་ཕྱིན་པ་སྟོང་ཕྲག་བརྒྱ་པ།

1.十萬頌般若波羅蜜多經　　(100—35)

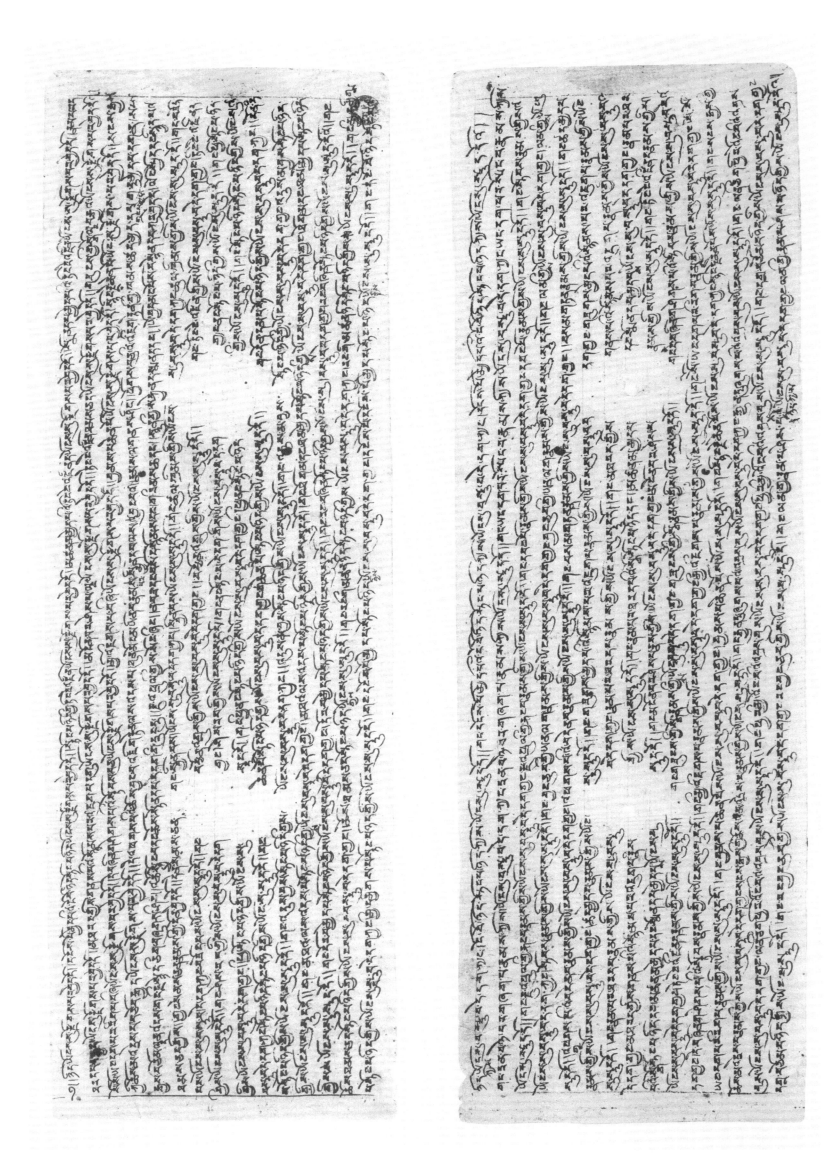

法 Pel.tib.1314　　1.ཤེས་རབ་ཀྱི་ཕ་རོལ་དུ་ཕྱིན་པ་སྟོང་ཕྲག་བརྒྱ་པ།

1.十萬頌般若波羅蜜多經　　(100—36)

216

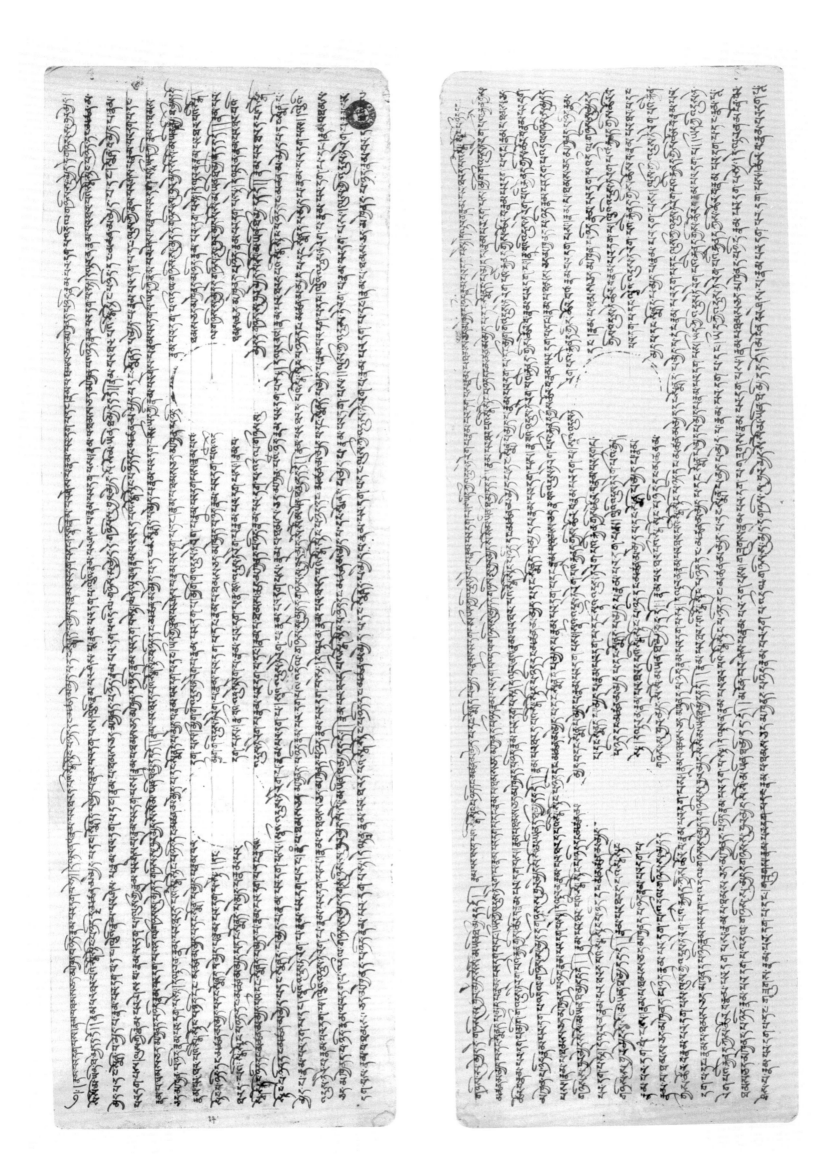

法 Pel.tib.1314　　1.ཤེས་རབ་ཀྱི་ཕ་རོལ་ཏུ་ཕྱིན་པ་སྟོང་ཕྲག་བརྒྱ་པ།

1.十萬頌般若波羅蜜多經　　(100—37)

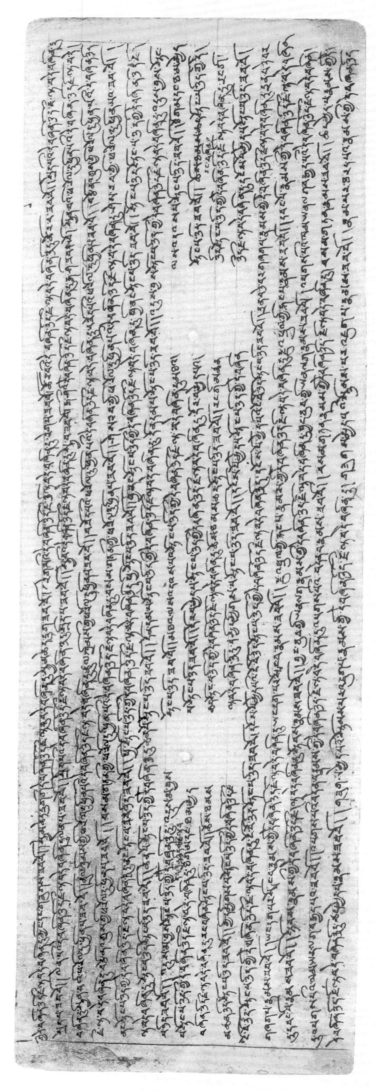

法 Pel.tib.1314　　1.ཤེས་རབ་ཀྱི་ཕ་རོལ་ཏུ་ཕྱིན་པ་སྟོང་ཕྲག་བརྒྱ་པ།

1.十萬頌般若波羅蜜多經　　(100—38)

218

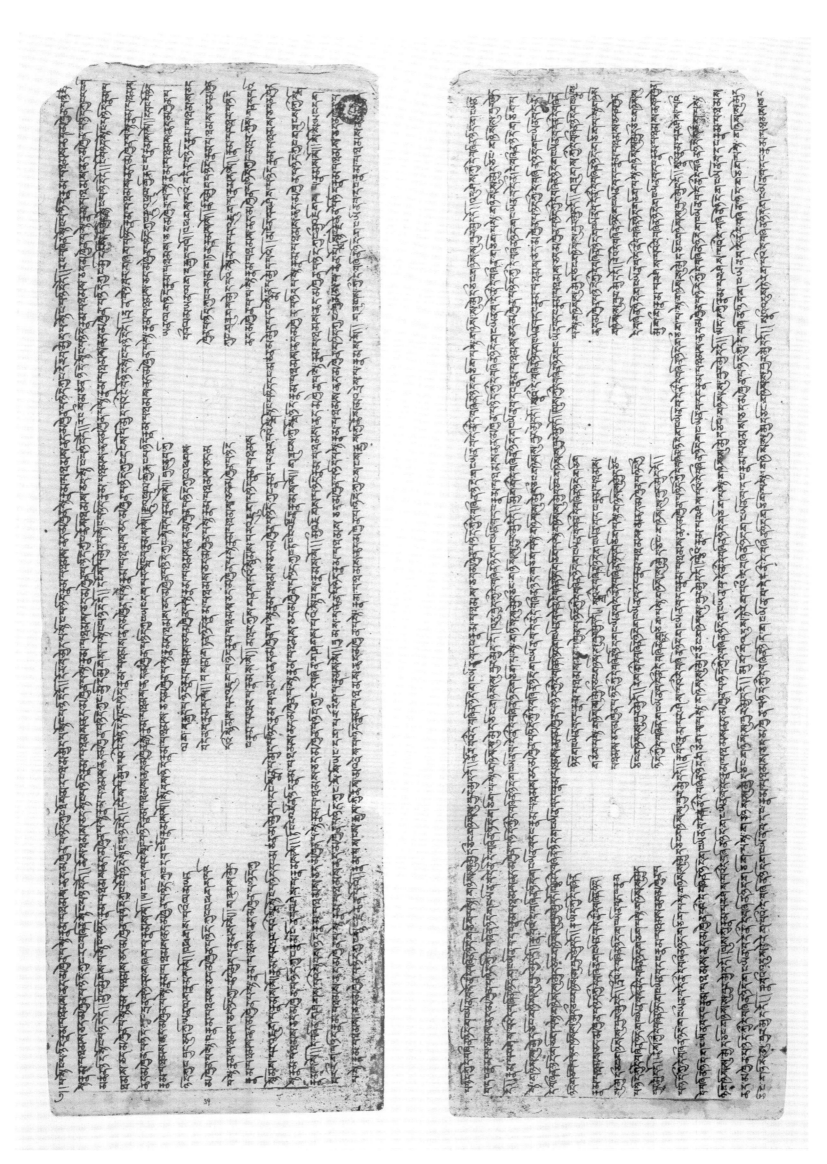

法 Pel.tib.1314　　1.ཤེས་རབ་ཀྱི་ཕ་རོལ་དུ་ཕྱིན་པ་སྟོང་ཕྲག་བརྒྱ་པ།

1.十萬頌般若波羅蜜多經　　(100—39)

1.ཤེས་རབ་ཀྱི་ཕ་རོལ་ཏུ་ཕྱིན་པ་སྟོང་ཕྲག་བརྒྱ་པ།

1.十萬頌般若波羅蜜多經　　(100—40)

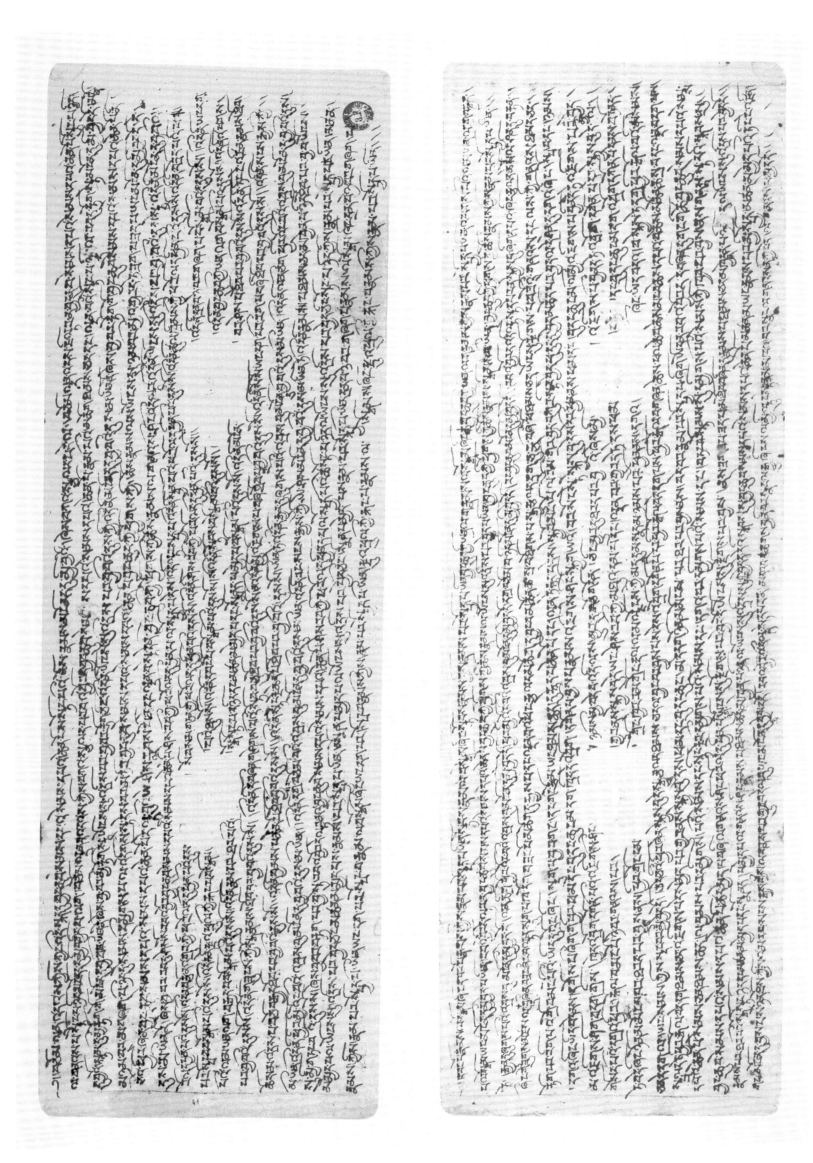

法 Pel.tib.1314　　1.ཤེས་རབ་ཀྱི་ཕ་རོལ་དུ་ཕྱིན་པ་སྟོང་ཕྲག་བརྒྱ་པ།

1.十萬頌般若波羅蜜多經　　(100—41)

法 Pel.tib.1314　　1.ཤེས་རབ་ཀྱི་ཕ་རོལ་ཏུ་ཕྱིན་པ་སྟོང་ཕྲག་བརྒྱ་པ།

1.十萬頌般若波羅蜜多經　　(100—42)

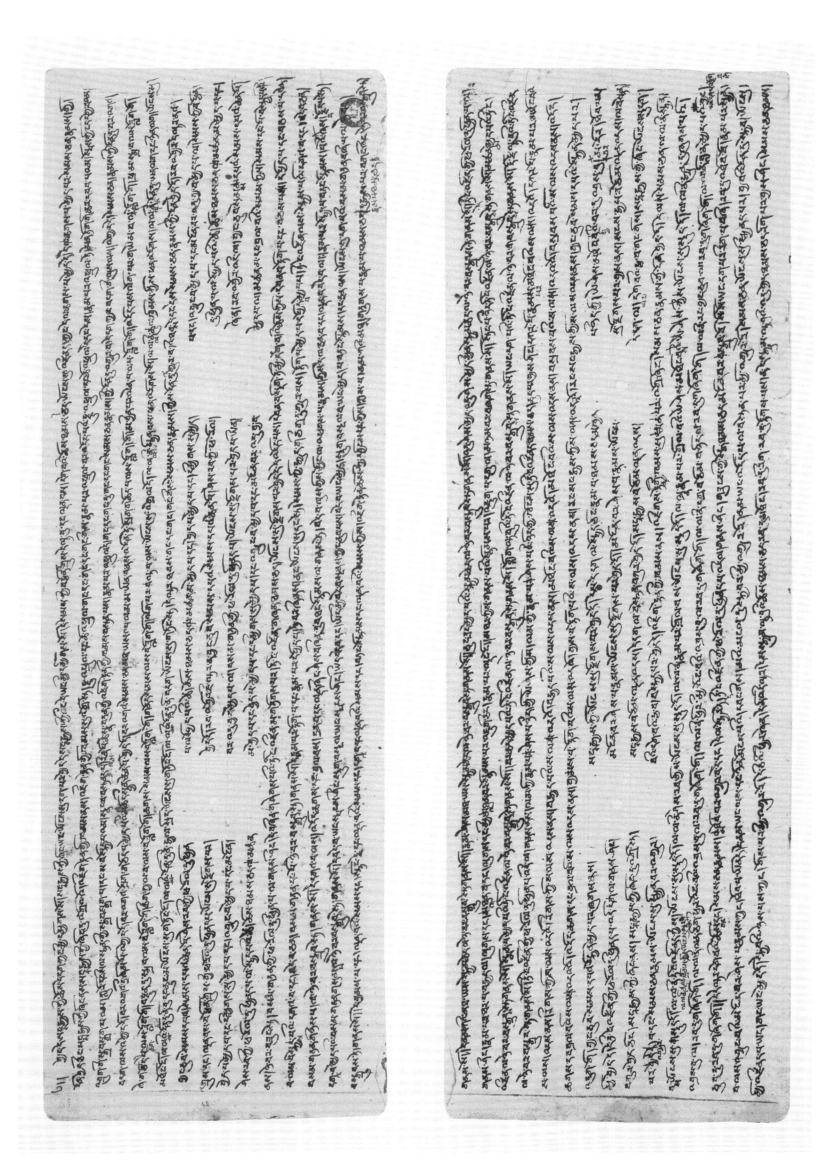

法 Pel.tib.1314　　1.ཤེས་རབ་ཀྱི་ཕ་རོལ་ཏུ་ཕྱིན་པ་སྟོང་ཕྲག་བརྒྱ་པ།

1.十萬頌般若波羅蜜多經　　(100—43)

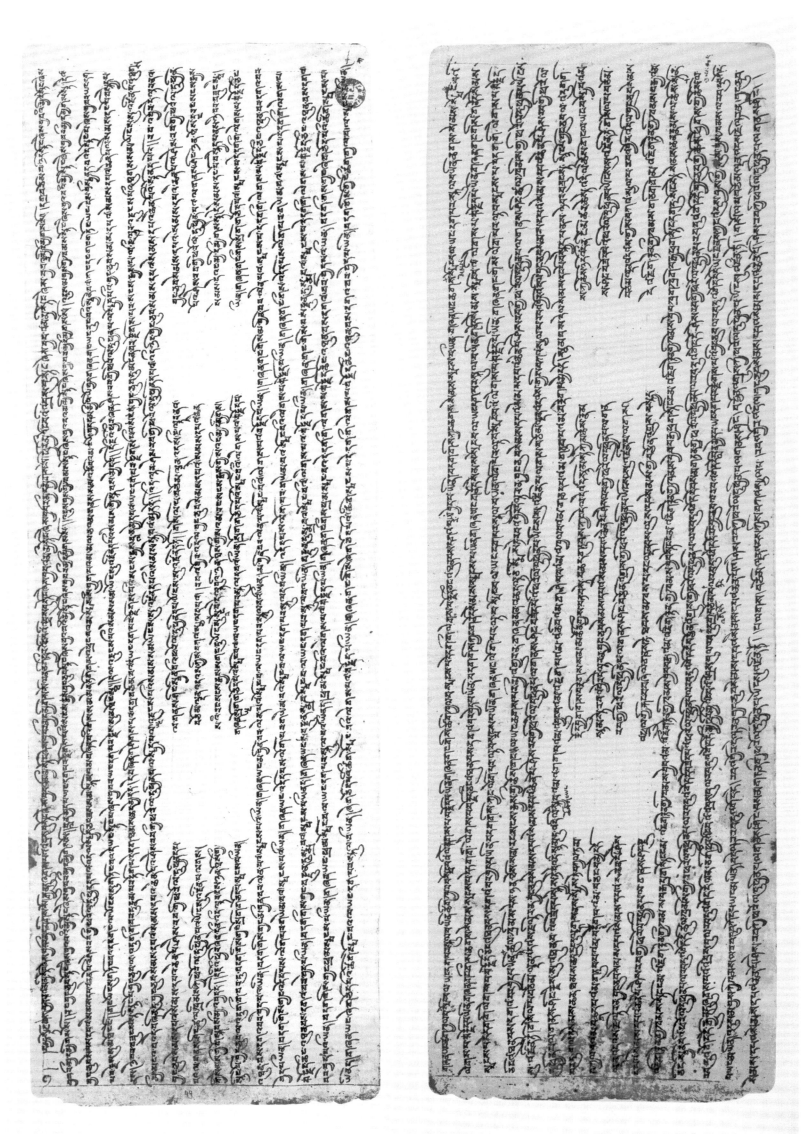

法 Pel.tib.1314　　1.ཤེས་རབ་ཀྱི་ཕ་རོལ་ཏུ་ཕྱིན་པ་སྟོང་ཕྲག་བརྒྱ་པ།

1.十萬頌般若波羅蜜多經　　(100—44)

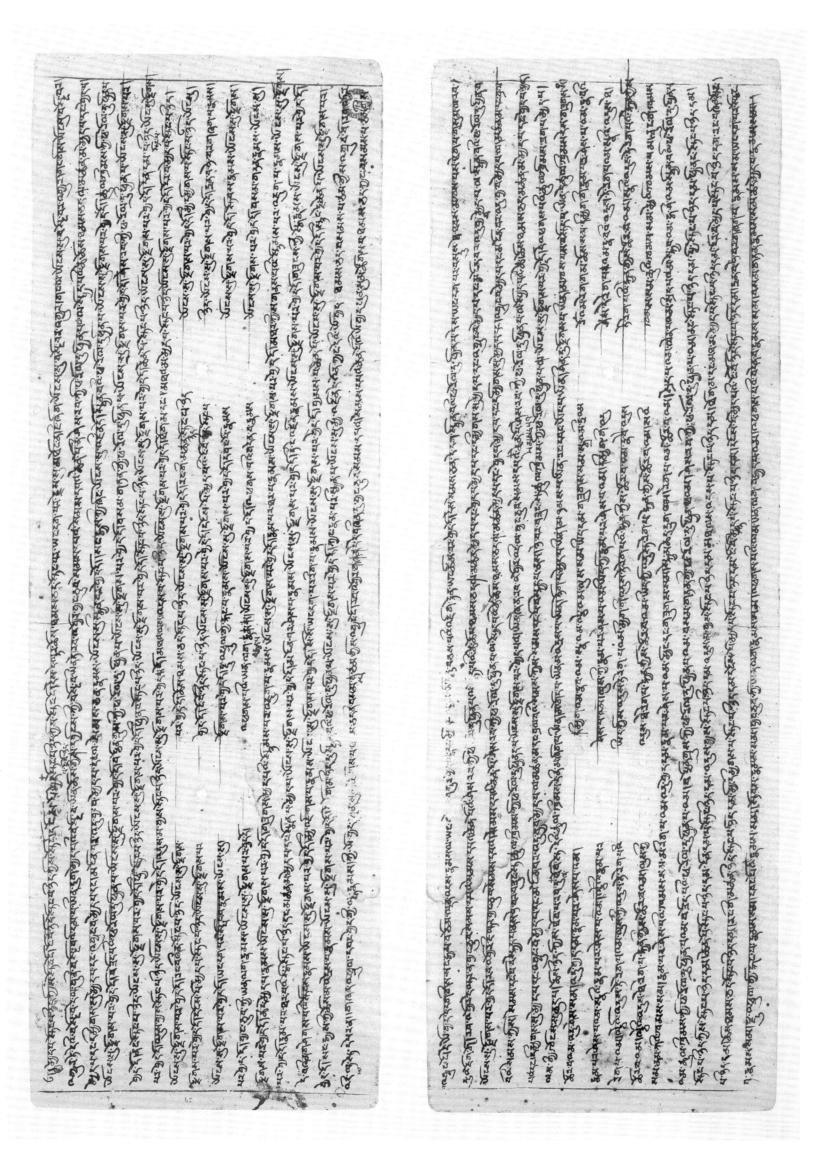

法 Pel.tib.1314　　1.ཤེས་རབ་ཀྱི་ཕ་རོལ་དུ་ཕྱིན་པ་སྟོང་ཕྲག་བརྒྱ་པ།

1.十萬頌般若波羅蜜多經　　(100—45)

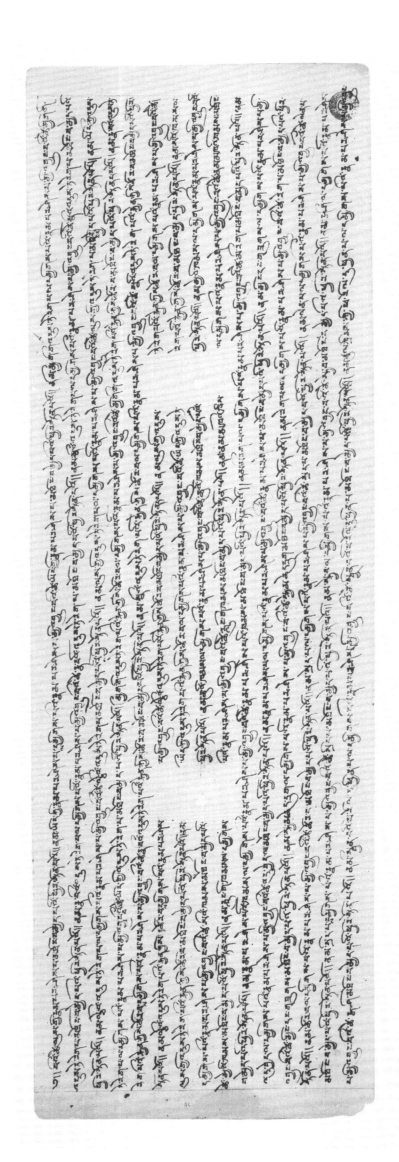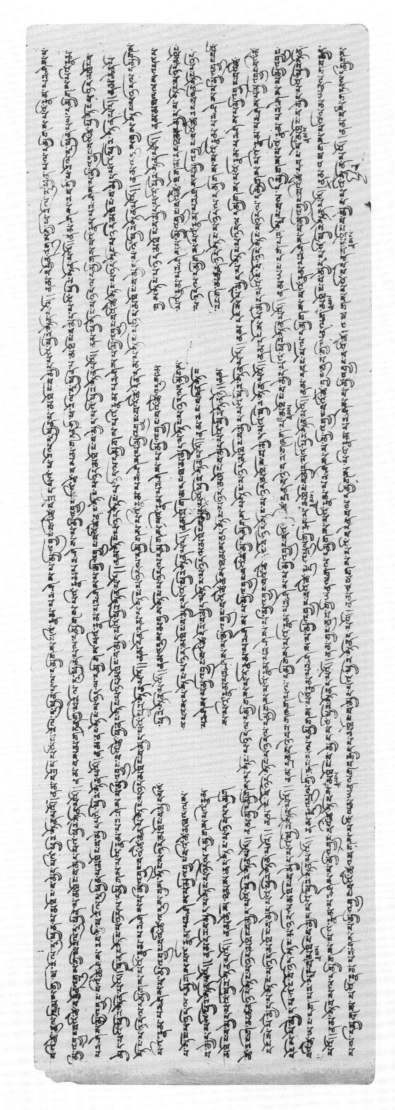

法 Pel.tib.1314　　1.ཤེས་རབ་ཀྱི་ཕ་རོལ་ཏུ་ཕྱིན་པ་སྟོང་ཕྲག་བརྒྱ་པ།

1.十萬頌般若波羅蜜多經　　(100—46)

226

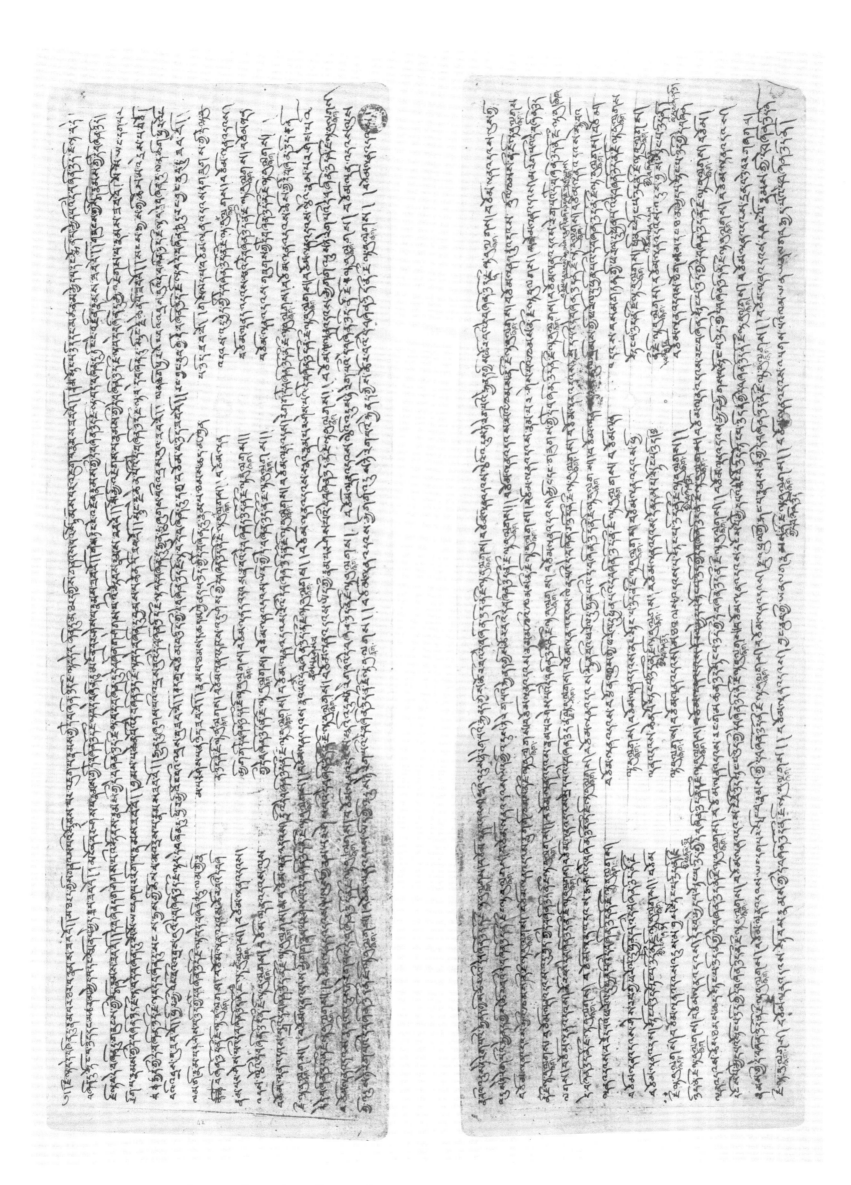

法 Pel.tib.1314　　1.ཤེས་རབ་ཀྱི་ཕ་རོལ་དུ་ཕྱིན་པ་སྟོང་ཕྲག་བརྒྱ་པ།

1.十萬頌般若波羅蜜多經　　(100—47)

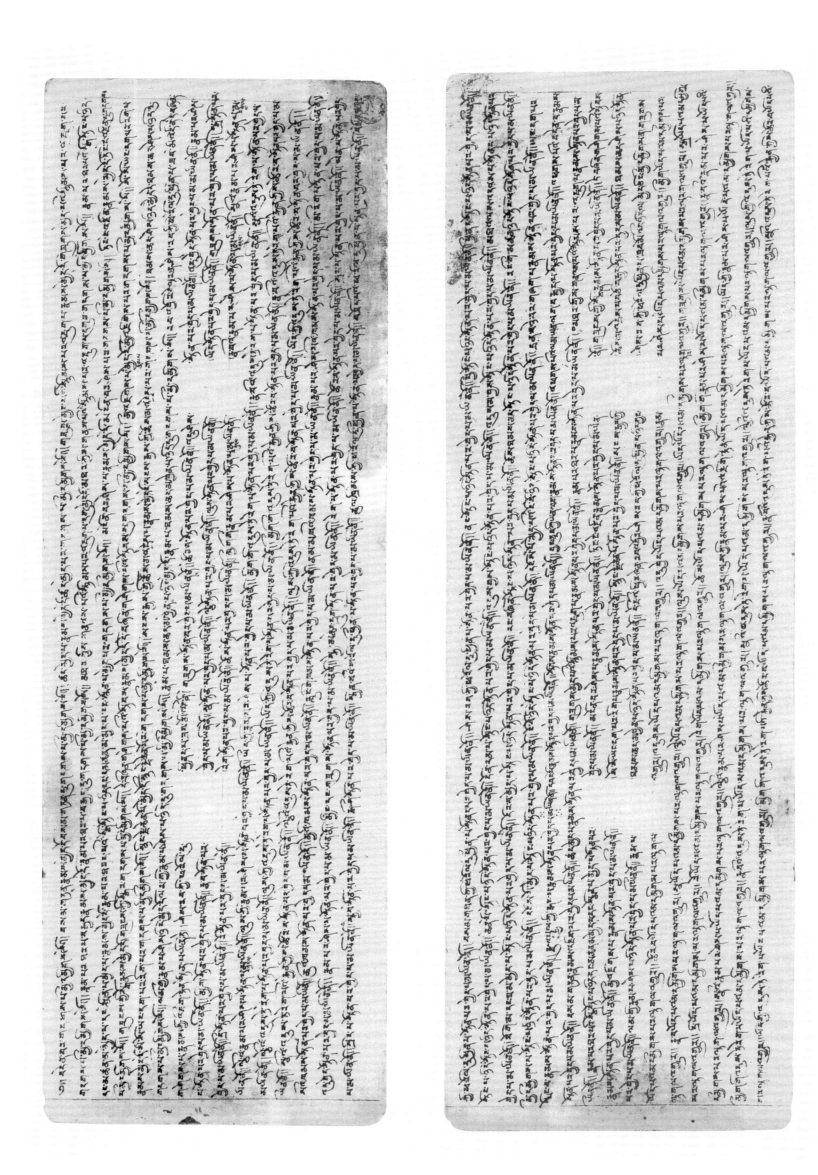

法 Pel.tib.1314　1.ཤེས་རབ་ཀྱི་ཕ་རོལ་ཏུ་ཕྱིན་པ་སྟོང་ཕྲག་བརྒྱ་པ།

1.十萬頌般若波羅蜜多經　　(100—48)

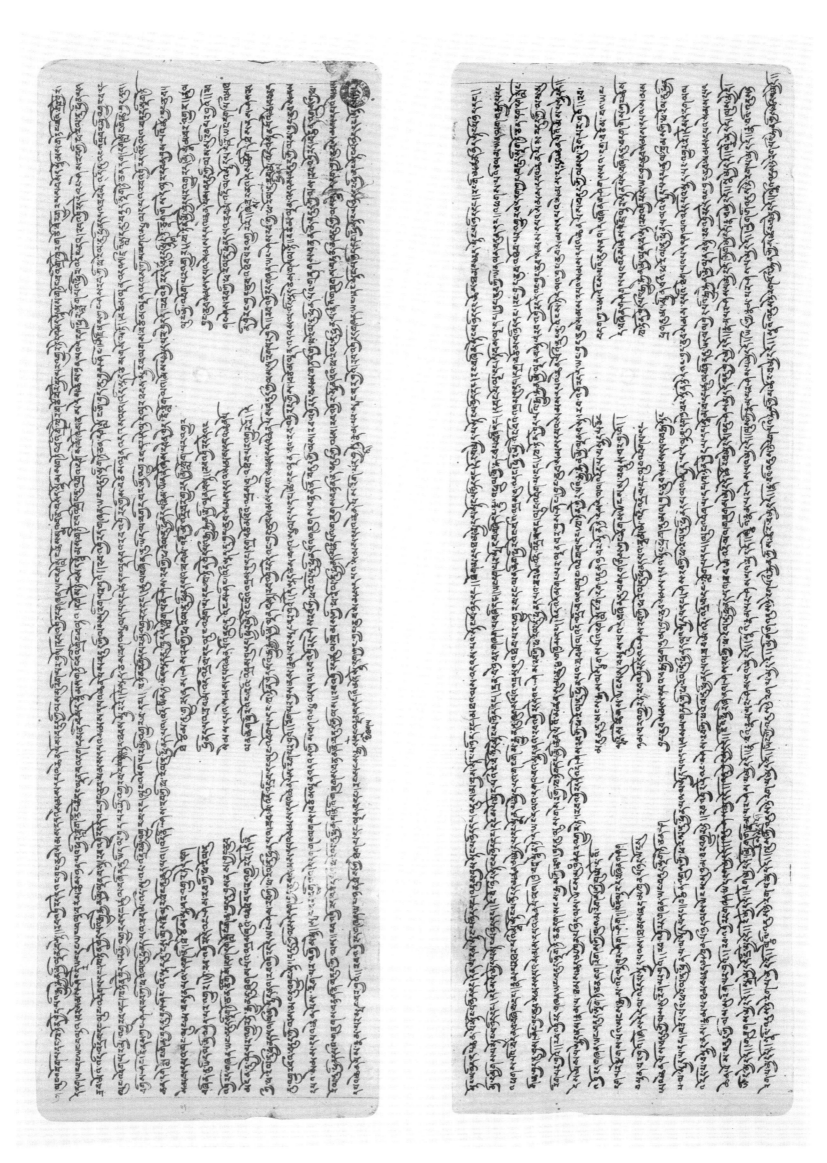

法 Pel.tib.1314　　1.ཤེས་རབ་ཀྱི་ཕ་རོལ་དུ་ཕྱིན་པ་སྟོང་ཕྲག་བརྒྱ་པ།

1.十萬頌般若波羅蜜多經　　　(100—49)

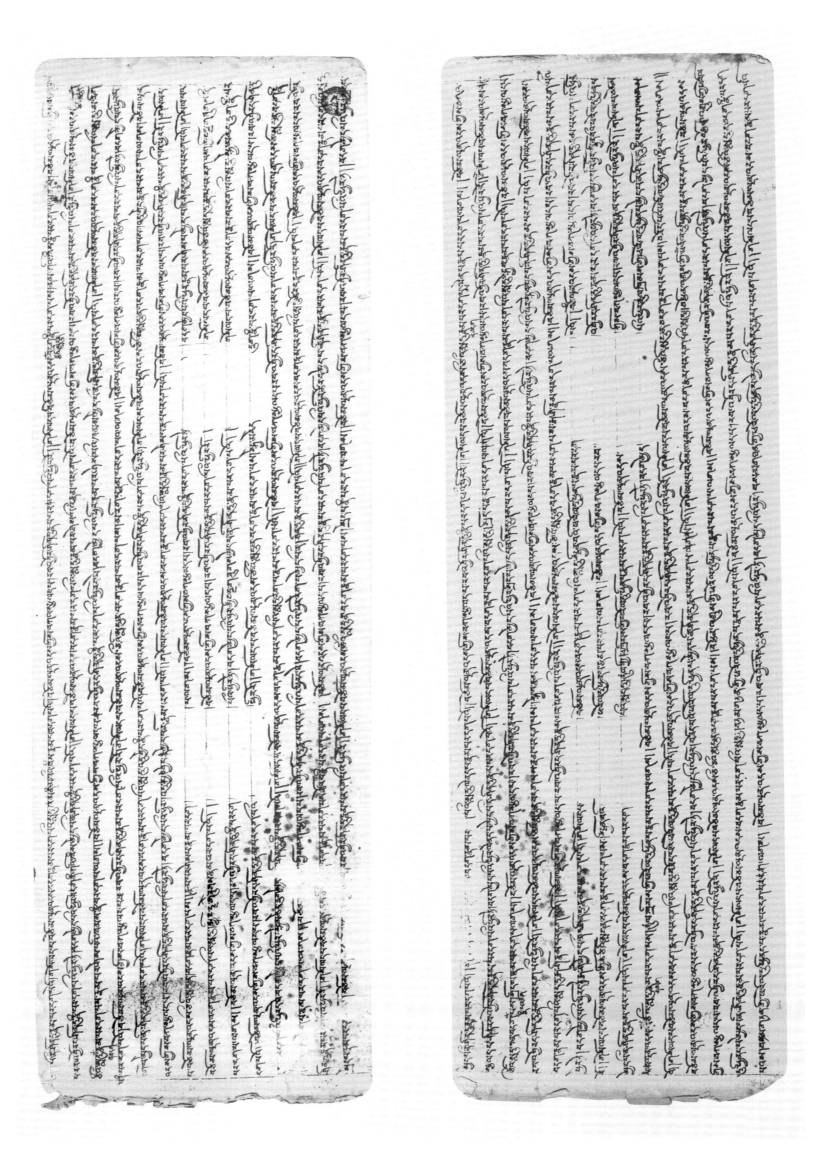

法 Pel.tib.1314　　1.ཤེས་རབ་ཀྱི་ཕ་རོལ་དུ་ཕྱིན་པ་སྟོང་ཕྲག་བརྒྱ་པ།

1.十萬頌般若波羅蜜多經　　(100—50)

230

法 Pel.tib.1314　　1.ཤེས་རབ་ཀྱི་ཕ་རོལ་ཏུ་ཕྱིན་པ་སྟོང་ཕྲག་བརྒྱ་པ།

1.十萬頌般若波羅蜜多經　　(100—51)

法 Pel.tib.1314　　1.ཤེས་རབ་ཀྱི་ཕ་རོལ་དུ་ཕྱིན་པ་སྟོང་ཕྲག་བརྒྱ་པ།

1.十萬頌般若波羅蜜多經　　(100—52)

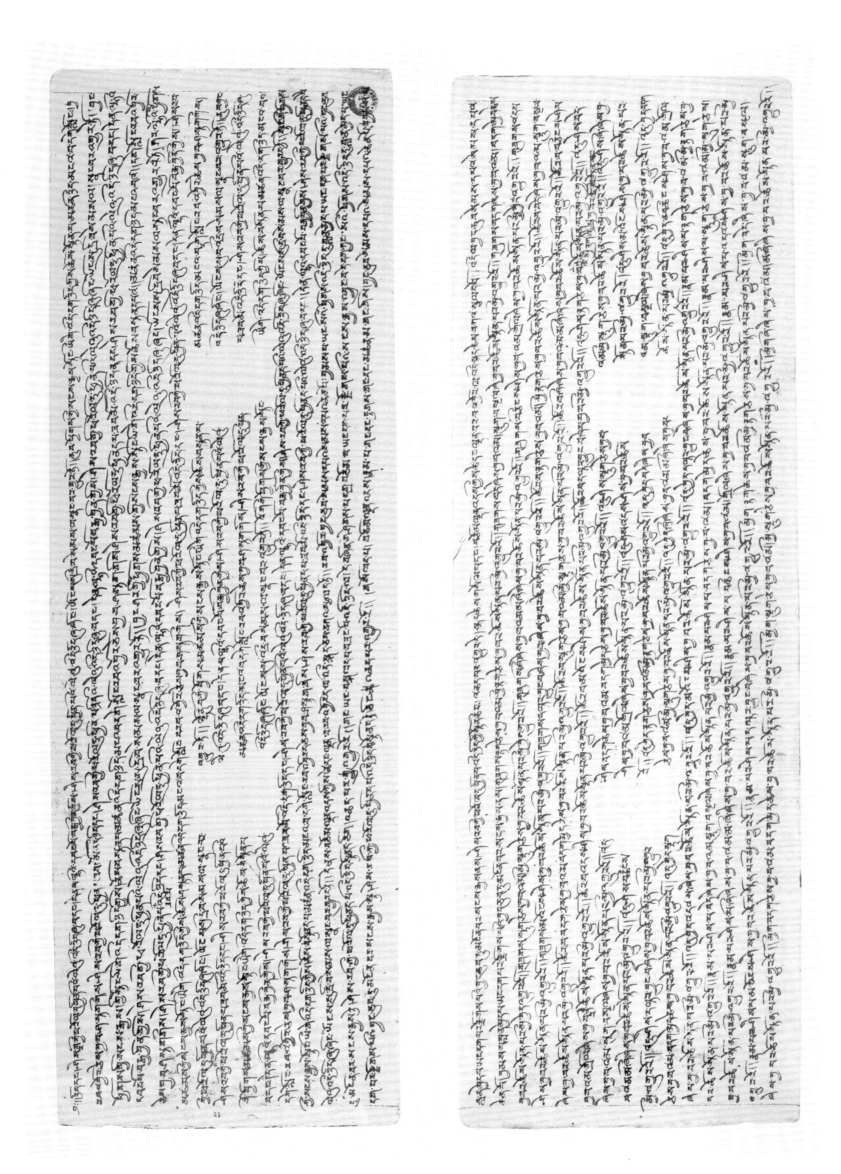

法 Pel.tib.1314　　1.ཤེས་རབ་ཀྱི་ཕ་རོལ་དུ་ཕྱིན་པ་སྟོང་ཕྲག་བརྒྱ་པ།

1.十萬頌般若波羅蜜多經　　(100—53)

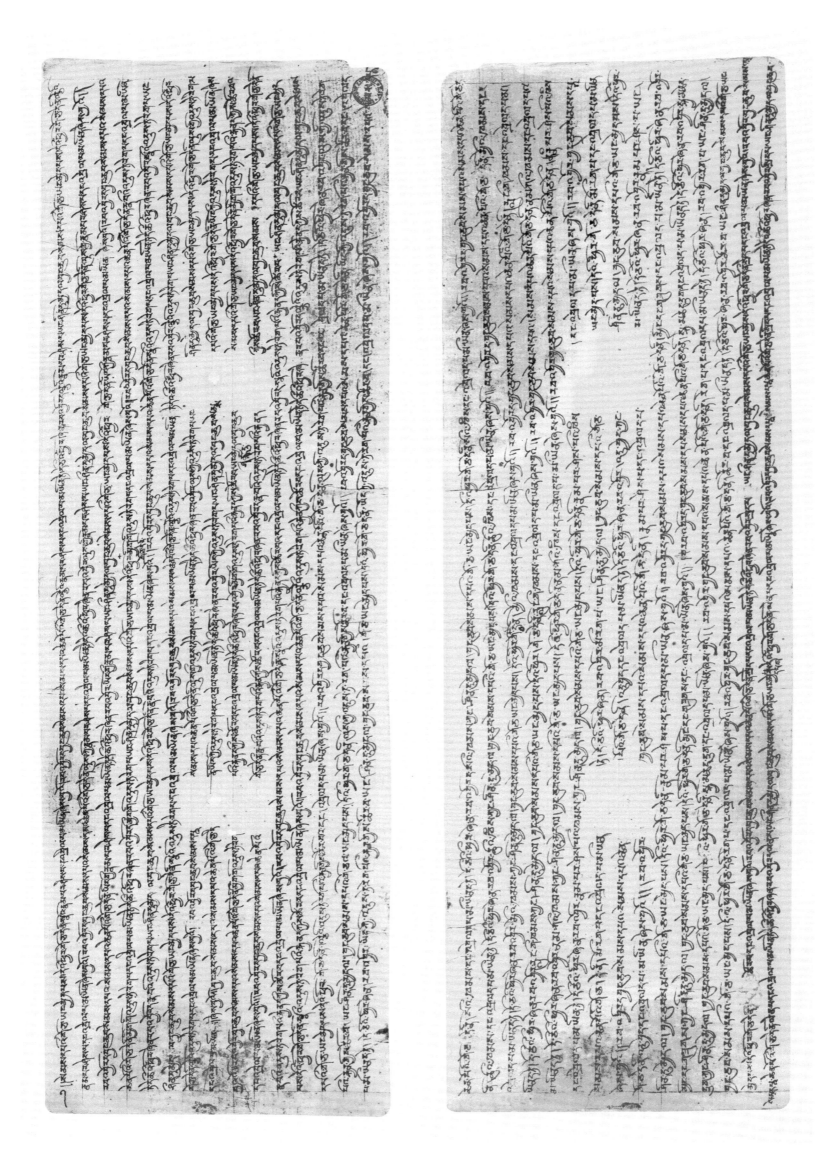

法 Pel.tib.1314　　1.ཤེས་རབ་ཀྱི་ཕ་རོལ་ཏུ་ཕྱིན་པ་སྟོང་ཕྲག་བརྒྱ་པ།

1.十萬頌般若波羅蜜多經　　　(100—54)

234

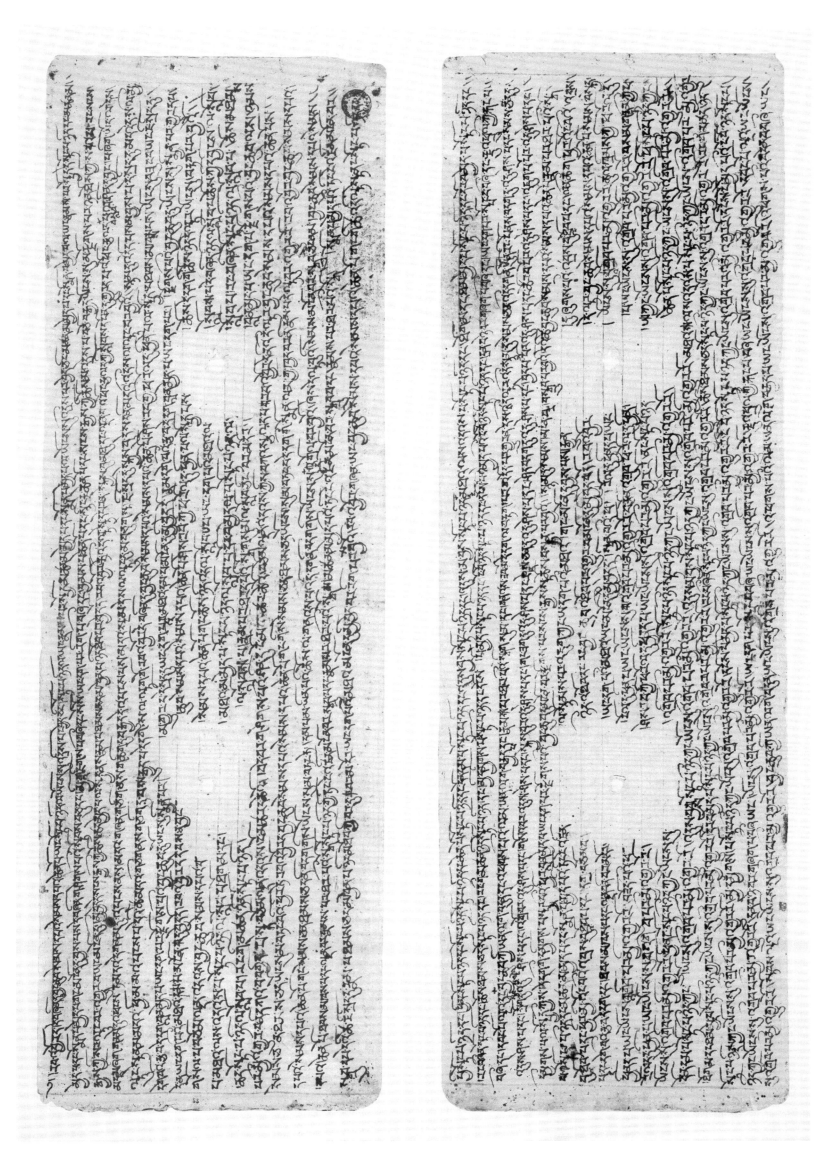

法 Pel.tib.1314　　1.ཤེས་རབ་ཀྱི་ཕ་རོལ་ཏུ་ཕྱིན་པ་སྟོང་ཕྲག་བརྒྱ་པ།

1.十萬頌般若波羅蜜多經　　(100—55)

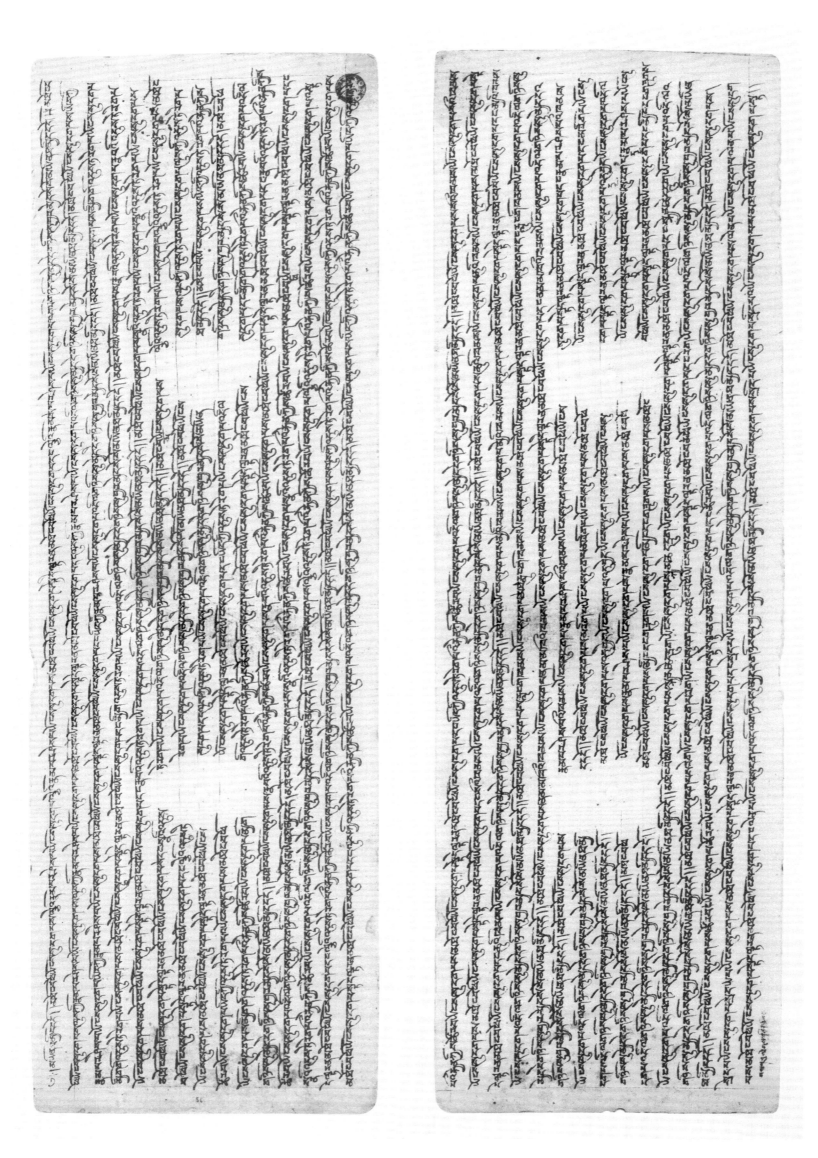

法 Pel.tib.1314　　1.ཤེས་རབ་ཀྱི་ཕ་རོལ་དུ་ཕྱིན་པ་སྟོང་ཕྲག་བརྒྱ་པ།

1.十萬頌般若波羅蜜多經　　(100—56)

236

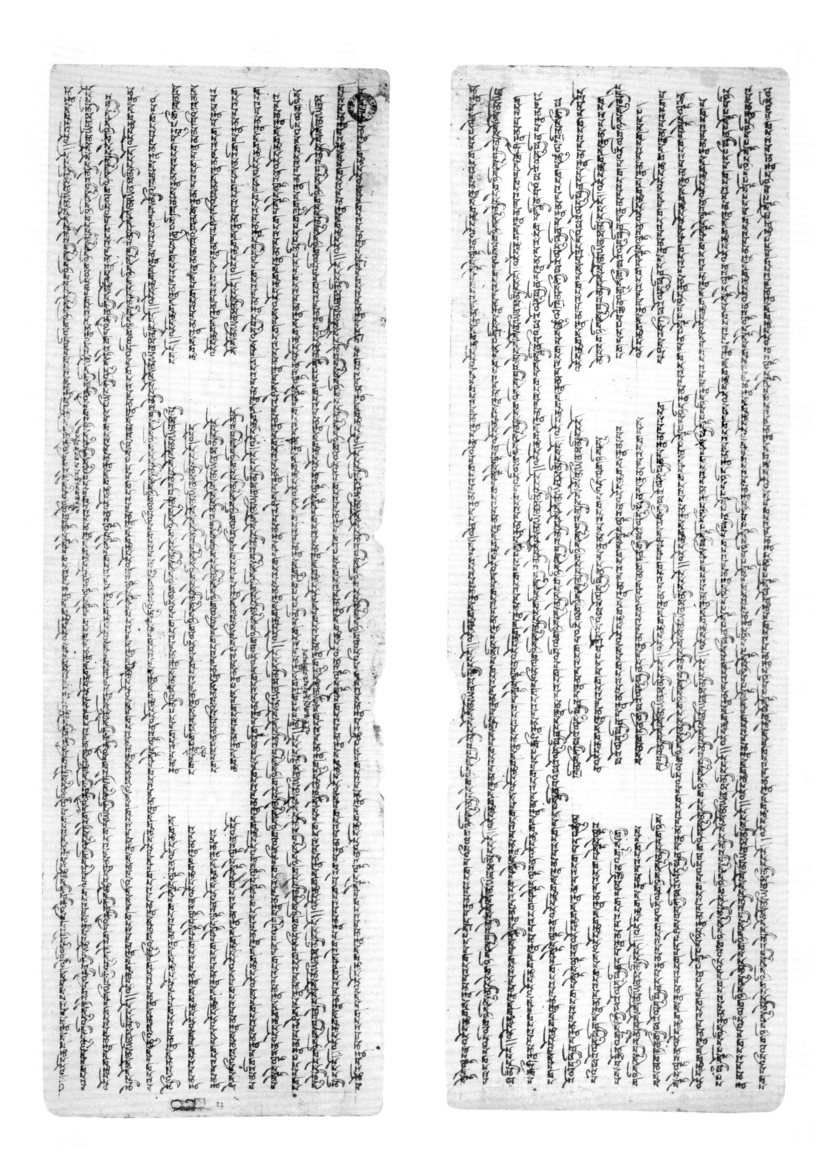

法 Pel.tib.1314　　1.ཤེས་རབ་ཀྱི་ཕ་རོལ་དུ་ཕྱིན་པ་སྟོང་ཕྲག་བརྒྱ་པ།

1.十萬頌般若波羅蜜多經　　(100—57)

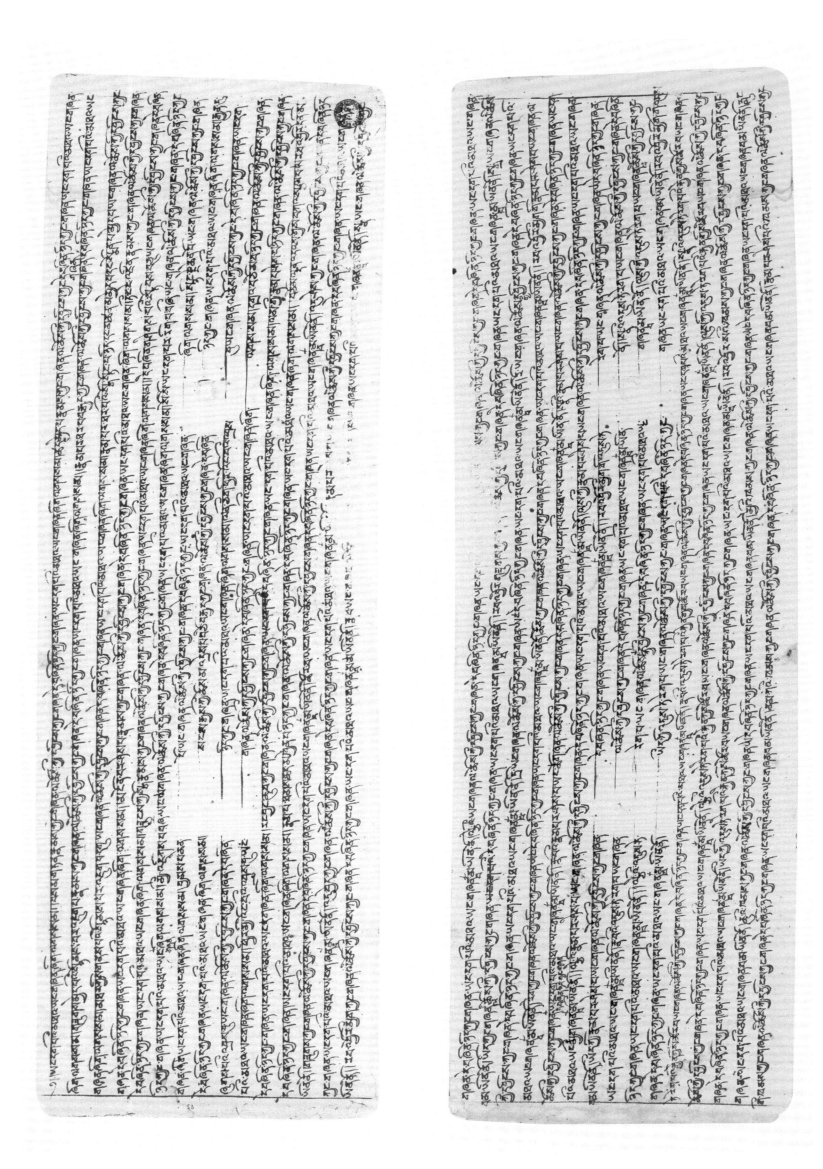

法 Pel.tib.1314　　1.ཤེས་རབ་ཀྱི་ཕ་རོལ་དུ་ཕྱིན་པ་སྟོང་ཕྲག་བརྒྱ་པ།
1.十萬頌般若波羅蜜多經　　(100—58)

238

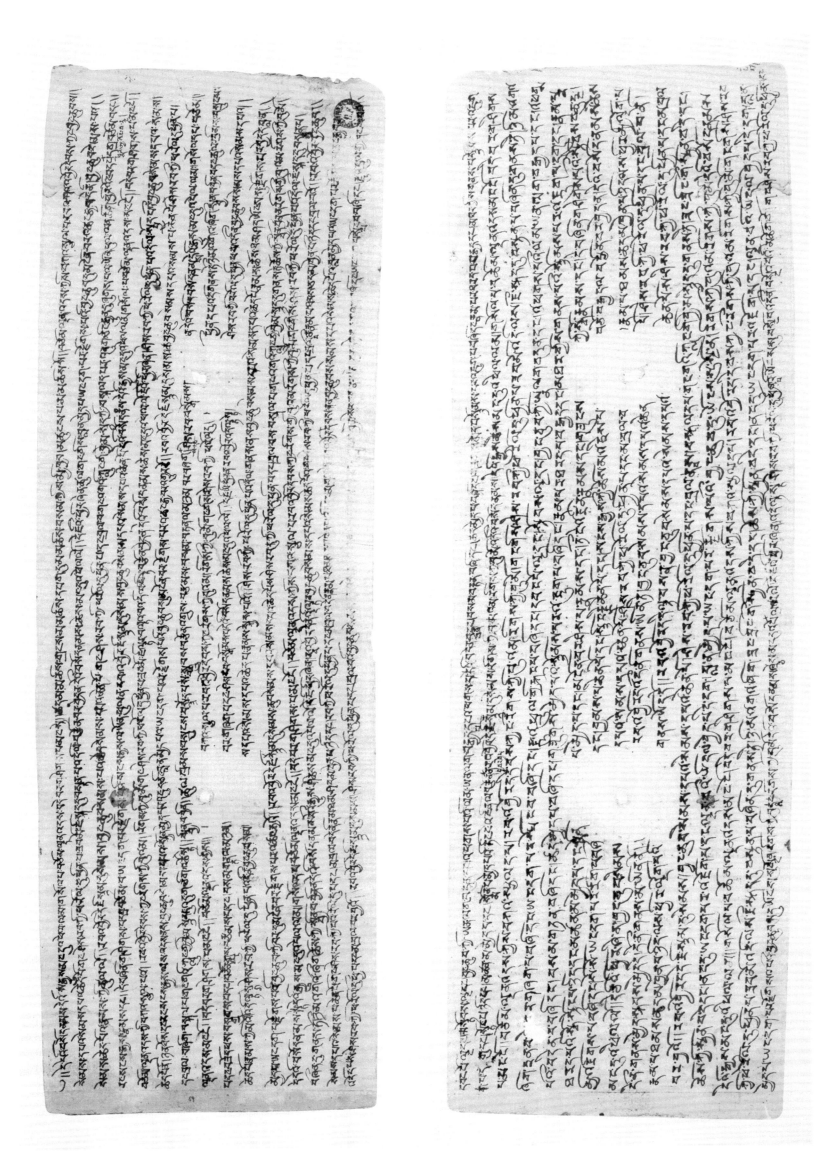

法 Pel.tib.1314　　1.ཤེས་རབ་ཀྱི་ཕ་རོལ་དུ་ཕྱིན་པ་སྟོང་ཕྲག་བརྒྱ་པ།

1.十萬頌般若波羅蜜多經　　(100—59)

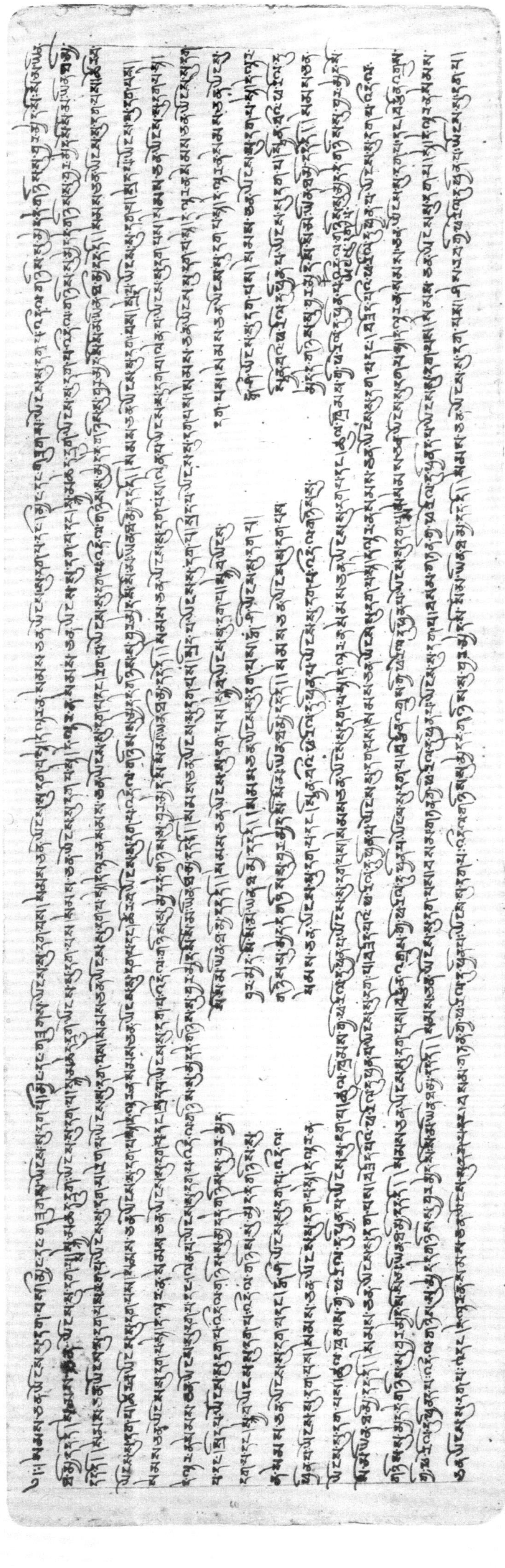

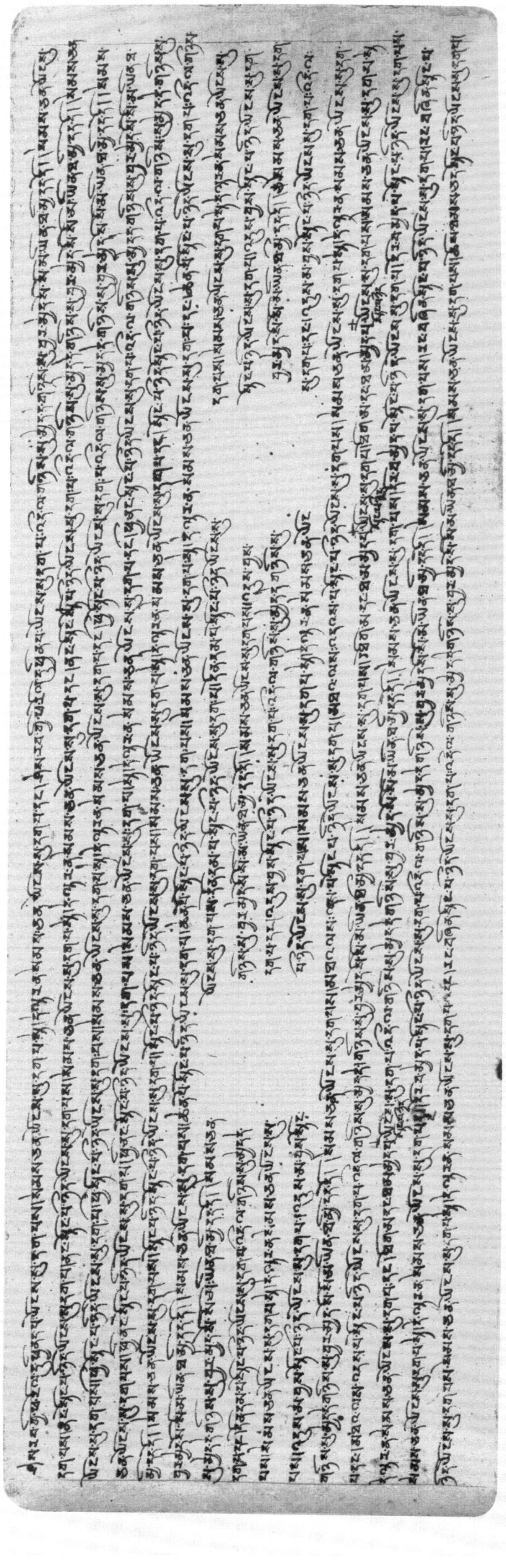

法 Pel.tib.1314　　1.ཤེས་རབ་ཀྱི་ཕ་རོལ་ཏུ་ཕྱིན་པ་སྟོང་ཕྲག་བརྒྱ་པ།

1.十萬頌般若波羅蜜多經　　(100—60)

240

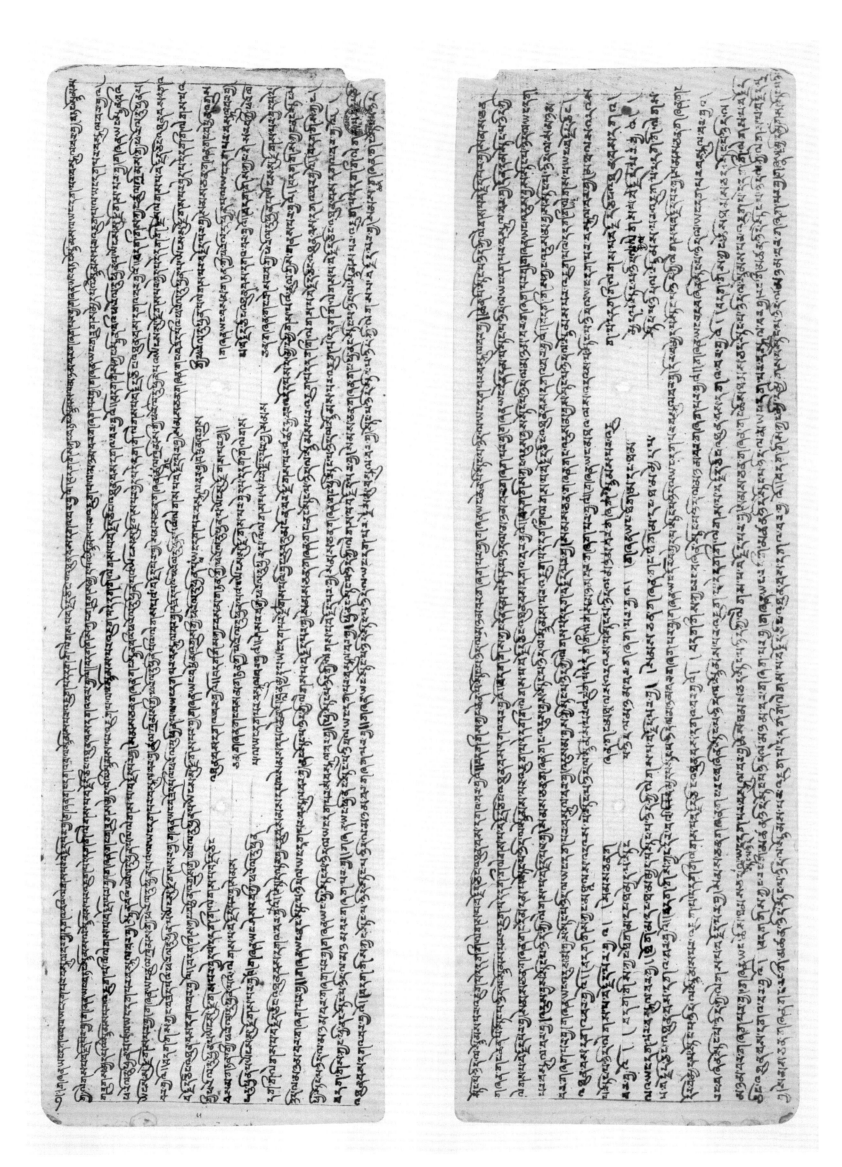

法 Pel.tib.1314　　1.ཤེས་རབ་ཀྱི་ཕ་རོལ་ཏུ་ཕྱིན་པ་སྟོང་ཕྲག་བརྒྱ་པ།

1.十萬頌般若波羅蜜多經　　(100—61)

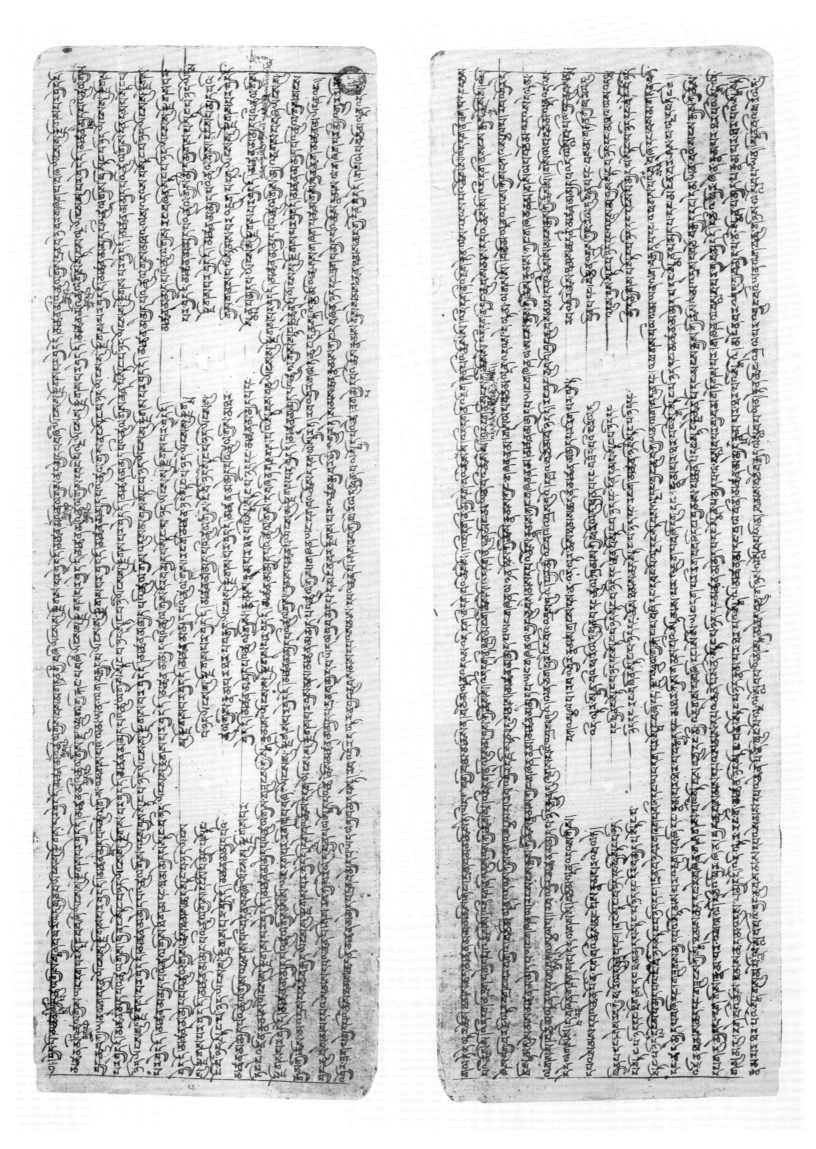

法 Pel.tib.1314　　1.ཤེས་རབ་ཀྱི་ཕ་རོལ་ཏུ་ཕྱིན་པ་སྟོང་ཕྲག་བརྒྱ་པ།

1.十萬頌般若波羅蜜多經　　(100—62)

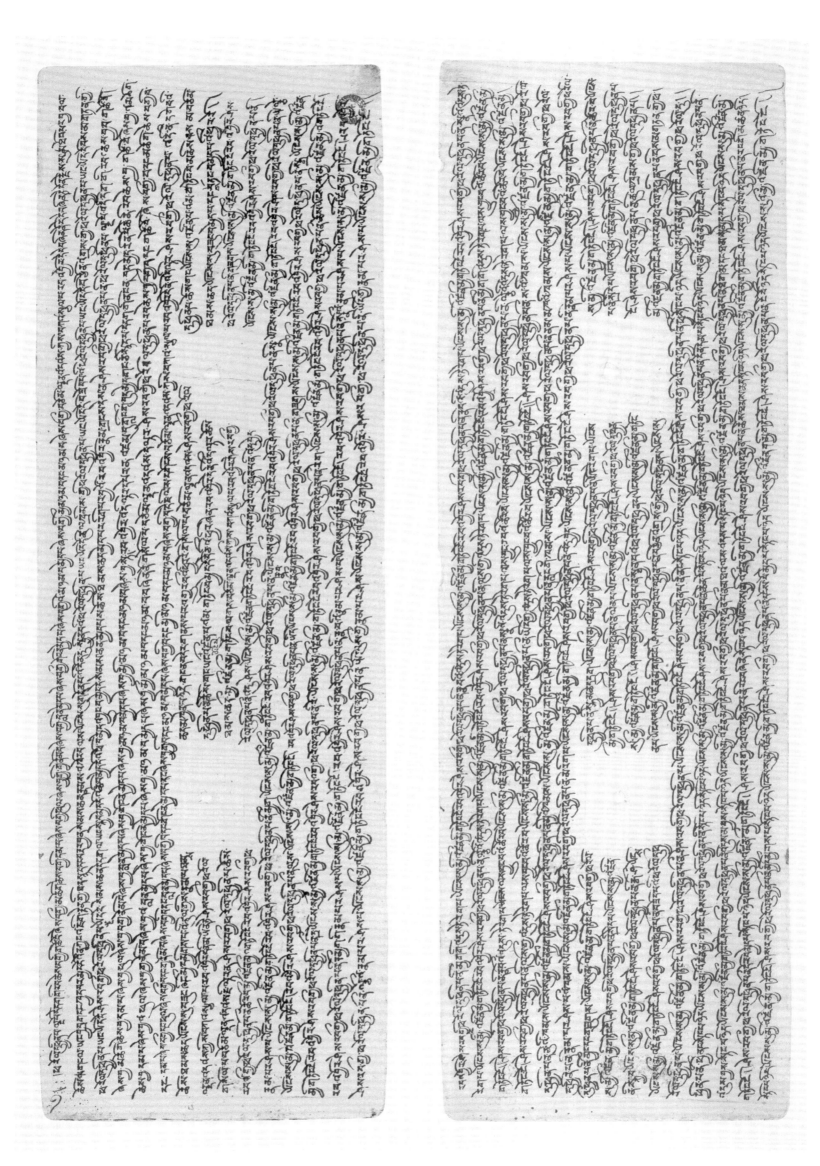

法 Pel.tib.1314　　1.ཤེས་རབ་ཀྱི་ཕ་རོལ་དུ་ཕྱིན་པ་སྟོང་ཕྲག་བརྒྱ་པ།

1.十萬頌般若波羅蜜多經　　(100—63)

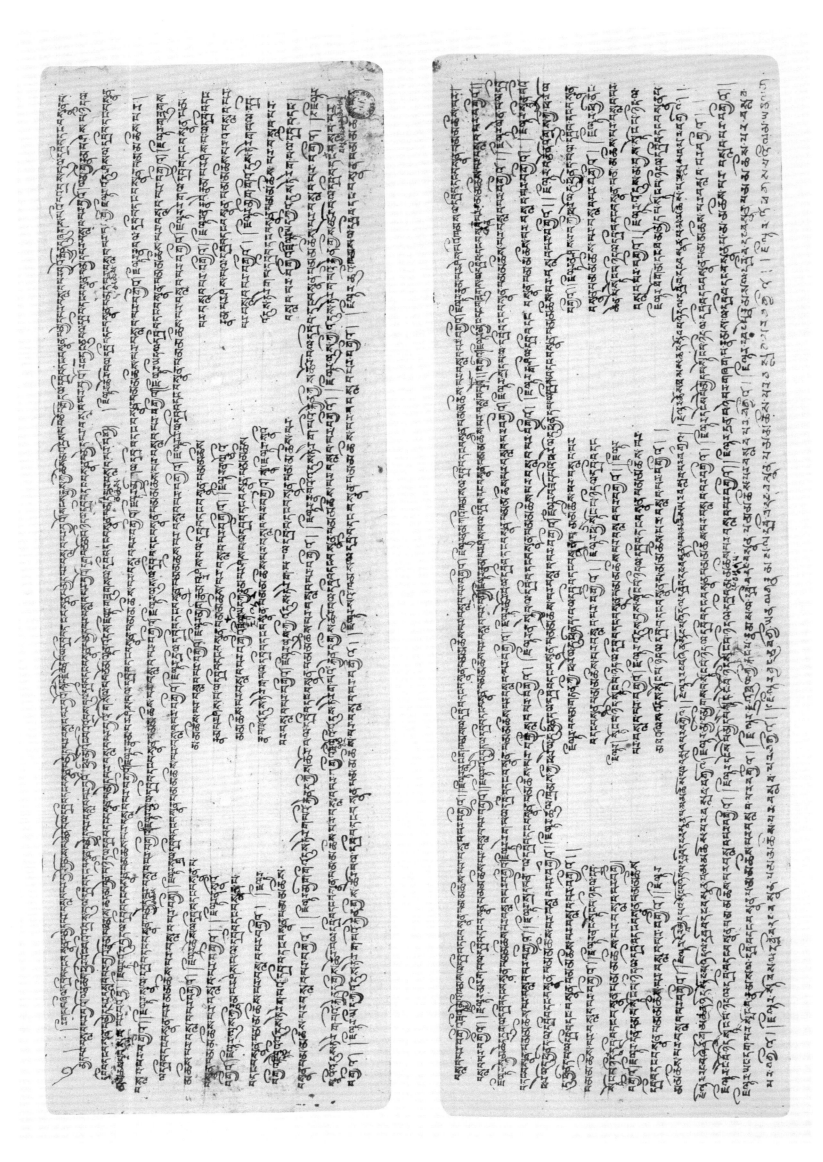

法 Pel.tib.1314　　1.ཤེས་རབ་ཀྱི་ཕ་རོལ་དུ་ཕྱིན་པ་སྟོང་ཕྲག་བརྒྱ་པ།

1.十萬頌般若波羅蜜多經　　(100—64)

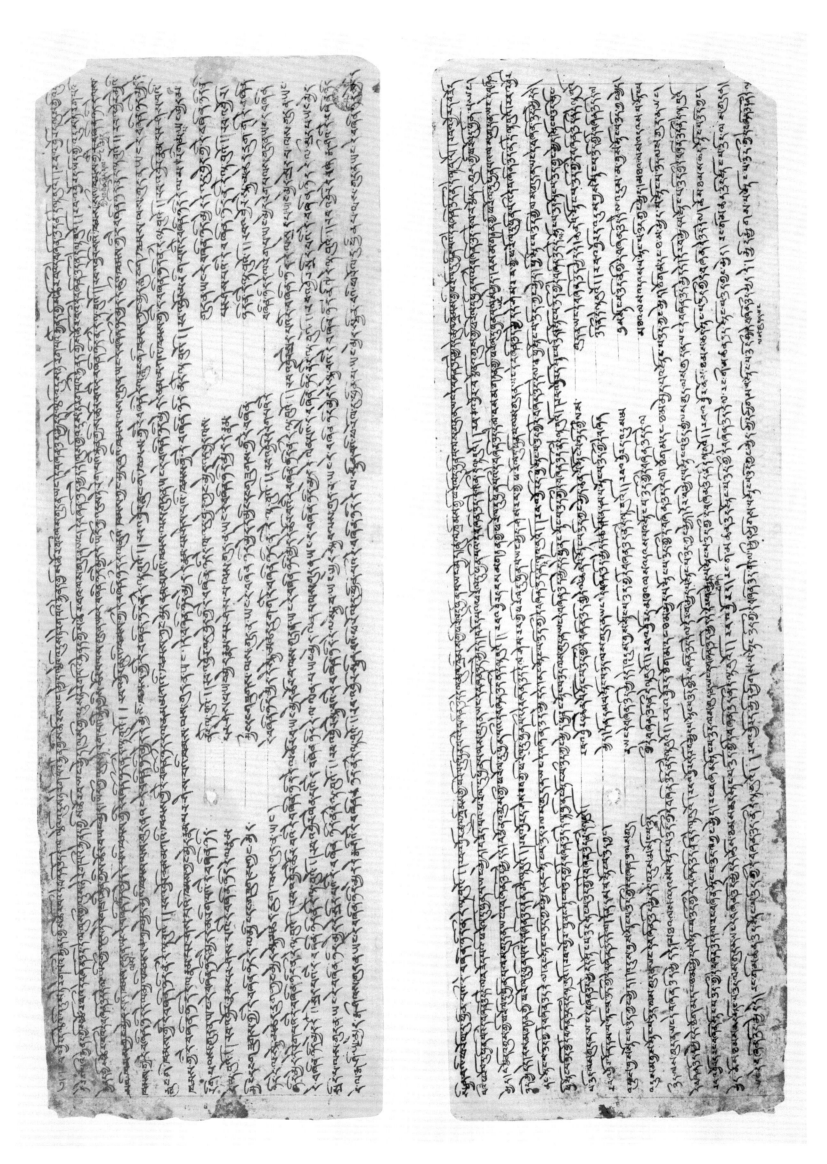

法 Pel.tib.1314　　1.ཤེས་རབ་ཀྱི་ཕ་རོལ་དུ་ཕྱིན་པ་སྟོང་ཕྲག་བརྒྱ་པ།

1.十萬頌般若波羅蜜多經　　(100—65)

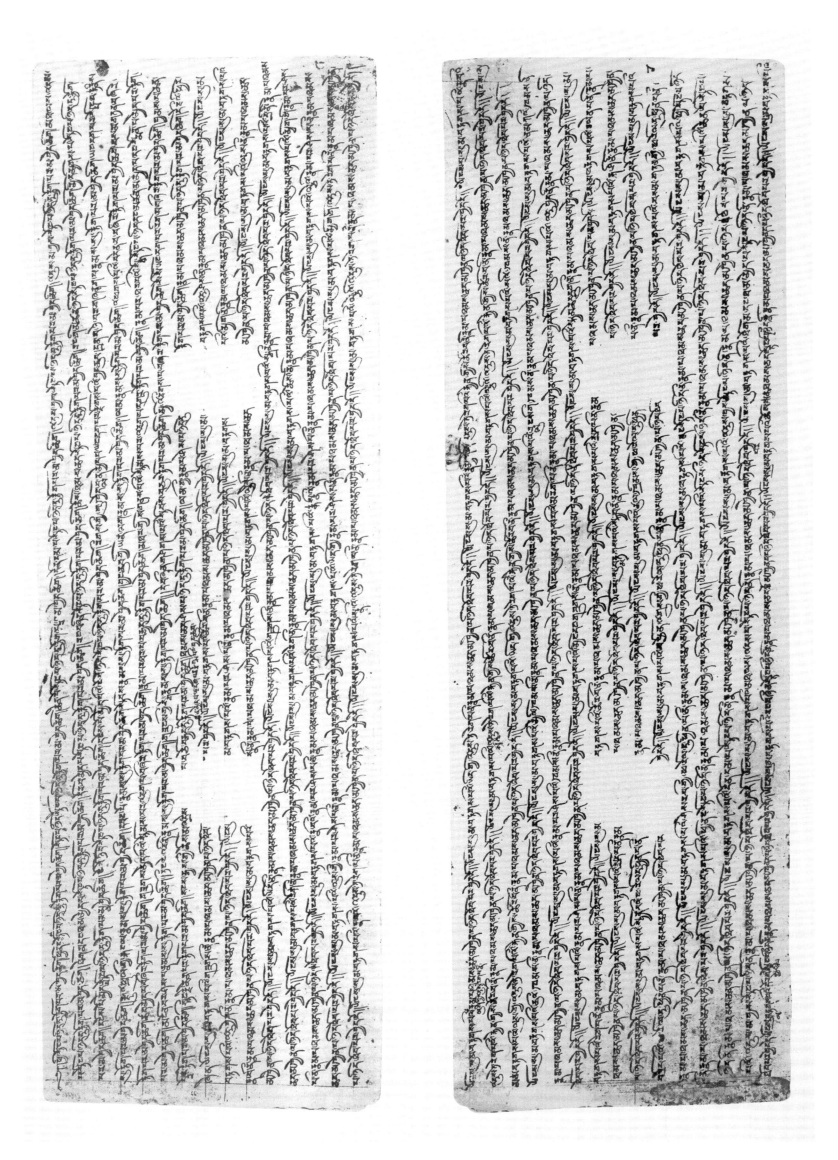

法 Pel.tib.1314　　1.ཤེས་རབ་ཀྱི་ཕ་རོལ་དུ་ཕྱིན་པ་སྟོང་ཕྲག་བརྒྱ་པ།

1.十萬頌般若波羅蜜多經　　(100—66)

246

法 Pel.tib.1314　　1.ཤེས་རབ་ཀྱི་ཕ་རོལ་ཏུ་ཕྱིན་པ་སྟོང་ཕྲག་བརྒྱ་པ།

1.十萬頌般若波羅蜜多經　　(100—67)

法 Pel.tib.1314　　1.ཤེས་རབ་ཀྱི་ཕ་རོལ་དུ་ཕྱིན་པ་སྟོང་ཕྲག་བརྒྱ་པ།

1.十萬頌般若波羅蜜多經　　(100—68)

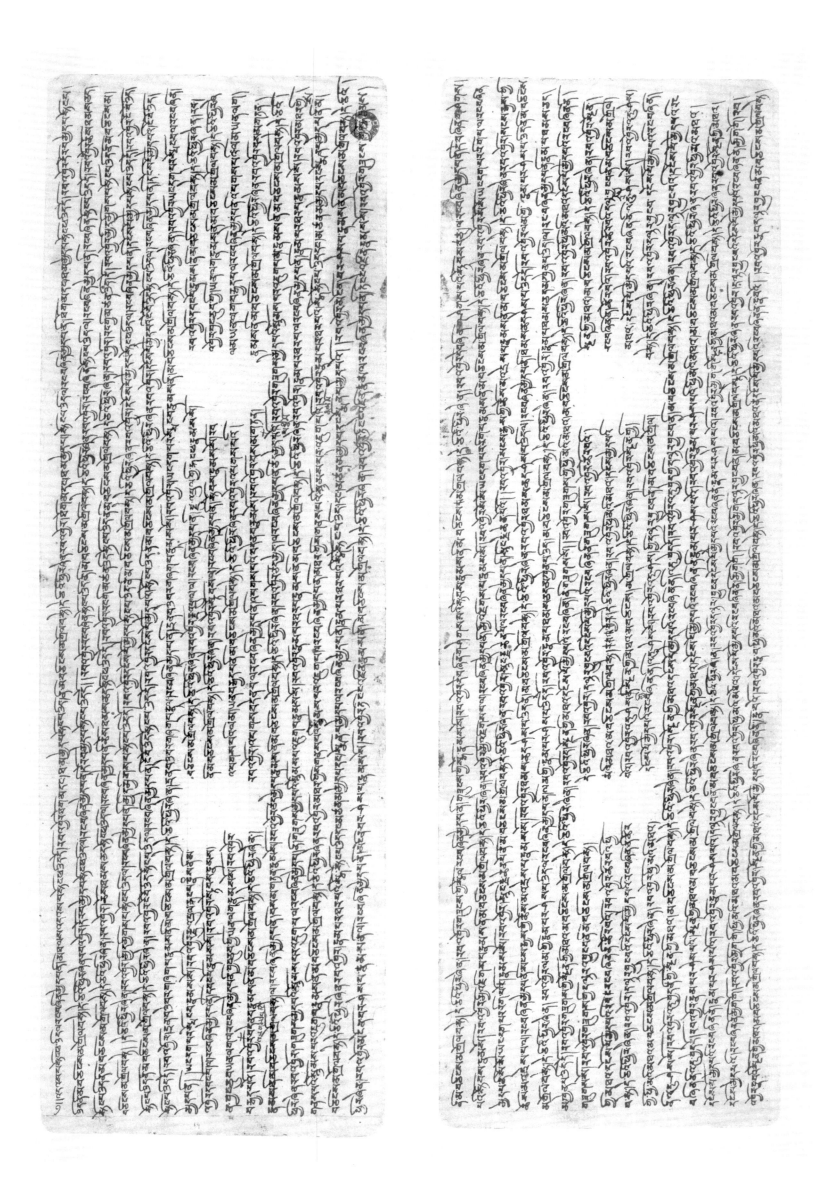

法 Pel.tib.1314　　1.ཤེས་རབ་ཀྱི་ཕ་རོལ་དུ་ཕྱིན་པ་སྟོང་ཕྲག་བརྒྱ་པ།

1.十萬頌般若波羅蜜多經　　(100—69)

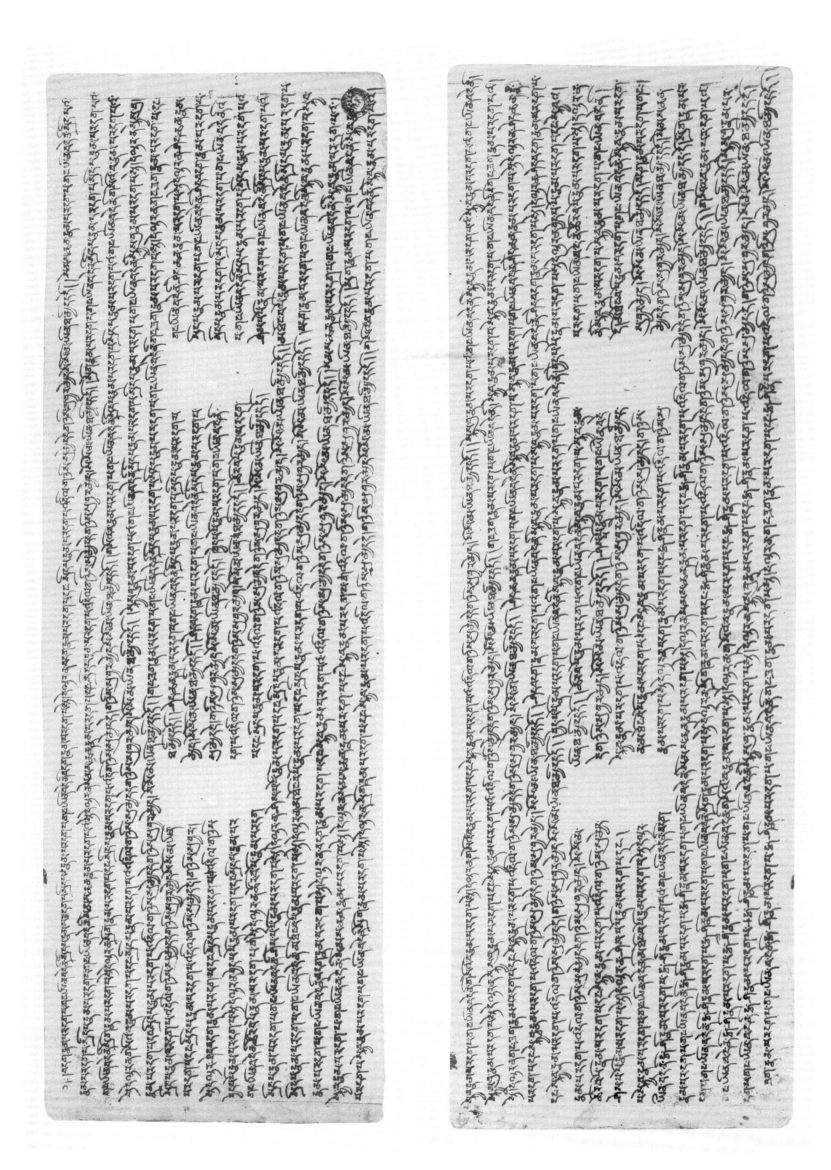

法 Pel.tib.1314　　1.ཤེས་རབ་ཀྱི་ཕ་རོལ་ཏུ་ཕྱིན་པ་སྟོང་ཕྲག་བརྒྱ་པ།

1.十萬頌般若波羅蜜多經　　(100—70)

250

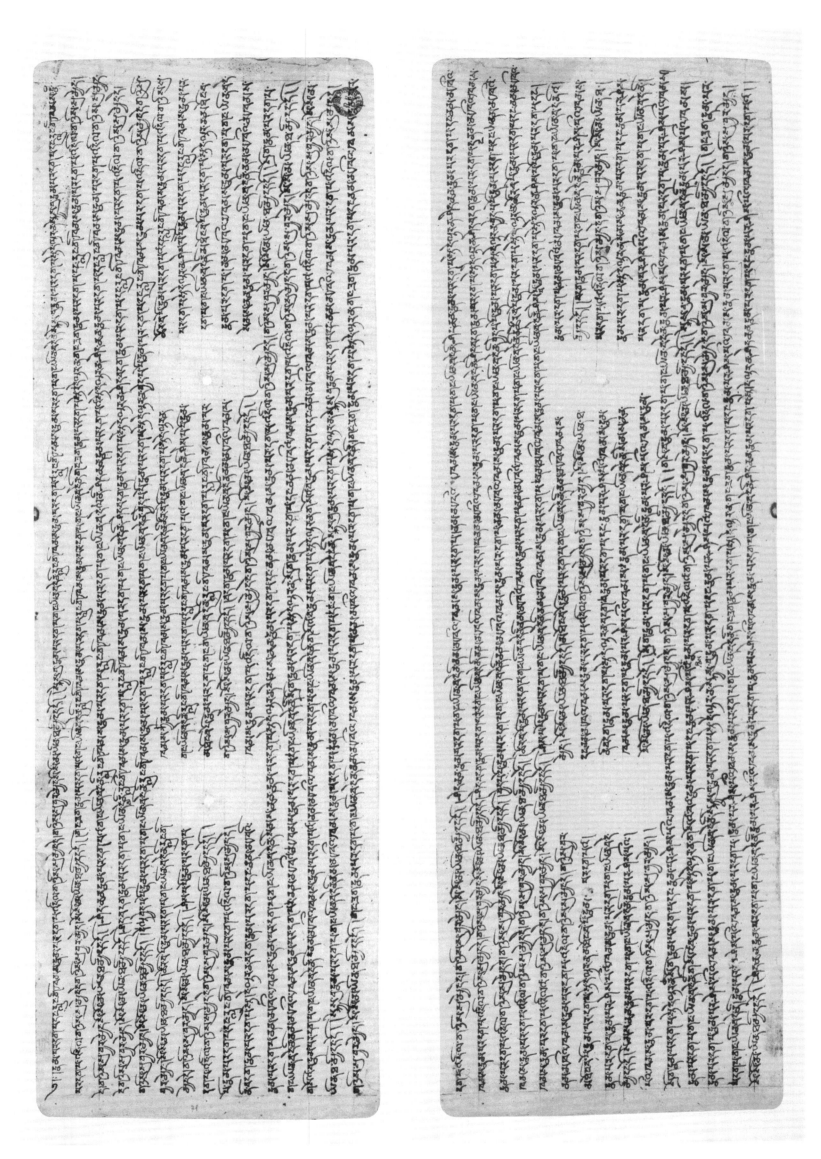

法 Pel.tib.1314　　1.ཤེས་རབ་ཀྱི་ཕ་རོལ་དུ་ཕྱིན་པ་སྟོང་ཕྲག་བརྒྱ་པ།

1.十萬頌般若波羅蜜多經　　(100—71)

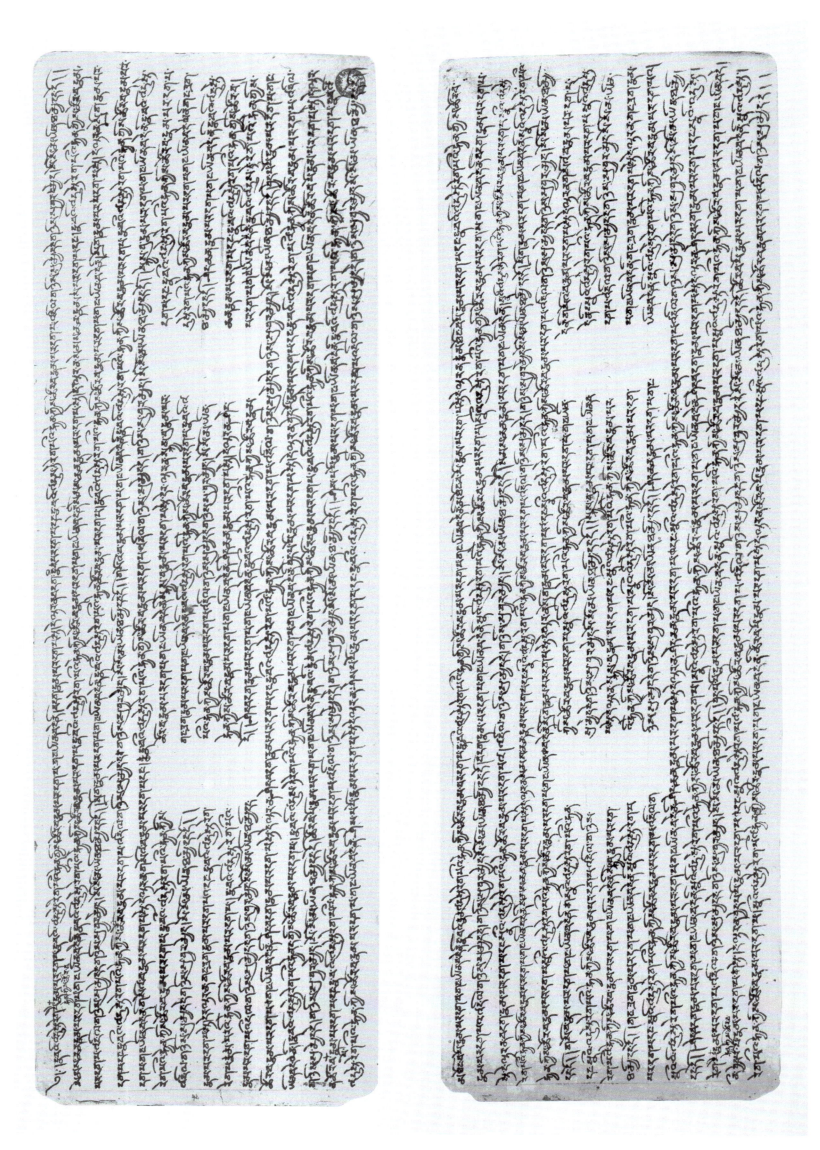

法 Pel.tib.1314　　1.ཤེས་རབ་ཀྱི་ཕ་རོལ་དུ་ཕྱིན་པ་སྟོང་ཕྲག་བརྒྱ་པ།

1.十萬頌般若波羅蜜多經　　(100—72)

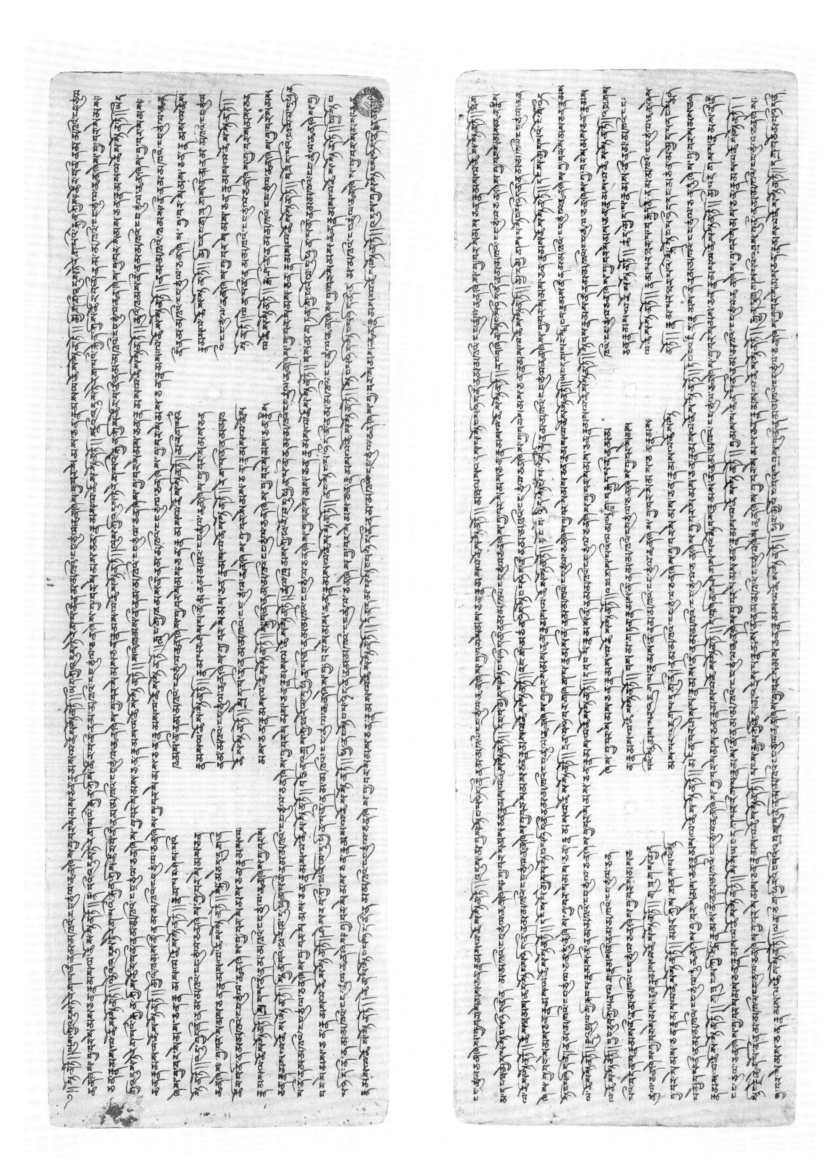

法 Pel.tib.1314　1.ཤེས་རབ་ཀྱི་ཕ་རོལ་དུ་ཕྱིན་པ་སྟོང་ཕྲག་བརྒྱ་པ།
　　　1.十萬頌般若波羅蜜多經　　(100—73)

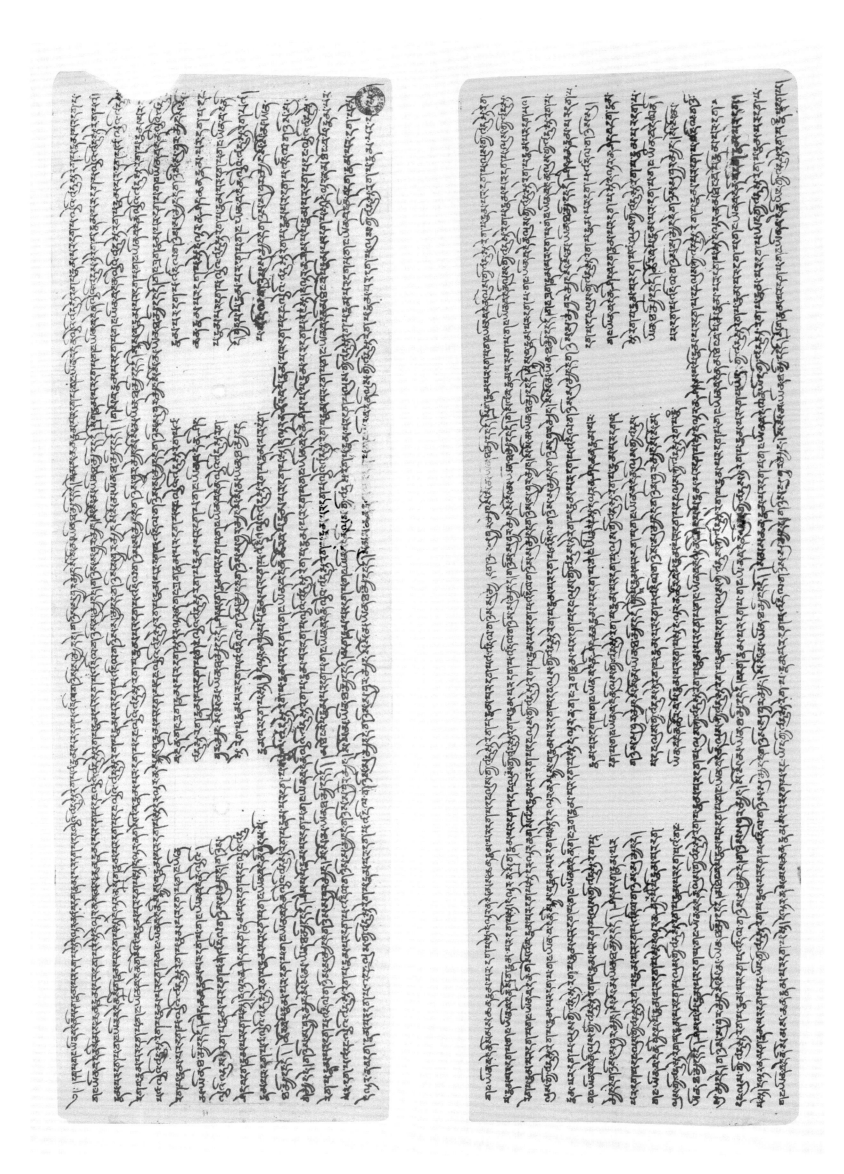

法 Pel.tib.1314　　1.ཤེས་རབ་ཀྱི་ཕ་རོལ་ཏུ་ཕྱིན་པ་སྟོང་ཕྲག་བརྒྱ་པ།

1.十萬頌般若波羅蜜多經　　(100—74)

254

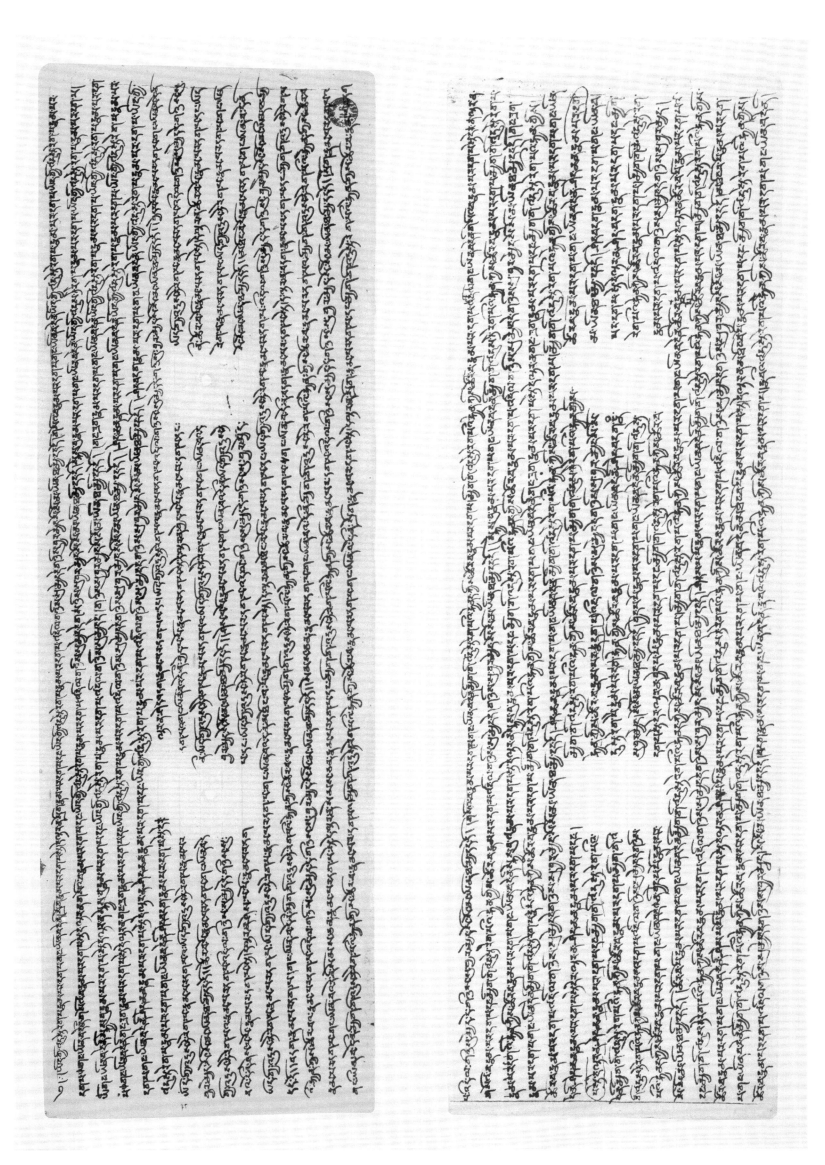

法 Pel.tib.1314　　1.ཤེས་རབ་ཀྱི་ཕ་རོལ་ཏུ་ཕྱིན་པ་སྟོང་ཕྲག་བརྒྱ་པ།

1.十萬頌般若波羅蜜多經　　(100—75)

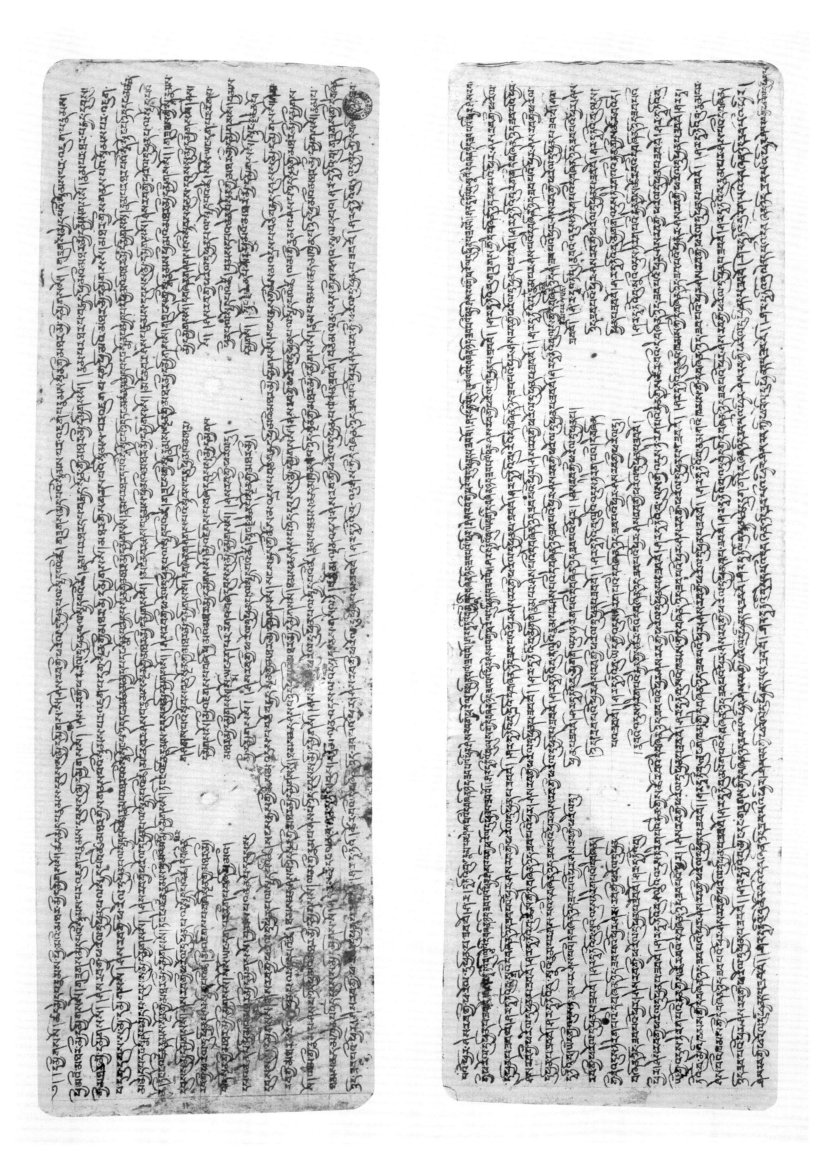

法 Pel.tib.1314　　1.ཤེས་རབ་ཀྱི་ཕ་རོལ་ཏུ་ཕྱིན་པ་སྟོང་ཕྲག་བརྒྱ་པ།

1.十萬頌般若波羅蜜多經　　(100—77)

1.ཤེས་རབ་ཀྱི་ཕ་རོལ་ཏུ་ཕྱིན་པ་སྟོང་ཕྲག་བརྒྱ་པ།

1.十萬頌般若波羅蜜多經　　(100—78)

法 Pel.tib.1314　　1.ཤེས་རབ་ཀྱི་ཕ་རོལ་ཏུ་ཕྱིན་པ་སྟོང་ཕྲག་བརྒྱ་པ།

1.十萬頌般若波羅蜜多經　　(100—79)

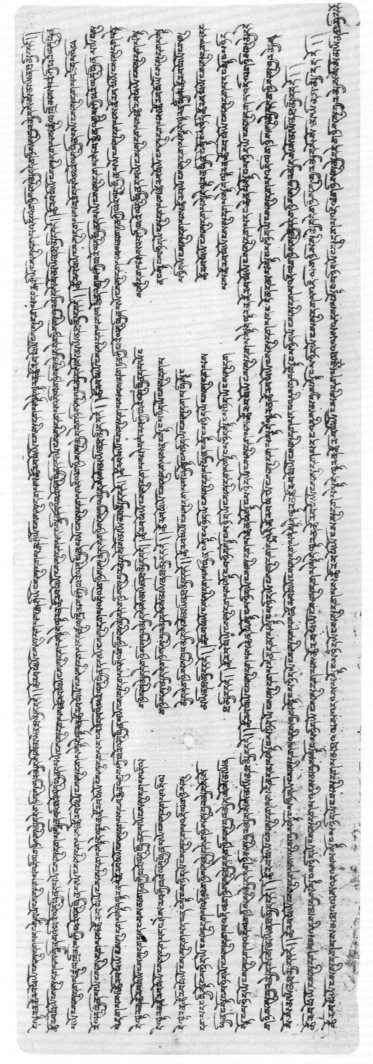

法 Pel.tib.1314　　1.ཤེས་རབ་ཀྱི་ཕ་རོལ་དུ་ཕྱིན་པ་སྟོང་ཕྲག་བརྒྱ་པ།

1.十萬頌般若波羅蜜多經　　(100—80)

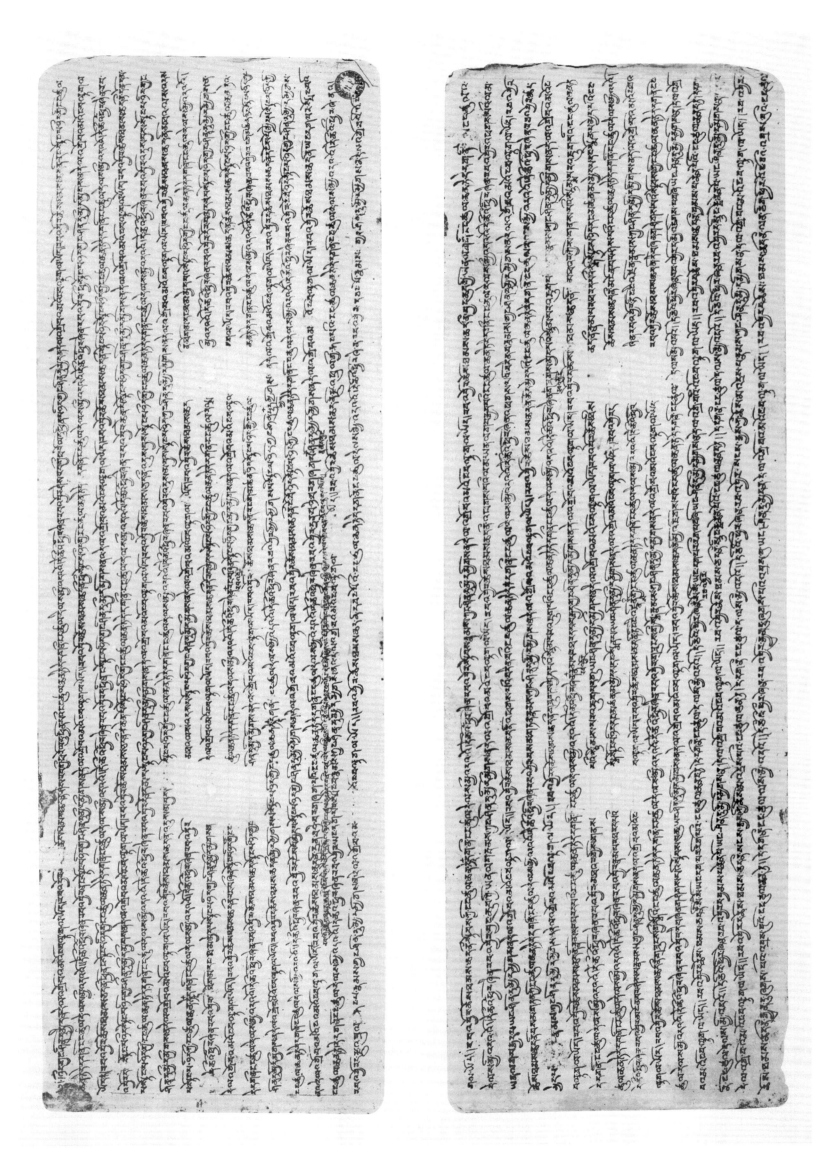

法 Pel.tib.1314　　1.ཤེས་རབ་ཀྱི་ཕ་རོལ་ཏུ་ཕྱིན་པ་སྟོང་ཕྲག་བརྒྱ་པ།

1.十萬頌般若波羅蜜多經　　(100—81)

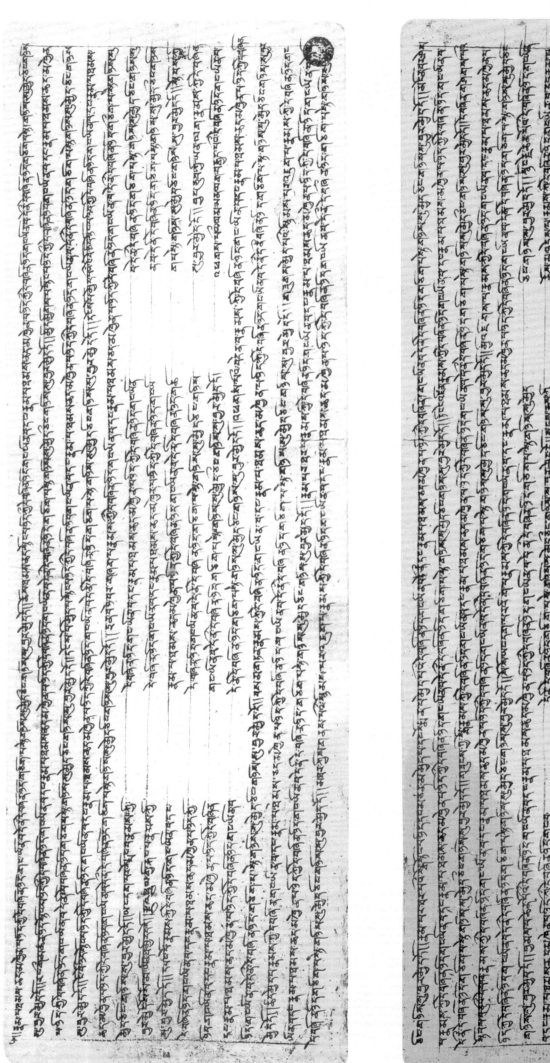

法 Pel.tib.1314　　1.ཤེས་རབ་ཀྱི་ཕ་རོལ་ཏུ་ཕྱིན་པ་སྟོང་ཕྲག་བརྒྱ་པ།

1.十萬頌般若波羅蜜多經　　(100—82)

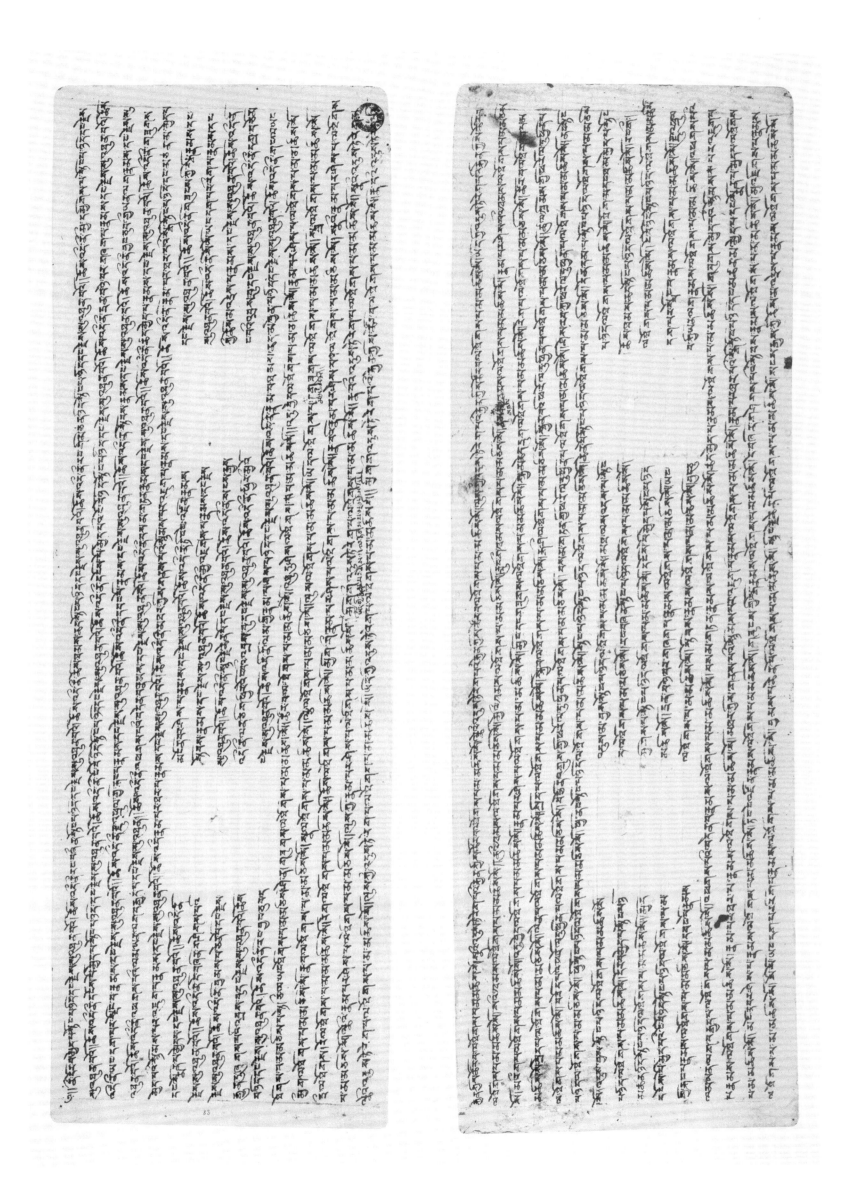

法 Pel.tib.1314　　1.ཤེས་རབ་ཀྱི་ཕ་རོལ་ཏུ་ཕྱིན་པ་སྟོང་ཕྲག་བརྒྱ་པ།
　　　　　　　　　1.十萬頌般若波羅蜜多經　　(100—83)

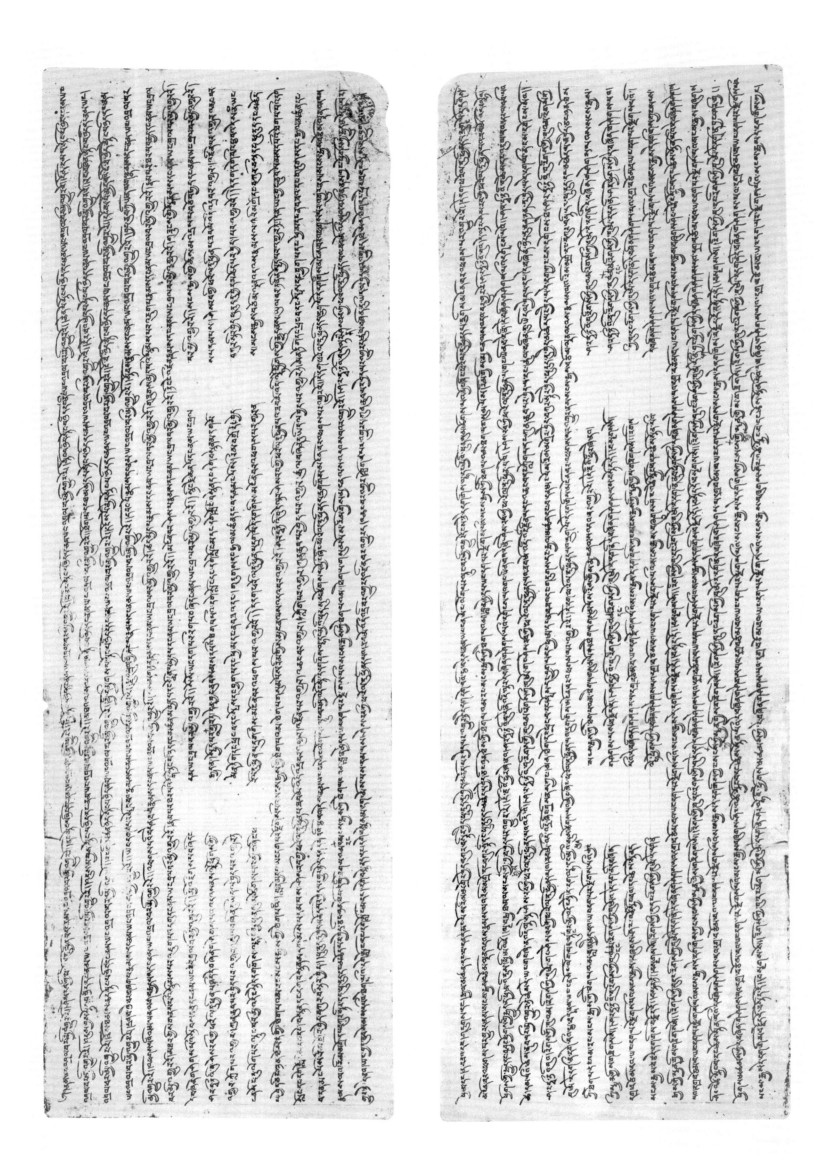

法 Pel.tib.1314　　1.ཤེས་རབ་ཀྱི་ཕ་རོལ་དུ་ཕྱིན་པ་སྟོང་ཕྲག་བརྒྱ་པ།

1.十萬頌般若波羅蜜多經　　(100—84)

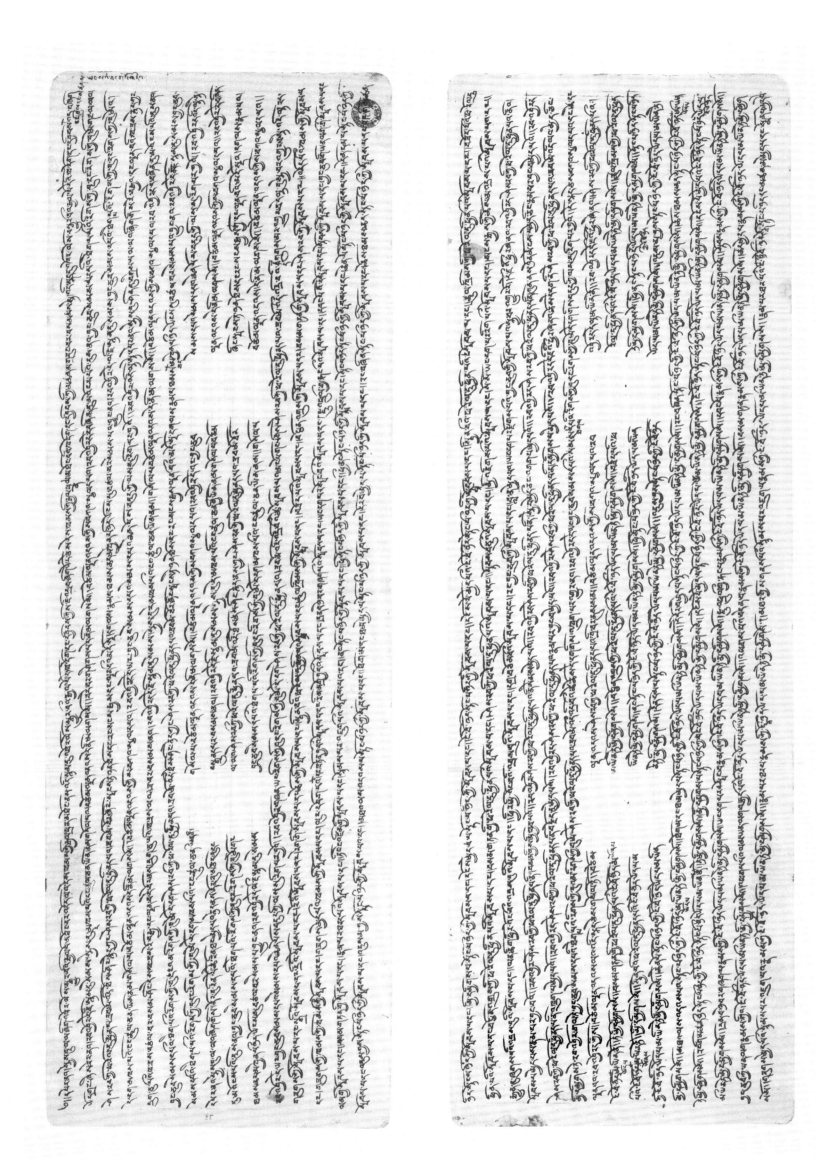

法 Pel.tib.1314　　1.ཤེས་རབ་ཀྱི་ཕ་རོལ་ཏུ་ཕྱིན་པ་སྟོང་ཕྲག་བརྒྱ་པ།

1.十萬頌般若波羅蜜多經　　(100—85)

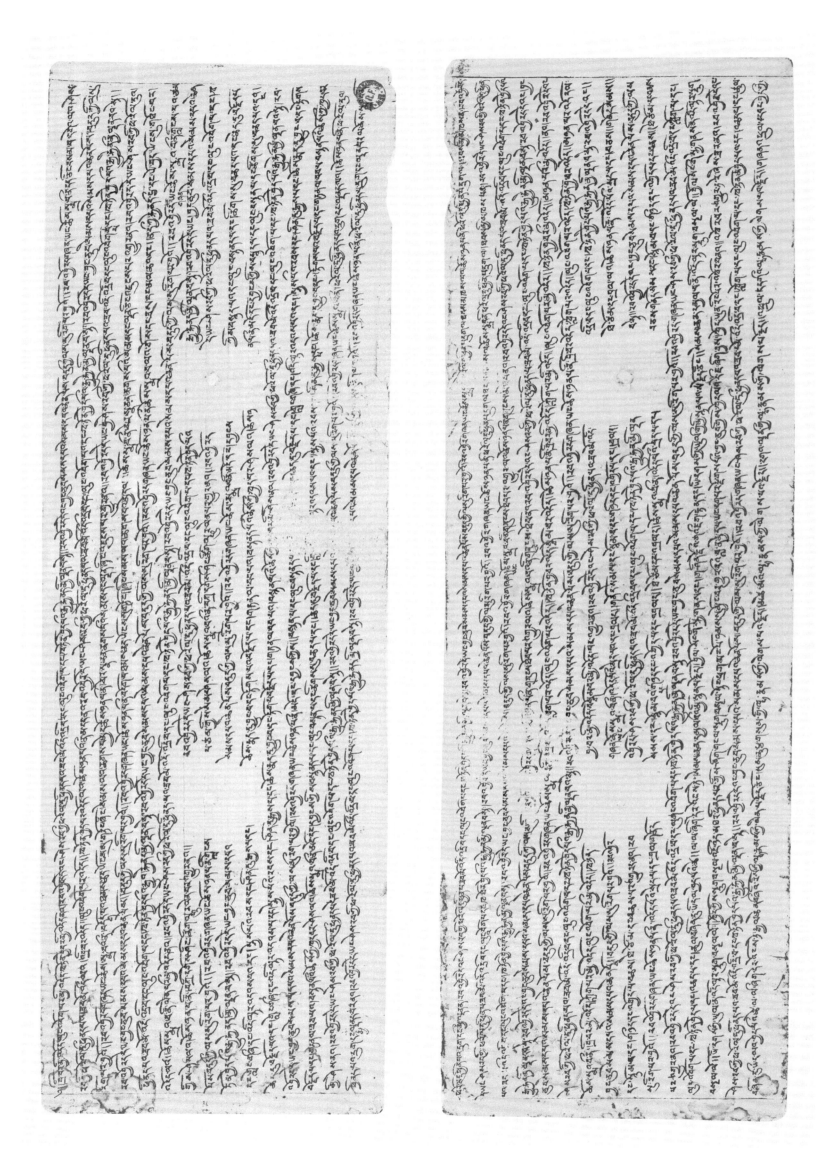

法 Pel.tib.1314　　1.ཤེས་རབ་ཀྱི་ཕ་རོལ་ཏུ་ཕྱིན་པ་སྟོང་ཕྲག་བརྒྱ་པ།

1.十萬頌般若波羅蜜多經　　(100—86)

266

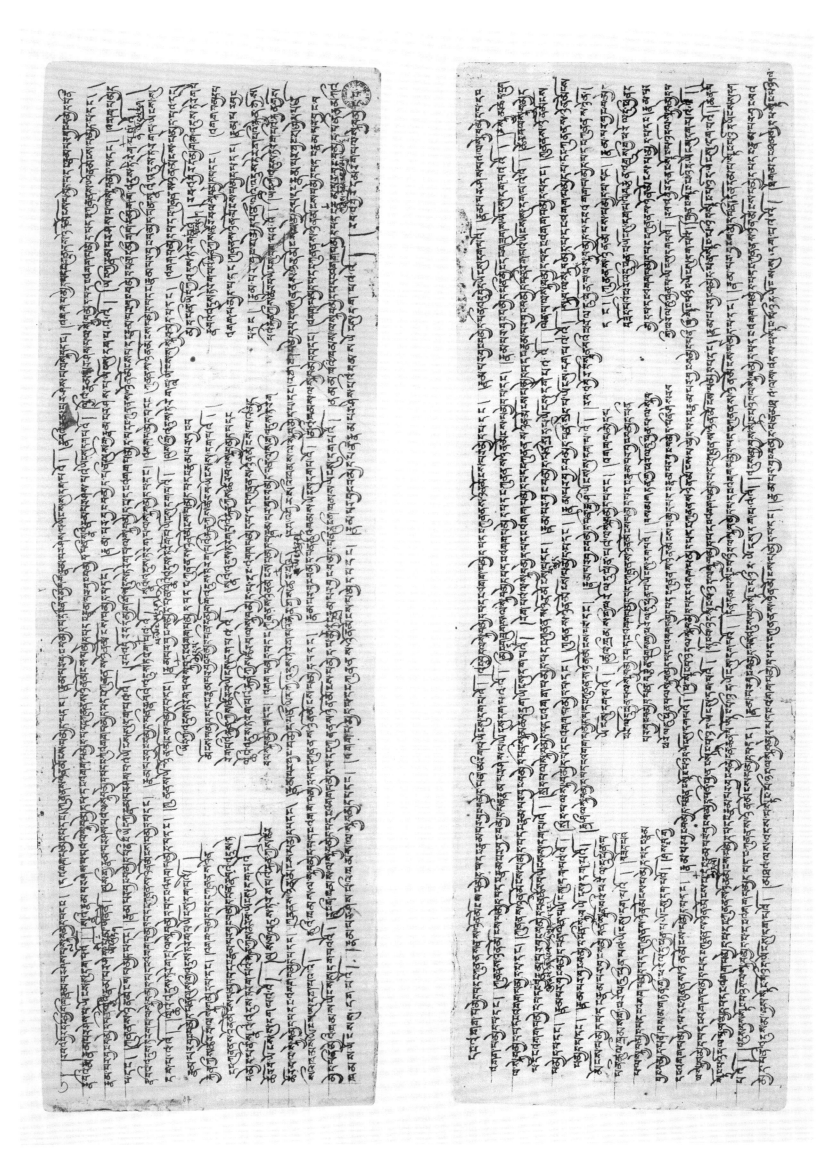

法 Pel.tib.1314　　1.ཤེས་རབ་ཀྱི་ཕ་རོལ་ཏུ་ཕྱིན་པ་སྟོང་ཕྲག་བརྒྱ་པ།

1.十萬頌般若波羅蜜多經　　(100—87)

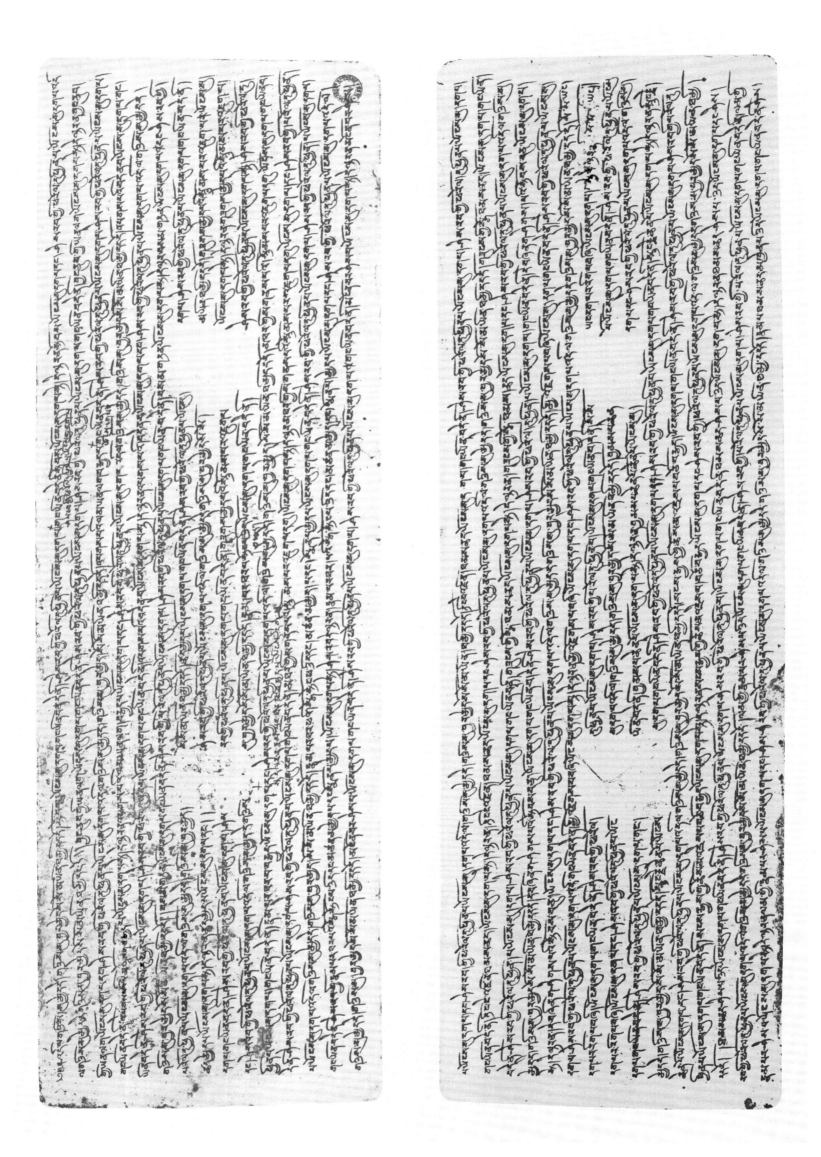

法 Pel.tib.1314　　1. ཤེས་རབ་ཀྱི་ཕ་རོལ་དུ་ཕྱིན་པ་སྟོང་ཕྲག་བརྒྱ་པ།

1.十萬頌般若波羅蜜多經　　(100—88)

268

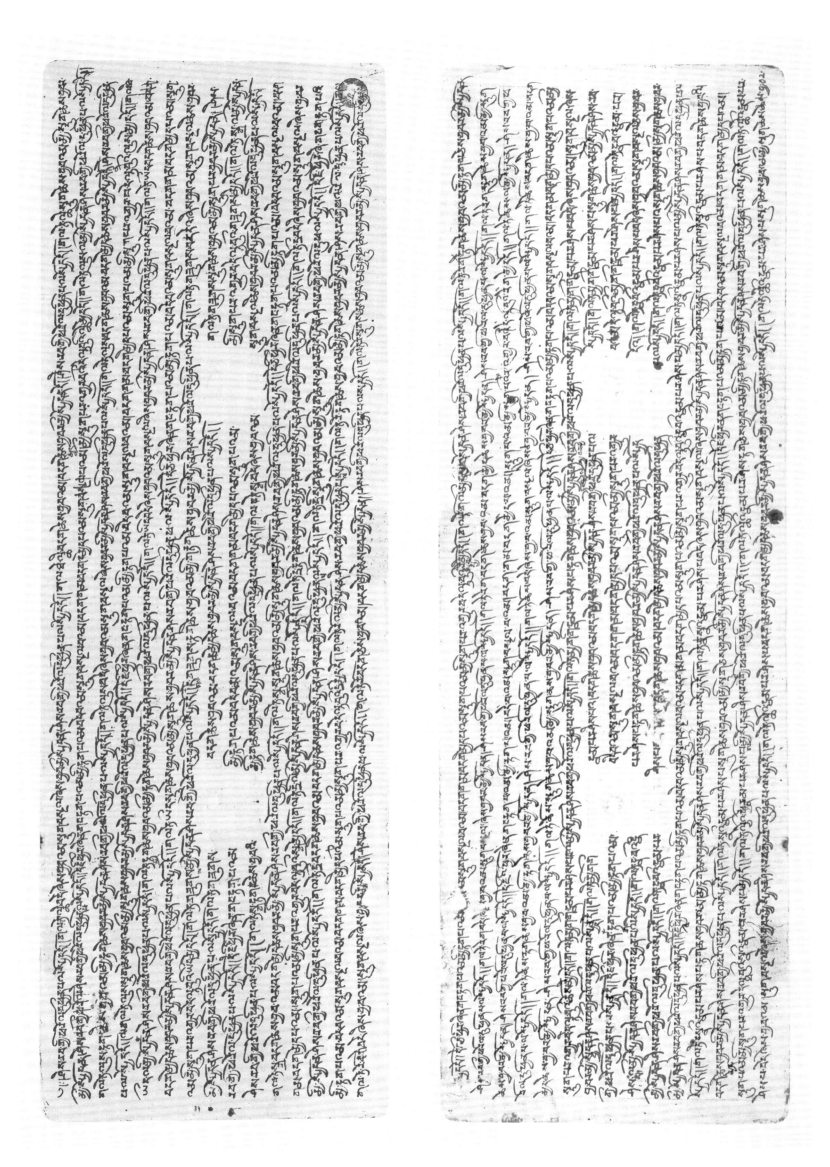

法 Pel.tib.1314　　1.ཤེས་རབ་ཀྱི་ཕ་རོལ་ཏུ་ཕྱིན་པ་སྟོང་ཕྲག་བརྒྱ་པ།

1.十萬頌般若波羅蜜多經　　(100—89)

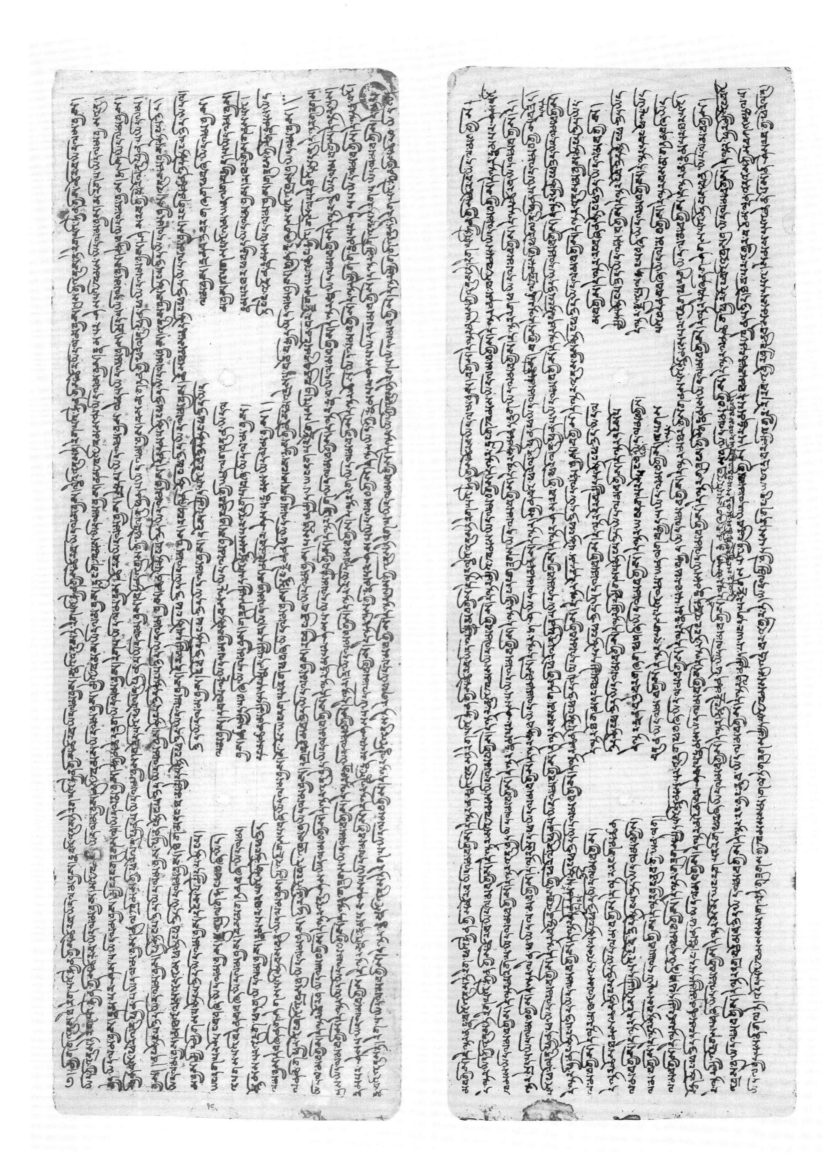

法 Pel.tib.1314　　1.ཤེས་རབ་ཀྱི་ཕ་རོལ་ཏུ་ཕྱིན་པ་སྟོང་ཕྲག་བརྒྱ་པ།

1.十萬頌般若波羅蜜多經　　(100—90)

270

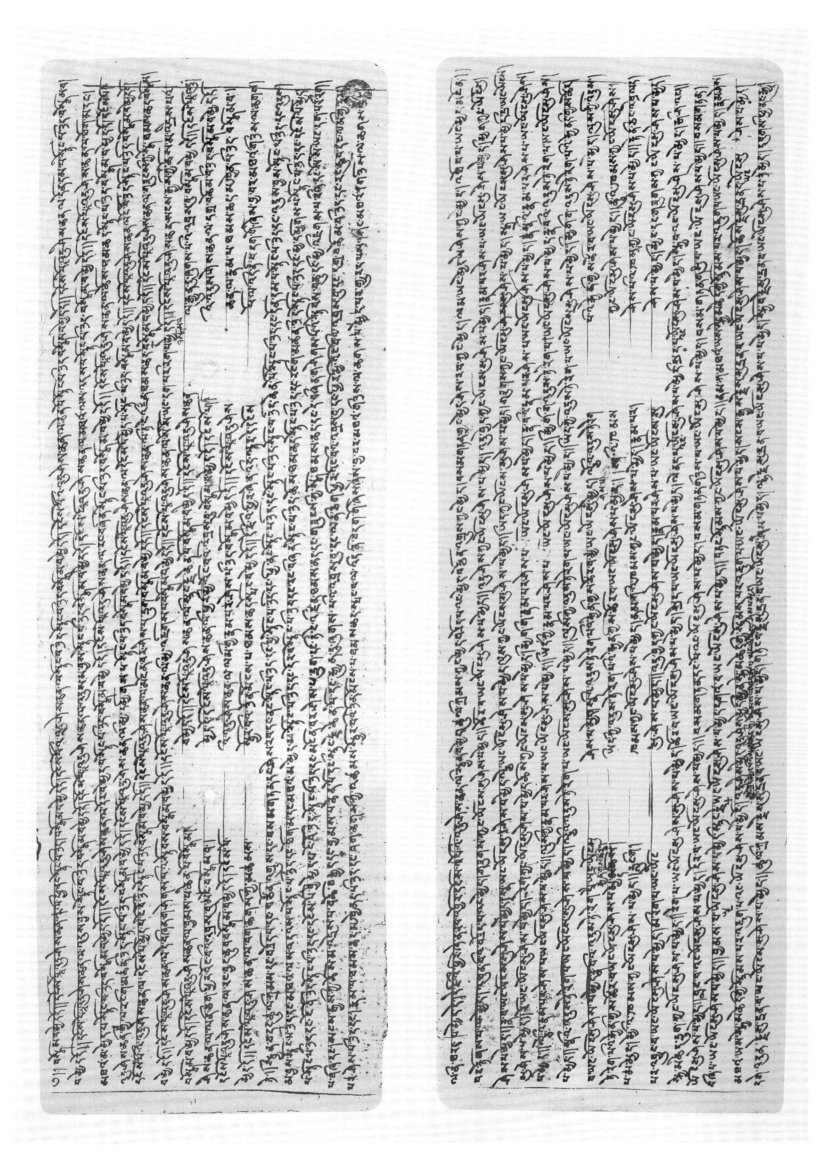

法 Pel.tib.1314　　1.ཤེས་རབ་ཀྱི་ཕ་རོལ་དུ་ཕྱིན་པ་སྟོང་ཕྲག་བརྒྱ་པ།

1.十萬頌般若波羅蜜多經　　(100—91)

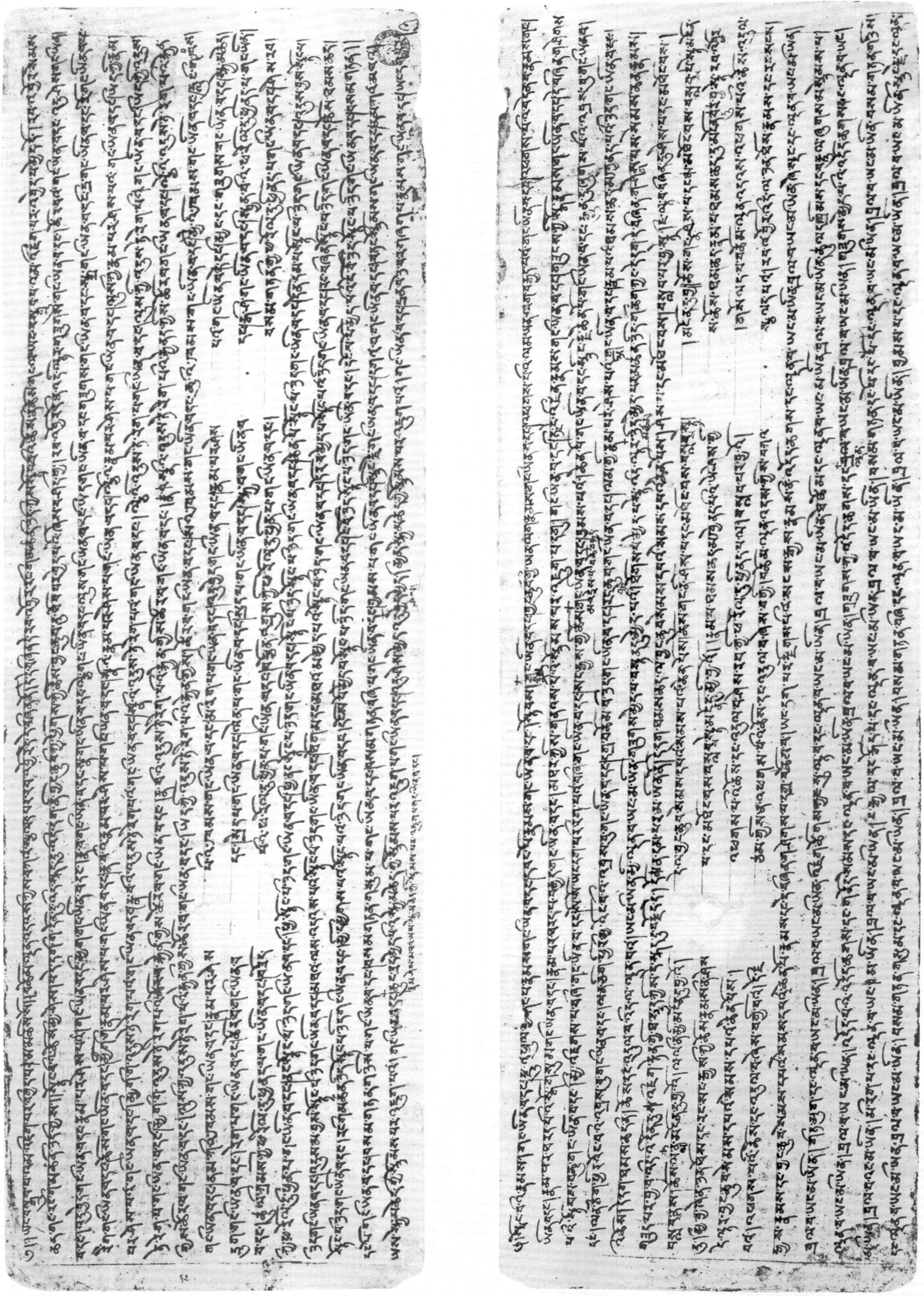

法 Pel.tib.1314　　1.ཤེས་རབ་ཀྱི་ཕ་རོལ་ཏུ་ཕྱིན་པ་སྟོང་ཕྲག་བརྒྱ་པ།

1.十萬頌般若波羅蜜多經　(100—92)

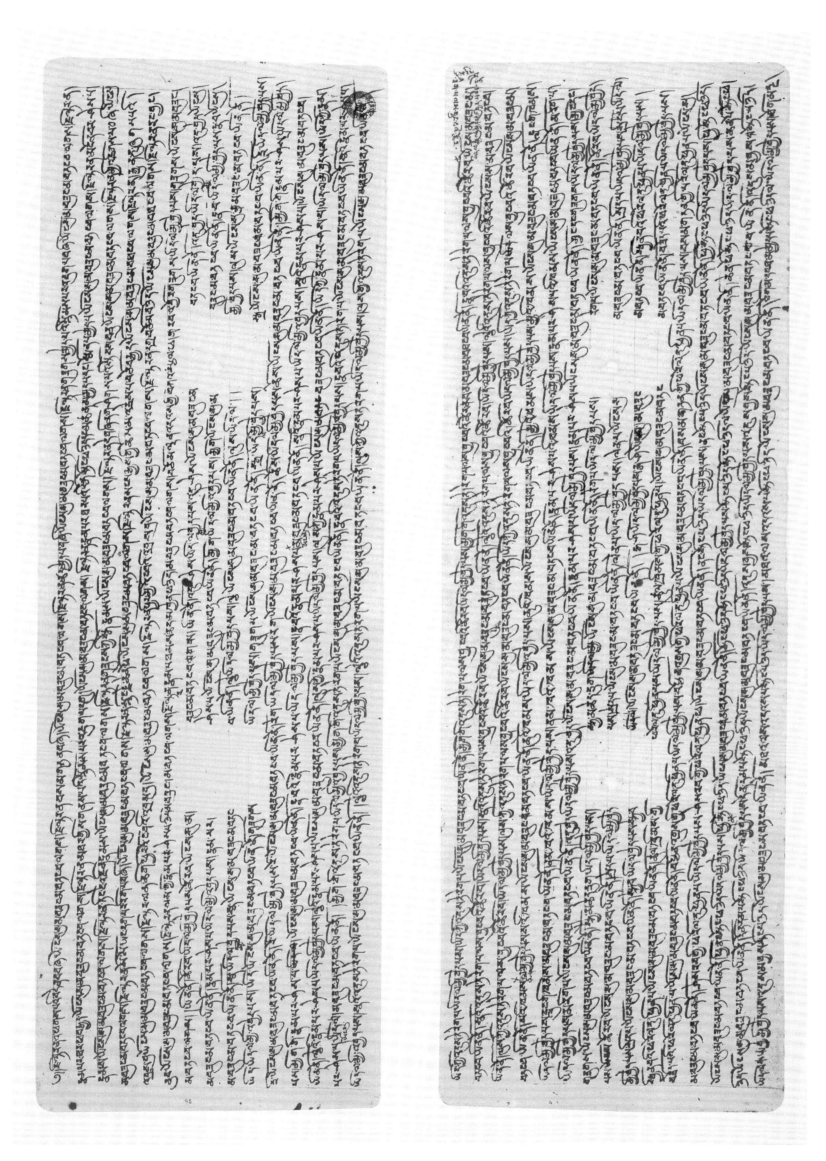

法 Pel.tib.1314　　1.ཤེས་རབ་ཀྱི་ཕ་རོལ་དུ་ཕྱིན་པ་སྟོང་ཕྲག་བརྒྱ་པ།

1.十萬頌般若波羅蜜多經　　(100—93)

1.ཤེས་རབ་ཀྱི་ཕ་རོལ་ཏུ་ཕྱིན་པ་སྟོང་ཕྲག་བརྒྱ་པ།

1.十萬頌般若波羅蜜多經　　(100—94)

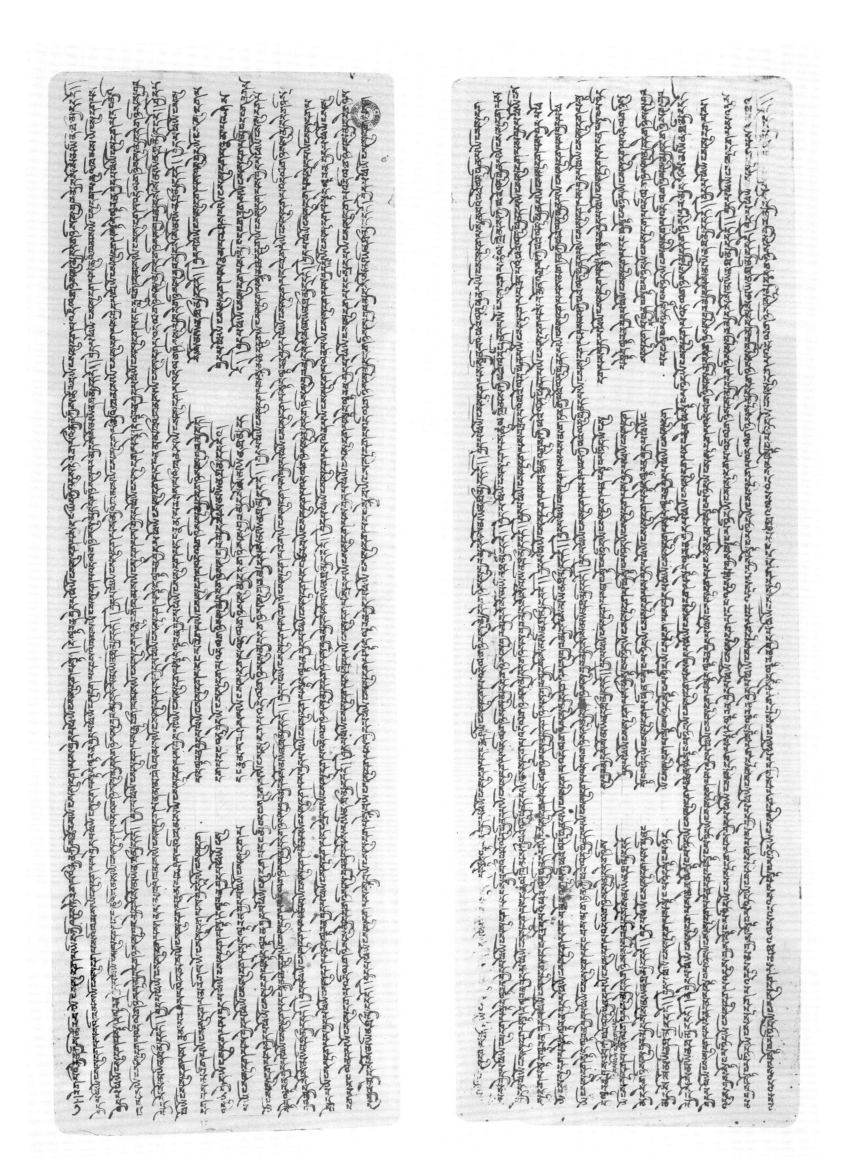

法 Pel.tib.1314　　1.ཤེས་རབ་ཀྱི་ཕ་རོལ་ཏུ་ཕྱིན་པ་སྟོང་ཕྲག་བརྒྱ་པ།

1.十萬頌般若波羅蜜多經　　(100—95)

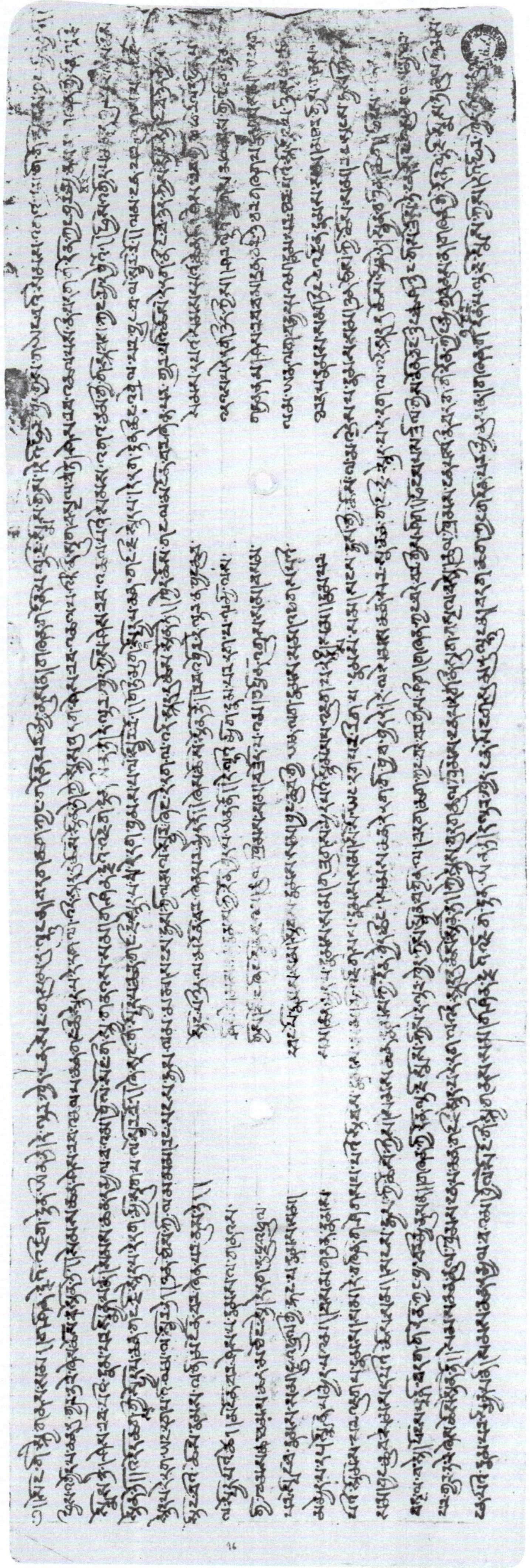

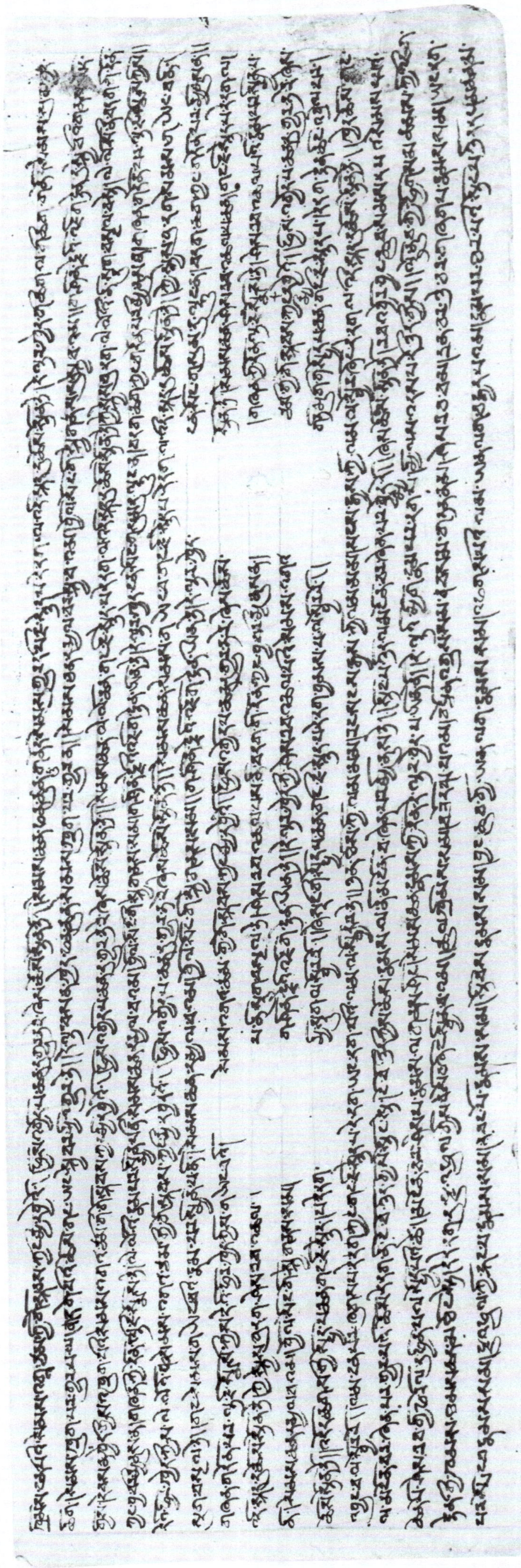

法 Pel.tib.1314　　1.ཤེས་རབ་ཀྱི་ཕ་རོལ་ཏུ་ཕྱིན་པ་སྟོང་ཕྲག་བརྒྱ་པ།

1.十萬頌般若波羅蜜多經　　(100—96)

276

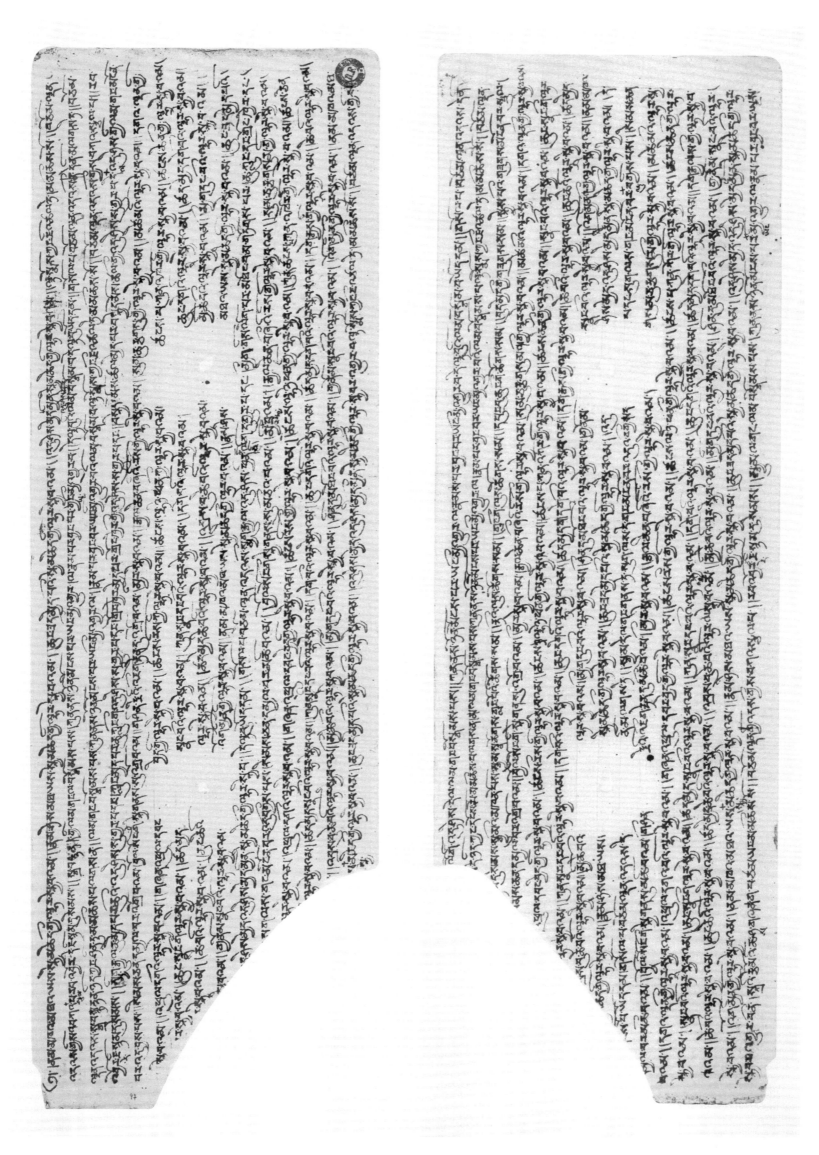

法 Pel.tib.1314　　1.ཤེས་རབ་ཀྱི་ཕ་རོལ་ཏུ་ཕྱིན་པ་སྟོང་ཕྲག་བརྒྱ་པ།

1.十萬頌般若波羅蜜多經　　(100—97)

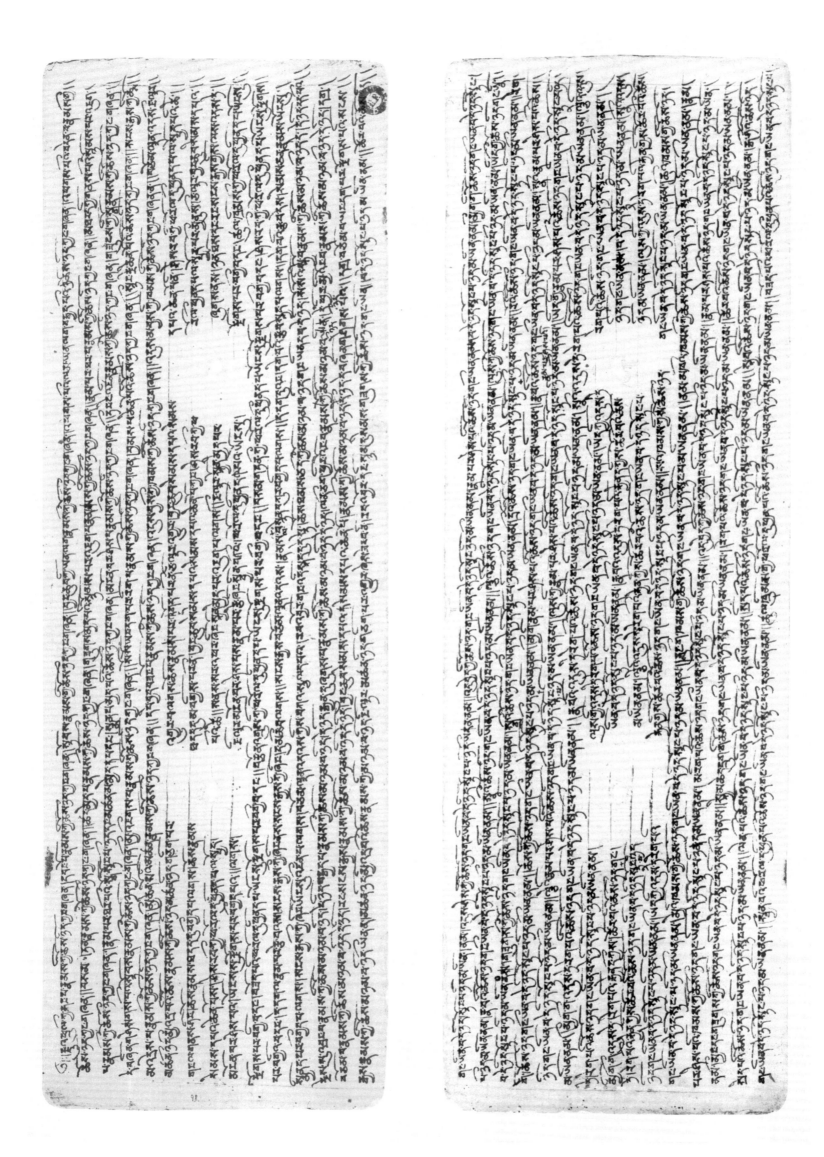

法 Pel.tib.1314　　1.ཤེས་རབ་ཀྱི་ཕ་རོལ་ཏུ་ཕྱིན་པ་སྟོང་ཕྲག་བརྒྱ་པ།

1.十萬頌般若波羅蜜多經　　(100—98)

278

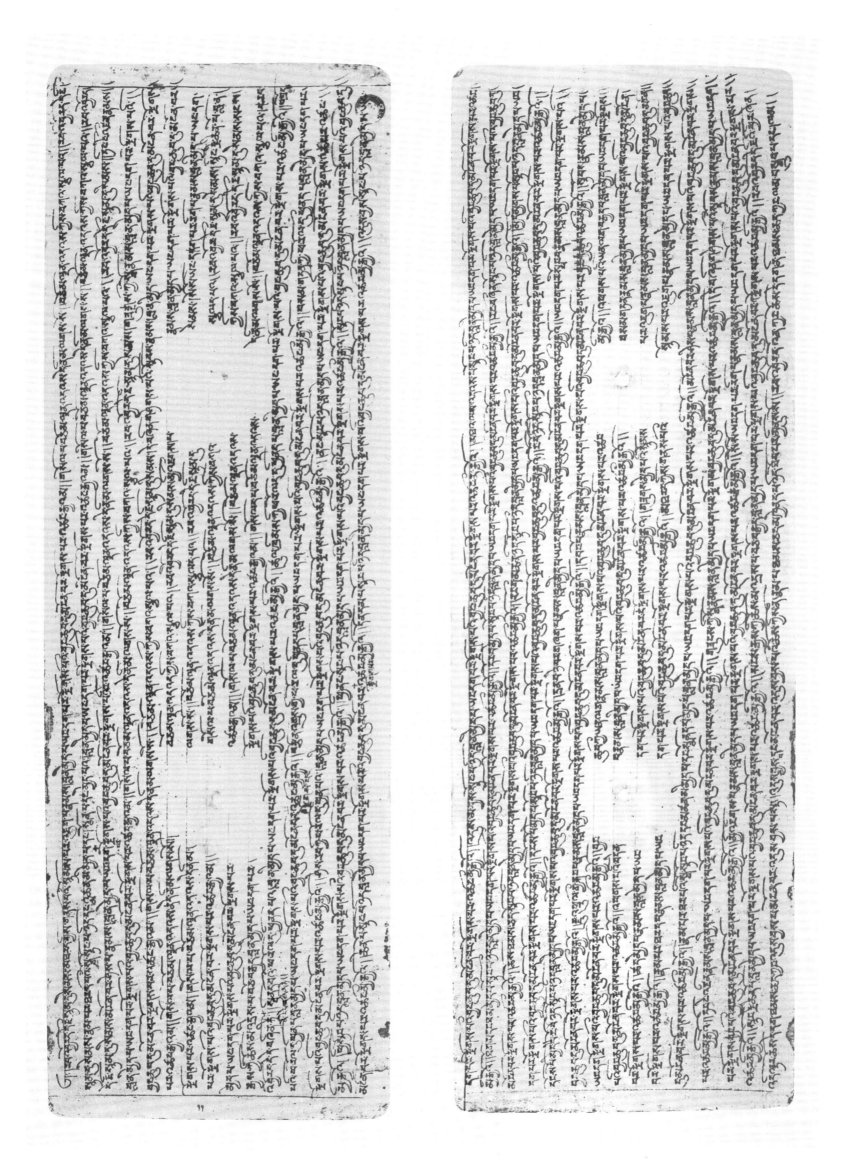

法 Pel.tib.1314　　1.ཤེས་རབ་ཀྱི་ཕ་རོལ་ཏུ་ཕྱིན་པ་སྟོང་ཕྲག་བརྒྱ་པ།

1.十萬頌般若波羅蜜多經　　(100—99)

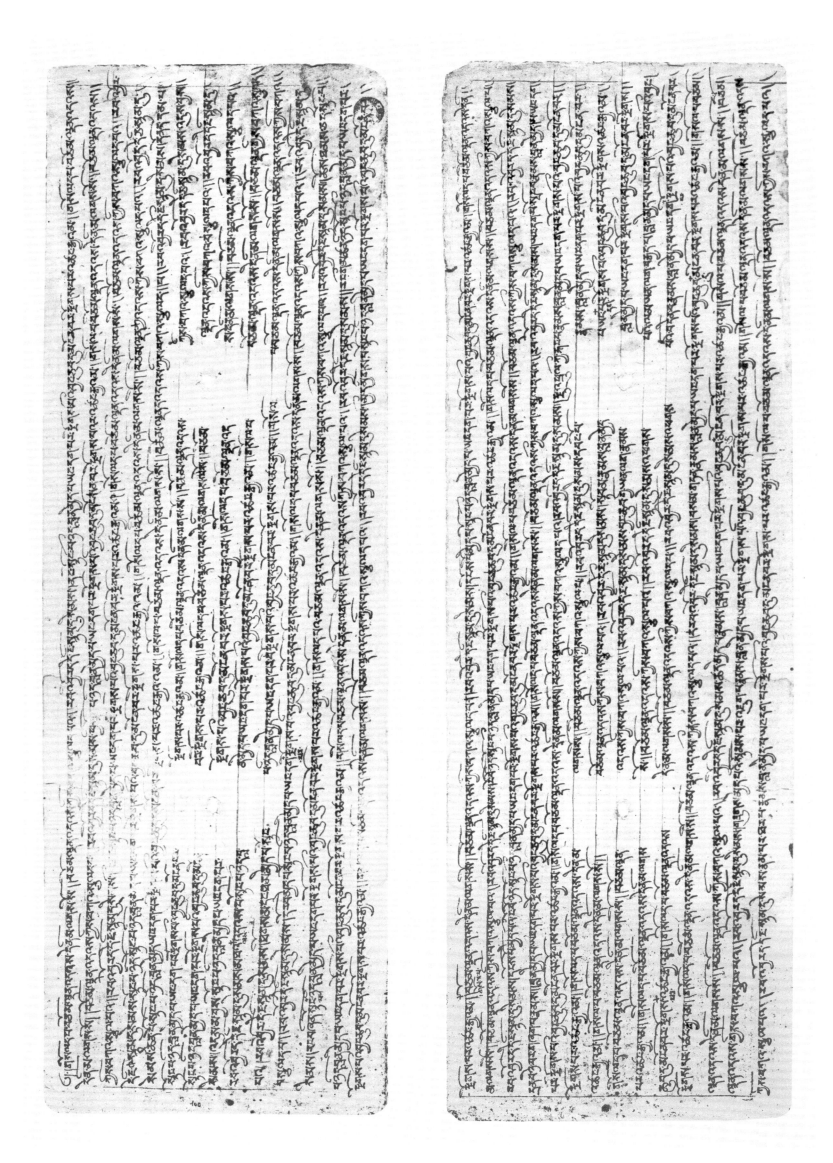

法 Pel.tib.1314　　1.ཤེས་རབ་ཀྱི་ཕ་རོལ་ཏུ་ཕྱིན་པ་སྟོང་ཕྲག་བརྒྱ་པ།

1.十萬頌般若波羅蜜多經　　(100—100)

280

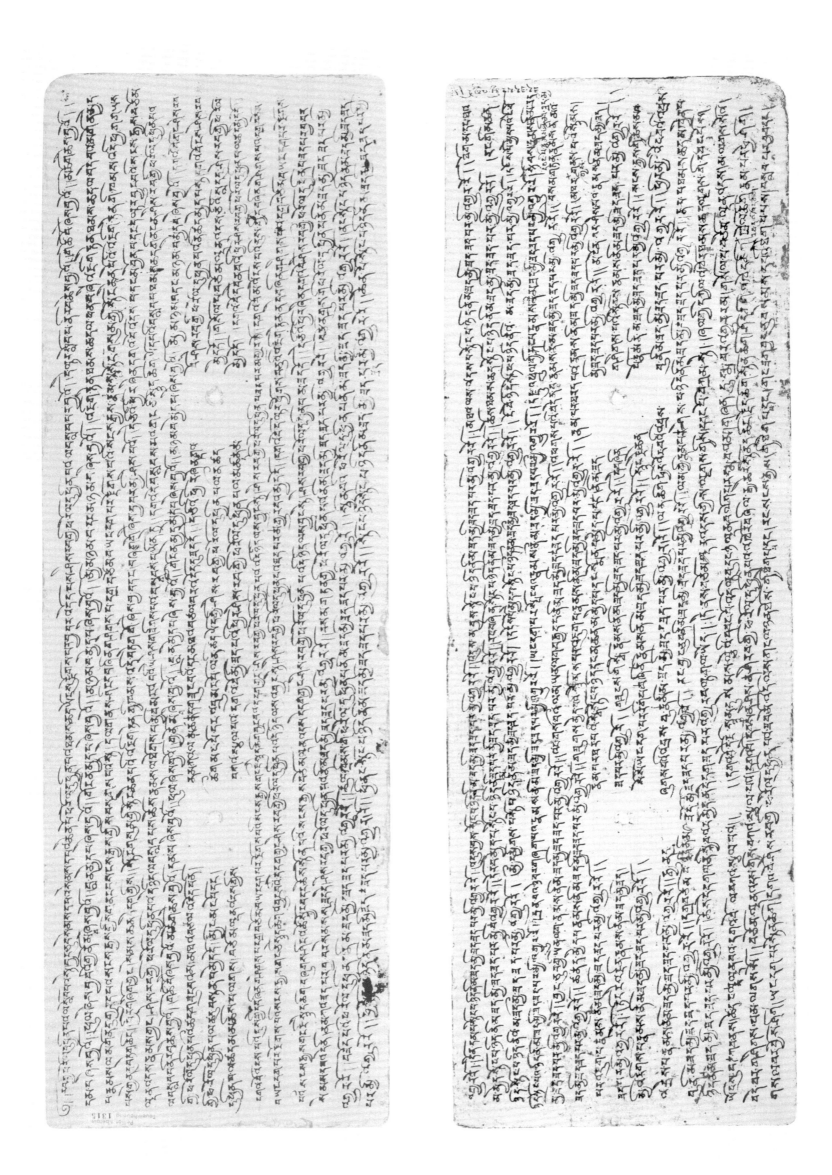

法 Pel.tib.1315　　ཤེས་རབ་ཀྱི་ཕ་རོལ་དུ་ཕྱིན་པ་སྟོང་ཕྲག་བརྒྱ་པ།

十萬頌般若波羅蜜多經　　(50—1)

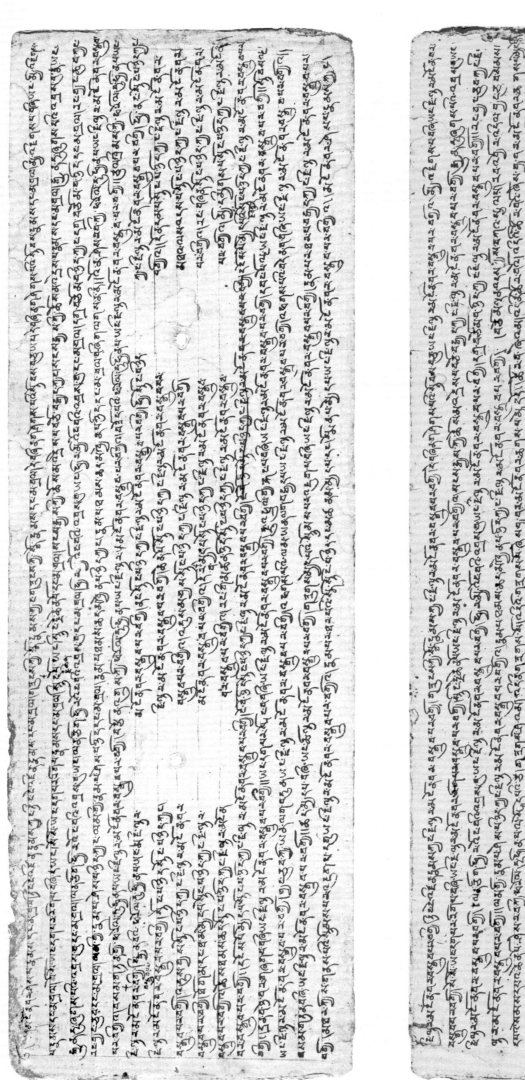
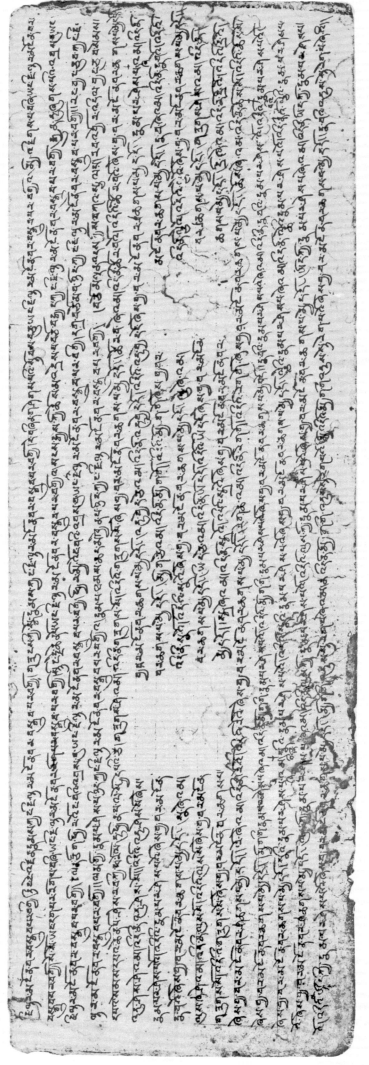

十萬頌般若波羅蜜多經　　　(50—2)

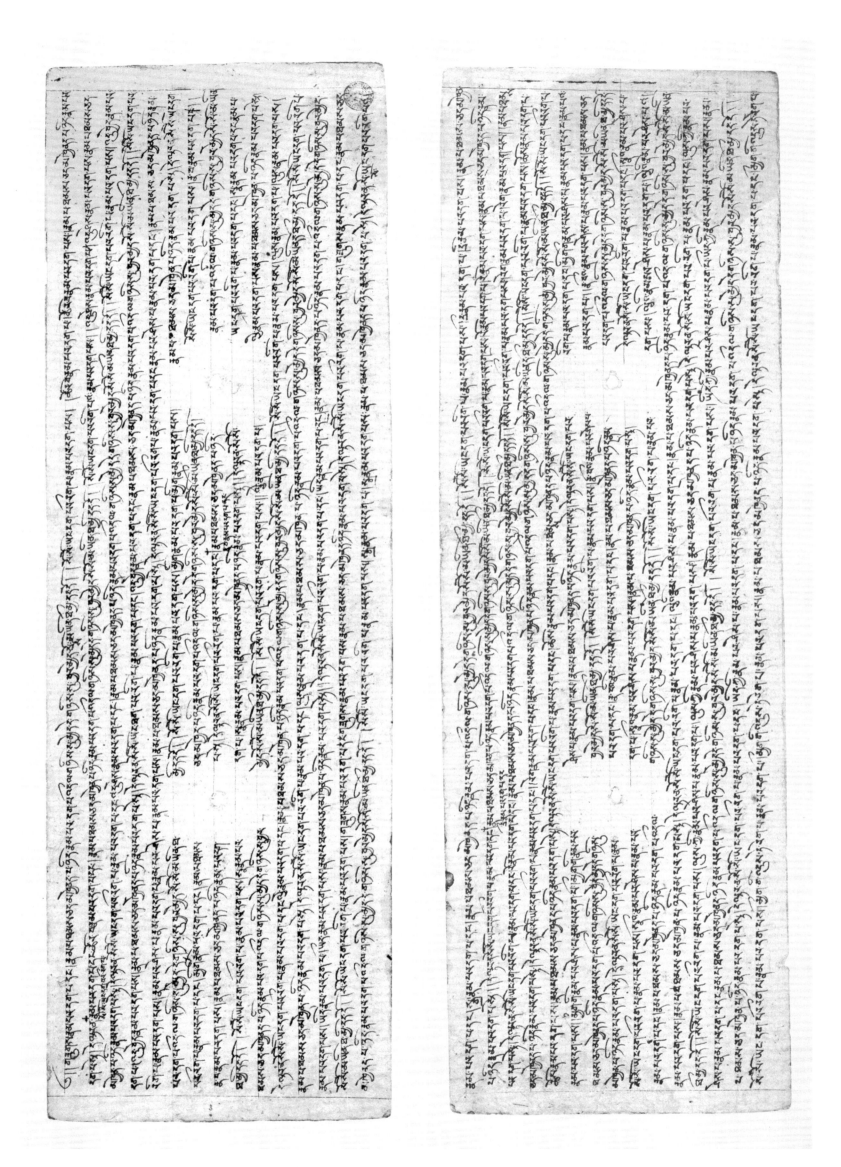

法 Pel.tib.1315　ཤེས་རབ་ཀྱི་ཕ་རོལ་ཏུ་ཕྱིན་པ་སྟོང་ཕྲག་བརྒྱ་པ།

十萬頌般若波羅蜜多經　　(50—3)

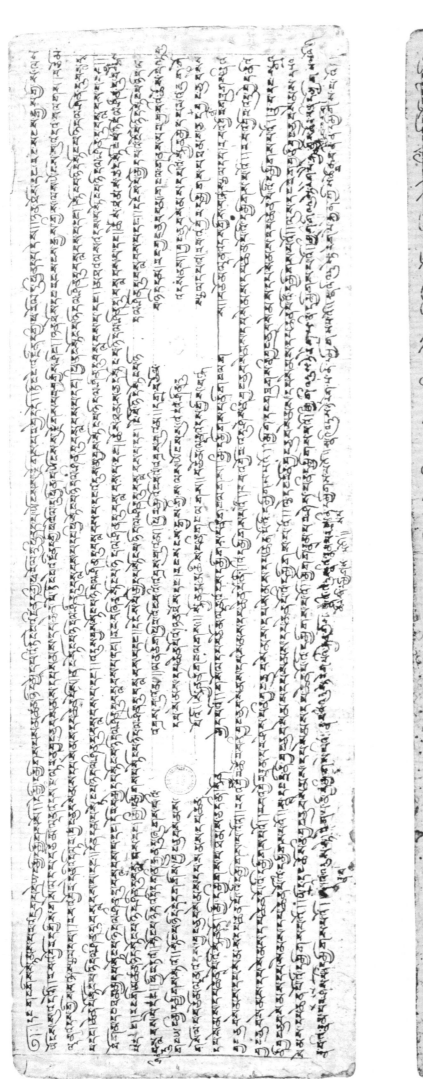
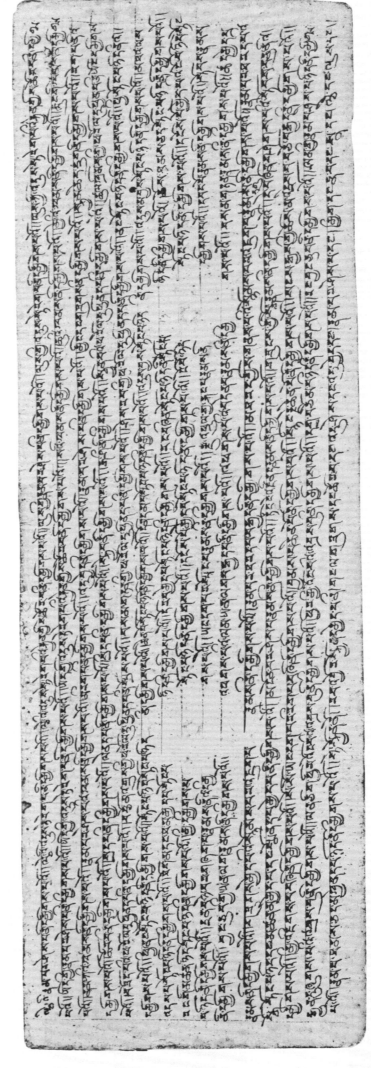

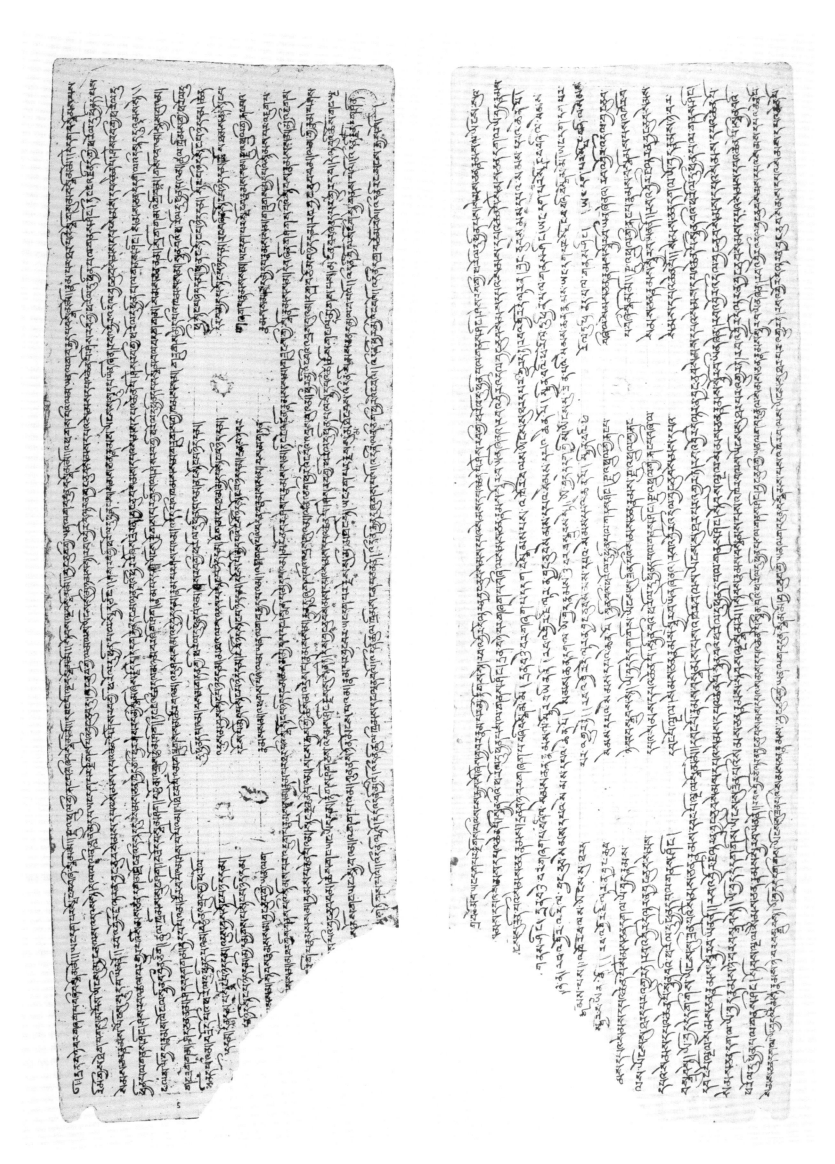

法 Pel.tib.1315　　ཤེས་རབ་ཀྱི་ཕ་རོལ་དུ་ཕྱིན་པ་སྟོང་ཕྲག་བརྒྱ་པ།

十萬頌般若波羅蜜多經　　(50—6)

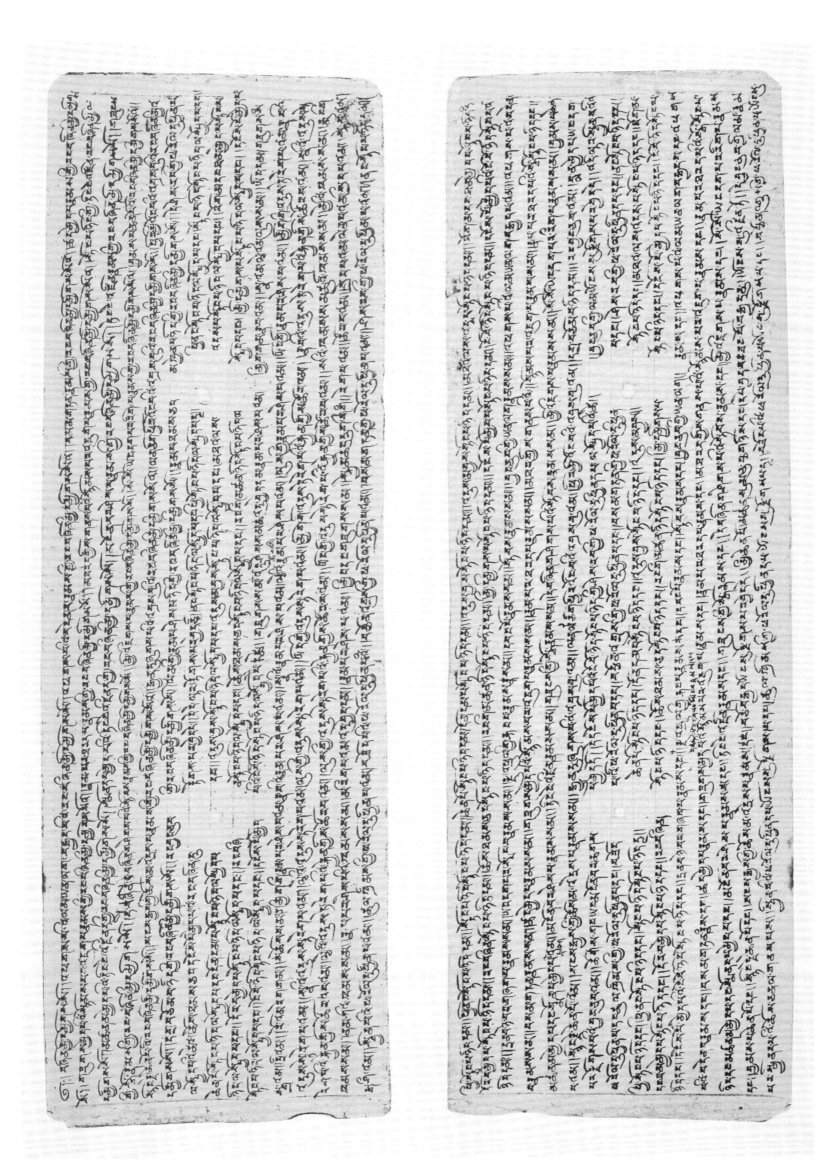

法 Pel.tib.1315　ཤེས་རབ་ཀྱི་ཕ་རོལ་ཏུ་ཕྱིན་པ་སྟོང་ཕྲག་བརྒྱ་པ།
十萬頌般若波羅蜜多經　　(50—7)

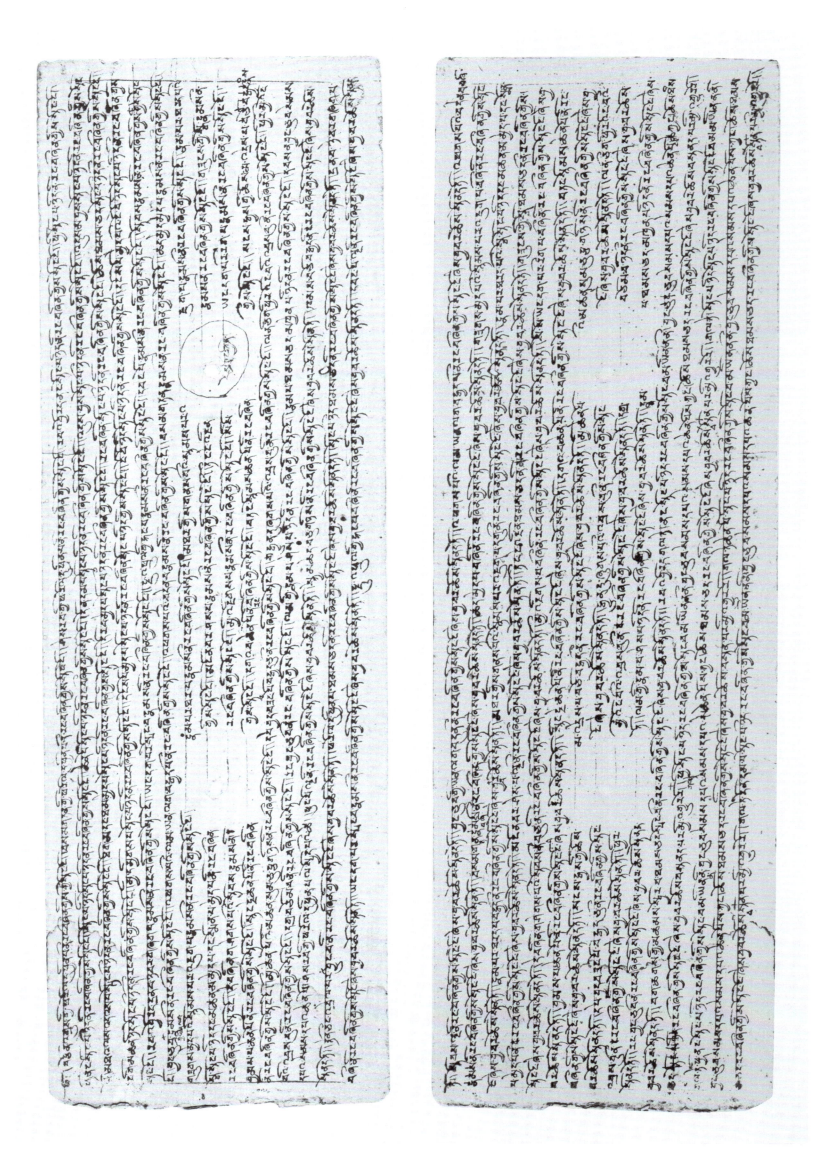

法 Pel.tib.1315　　ཤེས་རབ་ཀྱི་ཕ་རོལ་ཏུ་ཕྱིན་པ་སྟོང་ཕྲག་བརྒྱ་པ།

十萬頌般若波羅蜜多經　　(50—8)

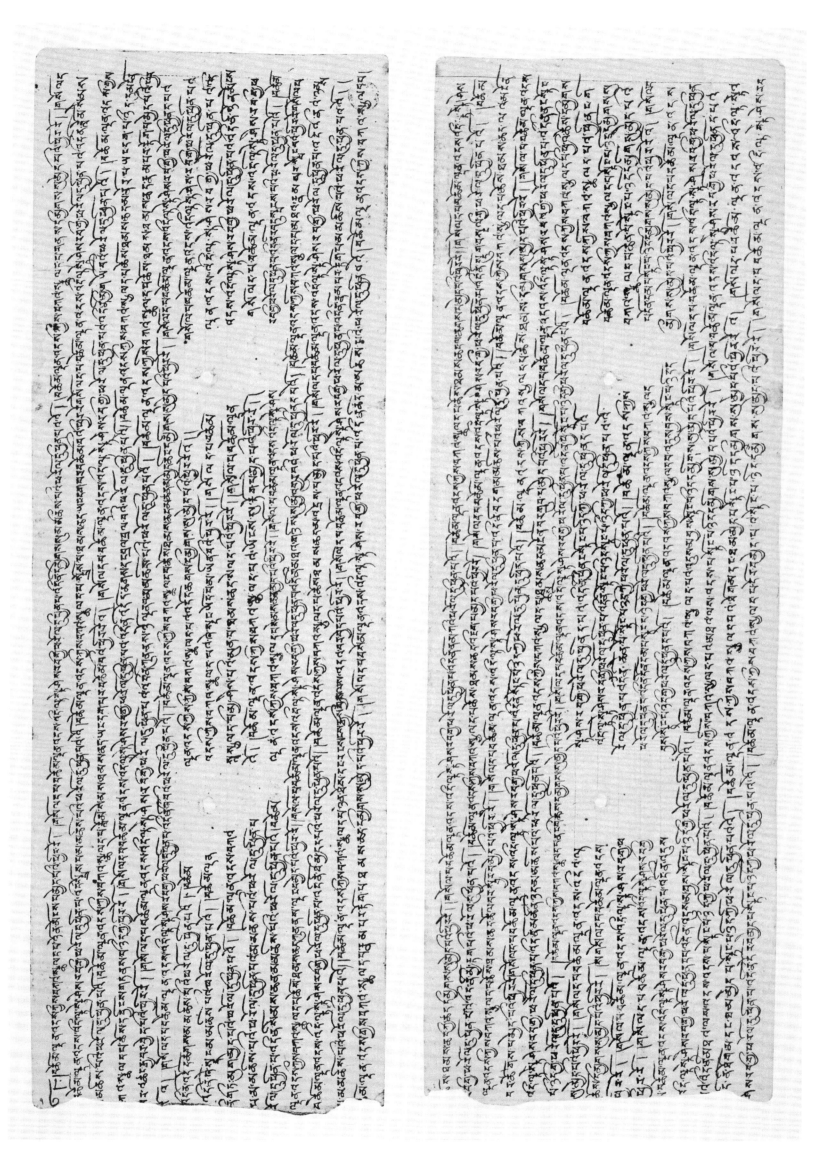

法 Pel.tib.1315　　ཤེས་རབ་ཀྱི་ཕ་རོལ་ཏུ་ཕྱིན་པ་སྟོང་ཕྲག་བརྒྱ་པ།
十萬頌般若波羅蜜多經　　(50—9)

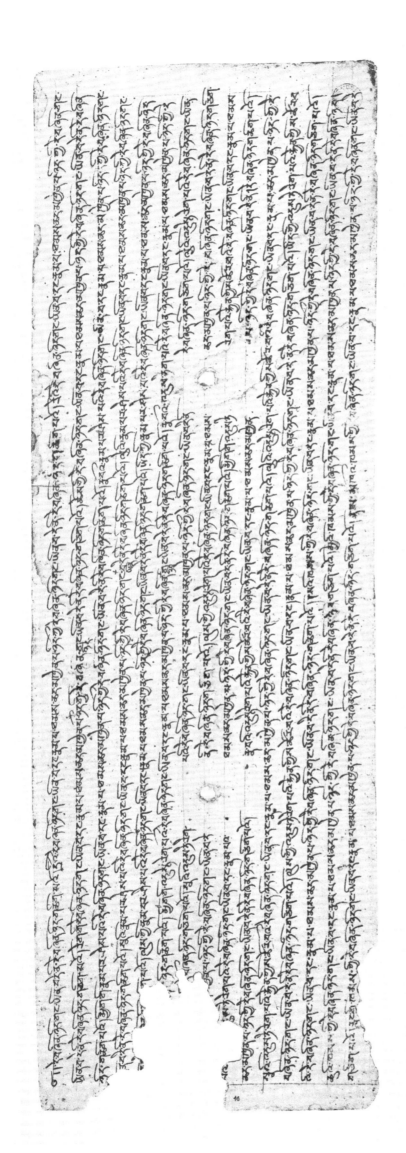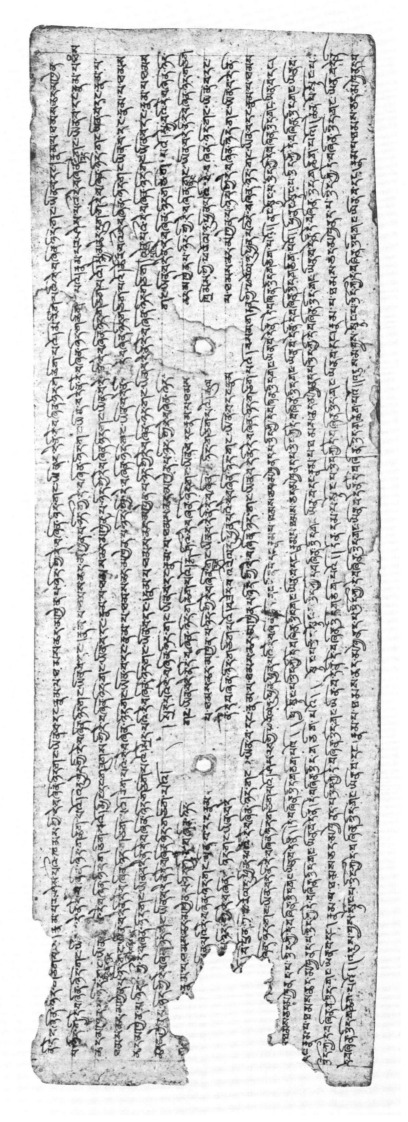

法 Pel.tib.1315　　ཤེས་རབ་ཀྱི་ཕ་རོལ་ཏུ་ཕྱིན་པ་སྟོང་ཕྲག་བརྒྱ་པ།

十萬頌般若波羅蜜多經　　(50—10)

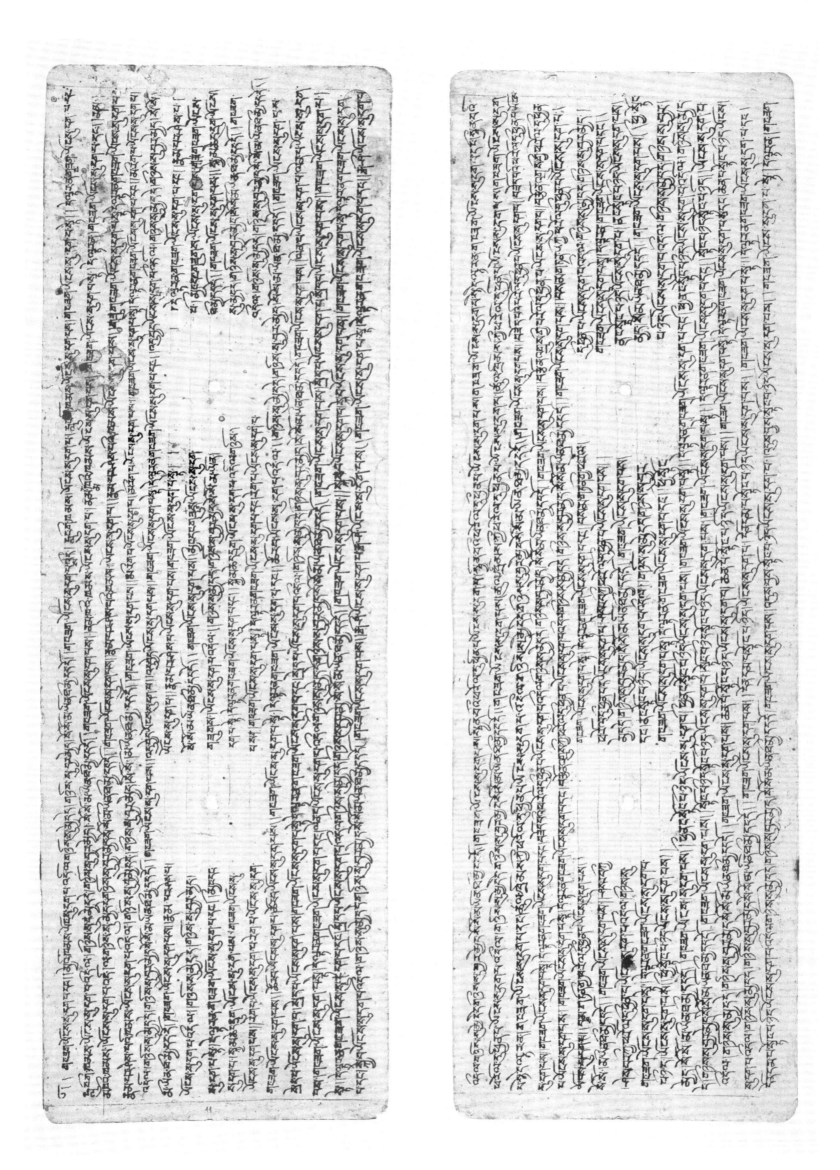

法 Pel.tib.1315　ཤེས་རབ་ཀྱི་ཕ་རོལ་ཏུ་ཕྱིན་པ་སྟོང་ཕྲག་བརྒྱ་པ།
十萬頌般若波羅蜜多經　　(50—11)

法 Pel.tib.1315　　ཤེས་རབ་ཀྱི་ཕ་རོལ་ཏུ་ཕྱིན་པ་སྟོང་ཕྲག་བརྒྱ་པ།

十萬頌般若波羅蜜多經　　(50—12)

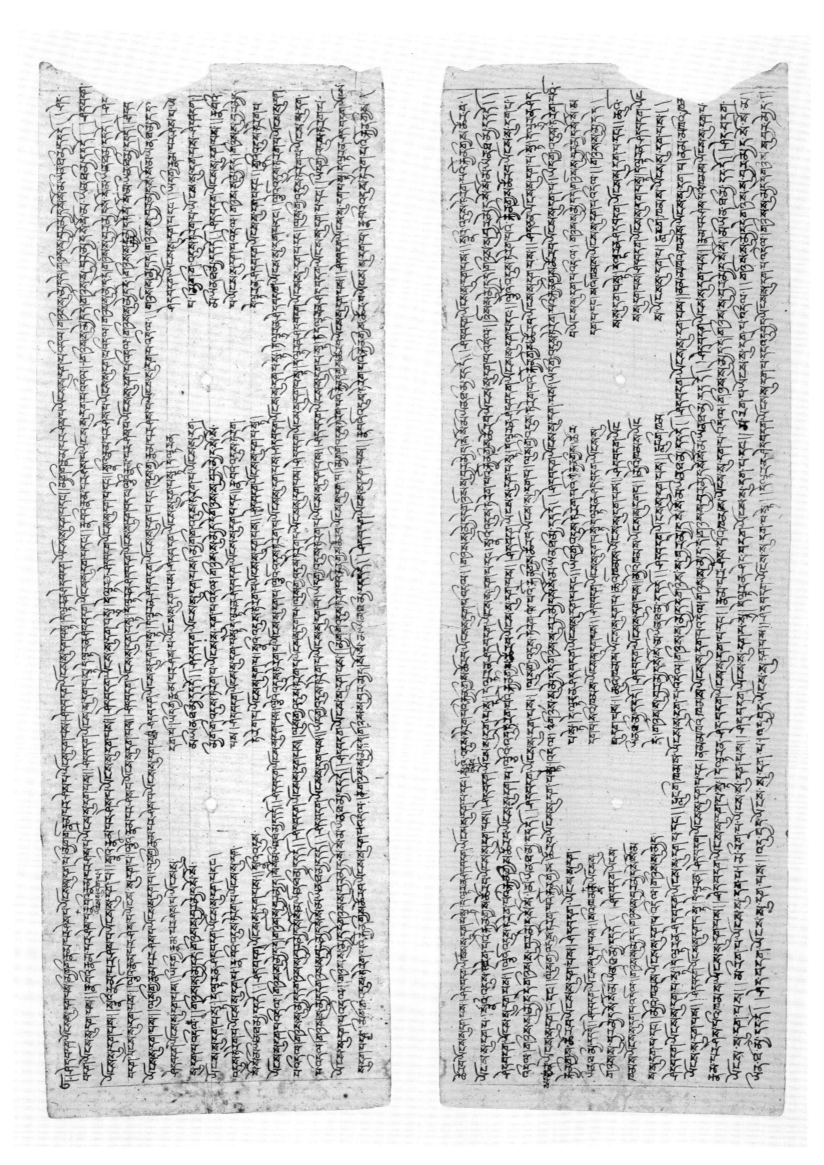

法 Pel.tib.1315　ཤེས་རབ་ཀྱི་ཕ་རོལ་ཏུ་ཕྱིན་པ་སྟོང་ཕྲག་བརྒྱ་པ།
十萬頌般若波羅蜜多經　　(50—13)

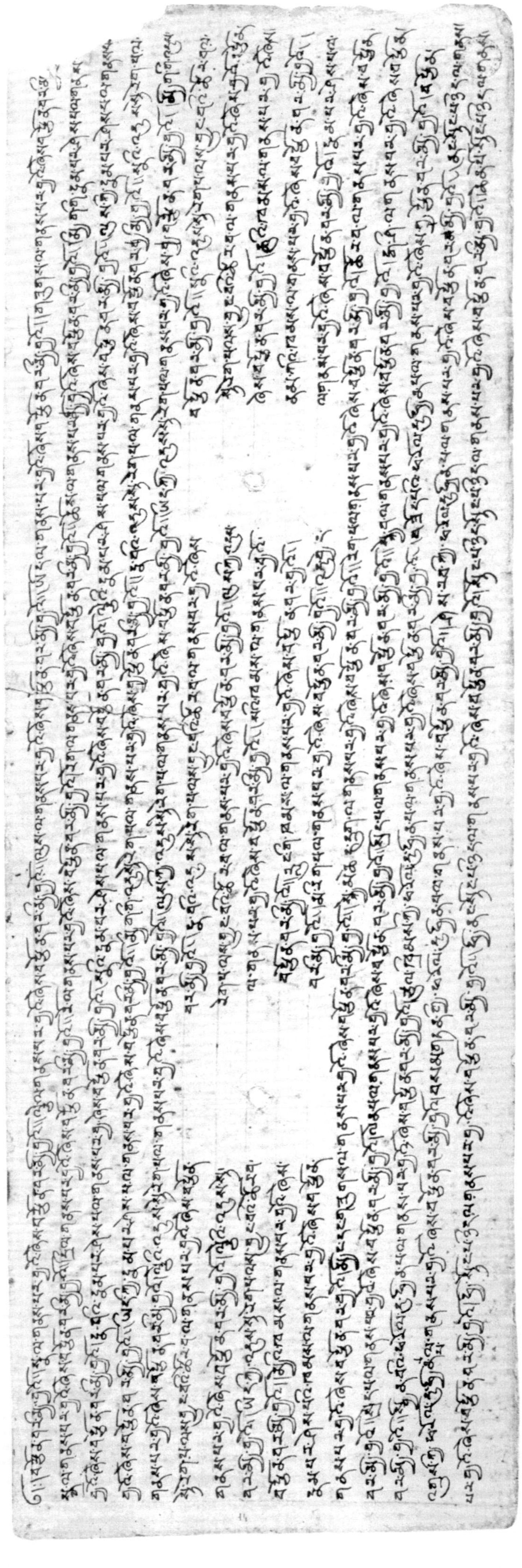

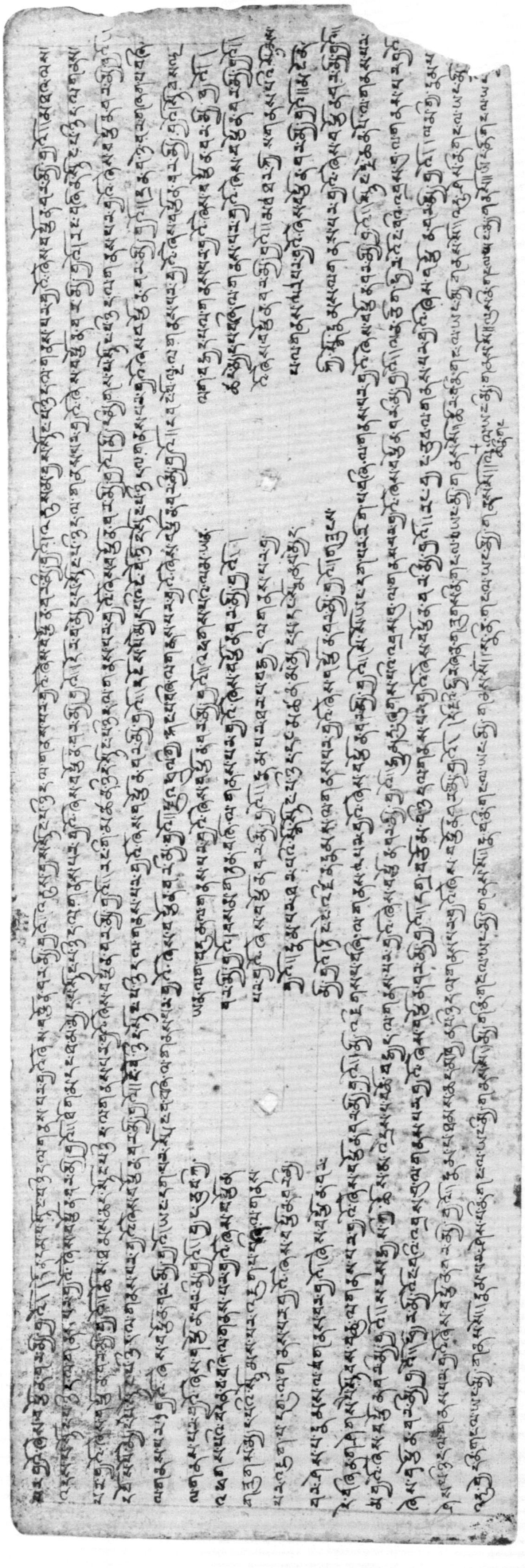

法 Pel.tib.1315　　ཤེས་རབ་ཀྱི་ཕ་རོལ་དུ་ཕྱིན་པ་སྟོང་ཕྲག་བརྒྱ་པ།

十萬頌般若波羅蜜多經　　(50—14)

294

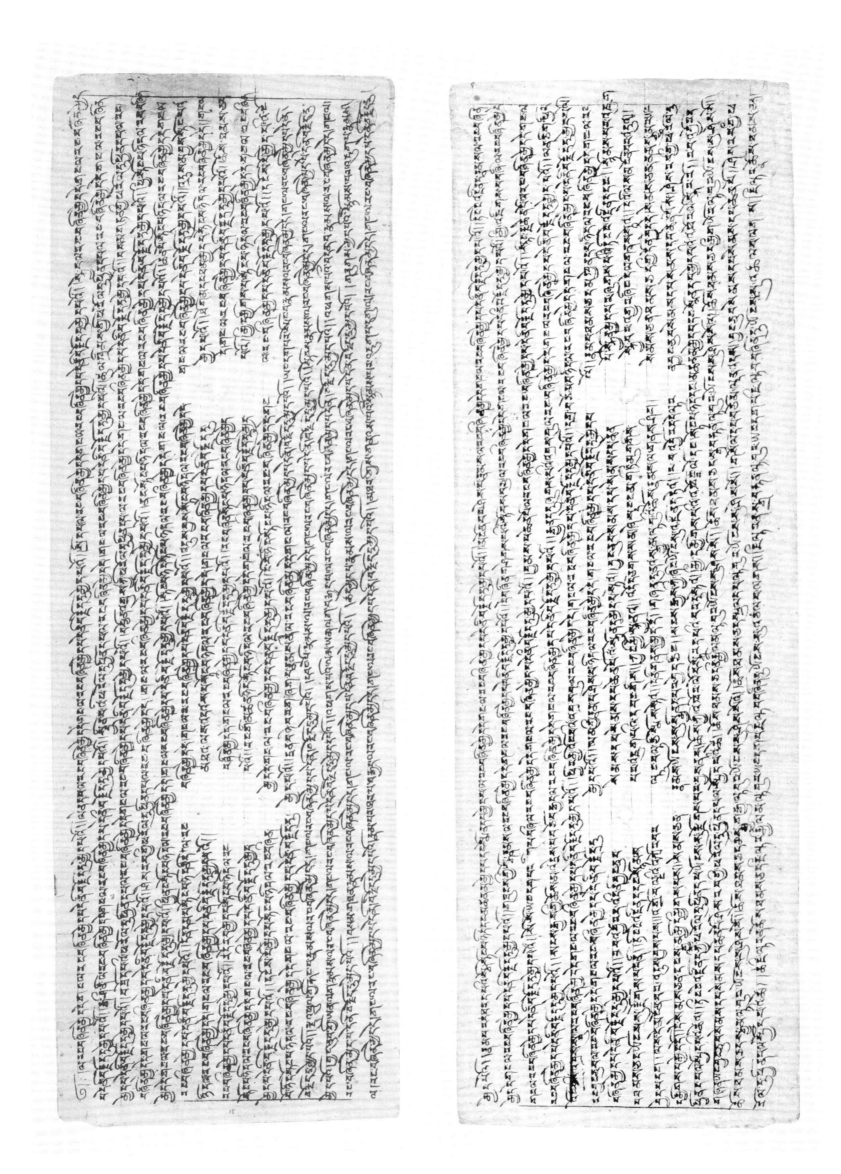

法 Pel.tib.1315　　ཤེས་རབ་ཀྱི་ཕ་རོལ་དུ་ཕྱིན་པ་སྟོང་ཕྲག་བརྒྱ་པ།

十萬頌般若波羅蜜多經　　(50—15)

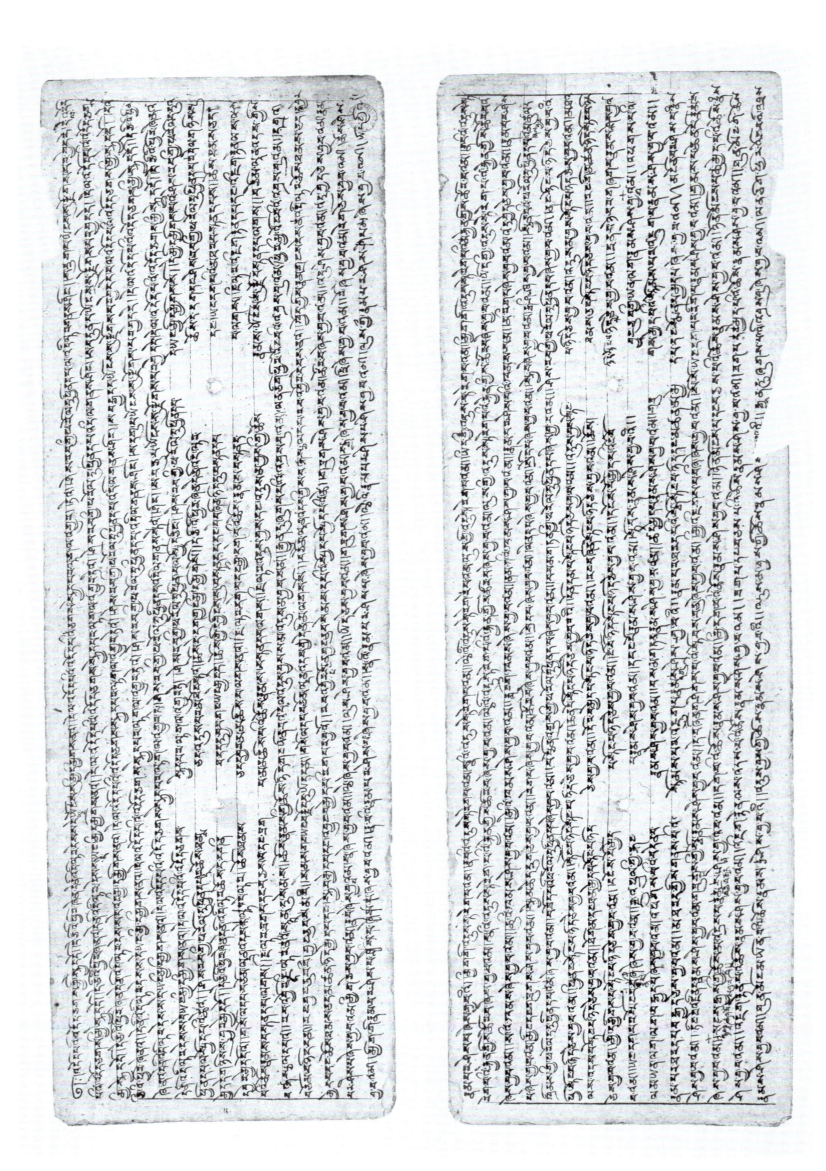

法 Pel.tib.1315　ཤེས་རབ་ཀྱི་ཕ་རོལ་དུ་ཕྱིན་པ་སྟོང་ཕྲག་བརྒྱ་པ།
十萬頌般若波羅蜜多經　　(50—16)

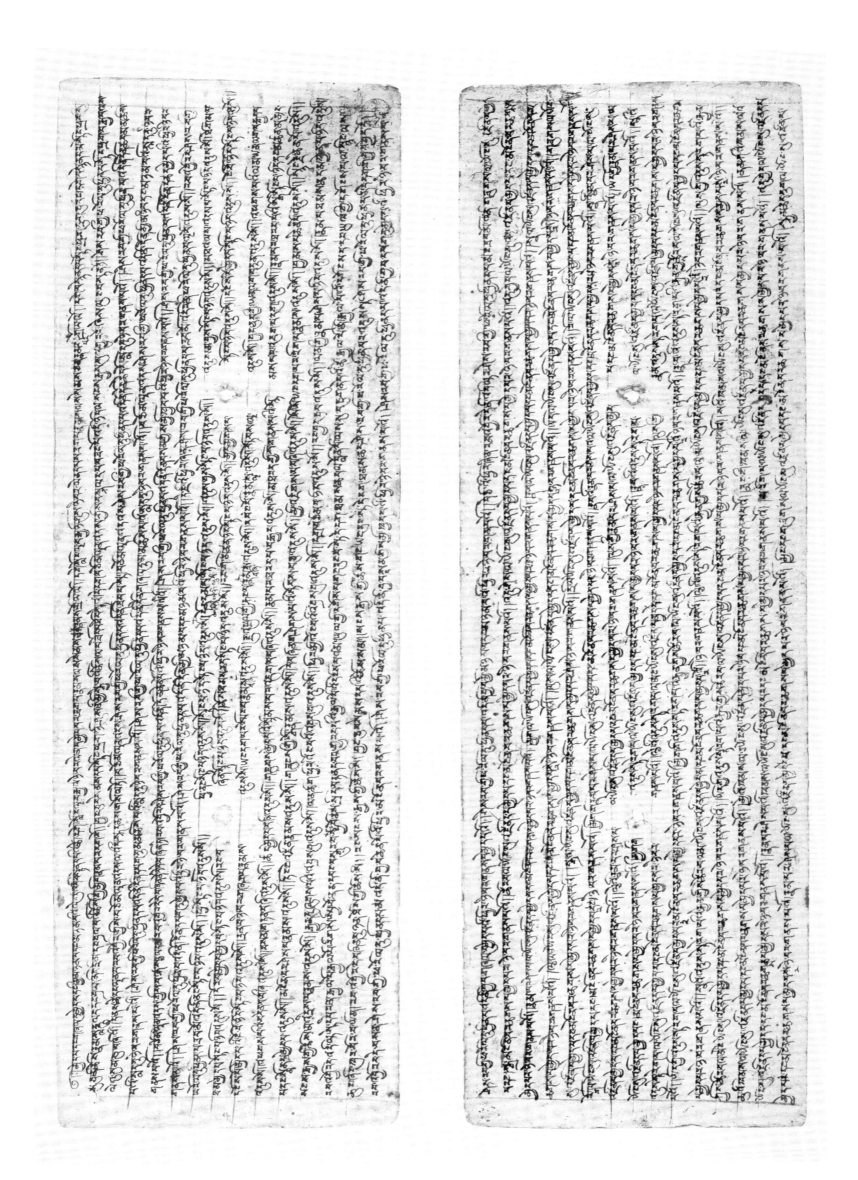

法 Pel.tib.1315　ཤེས་རབ་ཀྱི་ཕ་རོལ་ཏུ་ཕྱིན་པ་སྟོང་ཕྲག་བརྒྱ་པ།
十萬頌般若波羅蜜多經　　(50—17)

法 Pel.tib.1315　　ཤེས་རབ་ཀྱི་ཕ་རོལ་ཏུ་ཕྱིན་པ་སྟོང་ཕྲག་བརྒྱ་པ།

十萬頌般若波羅蜜多經　　(52—18)

298

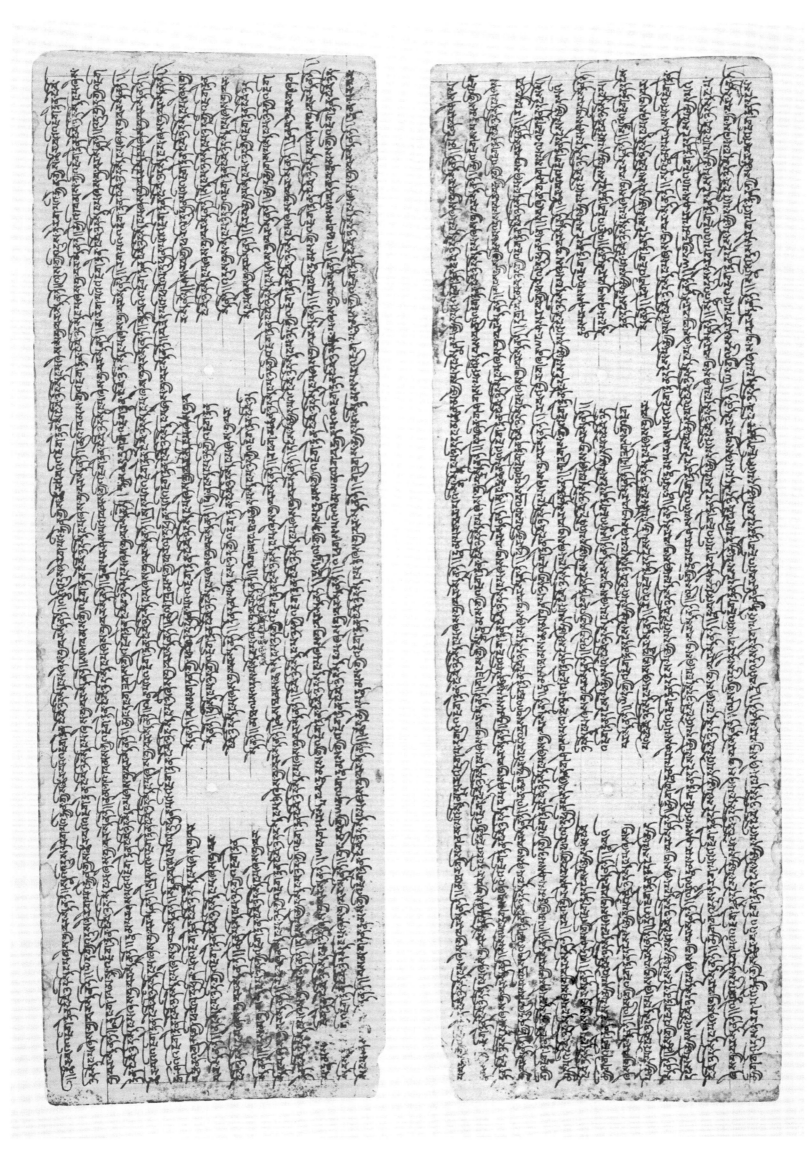

法 Pel.tib.1315　　ཤེས་རབ་ཀྱི་ཕ་རོལ་ཏུ་ཕྱིན་པ་སྟོང་ཕྲག་བརྒྱ་པ།

十萬頌般若波羅蜜多經　　(52—19)

法 Pel.tib.1315　ཤེས་རབ་ཀྱི་ཕ་རོལ་ཏུ་ཕྱིན་པ་སྟོང་ཕྲག་བརྒྱ་པ།

十萬頌般若波羅蜜多經　　(52—20)

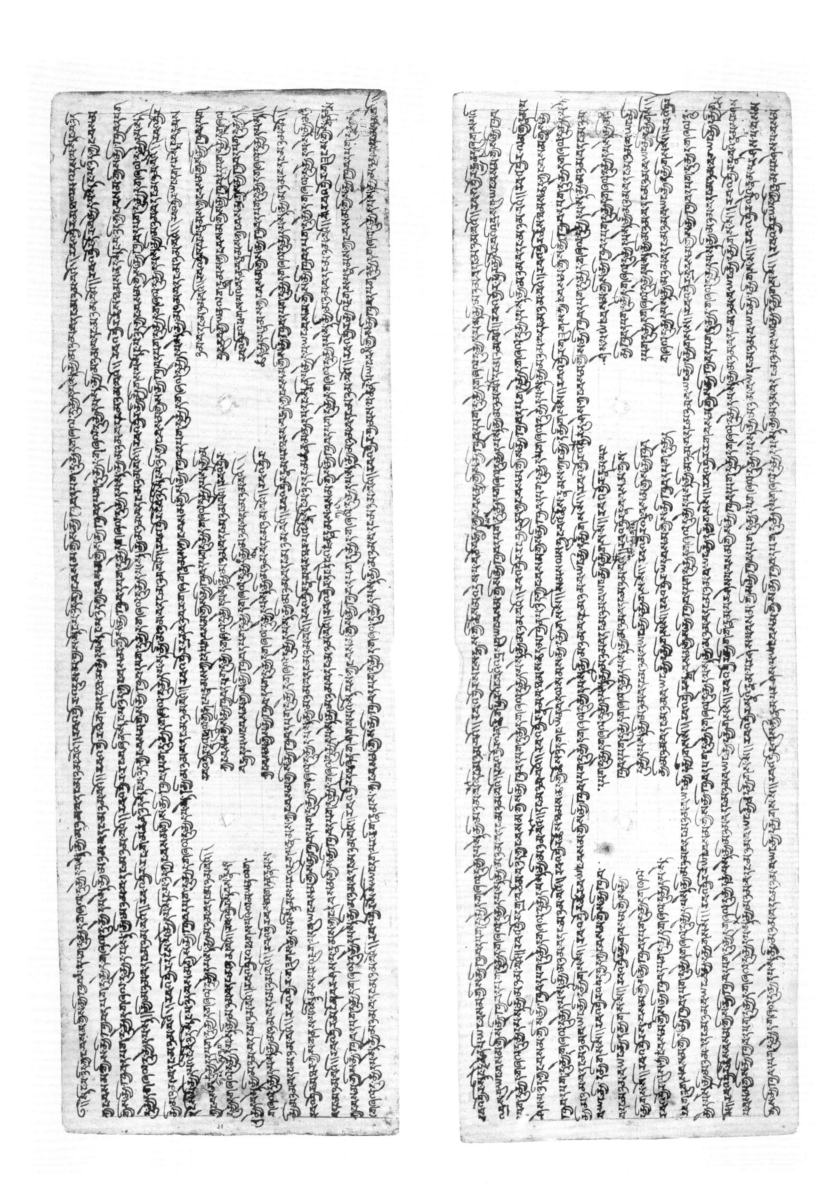

法 Pel.tib.1315　ཤེས་རབ་ཀྱི་ཕ་རོལ་ཏུ་ཕྱིན་པ་སྟོང་ཕྲག་བརྒྱ་པ།
十萬頌般若波羅蜜多經　　(52—21)

法 Pel.tib.1315　　ཤེས་རབ་ཀྱི་ཕ་རོལ་དུ་ཕྱིན་པ་སྟོང་ཕྲག་བརྒྱ་པ།

十萬頌般若波羅蜜多經　　(50—22)

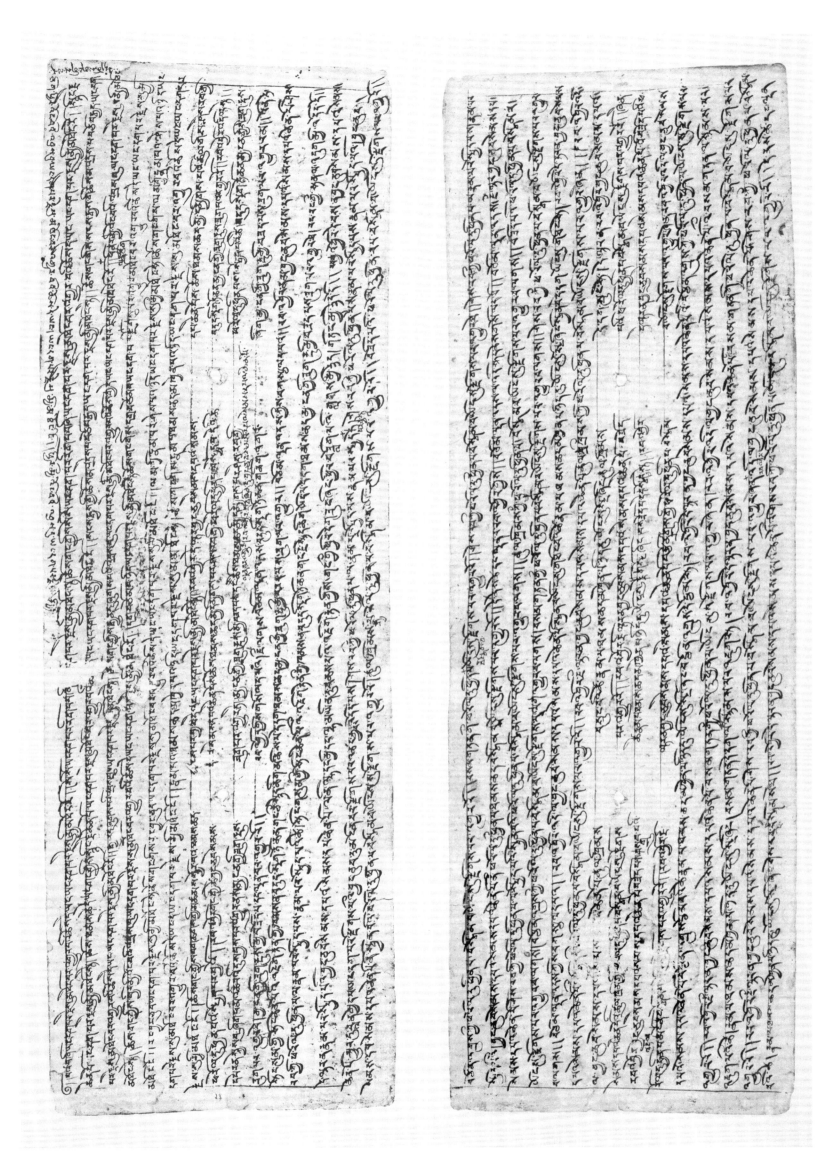

法 Pel.tib.1315　　ཤེས་རབ་ཀྱི་ཕ་རོལ་དུ་ཕྱིན་པ་སྟོང་ཕྲག་བརྒྱ་པ

十萬頌般若波羅蜜多經　　(52—23)

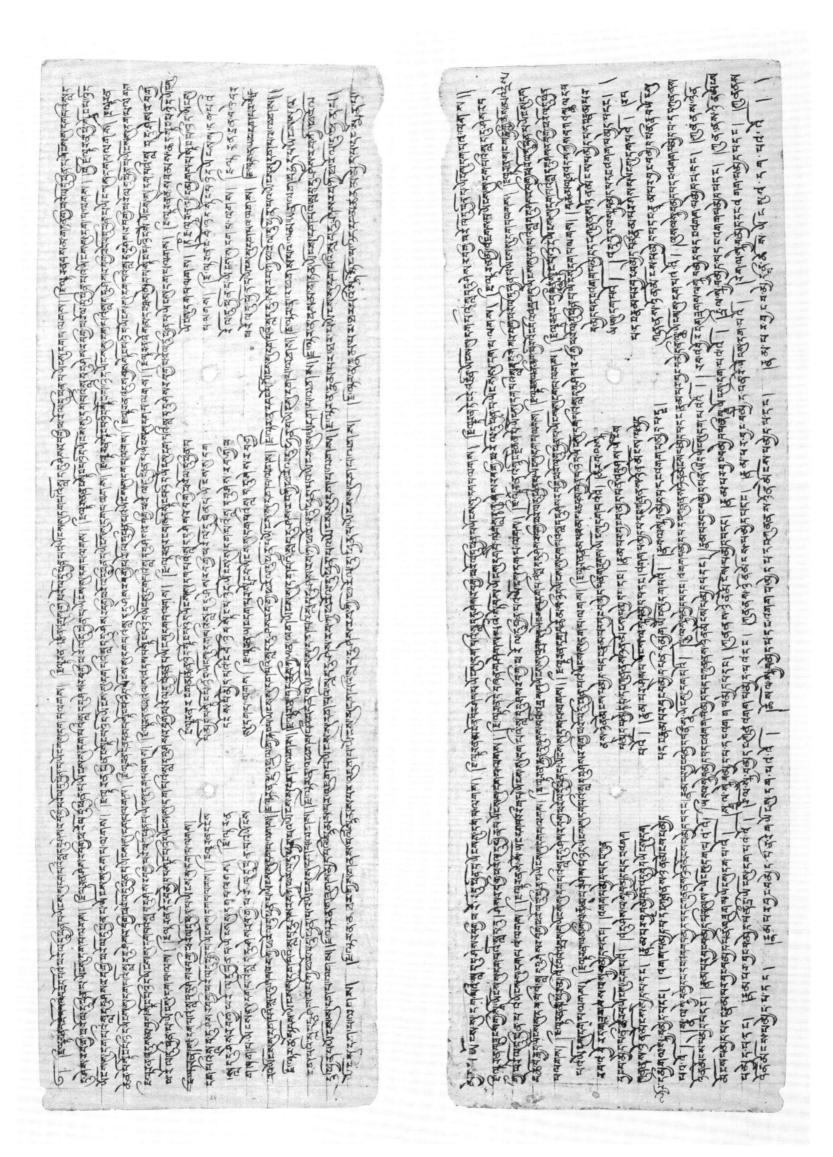

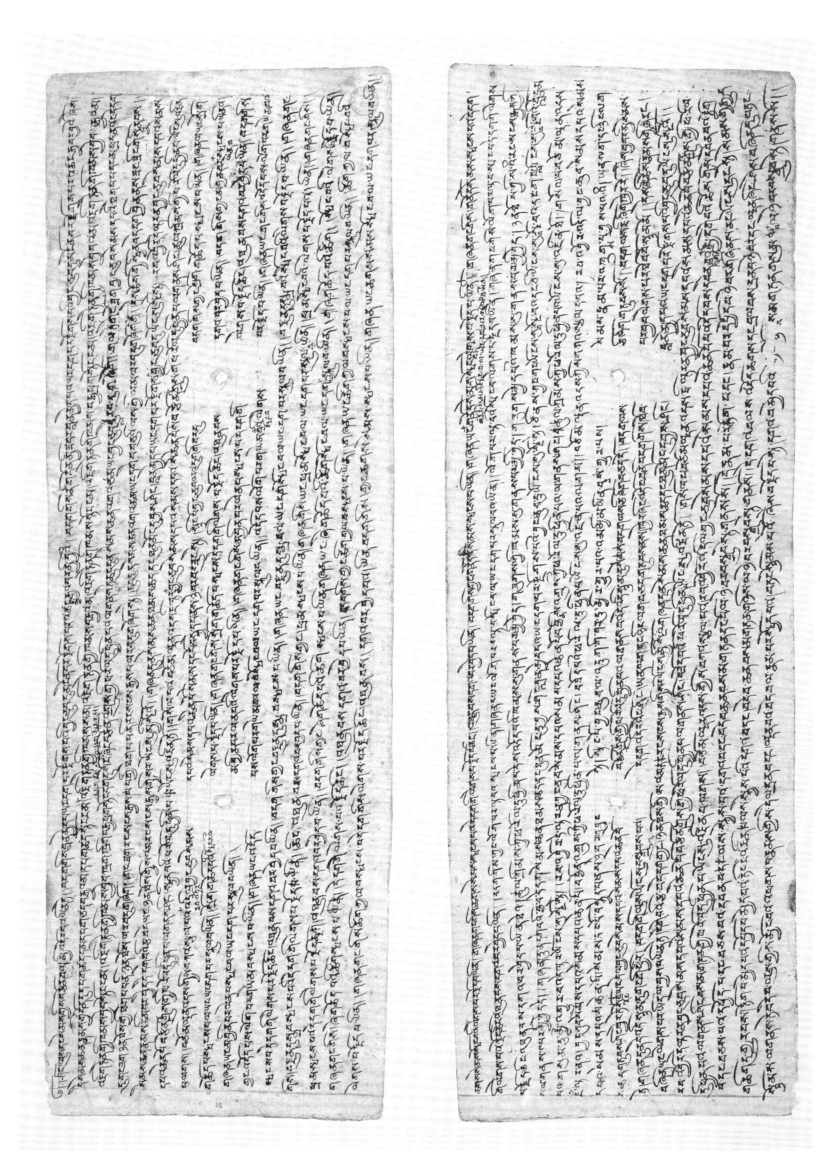

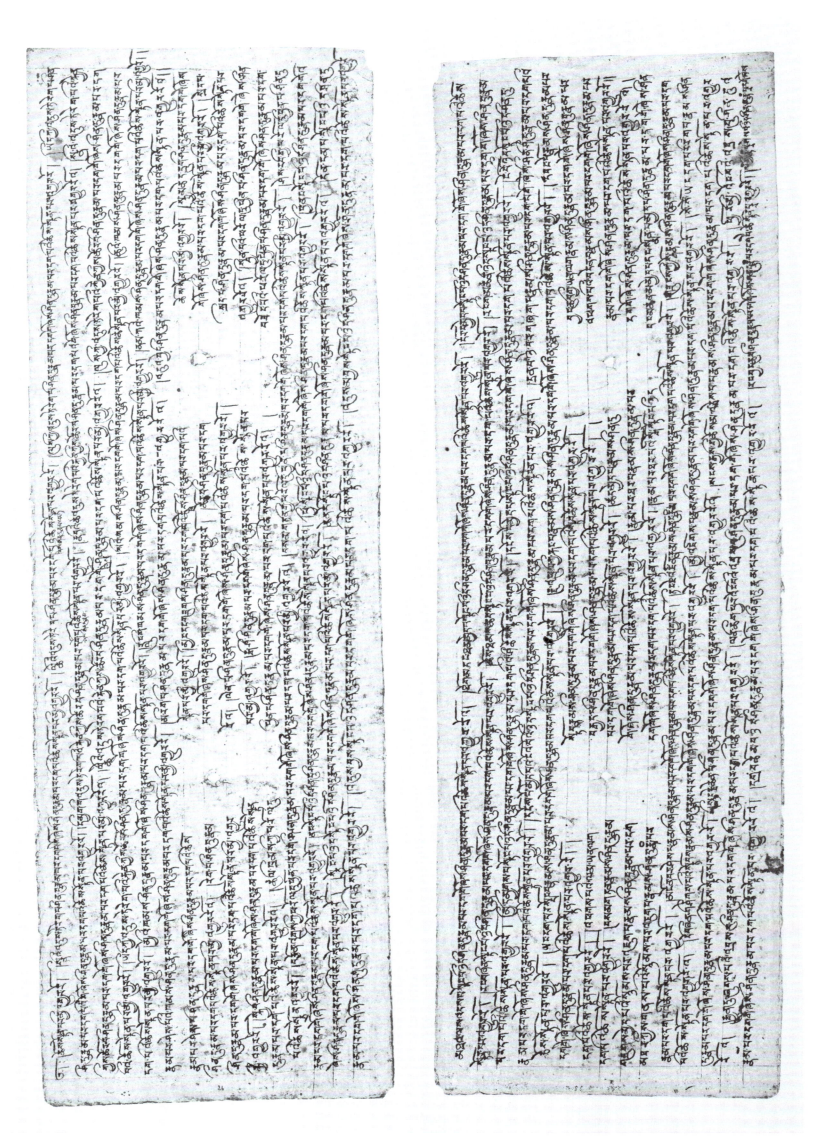

法 Pel.tib.1315　ཤེས་རབ་ཀྱི་ཕ་རོལ་དུ་ཕྱིན་པ་སྟོང་ཕྲག་བརྒྱ་པ།

十萬頌般若波羅蜜多經　　(50—26)

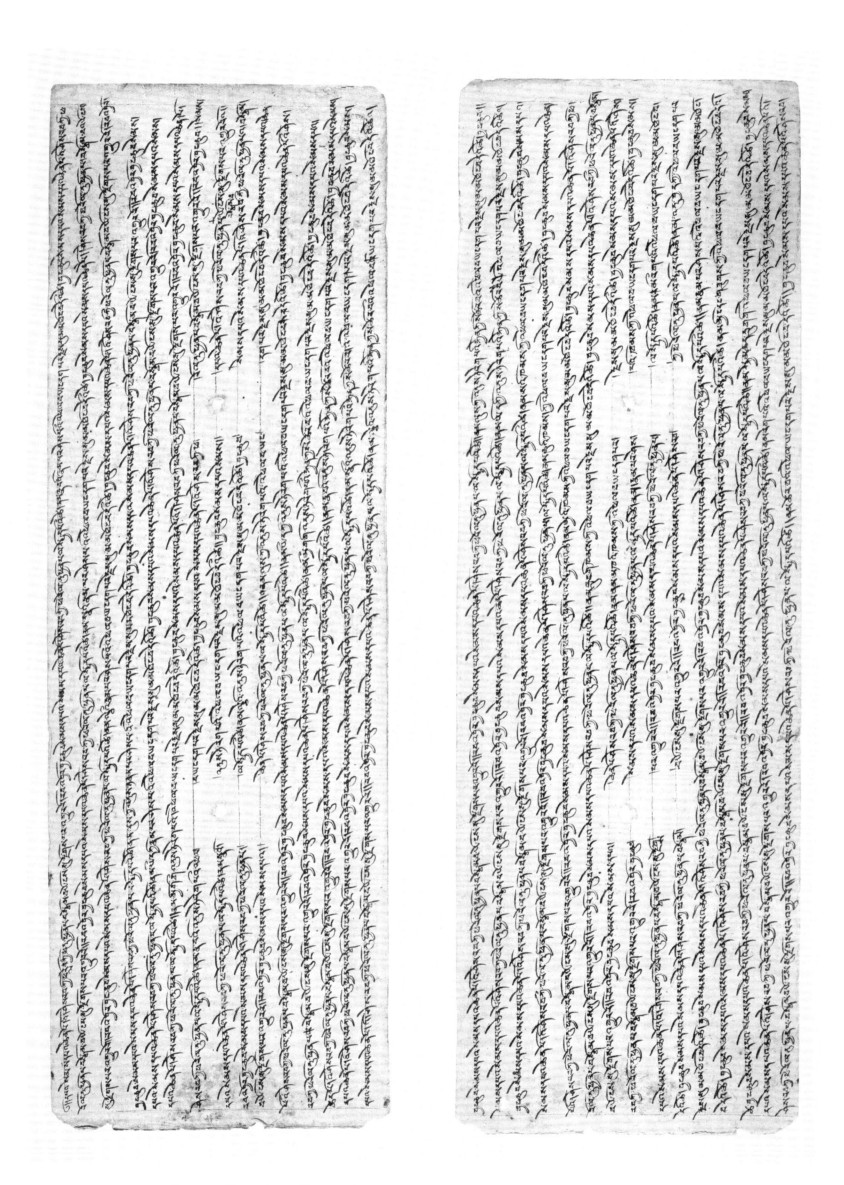

法 Pel.tib.1315　ཤེས་རབ་ཀྱི་ཕ་རོལ་ཏུ་ཕྱིན་པ་སྟོང་ཕྲག་བརྒྱ་པ།

十萬頌般若波羅蜜多經　　(50—27)

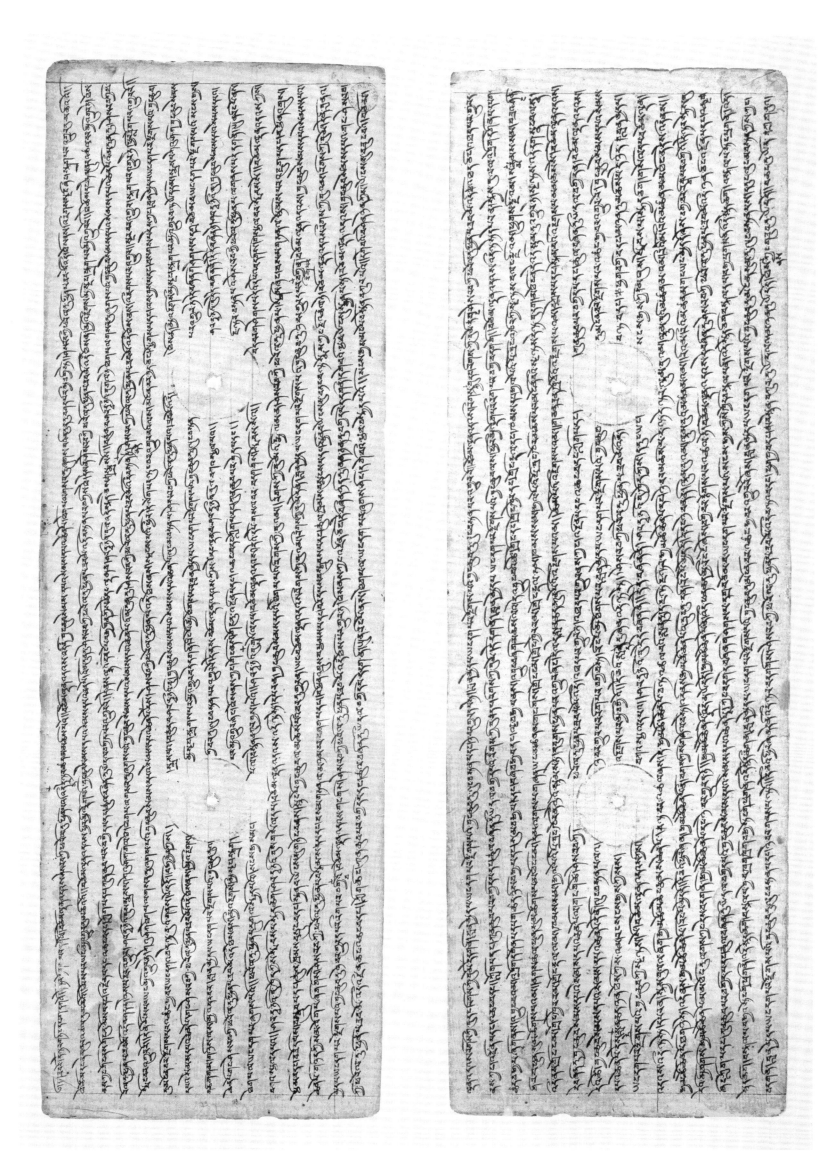

法 Pel.tib.1315　ཤེས་རབ་ཀྱི་ཕ་རོལ་ཏུ་ཕྱིན་པ་སྟོང་ཕྲག་བརྒྱ་པ།

十萬頌般若波羅蜜多經　　(50—29)

法 Pel.tib.1315 ཤེས་རབ་ཀྱི་ཕ་རོལ་དུ་ཕྱིན་པ་སྟོང་ཕྲག་བརྒྱ་པ།

十萬頌般若波羅蜜多經　　(50—30)

310

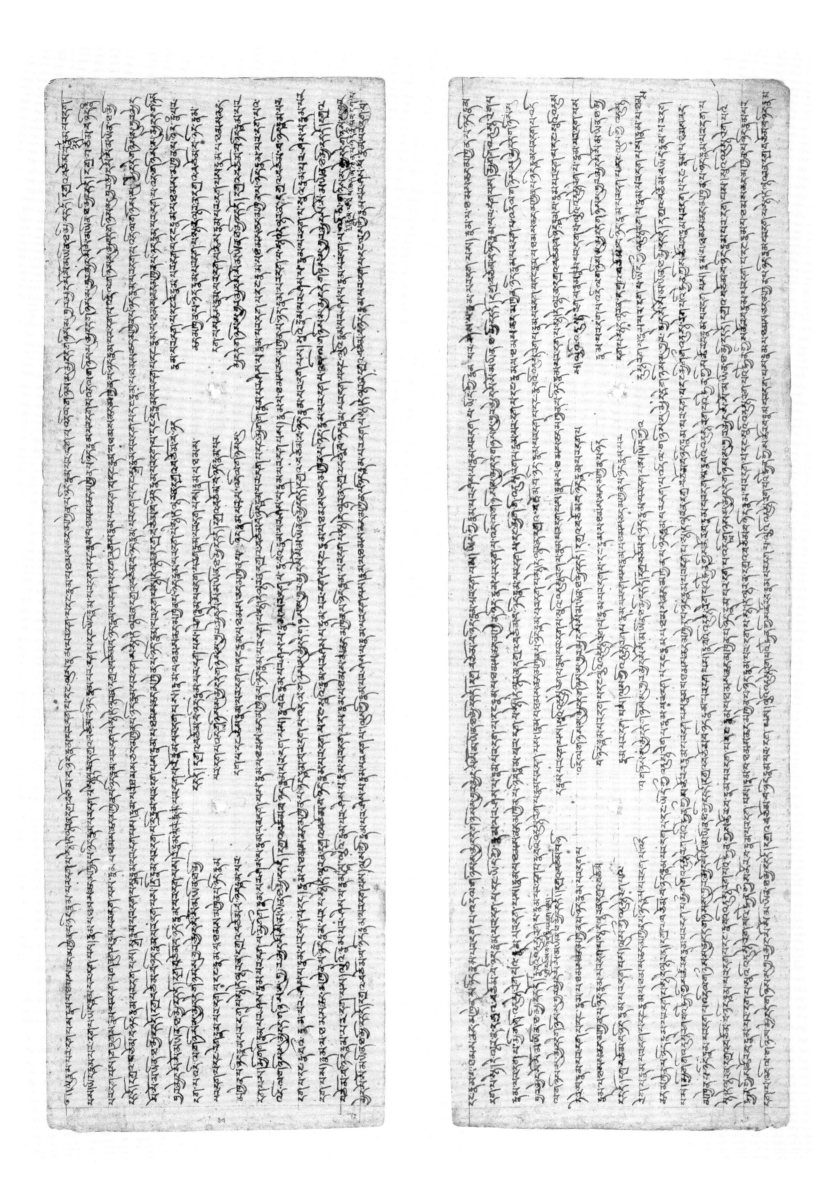

法 Pel.tib.1315　ཤེས་རབ་ཀྱི་ཕ་རོལ་དུ་ཕྱིན་པ་སྟོང་ཕྲག་བརྒྱ་པ།

十萬頌般若波羅蜜多經　　(50—31)

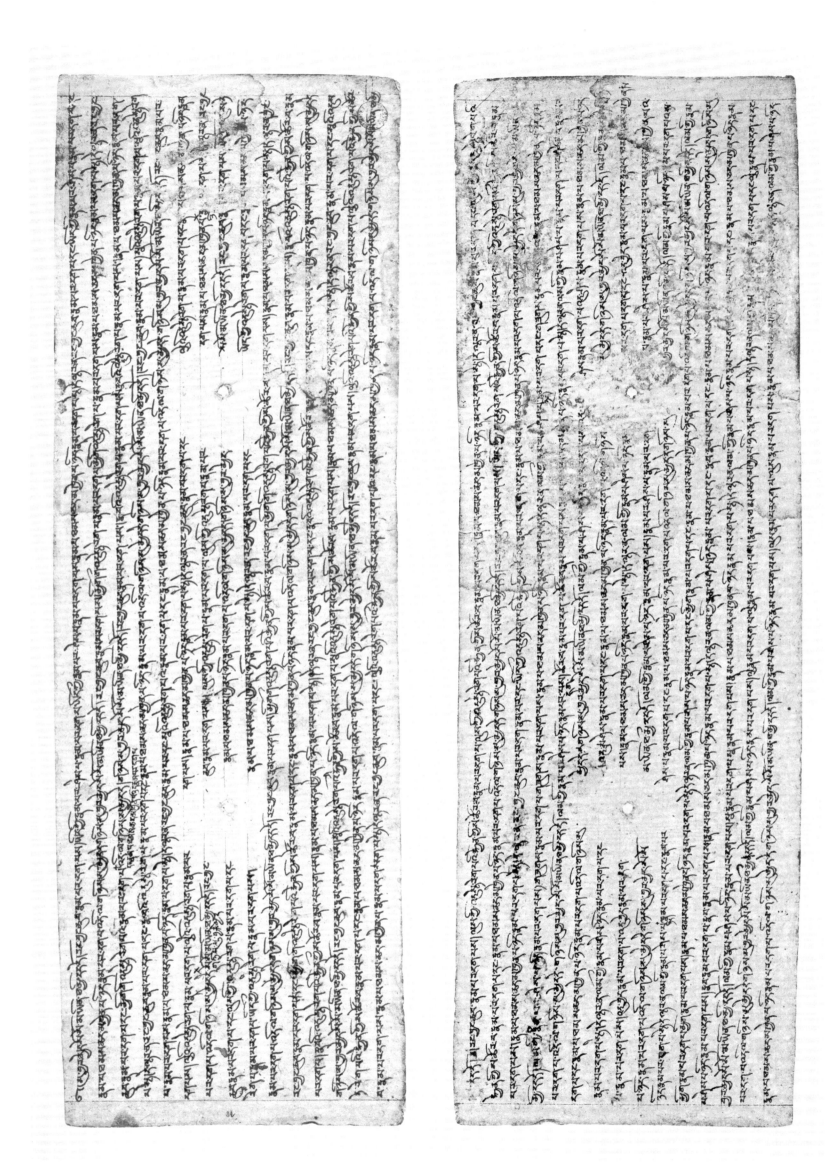

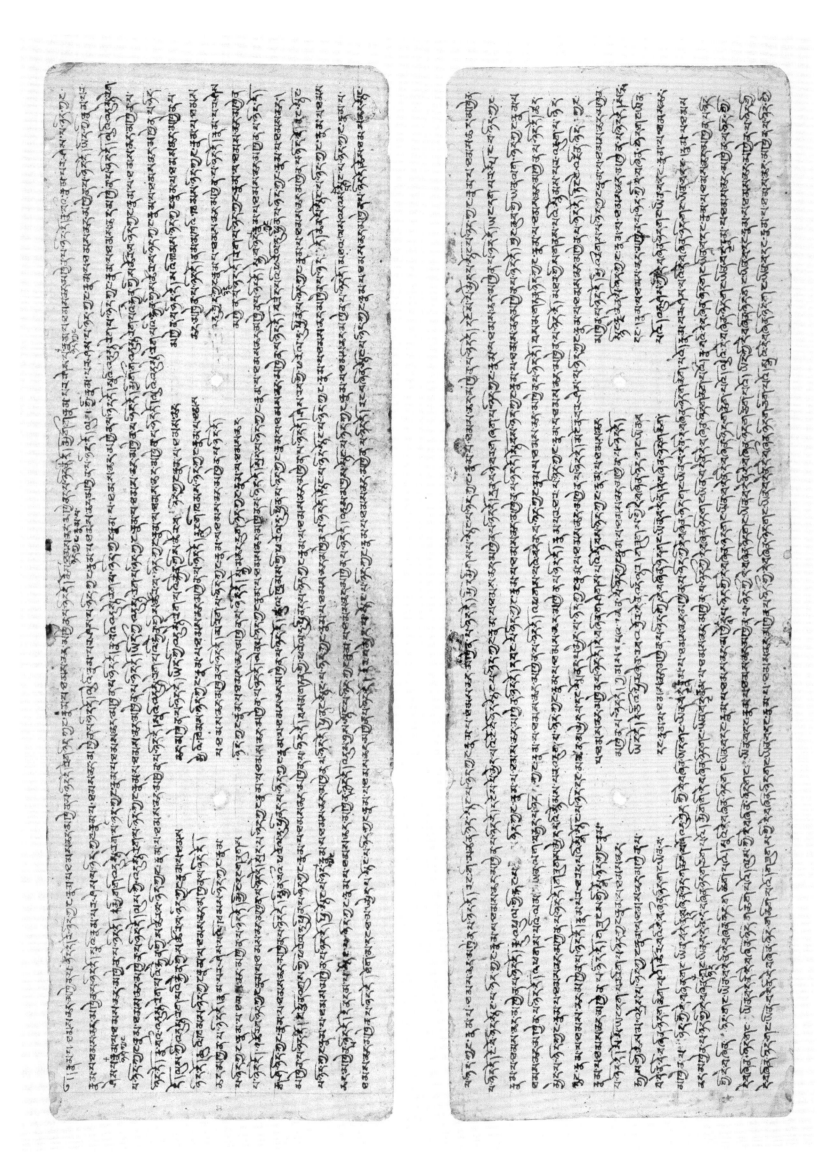

法 Pel.tib.1315　ཤེས་རབ་ཀྱི་ཕ་རོལ་དུ་ཕྱིན་པ་སྟོང་ཕྲག་བརྒྱ་པ།
十萬頌般若波羅蜜多經　　(50—33)

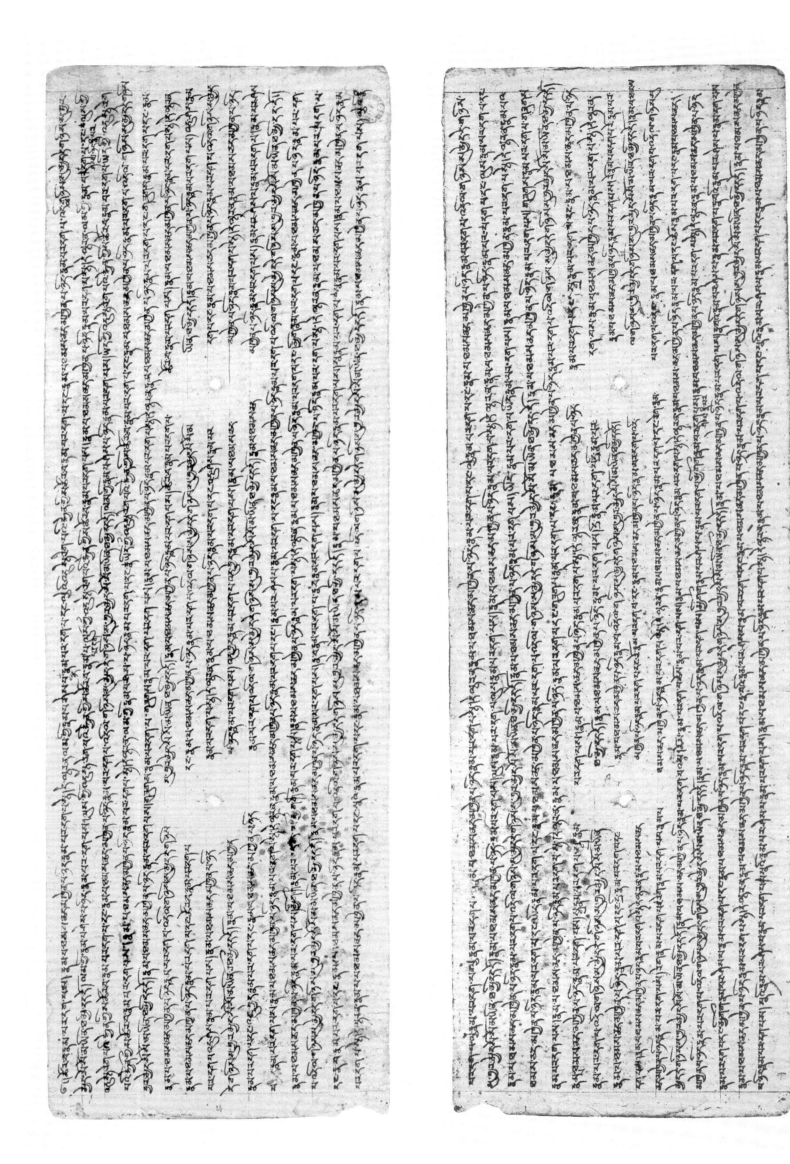

ཤེས་རབ་ཀྱི་ཕ་རོལ་དུ་ཕྱིན་པ་སྟོང་ཕྲག་བརྒྱ་པ

十萬頌般若波羅蜜多經　　(50—34)

法 Pel.tib.1315　ཤེས་རབ་ཀྱི་ཕ་རོལ་དུ་ཕྱིན་པ་སྟོང་ཕྲག་བརྒྱ་པ།
十萬頌般若波羅蜜多經　　　(50—35)

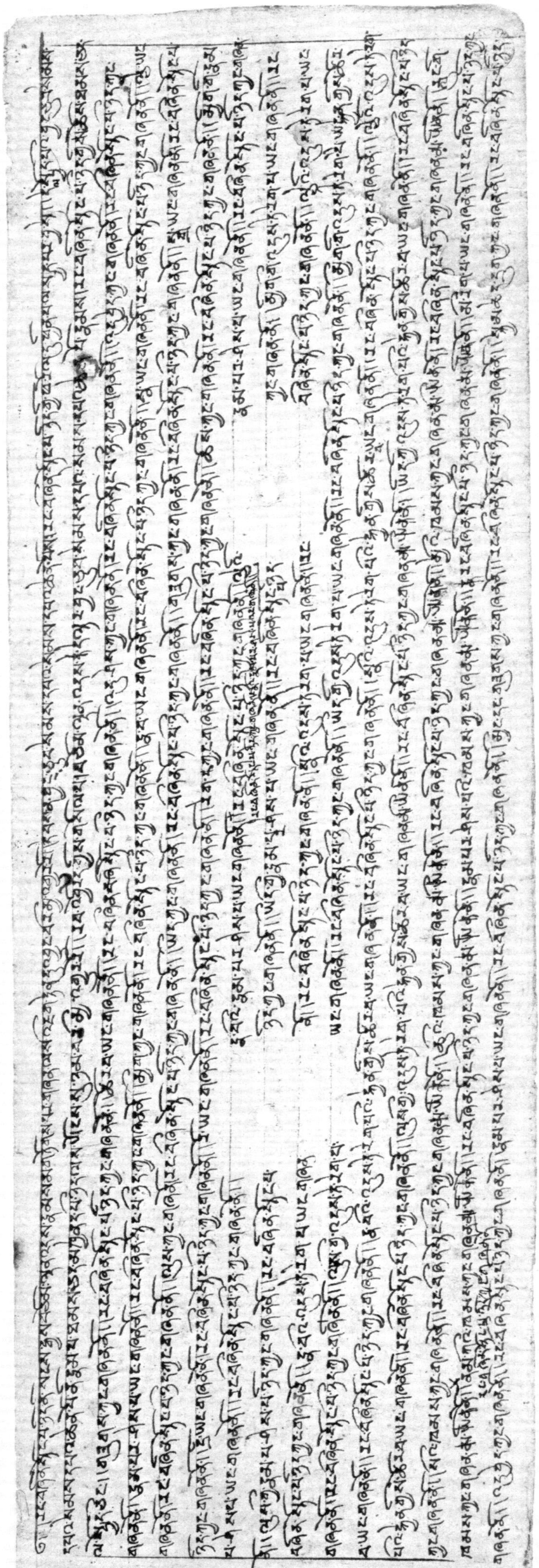

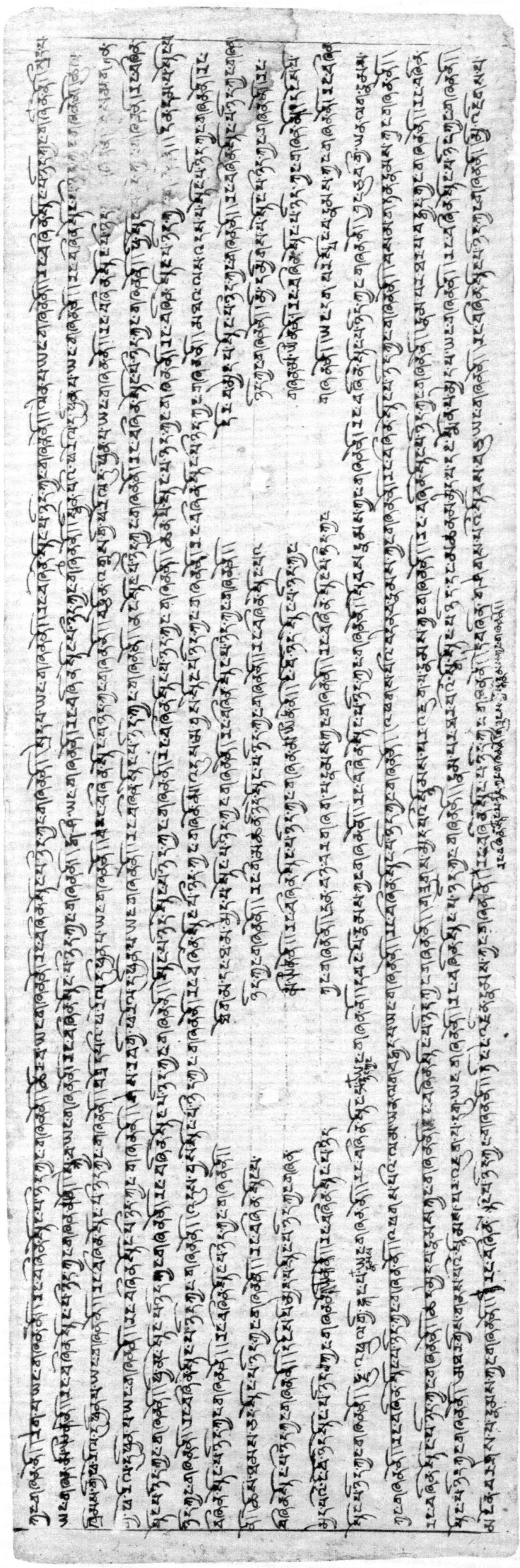

法 Pel.tib.1315　　ཤེས་རབ་ཀྱི་པ་རོལ་ཏུ་ཕྱིན་པ་སྟོང་ཕྲག་བརྒྱ་པ།

十萬頌般若波羅蜜多經　(50—36)

法 Pel.tib.1315　ཤེས་རབ་ཀྱི་ཕ་རོལ་དུ་ཕྱིན་པ་སྟོང་ཕྲག་བརྒྱ་པ།
十萬頌般若波羅蜜多經　　(50—37)

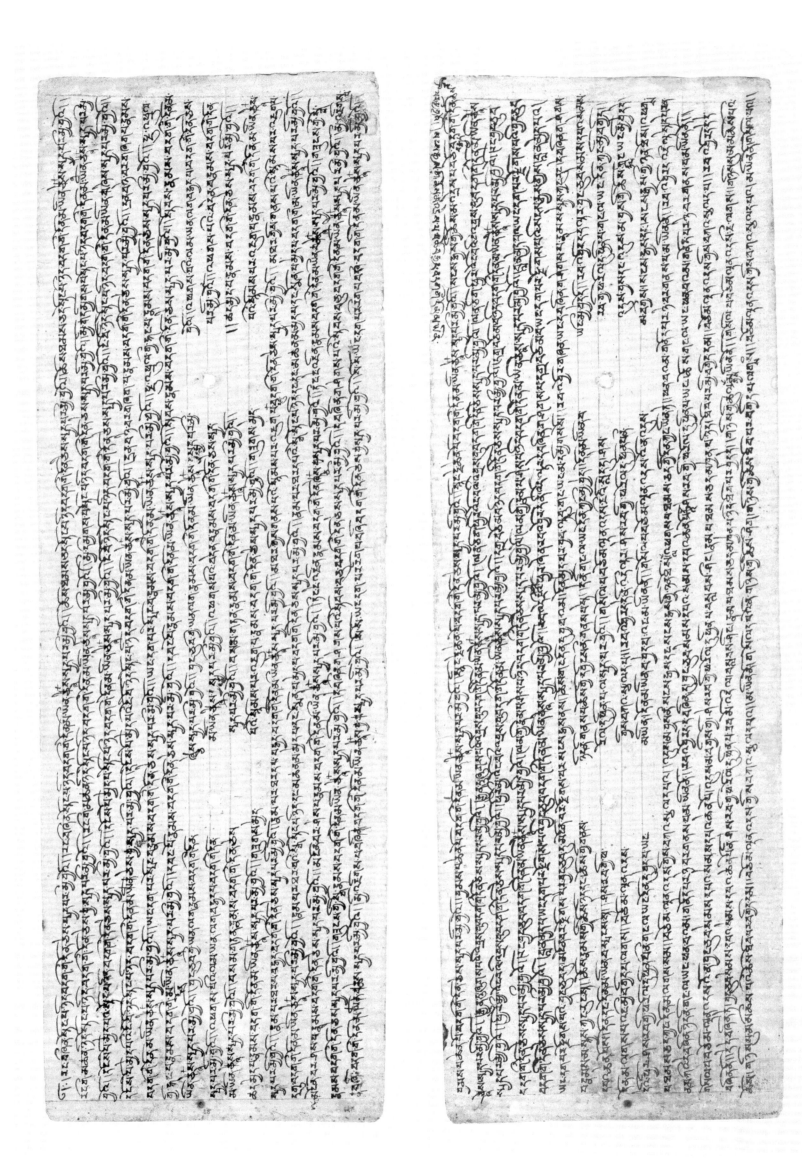

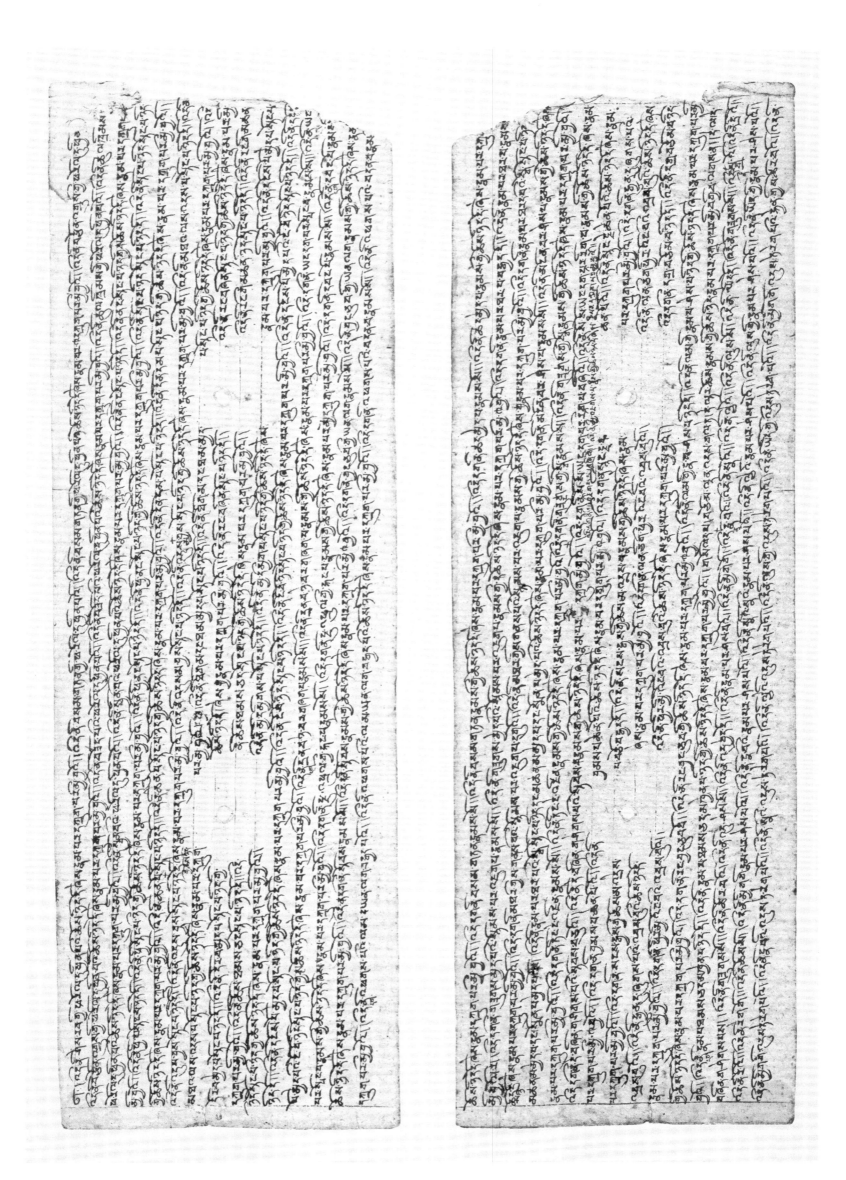

法 Pel.tib.1315　ཤེས་རབ་ཀྱི་ཕ་རོལ་ཏུ་ཕྱིན་པ་སྟོང་ཕྲག་བརྒྱ་པ།
十萬頌般若波羅蜜多經　　(52—39)

法 Pel.tib.1315　　ཤེས་རབ་ཀྱི་ཕ་རོལ་ཏུ་ཕྱིན་པ་སྟོང་ཕྲག་བརྒྱ་པ།
十萬頌般若波羅蜜多經　　(50—40)

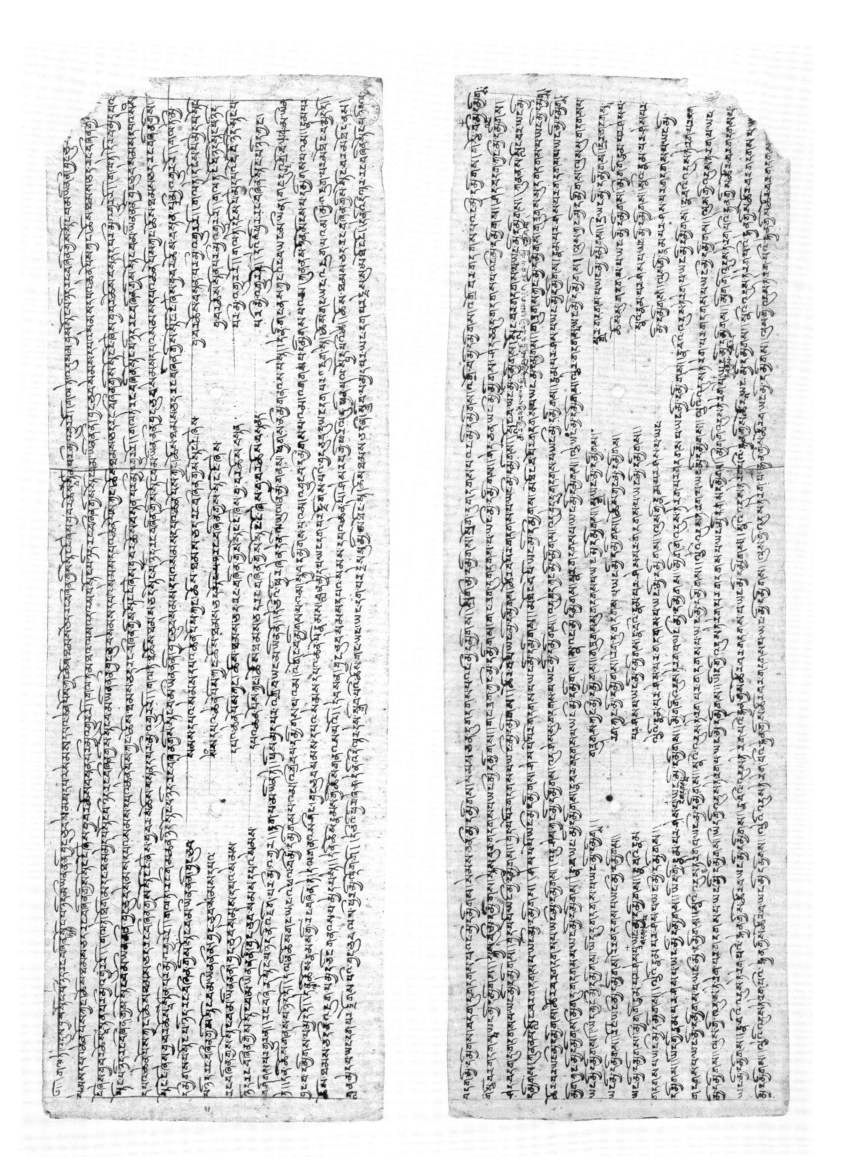

法 Pel.tib.1315　　ཤེས་རབ་ཀྱི་ཕ་རོལ་ཏུ་ཕྱིན་པ་སྟོང་ཕྲག་བརྒྱ་པ།
十萬頌般若波羅蜜多經　　(50—41)

321

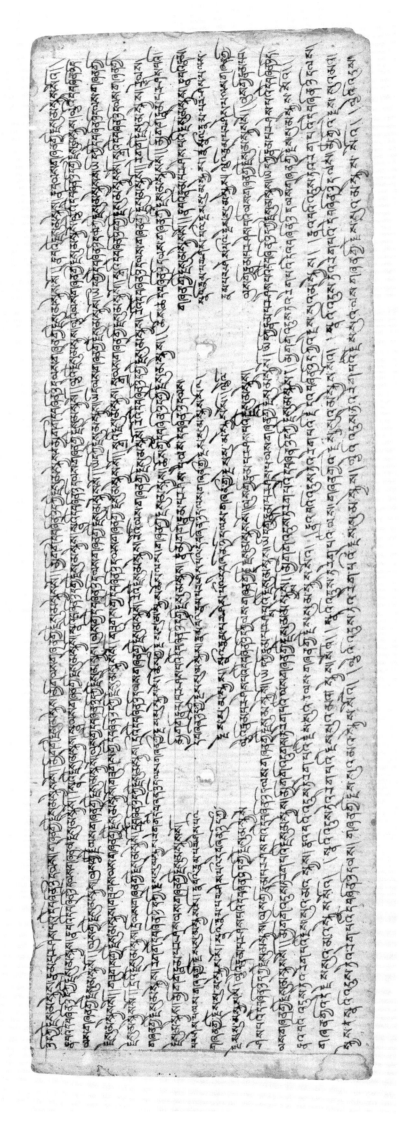

ཤེས་རབ་ཀྱི་ཕ་རོལ་དུ་ཕྱིན་པ་སྟོང་ཕྲག་བརྒྱ་པ།

十萬頌般若波羅蜜多經　　(50—42)

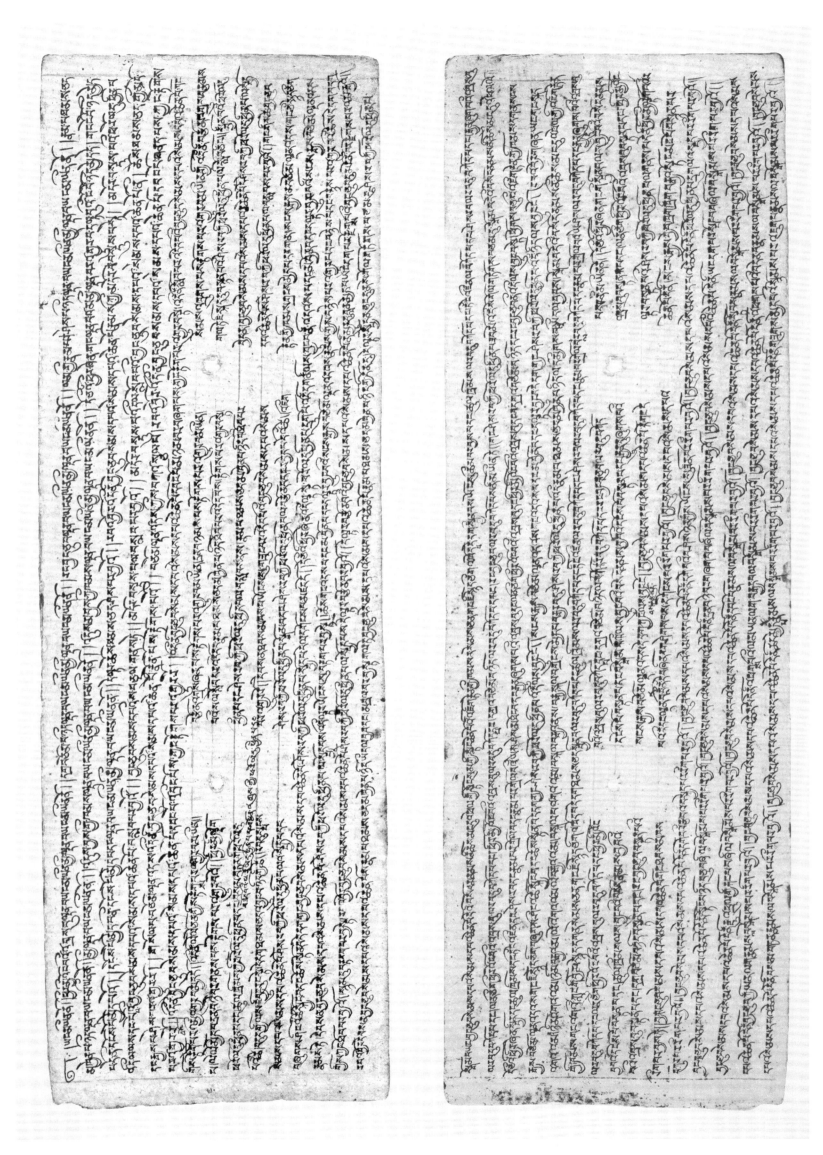

法 Pel.tib.1315　ཤེས་རབ་ཀྱི་ཕ་རོལ་ཏུ་ཕྱིན་པ་སྟོང་ཕྲག་བརྒྱ་པ།

十萬頌般若波羅蜜多經　　(50—43)

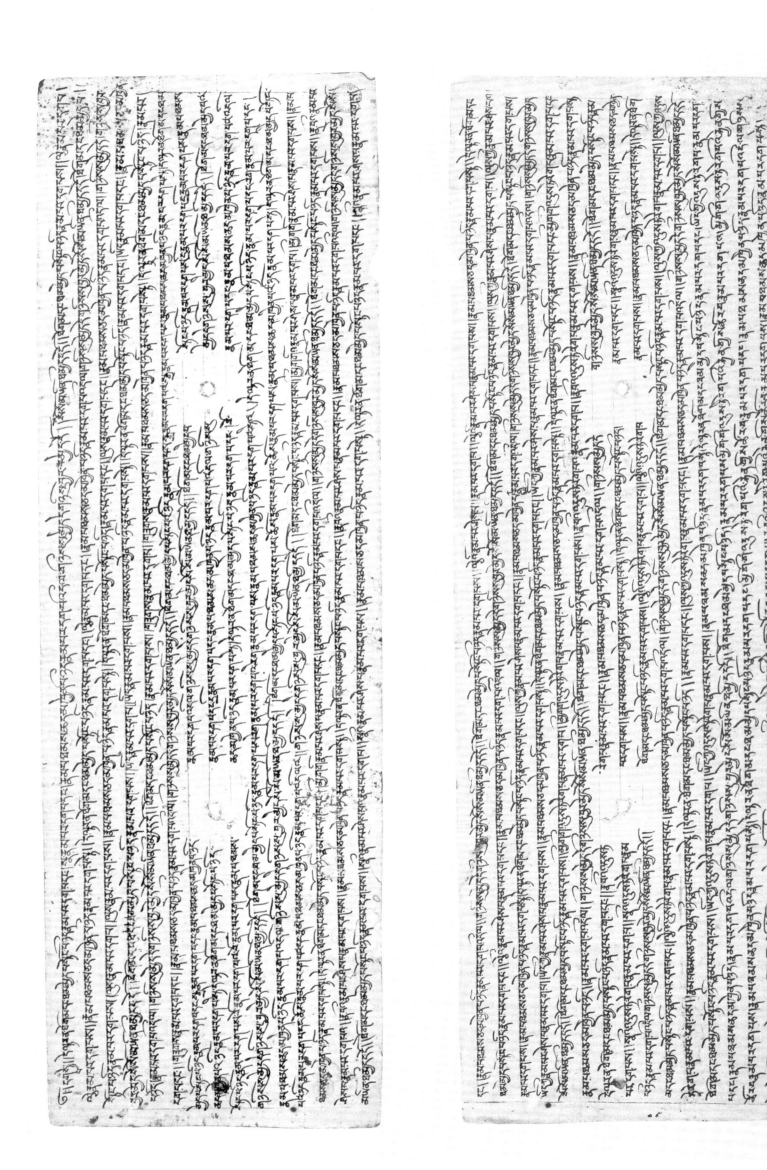

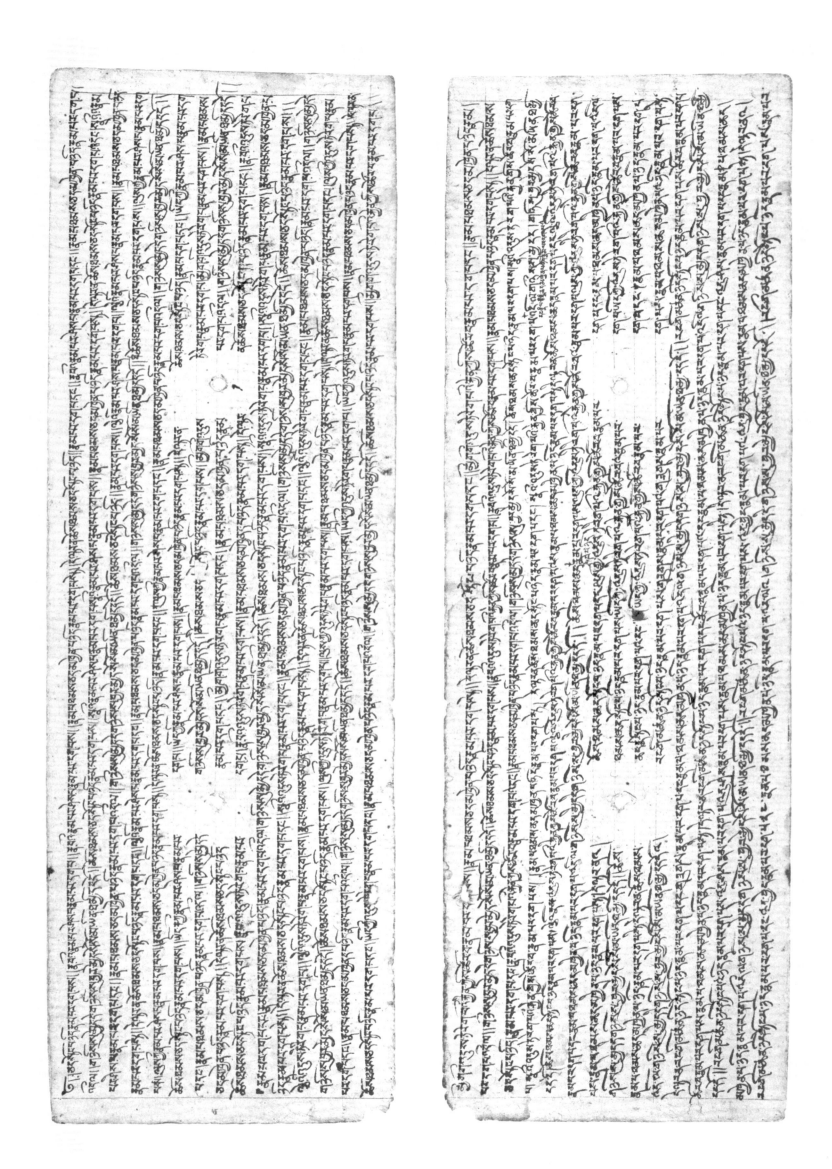

法 Pel.tib.1315　　ཤེས་རབ་ཀྱི་ཕ་རོལ་དུ་ཕྱིན་པ་སྟོང་ཕྲག་བརྒྱ་པ།

十萬頌般若波羅蜜多經　　(52—45)

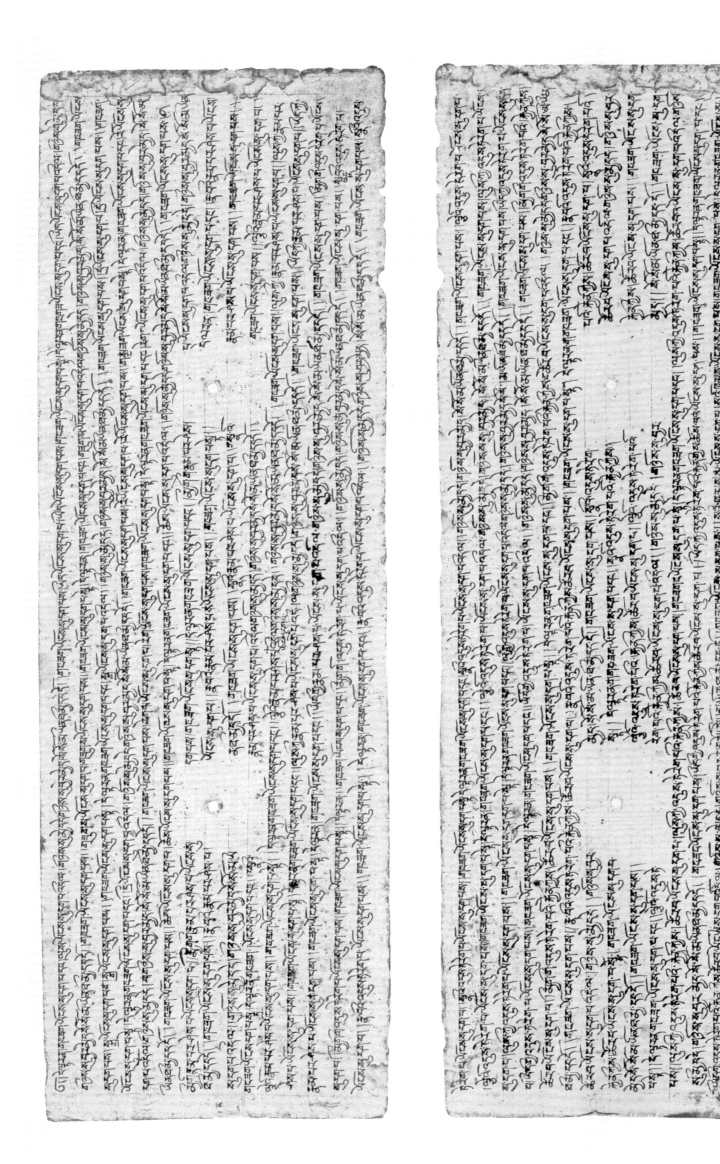

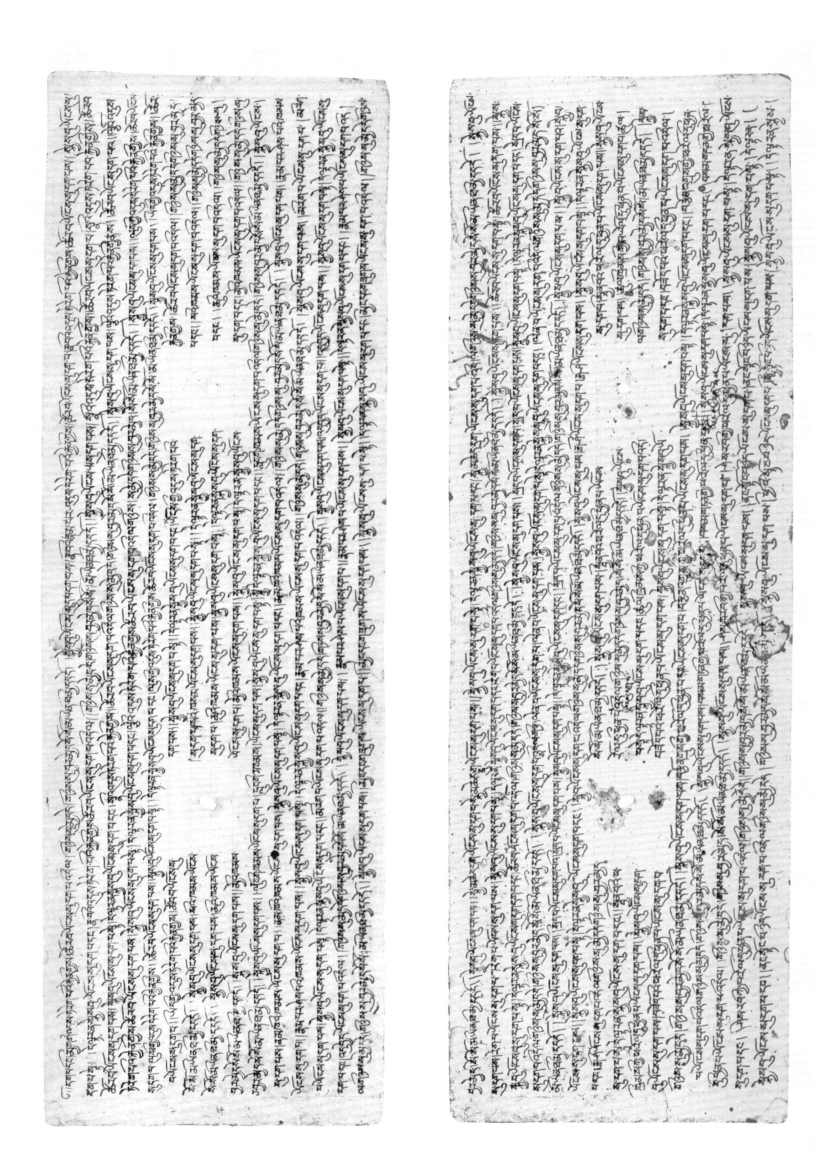

法 Pel.tib.1315　　ཤེས་རབ་ཀྱི་ཕ་རོལ་ཏུ་ཕྱིན་པ་སྟོང་ཕྲག་བརྒྱ་པ།
十萬頌般若波羅蜜多經　　(50—47)

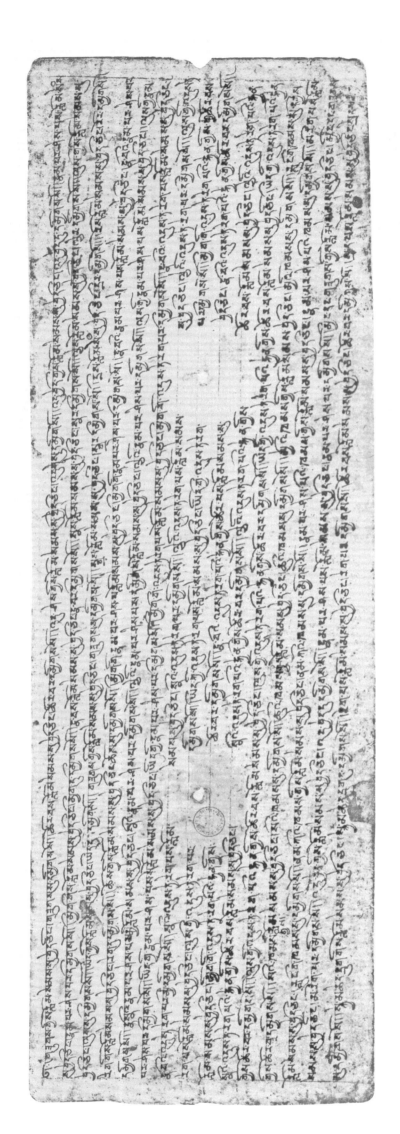

法 Pel.tib.1315　ཤེས་རབ་ཀྱི་ཕ་རོལ་དུ་ཕྱིན་པ་སྟོང་ཕྲག་བརྒྱ་པ།

十萬頌般若波羅蜜多經　　(50—48)

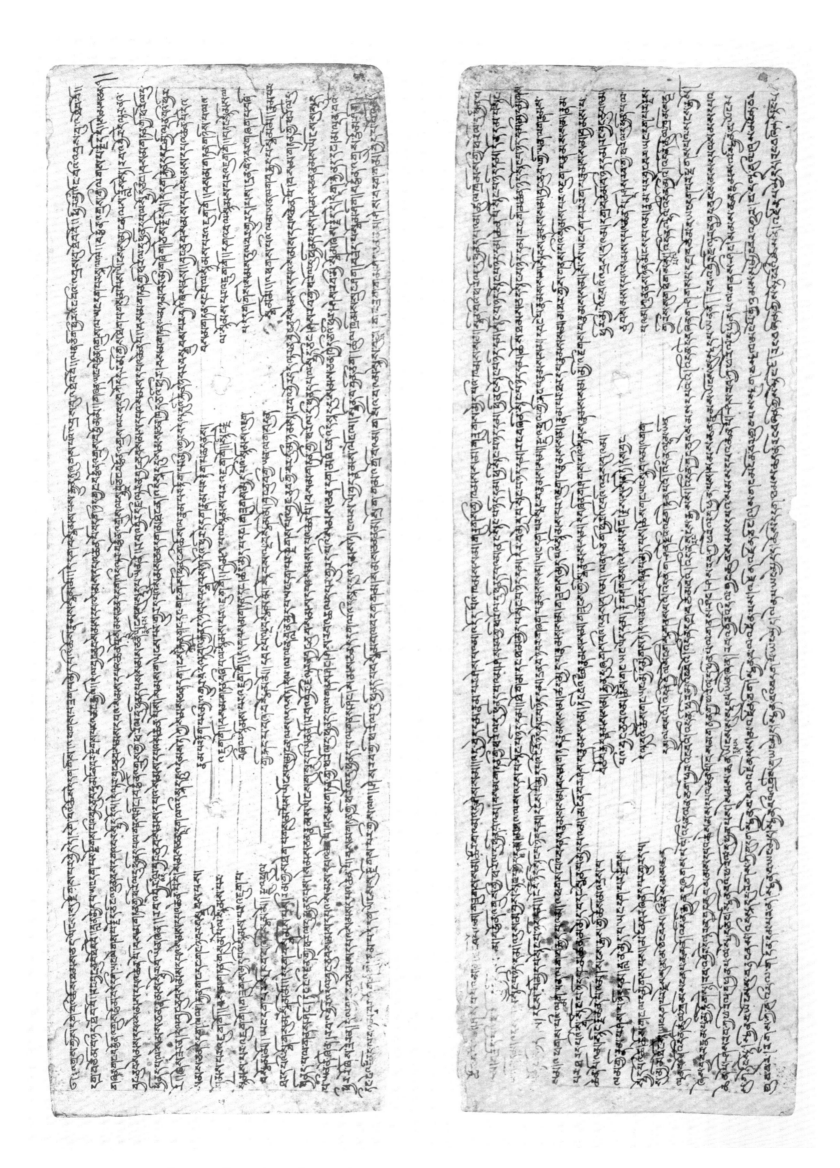

法 Pel.tib.1315　ཤེས་རབ་ཀྱི་ཕ་རོལ་ཏུ་ཕྱིན་པ་སྟོང་ཕྲག་བརྒྱ་པ།

十萬頌般若波羅蜜多經　　(50—49)

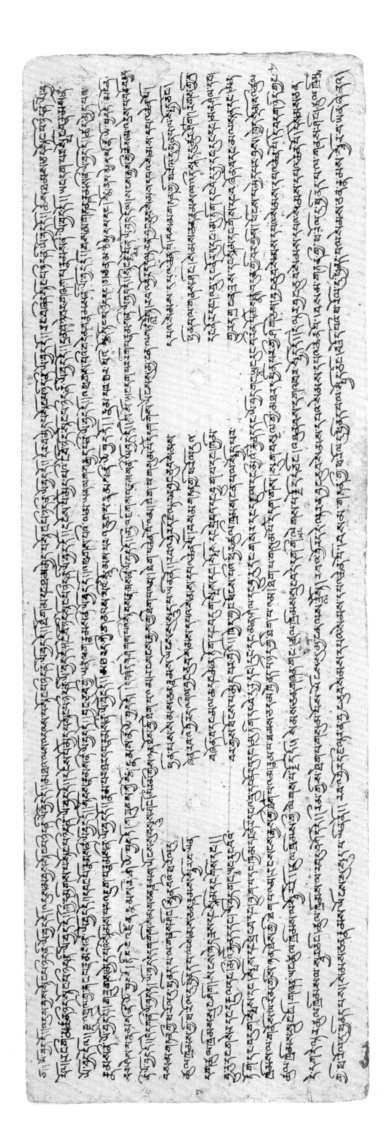
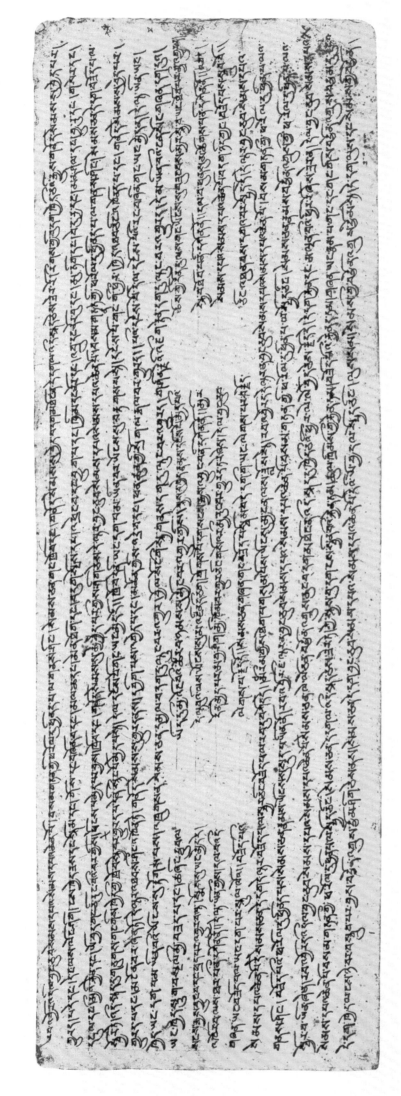

ཕྲ་རན་སིའི་རྒྱལ་གཞེར་དཔེ་མཛོད་ཁང་དུ་ཉར་བའི་ཏུན་ཧོང་བོད་ཡིག་ཡིག་ཆགས། ⑭

སྒྲིག་སྒྱུར་མཁན།
ནུབ་བྱང་མི་རིགས་སློབ་གྲྭ་ཆེན་མོ།
ཧྲང་ཧེ་དཔེ་རྙིང་དཔེ་སྐྲུན་ཁང་།
ཕྲ་རན་སིའི་རྒྱལ་གཞེར་དཔེ་མཛོད་ཁང་བཅས་ཀྱིས་བསྒྲིགས།

པར་སྐྲུན་མཁན།
ཧྲང་ཧེ་དུས་རབས་པར་སྐྲུན་མ་ཀྲང་ཚད་ཡོད་ཀྱུང་སི།
ཧྲང་ཧེ་དཔེ་རྙིང་དཔེ་སྐྲུན་ཁང་།
ཧྲང་ཧེ་གྲོང་ཁྱེར་མིང་ཞེན་ཁུལ་ཧོ་ཅིན་ལམ་ཞང་དཀགས་7༠༥འབའི་ཐོག་ཁང A༠ཨའི་ཚིགས་ལྷ་པ།
སྦུག་ཨང་། 201101   བཅུན་སྐྱེལ་སྒྲོག་འཕྲིན། (86−21) 64339287
www.guji.com.cn   www.ewen.co   guji1@guji.com.cn
དཔར་ཁང་།
ཧྲང་ཧེ་ལི་ཀྲ་པར་ལས་ཚད་ཡོད་ཀྱུང་སི།

དེབ་ཚད། 787×1092   1/8   དཔར་ཤོག 41.5 བར་བཅུག 22
2013 ལོའི་ཟླ་ 5 བར་པར་གཞི་དང་པོ་བསྒྲིགས།   2023ལོའི་ཟླ་7པར་པར་ཐེངས་གསུམ་པ་བཏབ།
དཔེ་རྟགས། ISBN 978-7-5325-6815-4/K.1716

TIBETAN DOCUMENTS FROM DUNHUANG IN THE BIBLIOTHÈQUE NATIONALE DE FRANCE ⑭

Participating Institutions
Bibliothèque nationale de France
Northwest University for Nationalities
Shanghai Chinese Classics Publishing House
Publisher
Shanghai Chinese Classics Publishing House
5/F, Block A, Lane 159, Haojing Road, Minhang District, Shanghai,China 201101 Fax(86-21) 64339287
www.guji.com.cn
guji1@guji.com.cn
www.ewen.co
Shanghai PICA Colour Separation & Printing Co., Ltd.

8 mo 787×1092mm
printed sheets 41. 5   insets 22
First Edition: May. 2013   Third Printing: Jun . 2023
ISBN 978-7-5325-6815-4/K.1716

圖書在版編目（CIP）數據

法國國家圖書館藏敦煌藏文文獻.14/
西北民族大學，法國國家圖書館，上海古籍出版社編纂.
－上海：上海古籍出版社，2013.5 （2023.6重印）
ISBN 978-7-5325-6815-4

Ⅰ.①法… Ⅱ.①西… ②法… ③上… Ⅲ. ①敦煌學－文獻 Ⅳ.①K870.6

中國版本圖書館 CIP 數據核字（2013）第 082095 號

法國國家圖書館藏敦煌藏文文獻⑭
編 纂
西北民族大學 上海古籍出版社 法國國家圖書館
出 版
上海古籍出版社
上海市閔行區號景路 159 弄 1－5 號 A 座 5F
郵編 201101 傳真（86－21）64339287
網址： www.guji.com.cn
電子郵件： guji1@guji.com.cn
易文網： www.ewen.cc
印 刷
上海麗佳製版印刷有限公司

開本：787×1092 1/8 印張：41.5 插頁：22
版次：2013 年 5 月第 1 版 印次：2023 年 6 月第 3 次印刷
ISBN 978-7-5325-6815-4/K.1716
定價：2200.00圓

མངའ་རིས་གུ་གེའི་རྒྱལ་རབས་དུས་ཀྱི་དགོན་སྡེ།

阿里古格王朝寺廟群

ཏུན་ཧོང་མོ་ཀོ་ཁའུ་ཡི་ནུབ་ཁུལ་བྲག་ཕུག

敦煌莫高窟北區石窟

永靖炳靈寺唐代彌勒大佛